VIETNAM

Mit Hanoi, Hue und Saigon

Franz-Josef Krücker

TRESCHER VERLAG

2., aktualisierte und erweiterte Auflage 2016

Trescher Verlag Berlin
Reinhardtstr. 9
10117 Berlin
www.trescher-verlag.de

ISBN 978-3-89794-349-0

Herausgegeben von Detlev von Oppeln und Bernd Schwenkros

Reihenentwurf und Gesamtgestaltung:
Bernd Chill

Lektorat: Corinna Grulich
Stadtpläne und Karten: Johann Maria Just, Martin Kapp, Bernd Chill
Sprachführer: Iris Klöckner
Die Ausführungen über die Schrift und zur Geschichte beruhen teilweise auf der Grundlage eines Textes von Frank Meier.

Druck: druckhaus köthen

Gedruckt auf chlorfrei gebleichtem Papier

Printed in Germany

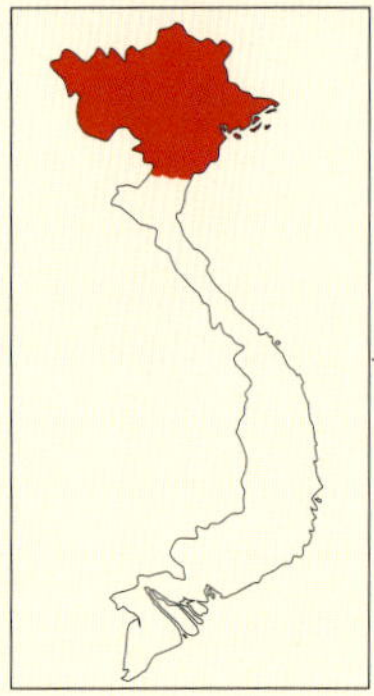

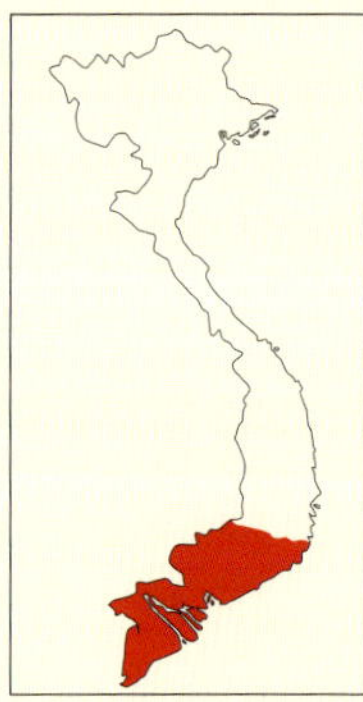

Titelbild: Blumenverkäuferin in Hanoi
Bild vordere Umschlagklappe: Blick auf Hoi An
Bild hintere Umschlagklappe:
In der Ha-Long-Bucht

Schiff in der Ha-Long-Bucht

Choco-Pie

CHỦ TỊCH HỒ CHÍ MINH
(1890 - 1969)

EXTRA

Buddha unter einem Feigenbaum in Cho Lon

Ein Land der Emotionen

Vietnam ist ein Land, das vielerlei Emotionen auslöst. Ob man will oder nicht, an dem Thema Krieg kommt man nicht vorbei. Allein im 20. Jahrhundert hat Vietnam mehr als 30 Jahre unter weitaus heftigeren Verlusten und Zerstörungen gelitten, als dies in Europa im Zweiten Weltkrieg der Fall war. Auch heute sind die Folgen des Krieges noch an Menschen, Gebäuden und Landschaften zu sehen. Doch es ist immer wieder erstaunlich, wie wenig die Menschen sich beklagen, wie freundlich sie gegenüber Besuchern auftreten, wie sie ihren ehemaligen Feinden aus China, Frankreich und Amerika die Hand entgegengestreckt haben und sie als Geschäftsleute und Touristen wieder willkommen heißen.

Vietnam ist kein Kriegsland mehr. Die Wirtschaftsreformen haben einen außergewöhnlichen Aufschwung produziert, es gibt neue Straßen und Brücken, Flughäfen und Fährstationen. Auch für den Reisenden ist vieles bequemer geworden: Ob Reisebus oder Hotel, ob Reiseleiter oder Museum, ob Sehenswürdigkeit oder Strand, überall bemüht man sich, den Gästen das Beste zu geben.

Vietnam ist ein Reiseland, das alle Sinne weckt. Der neue Wohlstand verleitete als erstes dazu, dem Essen und Trinken zuzusprechen. Der Duft von unzähligen Gewürzen und exotischen Früchten zieht durch die Markthallen, schon am frühen Morgen köchelt die Brühe für die beliebte Nudelsuppe Pho in den Kesseln der kleinen Privatrestaurants am Straßenrand, und zum Mittag und Abend bieten Restaurants das ganze Spektrum von Fleisch-, Fisch- und Gemüsegerichten, gerne verfeinert mit der würzigen Fischsauce Nuoc mam. Grüner Tee oder ein frisches Bier passen gut dazu, doch von der ehemaligen Kolonialmacht Frankreich übernahm man neben den Baguettes auch die guten Rotweine.

Es ist das Alltagsleben, das vielfach ganz öffentlich stattfindet, das den Besucher aus Europa fasziniert. Wie die Handwerker in der Hanoier Altstadt an Fahrrädern herumschrauben, wie die Hausfrauen am Fluss Thu Bon in Hoi An Reis und Gemüse waschen, wie die Kinder am Mekong mit königlicher Freude ins Wasser springen. Es ist die Gelassenheit der Mopedfahrer, die gigantische Frachten durch die Stadt transportieren, das lebhafte Feilschen auf den Märkten, die Versunkenheit eines Gläubigen im Angesicht des Buddhas.

Vietnam ist ein vielfältiges Reiseland. Tempel unterschiedlichster Glaubensrichtungen stehen offen, aus jahrhundertealten Holzkonstruktionen, aber mit blinkenden Lichterketten. Die Einflüsse Chinas sind in den Versammlungshallen von Hoi An zu erkennen wie in den Tempeln von Cho Lon. Die Göttertürme der Cham, ihre dekorativen Skulpturen und Friese verraten indische Vorbilder.

Und die Landschaften: Heute wandert man durch nebelverhangene Berge nahe der chinesischen Grenze, morgen lässt man sich durch die bizarre Inselwelt der Ha-Long-Bucht treiben. Heute streift man durch die brodelnde Metropole Saigon, morgen entspannt man sich bei einer Massage am Strand.

Vietnam – sehr fern der Kriege.

Herausragende Sehenswürdigkeiten

Altstadt Hanois ▼
Das Quartier der Handwerker und Händler gehört bis heute zu den lebhaftesten Ecken der Hauptstadt. Inzwischen haben sich auch zahlreiche Restaurants, Cafés und Kneipen dort angesiedelt. → S. 161

Literaturtempel in Hanoi
Noch bis 1915 wurden in der ausgedehnten, mit Teichen und Bäumen versehenen Anlage, in der Konfuzius gehuldigt wird, die Prüfungen für die königlichen Beamten abgehalten. Die Namen der erfolgreichen Prüflinge sind in Stein gemeißelt. → S. 163

Holzhaus und Mausoleum Ho Chi Minhs
Der ehemalige Präsident wollte nicht im Palast der Franzosen arbeiten, sondern baute sich ein Holzhaus an einen Teich im benachbarten Park. Heute liegt Ho Chi Minh einbalsamiert im Mausoleum nebenan, während sein Leben in einem Museum dargestellt wird. → S. 170

Chua Thay, Chua Tay Phuong
Westlich von Hanoi sind in Dörfern einige traditionelle Tempel noch gut erhalten. Sie geben Auskunft über Baustile in verschiedenen Jahrhunderten und zeigen wertvolle historische Statuen oder Reliefs. → S. 185, 189

Ha-Long-Bucht ▲ Eine Welt von tausenden skurril geformter Inseln, durch die man auf einem bequemen Holzboot gleiten kann, um seiner Fantasie freien Lauf zu lassen. Hinzu kommen Kajakausflüge und Aussichtspavillons auf einigen der Inseln. → S. 202

Zitadelle in Hue
Im Jahr 1802 wurde Hue in Mittelvietnam Hauptstadt der Nguyen-Dynastie, die eine Palastanlage nach Pekinger Vorbild errichten ließ, die nach den Kriegsbeschädigungen weitgehend restauriert wurde. In der Umgebung lebten die Beamten in schönen Häusern mit Garten, heute oft Restaurants. → S. 234

Königsgräber in Hue ▲
Nach geomantischen Gesichtspunkten suchten die Könige die Orte für ihre Mausoleen in der grünen Umgebung Hues aus. Man kann sie auch per Fahrrad erkunden. → S. 247

Die Altstadt von Hoi An ▼
Die einstige Hafenstadt wurde von vielen chinesischen Händlern bewohnt, die noch im 19. Jahrhundert langgestreckte Wohnhäuser und Tempel errichteten. Die ganze Altstadt füllt sich abends mit Besuchern, die bummeln, einkaufen oder in einem Gartenlokal speisen. → S. 278

Die Cham im Tempeltal von My Son ▼
Das hinduistisch geprägte Volk der Cham lebte bis zum Vordringen der Viet im heutigen Mittelvietnam. Die Könige bauten hoch aufragende Tempeltürme aus Ziegelsteinen, von denen viele im Tempeltal My Son (S. 285) zu sehen sind. Die zugehörigen Statuen finden sich im Cham-Museum im nahen Da Nang. → S. 266

Auf der Dong Khoi in Saigon
Die Dong Khoi war die Flanierstraße der Franzosen und Amerikaner. Auch heute lohnt sich ein Bummel zu teuren Geschäften, gemütlichen Cafés, der historischen Oper, dem französischen Rathaus und der katholischen Kathedrale. → S. 320

Chinesischer Markt in Cho Lon
Die Chinesen beherrschten den Handel und gründeten dafür die Stadt Cho Lon (›Großer Markt‹), die mit Saigon zu Ho-Chi-Minh-Stadt gehört. In der Umgebung des lebhaften Markts finden sich Tempel verschiedener Glaubensrichtungen und Läden aller Art. → S. 334

Im Mekongdelta
Das Leben auf dem Wasser verliert an Bedeutung, ist aber immer noch sehr bunt mit schwimmenden Märkten, Shrimps-Farmen sowie Obst- und Gemüseplantagen an Land. Am besten macht man eine Bootstour über Flussarme und Kanäle. → S. 352

Strände ▲
Vietnam hat wunderbare Strände, an denen man Sand, Sonne und Entspannung genießen kann, etwa den China Beach bei Da Nang, der in den Strand von Hoi An übergeht (30 Kilometer, → S. 266), in der Umgebung der Städte Qui Nhon und Nha Trang (→ S. 296), auf den zehn Kilometern zwischen Phan Thiet und Mui Ne (→ S. 313), in Vung Tau (→ S. 316) und auf der großen Insel Phu Quoc im Golf von Thailand (→ S. 364).

Das Wichtigste in Kürze

Im Kapitel **Land und Leute** (→ S. 18) werden vor allem die bewegte Geschichte Vietnams, die Glaubenswelten von Buddhismus, Daoismus und Konfuzianismus sowie die Vielfalt der Völker dargestellt, ohne die das moderne Vietnam nicht zu verstehen ist.
Da es sich um ein sehr schmales, langgestrecktes Land handelt, bietet sich eine Reise von Nord nach Süd oder umgekehrt an. Um der kulturellen Entwicklung des Landes zu folgen, wurde für dieses Buch die Richtung **von Norden nach Süden** gewählt, von der Hauptstadt Hanoi und ihrer Umgebung über die Hauptstadt des 19. Jahrhunderts, Hue, in das Land der Cham, dann entlang der Küste bis in die Metropole des Südens, Saigon, von wo Ausflüge ins Mekongdelta und auf die Badeinsel Phu Quoc möglich sind. Hinweise zur Anreise, zu Unterkünften und Restaurants stehen in den Infokästen am Ende der jeweiligen Kapitel. Im Anhang finden sich die **Reisetipps von A bis Z** (→ S. 368), ein **Sprachführer** (→ S. 385), viele **Lesetipps** (→ S. 392) und ein **Glossar** (→ S. 395).

Seit 1945 wird für die vietnamesische Sprache eine lateinische Umschrift verwendet, die vor allem von den französischen Missionaren ausgetüftelt worden ist. Die Sprache hat sechs Tonhöhen, die bedeutungstragend sind und in der Schrift durch kleine Häkchen, Striche und Punkte, sogenannte **diakritische Zeichen**, markiert sind. In diesem Buch wird darauf verzichtet, weil nur wenige vietnamesische Begriffe verwendet werden, vor allem Namen, die im Zusammenhang völlig eindeutig sind.
Mit Ausnahme der auch im Deutschen etablierten **Städtenamen** Hanoi und Saigon werden alle anderen Namen nach Silben getrennt geschrieben, wie etwa die Marktstadt Sa Pa statt des in anderen Publikationen verwendeten Sapa. Die **Straßennamen** werden wie vielfach üblich ohne die vorangestellten Bezeichnungen für Straße, Weg oder Boulevard angegeben, also heißt die ›Straße des Volksaufstandes‹ in Saigon einfach Dong Khoi statt des offiziellen Duong Dong Khoi.

Boote auf dem Fluss Thu Bon in Hoi An

Informationen

Es gibt kein offizielles Fremdenverkehrsamt, auch die Botschaften können mit touristischen Informationen nicht dienen. Reisebüros helfen weiter, manche tarnen sich in Vietnam sogar als ›Tourist Information Centre‹, doch Ziel ist nur eins: Umsatz durch verkaufte Reisen.

Einreise

Für eine Reise nach Vietnam ist normalerweise ein gültiges Visum erforderlich. Im Sommer 2015 wurde jedoch für deutsche, britische, französische, italienische und spanische Staatsangehörige die Visapflicht ausgesetzt, wenn der Aufenthalt weniger als 15 Tage dauert. Man reist einfach mit einem **Reisepass** ein und erhält einen Einreise- und später Ausreisestempel in den Pass. Wie lange diese Ausnahmeregelung gültig sein wird, ist unbestimmt, es empfiehlt sich eine rechtzeitige Überprüfung auf der Website der Botschaft.

Ansonsten erhält man ein **Visum** innerhalb von ein bis zwei Wochen bei der Botschaft im Heimatland. An manchen Grenzstationen (z. B. am Flughafen in Hanoi) kann man mit einem Bestätigungsschreiben eines vietnamesischen Reiseveranstalters ein **Visum bei Ankunft** (Visa on arrival) erhalten. Diese Visa sind in der Regel preiswerter, aber die Bestimmungen ändern sich häufig, so dass man am besten rechtzeitig vor Reisebeginn (vier bis sechs Wochen) die aktuelle Lage überprüft. Bei Gruppenreisen mit europäischen Veranstaltern besorgt der Veranstalter die Visa.

Visa erlauben meist nur die einmalige Einreise. Wer einen Ausflug nach Kambodscha oder Laos machen und wieder nach Vietnam einreisen möchte, sollte darauf achten, ein **Double- oder Multi-entry-Visum** zu erwerben.

Anreise

Direktflüge von Europa erreichen die Hauptstadt Hanoi im Norden und Saigon im Süden, die wie der dritte internationale Flughafen in Da Nang (Mittelvietnam) auch von den asiatischen Drehscheiben wie Bangkok, Hongkong oder Singapur angeflogen werden.

Per **Eisenbahn** ist die Anreise nur aus China möglich, aber beschwerlich. Moderne **Reisebusse** konkurrieren heute mit den altmodischen Zügen.

Auf dem **Landweg** kann man zudem aus Laos oder Kambodscha nach Vietnam reisen. Beliebt ist die Verbindung aus Phnom Penh (Kambodscha), die auch per **Flussboot** auf dem Mekong interessant ist.

Kreuzfahrtschiffe befahren die Ha-Long-Bucht (Ausflüge nach Hanoi) und ankern in Da Nang (Ausflüge nach Hoi An, My Son oder Hue) und Saigon.

Geld und Währung

Die vietnamesische Währung heißt **Dong** (VND). Mitte 2016 bekam man für einen US-Dollar etwa 22 000 Dong, für einen Euro knapp 24 000 Dong. Es gibt nur Scheine, keine Münzen. Die Landeswährung, mit der man laut Gesetz überall bezahlen kann, erhält man durch Tausch bei Banken, was manchmal etwas mühsam ist, im Hotel, bei Geldwechslern oder in Juweliergeschäften. Der Kurs ist überall ungefähr gleich, man sollte aber unbedingt nachzählen. Tauschbar sind Bargeld und Reiseschecks. Die Zweitwährung im Land ist der **US-Dollar**, so dass es sich empfiehlt, einige Scheine vor allem kleinerer Nennwerte in bar dabei zu haben; sie müssen sauber, glatt und unbeschrieben sein.

Kreditkarten werden in größeren Hotels und Restaurants, bei großen Reisebüros und in Touristenläden angenommen. In den größeren Städten gibt es auch **Bargeldautomaten** (ATM), an denen man mit EC-Karte (nur Maestro, kein V Pay) die Landeswährung bekommt.

Gesundheit

Es sind keine **Impfungen** vorgeschrieben, die üblichen Vorsorgeimpfungen wie Tetanus sollten aber aufgefrischt sein.

Malaria ist in den Städten kein großes Problem mehr, in sehr entlegenen Gebieten

Die Thien-Mu-Pagode in Hue

und je nach Jahreszeit schon noch. Eine Prophylaxe empfiehlt sich nicht, da die übertragenden Mücken praktisch gegen alle Mittel immun sind. Wer vorsichtig sein will, sollte Medikamente zur Behandlung mitnehmen. Man kann auch durch einfache Verhaltensweisen das Risiko verringern, indem man, vor allem ab spätem Nachmittag, körperbedeckende Kleidung trägt, sich mit Mückenschutz einreibt und unter einem Moskitonetz schläft.

Ebenfalls wichtig ist der **Schutz vor der Sonne** durch Kopfbedeckung und Sonnencreme, ausreichendes Trinken, aber nur abgefülltes Wasser, **niemals Leitungswasser**, keine Eiswürfel oder gar Speiseeis. Obst sollte man sorgfältig waschen und bei Straßenständen große Vorsicht walten lassen.

Unterkünfte

Hotels aller Kategorien sind in Vietnam vertreten: 3- bis 5-Sterne-Hotels internationaler Ketten mit ebensolchem Standard, rein vietnamesisch gemanagte Hotels mit 3 oder 2 Sternen (Hotels mit 2 Sternen meist nur in abgelegenen Gebieten) und private Minihotels, die sich in den größeren Städten etabliert haben und in denen meist kleine, aber saubere Zimmer für 20 bis 30 US-Dollar zu haben sind.

Verständigung

Die offizielle Sprache ist Vietnamesisch, im Tourismus ist heute die wichtigste Fremdsprache Englisch. Fremdenführer gibt es aber auch mit Deutsch- oder Französischkenntnissen.

Fahrer, auch von Reisebüros, und Taxifahrer sprechen in der Regel keine Fremdsprache. Bei längeren Rundreisen sollte man einen Führer dabeihaben, für den Taxifahrer kann man sich im Hotel die Ziele aufschreiben lassen und eine Visitenkarte mit der Hoteladresse mitnehmen.

Wichtige Telefonnummern

Polizei: 113
Feuerwehr: 114
Krankenwagen: 115
Vorwahl Vietnam: 0084
Vorwahl Deutschland von Vietnam: 00149
Zentraler Sperr-Notruf von Kredit- und anderen Karten: 00149/116116 oder 00149/30/40504050

Ausführliche Hinweise in den Reisetipps von A bis Z, → S. 368, und im Kapitel ›Reisen im Land‹, → S. 138.

	Buon Ma Thuot	Can Tho	Chau Doc	Da Lat	Da Nang	Hanoi	Ha Tien	Ho-Chi-Minh-Stadt	Hoi An	Hue	My Tho	Nha Trang	Phan Thiet	Tay Ninh	Vinh Long	Vung Tau
Buon Ma Thuot	–	524	570	204	520	1399	687	328	507	612	429	189	410	342	491	440
Can Tho	524	–	116	469	1026	1652	204	171	1130	1244	107	615	365	268	44	254
Chau Doc	570	116	–	572	1060	1556	117	216	1138	1120	185	731	481	320	149	328
Da Lat	204	469	572	–	756	1506	673	300	740	743	374	134	166	399	436	326
Da Nang	520	1026	1060	756	–	750	1132	852	30	98	916	530	781	865	1002	908
Hanoi	1399	1652	1556	1506	750	–	1652	1610	1786	653	1590	1281	1531	1430	1634	1721
Ha Tien	687	204	117	673	1132	1652	–	373	1121	1240	311	819	569	438	237	493
Ho-Chi-Minh-Stadt	328	171	216	300	852	1610	373	–	902	950	74	446	212	90	155	96
Hoi An	507	1130	1138	740	30	1786	1121	902	–	130	1035	515	765	1060	1097	955
Hue	612	1244	1120	743	98	653	1240	950	130	–	1010	628	879	968	1102	1069
My Tho	429	107	185	374	916	1590	311	74	1035	1010	–	520	270	173	74	175
Nha Trang	189	615	731	134	530	1281	819	446	515	628	520	–	250	545	316	408
Phan Thiet	410	365	481	166	781	1531	569	212	765	879	270	250	–	295	332	172
Tay Ninh	342	268	320	399	865	1430	438	90	1060	968	173	545	295	–	235	219
Vinh Long	491	44	149	436	1002	1634	237	155	1097	1102	74	316	332	235	–	256
Vung Tau	440	254	328	326	908	1721	493	96	955	1069	175	408	172	219	256	–

Eine große Vielfalt kennzeichnet Vietnam, eine Vielfalt an Landschaften, an Religionen, an Menschen verschiedener Völker. Nach langen Kriegsjahren befindet sich das Land seit einiger Zeit im Aufbruch in eine bessere Zukunft, die aber auch neue soziale Verwerfungen mit sich bringt.

LAND UND LEUTE

Im Thien-Hau-Tempel in Cho Lon

Vietnam im Überblick

Name: Sozialistische Republik Vietnam.

Sprache: Vietnamesisch.

Alphabet: lateinische Umschrift mit diakritischen Zeichen.

Fläche: 331 114 km² (Deutschland 357 030 km²)

Hauptstadt: Hanoi.

Weitere große Städte: Ho-Chi-Minh-Stadt, Da Nang, Hai Phong.

Staatsgrenzen: im Norden zu China, im Nordwesten zu Laos, im Südwesten zu Kambodscha.

Höchste Erhebung: Phan Si Pan (Fansipan), 3143 m, im Hoang-Lien-Gebirge im Norden, nahe der Grenze zu China.

Lange Flüsse: Roter Fluss im Norden, Mekong im Süden.

Klima: Monsunbestimmtes tropisches und subtropisches Klima, sehr unterschiedlich im Land.

Einwohnerzahl: ca. 94 Millionen (2014).

Bevölkerung: ca. 88% Viet, 54 anerkannte Minderheiten.

Religion: offiziell ohne; die meisten Menschen sind Buddhisten, Daoisten oder glauben an animistische Götter und Genien, ca. 5% Christen, meist Katholiken.

Bevölkerungsdichte: ca. 282 Einwohner pro km² (Deutschland 226).

Lebenserwartung: 70 Jahre.

Alphabetisierungsrate: ca. 95%.

Staatsform: Sozialistische Republik, Parlament, bestimmend ist die Kommunistische Partei.

Staatsoberhaupt: Präsident, repräsentative Funktion, derzeit Truong Tan Sang.

Premierminister: Nguyen Xuan Phuc.

Generalsekretär der KP: Nguyen Phu Trong.

Mitgliedschaft in internationalen Organisationen: z.B. UNO, ASEAN, WTO, IMF, Asian Development Bank.

Landeswährung: Dong.

Pro-Kopf-Einkommen: ca. 3400 US-Dollar (Deutschland ca. 46 000 Dollar).

Inflationsrate: in den letzten Jahren 10%, Tendenz steigend.

Arbeitslosigkeit: offiziell ca. 6%, tatsächlich wesentlich höher.

Zeitzone: MEZ + 6 Std., MESZ + 5 Std.

Nationalfeiertag: 2. September (Tag der Unabhängigkeit).

Vorwahl: +84.

Internetkennung: vn.

Die vietnamesische Flagge

Geographie und Umwelt

Vietnam erscheint auf der Karte als ein langes und schmales Land. Zwischen der Nordgrenze zu China und dem Meer im Süden liegen mehr als 1700 Kilometer, während es an der schmalsten Stelle nur 50 Kilometer von der laotischen Grenze bis zum Meer sind. Das Land hat die Form eines langgezogenen S und wird häufig mit einer der in Asien allgegenwärtigen Tragestangen verglichen, an der zwei Reiskörbe hängen. Damit sind die Tiefebenen des Roten Flusses im Norden und des Mekong im Süden gemeint, die den größten Teil der landwirtschaftlichen Erträge beisteuern.

Die großen Flüsse

Der Rote Fluss entspringt in der chinesischen Provinz Yunnan und erhielt seinen Namen von dem rotbraunen Sediment, das er mit sich führt und in seinem Delta ablagert. Wie bei zahlreichen anderen asiatischen Strömen auch steigt dadurch das Niveau des Flussbettes beständig an, weswegen immer höhere Deiche gebaut werden müssen, um die Wassermassen zu bändigen. Oft liegt das Flussbett schon höher als die umliegende Landschaft, was bei Deichbrüchen zu gewaltigen Überschwemmungen führen kann. Der lebenswichtige Deichbau war somit immer schon eine Gemeinschaftsaufgabe unter Anleitung des Staates oder Herrschers, dessen Schicksal sich häufig genug mit dem Erfolg in der Eindämmung der Wassermassen verband. Andererseits kann das Wasser mitsamt des fruchtbaren Sediments zur Bewässerung und Düngung der Felder verwendet werden, so dass kilometerlange Kanäle das Delta des Roten Flusses, der durch den Zusammenfluss des Klaren Flusses und des Schwarzen Flusses bei Viet Tri im Nordosten des Landes gespeist wird, durchziehen.

Klimatisch noch mehr begünstigt und fruchtbarer ist das Delta des Mekong im Süden, das wegen der neun größten Flussarme ›Neun Drachen‹ (Cuu Long) genannt wird. Weite Landstriche des Südostens liegen nur etwa einen Meter über dem Meeresspiegel und sind von Mangrovensümpfen bedeckt, die allerdings auch ein gutes Versteck für regierungsfeindliche Rebellen waren und deshalb von den Amerikanern weitflächig mit Pestiziden besprüht und somit vernichtet wurden. Hinzu kommt die starke Versalzung des Bodens, da das Meerwasser bei Flut in die Flussarme zurückschwemmt.

Die eigentliche Reiskammer Vietnams sind die weiter von der Küste entfernt gelegenen Gebiete, in denen zwei bis drei Ernten im Jahr eingebracht werden können. Die Bauern ziehen zudem Obstbäume und legen große Blumengärten an, vor allem, um zum Neujahrsfest Tet in den Städten gute Geschäfte zu machen.

Weitere Einnahmequelle der im Durchschnitt recht wohlhabenden Bewohner des Mekongdeltas ist die Zucht von Fischen, Garnelen, Muscheln, Krebsen und weiterem Fluss- und Meeresgetier in Teichen und Käfigen. Da sich dies seit der Liberalisierung der Wirtschaft als einträgliches Geschäft erwies, stiegen die Zahl der Farmen und die Menge des meist für den Export vorgesehenen Fangs beständig an. Dies wiederum führte zu starken Wasserverun-

An der Küste südlich von Nha Trang

reinigungen, zu erkrankten Tieren und als Reaktion zum Einsatz von großen Mengen an Antibiotika und Mastfutter. Dem ökologischen Gleichgewicht des Mekong hat dies nicht gutgetan.

Die großen, tief im Wasser liegenden Flussschiffe, die bis oben hin mit Sand beladen sind, belegen, dass der Fluss sehr intensiv ausgebaggert wird. Der Sand ist dann einige Monate später in Form von Hochhäusern am Stadtrand von Saigon wieder zu sehen.

Die Berge

Die langgezogene Küste im Osten, zum Südchinesischen Meer, hat ein schmales, flaches Hinterland. Dann steigt die Landschaft langsam an, erreicht Höhen zwischen 1000 und 1500 Metern und erhebt sich schließlich zur 1200 Kilometer langen Truong-Son-Bergkette, die Vietnam von seinen westlichen Nachbarn, Kambodscha und Laos, trennt. Der höchste Berg des Landes liegt jedoch im Hoang-Lien-Gebirge im Nordwesten, nicht weit von der chinesischen Grenze. Er heißt Phan Si Pan (auch Fansipan geschrieben) und ist 3143 Meter hoch.

Das Hochland war in der Vergangenheit fast vollständig von Wald bedeckt, doch heute ist dort kaum noch ein Baum auszumachen. Abholzungen und Brandrodung gibt es schon lange, aber der Prozess des ökologischen Kahlschlags beschleunigte sich mit der Anlage von großen Kautschuk- und Kaffeeplantagen in der Kolonialzeit, die mit der Verdrängung der einheimischen Bevölkerung von den fruchtbaren Böden einherging. Die amerikanischen Entlaubungsaktionen vernichteten in den knapp zehn Jahren zwischen 1962 und 1971 mehr als 20 Prozent des Waldbestandes und fast 40 Prozent der Mangrovensümpfe, weitere Waldgebiete wurden durch die Bombenteppiche zerstört.

Die ökonomischen und ökologischen Langzeitfolgen sind bis heute noch nicht abzusehen. Die verfehlte Umsiedlungspolitik der vietnamesischen Regierung zur Entlastung vom steigenden Bevölkerungsdruck nach 1975 fällt gegenüber solchen massiven Eingriffen in die Natur kaum noch ins Gewicht. Die wenigen verbliebenen Waldgebiete werden bis heute zum Export des wertvollen Tropenholzes ausgebeutet, doch zunehmend setzt sich bei der politischen Führung die Erkenntnis durch, dass auch längerfristige Überlegungen die Politik bestimmen können. So wurden außer den ›alten‹ Nationalparks Cuc Phuong und Cat Ba weitere Gebiete unter Schutz gestellt, und es gibt erste Anstrengungen zur Wiederaufforstung, die jedoch den Umfang der jährlichen Abholzung noch nicht ausgleichen.

Drei Landesteile

Nach geographischen Kriterien wurde das Land schon zur französischen Kolonialzeit in drei Regionen aufgeteilt. Tongking im Norden heißt heute Bac Bo, umfasst etwa ein Viertel des Territoriums bis zur Provinz Thanh Hoa, ist aber Heimat von 40 Prozent der Bevölkerung. Südlich davon liegt Annam, heute Trung Bo genannt, die lange Tragestange zwischen den Reiskörben, mit umgekehrt 40 Prozent des Landes, aber nur 25 Prozent der Bevölkerung. Der Süden besteht aus der westlichen Ebene an der Grenze zu Kambodscha sowie dem Mekongdelta, wurde von den Franzosen wie den Portugiesen Cochinchina genannt und heißt inzwischen Nam Bo. Die beiden unterschiedlich dicht besiedelten Gegenden im Süden gleichen sich statistisch aus zu 35 Prozent Territorium und 35 Prozent der Landesbevölkerung.

Fast 400 Kilometer vor der Küste in der Höhe von Da Nang liegen die zwischen China und Vietnam umstrittenen Paracelinseln, weiter südlich und etwa 500 Kilometer vor der Küste die ebenfalls zwischen diesen beiden sowie weiteren Ländern umstrittenen Spratlyinseln, bei denen Erdöl vermutet wird. Die größte Insel Vietnams heißt Phu Quoc und liegt im Golf von Thailand vor der Küste Kambodschas.

Frachtschiffe auf dem Mekong

Mädchen in Sa Pa

Die Menschen

In Vietnam leben ungefähr 94 Millionen Menschen. Dies stellt eine Vervierfachung gegenüber 1950 und mehr als eine Verzehnfachung in den letzten hundert Jahren dar. Bedenkt man die großen Verluste an Menschenleben in den Kriegsjahren und die Fluchtbewegungen danach, so wird leicht erkennbar, dass die starken Wachstumsraten erst in den letzten Jahren, vor allem seit der Wirtschaftsreform, entstanden sind. Die vietnamesische Bevölkerung ist also vergleichsweise jung und birgt gleichzeitig das Potential für weiterhin schnell steigende Zahlen. Das Bevölkerungswachstum lag in der Vergangenheit zwischen 2,2 und 2,6 Prozent, soll aber nach einer Umorientierung in der Regierungspolitik auf 1,5 Prozent gesenkt werden. Dazu wird allen Familien eine Ein-Kind- oder Zwei-Kind-Planung empfohlen, während sie für Parteimitglieder Vorschrift ist. Diese können sogar aus der Partei ausgeschlossen werden, wenn sie mehr als zwei Kinder haben.

Eine rigide Ein-Kind-Politik, wie sie seit 30 Jahren in China praktiziert wird, ist für Vietnam kaum vorstellbar, zumal inzwischen auch die sozialen Nachteile erkennbar sind. Die Zwickmühle gilt aber für Vietnam gleichermaßen. Das hohe Bevölkerungswachstum erhöht die sozialen Kosten, die der Staat kaum aufbringen kann, führt zu hoher Arbeitslosigkeit, die offiziell verschleiert wird, und frisst den größten Teil des Wirtschaftswachstums wieder auf. Die kulturellen Traditionen, in erster Linie die Ahnenverehrung, verlangen aber nach Nachkommen, vor allem nach Söhnen, die die Verantwortung für die Familie und die Opfergaben zu übernehmen haben. In China hat die Ein-Kind-Politik zu Zwangsabtreibungen bis zum achten Monat, zu Morden an weiblichen Neugeborenen, zu Kinderhandel und einem ungeheuren Druck auf die Einzelkinder geführt; in manchen Gegenden stehen 100 Frauen bis zu 127 Männern gegenüber, was zu Entführungen und einer Art Sklavenhandel von Frauen im heiratsfähigen Alter führte. Der vietnamesischen Regierung ist dies natürlich alles bekannt, und sie tut gut daran, sich auf diesem Gebiet sehr vorsichtig zu bewegen.

Das Dorf

Der Ideologie und dem Machtanspruch der Herrscher auf Landesebene (von den frühen Königreichen bis heute) steht die wichtigste Organisationseinheit der vietnamesischen Gesellschaft, das Dorf, entgegen. Bis heute sind Dörfer in Nordvietnam kompakte Festungen, von Mauern oder dichten Hecken umgeben, was nicht nur dem Schutz gegen Tiere und Angreifer diente, sondern auch den Blick nach innen, auf die überschaubare soziale Gruppe, konzentrierte. Das Dorf war die funktionierende wirtschaftliche und soziale Einheit. Auf Gemeinschaftsland baute man den Dinh, ein Gemeinschaftshaus für Versammlungen, die Verwaltung und gleichzeitig Tempel für den Schutzgott des Dorfes. Jedes Dorf wählte seinen Schutzgott aus, der animistischer Tradition entstammen oder ein nationaler oder lokaler Held sein konnte und zur Zeit der Monarchie häufig vom Hof offiziell ›anerkannt‹ wurde. Das hieß jedoch nicht, dass der Gott nicht abgesetzt werden konnte, wenn das Dorf in Schwierigkeiten geriet. Das Dorf gewann so zwar eine kollektive Identität, mit der es sich häufig genug gegen die Zentralmacht durchsetzte, erwies sich allerdings auch durch die direkte Verbindung lokaler Macht mit der religiösen Sphäre einschließlich des Schutzes der Ahnengräber als ausgesprochen konservatives Element in der gesellschaftlichen Entwicklung. Die Kommunisten passten in der Frühphase, als sie noch nicht die zentrale Macht besaßen, ihre ohnehin nur oberflächlich adaptierte marxistische Lehre geschickt dieser harmonischen und egalitären Denkweise an.

Diese Beobachtungen gelten vor allem für den bis heute konservativen Norden des Landes, während sich im Süden durch die wesentlich offenere kulturelle Tradition der Khmer die Dörfer nicht in dieser Weise abschließen und keinen Brennpunkt wie den Dinh haben. Hier steht mehr die Familie im Vordergrund, was schon rein äußerlich an den weit verbreiteten Streusiedlungen zu erkennen ist. Auch scheinen Lebensstil und Wirtschaftsweise der Kolonialherren im Süden mehr Anklang gefunden zu haben, so dass das weltoffenere Leben aus der Vorkriegszeit heute sehr schnell in Städten wie Saigon erneut Einzug gehalten hat.

Die Viet und andere Völker

Etwa 88 Prozent der Einwohner Vietnams sind ethnische Vietnamesen, die sich selbst Kinh nennen. Die restlichen zwölf Prozent oder zehn Millionen Menschen gehören zu 54 anerkannten anderen Völkern, die ›Minderheiten‹ genannt werden. Die größten Gruppen sind verschiedene Tai-Völker mit etwa drei Millionen Menschen, etwa 1,5 Millionen Angehörige von Khmer- und Mon-Völkern sowie mehr als eine Million Chinesen. Manche Völker verzeichnen auch nur noch einige tausend Mitglieder, und die Cham, deren Reich einst die ganze Mitte des heutigen Vietnam umfasste, wurden auf etwa 80 000 Menschen reduziert.

Junge Frauen beim Fotoshooting in der Zitadelle von Hanoi

Novize in der Thien-Mu-Pagode von Hue

Die Viet wanderten vermutlich aus dem heutigen Südchina in das Delta des Roten Flusses ein und entstanden viel früher aus einer Verschmelzung von mongolischen und austro-indonesischen Völkern. Während ihre Sprache schon zu dieser Zeit mehr mongolisch-chinesische Anteile aufwies, blieben einige Bräuche der südostasiatischen Inselvölker erhalten, wie etwa das Tätowieren, das Betelkauen sowie das Feilen und Schwärzen der Zähne. Sehr selten kann man dies noch bei sehr alten Frauen beobachten. In ihrer gesellschaftlichen Organisation hat sich das chinesische Modell des Konfuzianismus mit seinen strengen Hierarchien festgesetzt. Die Kommunistische Partei mit ihrem Kadersystem ist dabei, trotz aller revolutionären Rhetorik, wie in China die tragende Säule dieser feudalistischen Abhängigkeitsbeziehungen, die Alte über Junge, Machthaber über Beherrschte und Männer über Frauen stellen.

Chinesen

Die ethnischen Chinesen stellen die Loyalität zur Familie an die oberste Stelle, kennen aber auch den Zusammenhalt des Dorfes. Außerhalb ihrer Heimat jedoch vermischen sie sich kaum mit der lokalen Bevölkerung, sondern leben in ›Chinatowns‹ zusammen, wie etwa Cho Lon. Ihre Zahl reduzierte sich nach der Vereinigung von 1975, vor allem aber nach der ›Vergeltungsaktion‹ chinesischer Truppen im Februar 1979 als Antwort auf die Besetzung Kambodschas, beträchtlich (→ S. 95). Lebten 1975 noch etwa 2,5 Millionen von ihnen vor allem im Süden, so sind es heute, nach der Flucht von tausenden von Boat People, noch etwa eine Million, allerdings mit wieder steigender Tendenz. Ihre Vorfahren waren im Laufe der 1000-jährigen Oberhoheit Chinas eingewandert oder zu anderen Zeiten, in denen der mächtige Nachbar im Norden das Reich der

Ausstellung von Kleidung der Minderheiten in Sa Pa

Viet als Tributstaat betrachtete. Sie besetzten und besetzen meist Stellen im Handel, wobei ihnen oft ein weltumspannendes Netz von Verwandten zugutekommt. Nachdem ab 1978 vielfach die Privatvermögen von Chinesen konfisziert wurden – dem versuchten sich viele durch Flucht zu entziehen –, erlebten die Händler aus Cho Lon seit der Einführung von Doi Moi, der wirtschaftlichen Liberalisierung, im Jahre 1986 einen neuen Boom und gehörten zu den ersten Gewinnern der neuen Offenheit Vietnams.

Bergvölker

Die Bergvölker lassen sich nach linguistischen Kriterien in vier große Gruppen einteilen: die Tai, die vor allem in den Tälern des Nordwestens leben, Reis anbauen und mit anderen Völkern jenseits der Grenze verwandt sind; die sinotibetischen Völker, zum Beispiel Hmong, Mien und Meo, die im nördlichen Hochland halbnomadisch leben; die austro-asiatischen Gruppen im zentralen Hochland, wie Bahnar, Khatu, Ma, Sre, Xhua, Sedang und Mnong, die Mon-Khmer-Sprachen, vergleichbar mit dem Vietnamesischen, sprechen; und schließlich die malaiisch-polynesischen Völker, zu denen die Cham, Jarai, Radai und Raglai gehören, die heute im südlichen Teil des zentralen Hochlandes leben und früher zur hinduistischen Kulturkette von Indien bis nach Indonesien gehörten.

Außer den Khmer, die einst den Süden, und den Cham, die die Mitte des heutigen Vietnam besiedelten und bei der Ausdehnung der Viet an den Rand gedrängt wurden, lebten auch andere Völker, wie etwa die Muong, schon immer in dieser Region. Andere wanderten erst in den letzten Jahrhunderten in die Bergregionen ein. Manche sind den Viet sehr ähnlich, so zum Beispiel die sesshaften Bauern der Nung im Norden, andere leben bis heute als Halbnomaden wie etwa die Meo. Die meisten errichten Holzhäuser zum Leben, teilweise zum Schutz gegen Tiere auf Pfählen. Fast alle hängen außer dem Ahnenkult auch verschiedenen Geisterglauben an, während manche sich im Zuge der politischen Auseinandersetzungen sogar dem Katholizismus zuwandten. Vor allem im zentralen Hochland zogen Franzosen und Amerikaner verschiedene Völker auf ihre Seite und machten sie zu Verbündeten im Kampf gegen die Vietnamesen. Die Franzosen nannten die Völker ›Montagnards‹, ein Name, den einige bis heute mit Stolz tragen, um sich von der abwertenden Bezeichnung ›Minderheit‹ abzusetzen.

Die Viet und die ›Minderheiten‹

Die kommunistischen Machthaber betrieben lange Zeit eine Marginalisierungspolitik gegenüber den ›Minderheiten‹, die sie auch als minderwertig ansahen. Das Tragen der traditionellen Kleidung, die Pflege der eigenen Sprache und das Wirtschaften in kleinen, privaten Einheiten wurden unterdrückt. Dies hat sich in den letzten Jahren ein wenig gelockert, doch hat die politische Führung weder ihr Misstrauen noch ihre Geringschätzung abgelegt.

Die überaus große Vielfalt Vietnams bildet nur in der staatlichen Propaganda eine harmonische Gesellschaft. Vielmehr wird das Land, wie immer in seiner Geschichte, auch heute noch von großen Spannungen beherrscht. Wie in seiner geographischen Gestalt, so verläuft auch die gesellschaftliche Haupt-Kraftlinie von Norden nach Süden. Dies resultiert nicht vorrangig aus der Spaltung des Landes in diesem Jahrhundert, sondern hat seine Ursache in wesentlich älteren und tiefgreifenderen kulturellen und gesellschaftlichen Unterschieden, die nicht durch autoritäre Herrschaft aus dem Norden aufgelöst werden können, sondern nur durch tatsächliche Toleranz gegenüber unterschiedlichen Lebensweisen.

Ein Angehöriger des Volks der Bahnar im südlichen Hochland

Sprache und Schriften

Die Herkunft der vietnamesischen Sprache ist weitgehend unklar. Man vermutet, dass die phonetische Struktur von Völkern aus der heute indonesischen Inselwelt stammt, während die Tonhöhen wohl aus dem Chinesischen übernommen wurden. Denn das Vietnamesische ist ähnlich wie das Chinesische eine Sprache, deren Einheiten aus Silben bestehen. Jede Silbe bezeichnet in der Regel einen Begriff, etwa ›nha‹ für ›Haus‹, und kann durch eine zweite Silbe abgewandelt werden, so bedeutet ›nha hat‹ ›Theater‹. Da nur eine bestimmte Menge an Silben zur Verfügung steht, es aber viel mehr Begriffe gibt, können mit den Silben bis zu sechs Tonhöhen verbunden werden. Sie werden in der Schrift durch diakritische Tonhöhenzeichen verdeutlicht und sind als Variation der Silbe bedeutungstragend. So bedeutet die einfache Silbe ›ga‹ im ersten, ebenen Ton, bei dem die Tonhöhe unverändert bleibt, ›Bahnhof‹, im zweiten, tiefen ebenen Ton ›Huhn‹, im dritten, von der normalen Tonhöhe ansteigenden Ton ›verpfänden‹, im vierten, tiefen, gepressten Ton, bei dem der Vokal abrupt abgebrochen wird, ›verleiten, verführen‹, im fünften, dem Frageton, der zuerst fällt, dann steigt, ›Einwilligung zur Eheschließung der Tochter‹ und schließlich im sechsten, einem ansteigenden, dann abgebrochenen Ton, ›Bursche‹. Man stelle sich vor, ein Bursche mit einem verpfändeten Huhn verleitet am Bahnhof einen Mann dazu, ihm die Einwilligung zur Eheschließung seiner Tochter zu geben.

Obwohl die diakritischen Zeichen also von großer Bedeutung sind, wurde in diesem Buch darauf verzichtet, weil sie einerseits das Lesen unnötig erschweren und andererseits im Text fast nur Namen auf Vietnamesisch vorkommen, die durch den Zusammenhang eindeutig sind.

Zähneputzen nicht vergessen!

Im Prinzip wird Vietnamesisch im ganzen Land gesprochen, allerdings haben die ›nationalen Minderheiten‹ jeweils ihre eigene Sprache, von denen einige nahe beim Vietnamesischen liegen, andere aber aus ganz anderen Sprachfamilien stammen. In allen Schulen wird auf Vietnamesisch unterrichtet, aber es kann vorkommen, dass alte Leute im Hochland nicht zur Schule gingen und nur ihre Muttersprache beherrschen. Nicht immer waren die Viet den Bergvölkern freundlich gesinnt (vor allem, weil einige mit den Franzosen und/oder den Amerikanern paktierten), so dass zeitweise die Sprachen der Minderheiten verboten und unterdrückt wurden. Derzeit ist

Druck von Neujahrsbildern im Dorf Dong Ho

die Lage etwas entspannter, doch die Schul- und Sprachsituation in den abgelegenen Berggebieten ist weiterhin unbefriedigend, da es kaum Lehrkräfte aus den Minderheitenvölkern gibt.

Auch im Vietnamesischen selbst gibt es Dialekte und sprachliche Varianten. Als Keimzelle der vietnamesischen Kultur nimmt Hanoi natürlich für sich in Anspruch, Hort des ›Hochvietnamesischen‹ zu sein. Tatsächlich ist die Zahl der Literaten hier wesentlich höher als im Süden, die Töne werden klarer ausgesprochen, es gibt weniger Anglizismen. Wer die Sprache lernen will, sollte dies also am ehesten in Hanoi tun.

Die vietnamesische Schrift, die heute auf 22 lateinischen Buchstaben beruht, hat eine bewegte Geschichte hinter sich. Bis ins 20. Jahrhundert hinein benutzten Gelehrte oft die chinesischen Schriftzeichen. Vom Hochchinesischen (Mandarin) ist das Vietnamesische ähnlich weit entfernt wie das Kantonesische (das in der Provinz Guangdong und in Hongkong gesprochen wird), und auch in diesem Fall sind die Schriftzeichen gleich. Aus politischen Gründen, man wollte sich von der Kolonialmacht China absetzen, wurde jedoch parallel ab dem 12. Jahrhundert eine dem Chinesischen ähnliche, aber nicht identische Zeichenschrift namens Chu nom entwickelt. Sie fand zwar in der Literatur einige Verbreitung, konnte sich aber nie wirklich durchsetzen. Die echten Gelehrten schrieben weiter Chinesisch, und das Volk konnte überhaupt nicht schreiben.

Nach Ankunft der Europäer versuchten diese – in China wie in Vietnam – latinisierte Umschriften der beiden Tonsprachen zu schaffen. Einen wesentlichen Beitrag dazu leistete in Vietnam der französische Missionar Alexandre de Rhodes (1591–1660), der sich von 1627 bis 1645 mehrfach in Vietnam aufhielt

Rot ist die Glücksfarbe, natürlich auch für Kalender

und an einem annamitisch (vietnamesisch)-lateinisch-portugiesischen Lexikon arbeitete. Er baute auf den Vorarbeiten anderer auf, und seine Arbeit wurde von wieder anderen vollendet, doch aufgrund seines bedeutenden Beitrags gilt er als Vater des ›Quoc ngu‹, der latinisierten Umschrift des Vietnamesischen, die heute die offizielle Schrift ist.

Feste und Feiertage

Die meisten Feiertage sind religiösen Ursprungs und werden deshalb nur noch eingeschränkt begangen. Fast alle Feste werden nach dem traditionellen Mondkalender terminiert, schwanken also nach dem westlichen Kalender von Jahr zu Jahr um mehrere Tage oder gar Wochen.

Das Frühlings- oder Neujahrsfest Tet

Es wird einfach Tet genannt, was schlicht ›Fest‹ bedeutet, ist aber dennoch das wichtigste Ereignis des Jahres, die einzige Zeit, in der praktisch das gesamte Land stillsteht und sich den Feierlichkeiten in der Familie hingibt. Das neue Jahr nach dem Mondkalender beginnt am ersten Neumond nach der Wintersonnen-wende und fällt nach dem westlichen Kalender in die Zeit zwischen Mitte Januar und Mitte Februar.

Zum Neujahr muss alles neu sein. So sind die Tage vor dem Fest von großer Betriebsamkeit geprägt. Das ganze Haus vom Dach bis zur Eingangstür muss gereinigt und mit neuer Dekoration versehen werden. Auf dem Markt kauft man Blumen und Sträucher, die so gezüchtet werden, dass sie just zum Tet blühen oder ihre perfekte Form erreichen. Sehr beliebt sind zu Kegeln geschnittene Orangenbäumchen, denn ihre runden Früchte symbolisieren Harmonie und Perfektion; zur Tradition gehören auch die Kumquat-Bäumchen mit ihren gelben bis orangenen euterförmigen Früchten. Mit den Bäumchen und zart blühenden Kirsch- oder Pfirsichzweigen werden der Ahnenaltar mit den Bildern der Verstorbenen der Familie und, wo es ihn noch gibt, der Altar des Herdgottes geschmückt. Früher hat man auch der Figur des Herdgottes im wörtlichen Sinne Honig um den Mund geschmiert. Denn nach der Legende fährt der Herdgott Tao am 23. Tag des zwölften Monats in den Himmel auf und berichtet dem Jadekaiser über die Familie, und er soll natürlich mit süßen Worten nur Positives vermelden.

Zur Dekoration gehören auch Neujahrsbilder, die früher in speziellen Handwerkerdörfern wie dem Dorf Dong Ho (→ S. 198) östlich von Hanoi von Hand gedruckt wurden. Sie zeigen Szenen aus Legenden, runde Früchte, vor allem Pfirsiche, oder üppige Fische, eine chinesische Tradition, denn das chinesische Wort ›yu‹ für Fisch ist gleichlautend mit dem für ›Überfluss‹, und so zeigt man am liebsten Goldfische, denn wer hätte nicht gerne einen Überfluss an Gold. Viele Motive sind aus China übernommen, doch manche Symbole sind auch eigenständig. So schützt der Hahn das Haus, das Schwein steht für Wohlstand und gute Ernten, der Phönix für Schönheit und Frieden. Auch werden Heroen der Geschichte, Schutzgeister oder humorvolle Szenen, etwa eine Mäusehochzeit, dargestellt. Eine Zeitlang waren auch üppige runde Kinder auf den Neujahrsbildern beliebt, doch scheint dies etwas aus der Mode gekommen zu sein, genau wie die großen Traktoren, die wohl die sozialistische Landwirtschaft mit dem traditionellen Fest versöhnen sollten.

Auch im Geschäftsleben ist einiges zu tun, denn vor dem Neujahr sollten alte Geschäfte möglichst zum Abschluss gebracht werden, auf jeden Fall muss man seine Schulden begleichen und sich auf der Bank frisch gedruckte Geldscheine besorgen, die zum Neujahr in roten Umschlägen an Untergebene, Bedienstete, das Hauspersonal, an Kinder und Leute, die in der gesellschaftlichen Hierarchie tiefer stehen, denen man aber etwas schuldet, verteilt werden.

Um Mitternacht ertönte dann ein unglaubliches Crescendo von Knallfroschketten, Feuerwerkskörpern und teilweise selbst gebastelten Böllern und Raketen. Da es dabei zu vielen Unfällen kam, sind die privaten Knallereien offiziell verboten und wurden durch ein von der jeweiligen Stadt organisiertes Feuerwerk ersetzt, aber so ganz gelang dies natürlich nicht.

Die nächsten Tage gehören der Familie. Man geht gemeinsam in den Tempel, vor allem aber gibt man sich ausgiebigen Banketten hin, die in tagelanger Arbeit vorbereitet wurden. Man isst zum Beispiel Banh chung, viereckige Kuchen aus Klebreis, die mit roten Bohnen oder mit Zucker gefüllt werden. Ein genaues Besuchsprogramm nach verwandtschaftlichen Verhältnissen und sozialer Stellung kommt in Gang, und überall wird natürlich ordentlich gegessen und getrunken. Traditionell dauerten die Festlichkeiten 15 Tage, heute sind es offiziell drei Tage, mit den ganzen Vorbereitungen und Reisen haben die meisten Leute eine Woche frei, oft der einzige Urlaub im Jahr.

Für Touristen ist das Neujahrsfest keine gute Reisezeit. Millionen sind unterwegs in ihre Heimatdörfer, die Straßen sind verstopft, Züge, Flüge, Busse überbucht. Vor dem Fest herrscht große Hektik, Läden und Märkte sind überlaufen, zum Fest ist alles dicht. Die Geschäfte und alle Sehenswürdigkeiten sind geschlossen.

Totengedenkfest

Am fünften Tag des dritten Mondmonats, der gewöhnlich in den April fällt, wird das Totengedenkfest (Thanh minh) begangen. Man besucht und reinigt die Gräber der Vorfahren, legt Opfergaben wie Obst, Reis und Schnaps ab, zündet Räucherstäbchen und Papiergeld aus der Höllenbank in Millionenbeträgen an. Den Ahnen soll es schließlich an nichts fehlen, denn man glaubt, dass ihre Seelen noch drei Generationen lang umherschwirren und in das Leben ihrer Nachkommen eingreifen können.

Auch am 15. Tag des siebten Monats besucht man zum Fest Trung nguyen die Gräber der Verwandten und bringt Opfergaben dar.

Buddhas Geburtstag

In den Pagoden vermischen sich die buddhistischen und daoistischen Aspekte schon beträchtlich, und von den ursprünglichen philosophischen Grundlagen der Religionen ist wenig geblieben. So ist auch die Feier von Buddhas Geburtstag eher als Konzession gegenüber dem Daoismus zu sehen, dessen zahllose Heilige viele Anlässe für Feiern bieten. Historisch ist Buddhas Geburtstag nicht überliefert, man ist sich nicht einmal über das Geburtsjahr des indischen Prinzen wirklich einig. Gefeiert wird jedenfalls am 8. Tag des vierten Mondmonats, meist im Mai, und unter dem Vorsitz hochrangiger Mönche versammeln sich die Gläubigen in den Pagoden und waschen die Figuren mit geweihtem Wasser.

Mittsommerwende

Das Fest der Sommerwende (Doan ngu) wird am fünften Tag des fünften Monats, also Ende Mai oder Anfang Juni begangen. Die Gläubigen besuchen die Tempel und opfern vor allem den zehn Höllenkönigen, die in fast jedem Tempel dargestellt werden. Diese führen Buch über das Verhalten jedes einzelnen und

Verbrennen von Geld aus der Höllenbank

Vergoldete Figuren der Höllenkönige im Chua Phung Son Tu in Cho Lon

bestimmen, welchen Qualen (oder Wonnen) er nach seinem Tod ausgesetzt sein wird. Manche Reliefdarstellungen sind in dieser Hinsicht äußerst drastisch, wie zum Beispiel im Tempel des Jadekaisers in Saigon (→ S. 330).

Mittherbstfest

Im späten September, genau am 15. Tag des achten Monats, wird das Mittherbstfest begangen, das in den letzten Jahren wieder beliebter und immer stärker zu einem Kinderfest wurde. Es wird auch Laternenfest genannt, und so sieht man Kinder mit selbstgebastelten Laternen durch die Straßen und, falls vorhanden, auf Berge und Hügel ziehen, von denen aus der Mond beobachtet werden kann. Man isst dazu reichhaltige Mondkuchen, in deren Teigmantel eine süße Füllung aus roten Bohnen oder traditionell aus einer aus Eiern, Lotossamen, Erdnüssen, Rosinen und Zucker zusammengemischten Masse dem Magen einiges zu tun gibt. Das Verschenken von Mondkuchen in möglichst opulenten Verpackungen hat sich heute im Geschäftsleben als Möglichkeit etabliert, die guten Beziehungen zu pflegen.

Tempelfeste

Jeder Tempel hat sein eigenes Fest, das sich entweder auf die dort am meisten verehrte Figur, auf das Gründungsdatum des Tempels oder ein lokales historisches Ereignis beziehen kann. Auch diese Daten werden immer nach dem Mondkalender festgelegt. Sie sind ein Anlass, den gesamten Tempel zu reinigen und auszubessern, neue Anstriche anzubringen, Bäume zu pflanzen oder ähnliche Wohltaten zu vollbringen. Zahlreiche Pilger besuchen zum Fest den Tempel, schon über die Jahrhunderte war dies neben dem Neujahrsfest einer der wenigen Termine, der die harte Landarbeit unterbrach. Und so stand und steht heute neben der Verehrung der Götter die Unterhaltung der Besucher auf dem Programm.

Die größeren Tempelfeste dauern zwei bis drei Tage, und in der Umgebung der Tempel entstehen ausgedehnte Rummelplätze, auf denen die Besucher auf einer Bühne mit Musik- und Tanzprogrammen unterhalten und an zahllosen Imbissständen mit Essen und Trinken versorgt werden. An Verkaufsständen kann man alles mögliche erwerben, vom Kinderspielzeug bis zum unglaublichsten religiösen Kitsch.

Philosophien und Religionen

In allen Gesellschaften gibt es über die Jahrhunderte entworfene religiöse Theorien und Praktiken, die einerseits schwer erklärbare Naturphänomene begreiflich machen und andererseits den Anfang und das Ende menschlichen Lebens erklären und erträglicher gestalten sollen. So verbinden sich Religionen mit Erschaffungs- und Ursprungsmythen und suchen Lösungen für ein, wie auch immer erdachtes, Leben nach dem Tode. Alltägliche Praktiken ordnen den Tages- und Jahresablauf, bestehen gleichzeitig aber fast immer aus Akten der Unterordnung oder Unterwerfung, was die gesellschaftliche Hierarchie im Interesse der Obenstehenden aufrechterhält.

In Gesellschaften mit einer starken Bindung an den Boden ist auch die Religion zunächst an den Boden gebunden, wie dies in Vietnam in erheblichem Maß der Fall ist. Viele Landbewohner glauben an Geister in Bäumen und Felsen, die bösartig oder, wenn man ihnen opfert und sich untertänig zeigt, helfend und schützend wirken können. Jedes Dorf ›erwählt‹ sich zudem einen Schutzgeist, der in einer separaten Abteilung des Dinh (Gemeindehaus) verehrt wird. Diese Schutzgeister können Naturgeister, nationale Helden, andere zu Göttern erhobene historische Personen oder Götter aus dem Pantheon der adaptierten Religionen sein.

Nebenaltar mit Bildern Verstorbener

Buddhistische Mönche in der Chua-Vinh-Nghiem-Pagode in Saigon

Auch Menschen werden von Geistern beherrscht, die bei der Geburt in den Körper hinein- und beim Tod wieder hinausfahren. Anschließend schwirren sie umher, was die Notwendigkeit verdeutlicht, ihnen eine Heimstatt zu bieten und sie zu besänftigen. Dies geschieht wieder durch Aufstellen von Ahnenaltären in jedem Haus und tägliche Opfergaben.

Viele dieser uralten Ideen und Praktiken lassen sich bis heute beziehungsweise nach der religiösen Liberalisierung heute wieder beobachten. Während die westlichen Gesellschaften ihre religiösen Kulte hoch formalisiert und abstrahiert haben, geschah dies in Asien kaum. Dies lag daran, dass die philosophischen Systeme, die die asiatischen Gesellschaften bestimmen und die alle 600 bis 300 Jahre vor unserer Zeitrechnung entstanden, anders als das Christentum und der Islam keinen Alleinvertretungsanspruch stellen und nicht mit Feuer und Schwert missionierten. Buddhismus, Daoismus und Konfuzianismus, soweit man sie als Religionen bezeichnen kann, boten vielmehr dem Einzelnen Lebensphilosophien an, die sich gegenseitig tolerierten und nur bedingt miteinander konkurrierten.

Außerdem waren in Vietnam zahlreiche lang anhaltende Bestrebungen zu beobachten, die populären, mehr an religiösen Praktiken als an der Philosophie orientierten Ausprägungen einander anzunähern und oft genug als im Grunde als ein und dasselbe anzusehen. Dies ist bis heute in Tempeln und Klöstern deutlich zu erkennen, die vollkommen eklektisch Götterfiguren, Legenden und Praktiken verschiedener Richtungen unter einem Dach vereinen. In diesem Sinne gibt es eigentlich keine ›rein buddhistischen‹ Tempel in Vietnam, und jede zwanghafte Kategorisierung, wie sie gelegentlich angestrebt wird, erscheint mehr als von außen aufgezwungene Erbsenzählerei.

Die Betroffenen sehen solche Fragen vollkommen pragmatisch: Je mehr Götter da sind, desto größer sind die Chancen, dass einer von ihnen hilft; auch Götter sind Spezialisten, Profis sozusagen, also braucht man viele, um für jede Gelegenheit den richtigen bei der Hand zu haben. Die asiatischen Religionen nahmen diesen bereits vorhandenen Pragmatismus auf und verstärkten ihn noch, während das Christentum als monotheistische, extrem dogmatische Religion praktisch zwangsläufig scheitern musste.

Der Buddhismus

Die bedeutendste Religion Asiens geht auf den indischen Prinzen Siddharta Gautama (etwa 563–483 vor Christus) zurück, der seinem irdischen Reichtum entsagte und nach einem Sinn des Lebens suchend umherwanderte, bis er, unter einem Bodhibaum sitzend, die Erleuchtung erlangte. Er erkannte das menschliche Leben als Prozess des Leidens, so dass der Mensch sich von den irdischen Gelüsten befreien und abstinent leben müsse, um in einer höheren Form wiedergeboren zu werden und letztendlich in das Nirwana, die höchste Form der Befreiung, einzugehen. In Gesprächen brachte Siddharta diese Erkenntnisse seinen Schülern nahe, die später einige seiner Lehren aufschrieben. Bei seinem Tod ging der Lehrer nach Auffassung seiner Schüler direkt ins Nirwana ein. Er wurde anschließend als ›der Buddha‹ (der Erleuchtete) bezeichnet. Er ist kein Gott, wird nicht angebetet, sondern verehrt und greift nicht in das Leben der Menschen ein.

Verbreitung des Buddhismus

Erst später bildeten sich verschiedene Klöster von buddhistischen Mönchen und damit verschiedene Lehrmeinungen. Die entscheidende Frage dabei war, ob jeder Mensch ein Buddha werden konnte und ob die Erlösung mit Hilfe der sogenannten Bodhisattvas – Erleuchteten, die ihren Eingang ins Nirwana aufschieben, um anderen zu helfen – erreicht werden konnte. Beide Fragen verneinte der Hinayana-Buddhismus (auch ›Kleines Fahrzeug‹ genannt), der sich vor allem in Südindien, Sri Lanka, Burma, Siam (Thailand), und im Khmer-Reich (und damit auch im heutigen Südvietnam) ausbreitete. Der Mahayana-Buddhismus (›Großes Fahrzeug‹) hingegen bot den Gläubigen diesen Abkürzungsweg zur Erlösung an und öffnete sich damit für die Verehrung von Heiligen auch aus anderen Religionen. Er gewann die Oberhand in Nordindien, Tibet, China, Korea, Japan und eben auch in Vietnam.

Fastenbuddha im Chua Tay bei Hanoi

Zunächst verbreitete sich der Buddhismus entlang der Handelsstraßen zu Lande und zur See, da die Händler oft längere Zeiten in der Fremde verbrach-

Buddhistische Mönche und Laien bei einer Zeremonie

ten und dort ihren Glauben vorlebten. Etwa ab dem Jahr 300 vor Christus, nach dem dritten buddhistischen Konzil unter dem nordindischen Herrscher Ashoka, wurden auch Missionare ausgesandt, die predigen und die Schriften verbreiten sollten. Es gibt zahlreiche Belege dafür, dass der Buddhismus nicht erst über den Umweg über China, sondern direkt aus Indien in das Tal des Roten Flusses gelangte. Bis zum 7. Jahrhundert lief ein Prozess des gegenseitigen Austauschs ab: Indische Mönche kamen nach Vietnam oder blieben dort einige Zeit auf dem Weg nach China, chinesische Mönche waren auf dem umgekehrten Weg unterwegs, Vietnamesen reisten nach Indien und nach China. Das Auffälligste an diesem Prozess war, das er friedlich verlief, ohne militärischen Druck stattfand und keinerlei Zwangsmissionierungen kannte.

Sekten und Bonzen

Im Jahr 580 gründete ein indischer Mönch, der aus China kam, aber dort den Buddhismus vor seiner Sinisierung kannte, die Thien-Tong-Sekte, die sich auf Meditation und Kontemplation beruft, als erste vietnamesische Sekte. Im Jahr 829 folgte eine zweite Sektengründung durch Vo Ngon Thong (der Name bedeutet wörtlich ›Verstehen ohne Sprache‹ und kennzeichnet das Ziel seiner Philosophie) in der heutigen Provinz Ha Bac. Nach der Unabhängigkeit von China erkannte der Dinh-König den Buddhismus offiziell an und verfügte eine Hierarchie von Mönchen (Tang thong, Chefbonze, Dai su, großer Meister und Tang luc, unterer Chefbonze), wodurch die Religion schnell große Popularität gewann.

Vor allem in der Ly-Dynastie (1009–1224), an deren Machtergreifung Bonzen (buddhistische Mönche) tatkräftig beteiligt waren und deren Könige alle praktizierende Buddhisten waren, wurden zahlreiche Klöster mit umfangreichen Privilegien errichtet und Bücher aus China geholt und übersetzt. Es entstand ein weit verbreiteter Volksglaube, der zum Erreichen des persönlichen Heils, aber auch für Ernte- und Wettervorhersagen Geister und Götter anderer Glaubensrichtungen aufnahm. Während der erste König der Tran-Dynastie, Tran Thai Tong, der eigentlich lieber Mönch geworden wäre, noch die Gründung der Truc-Lam-Sekte (›Bambuswald‹) förderte, setzte sich auf der staatlichen Ebene verstärkt der Konfuzianismus als Staatsdoktrin durch. Der Buddhismus wurde zur privaten Religion, was die Truc-Lam-Sekte durch den Zusammenschluss aller vietnamesischer Sekten und die Verstärkung ihres eigenständigen Charakters unterstützte. Ab 1308 stieg mit dem Wirken von Phap Loa (1284–1330), einem der bekanntesten vietnamesischen Mönche, die Zahl der Bonzen schnell an und erreichte 1329 die Zahl von 15 000. Zahlreiche Pagoden, Türme, Studienhallen und andere religiöse Bauwerke wurden errichtet.

Die Klöster genossen weiterhin bedeutende Privilegien und sammelten teilweise beträchtlichen Reichtum an. Oft waren sie jedoch auch statt Ort der Meditation Hort des Lasters. Die Reaktion des Staates folgte mit dem Sturz der Tran-Dynastie, als Ho Quy Ly eine ›Reinigung‹ anordnete und alle Bonzen unter 40 Jahren in den Laienstand zurückversetzte. Vom 15. bis zum 18. Jahrhundert herrschte der Konfuzianismus vor, und die Invasion der Truppen der chinesischen Ming-Dynastie 1407 hinterließ eine Spur der Zerstörungen an buddhistischen Bauwerken. Die Le-Dynastie regierte mit der Investitur des chinesischen Kaiserhofes, wollte sich von der Tran-Dynastie absetzen und unterdrückte deshalb den Buddhismus weiter. Le Thanh Tong bezeichnete ihn als Aberglauben, befahl strenge Prüfungen für Bonzen und entließ viele früher berufene Bonzen zurück in den Laienstand.

Der Buddhismus reagierte darauf mit einer weiteren Popularisierung und Einbeziehung anderer Heiliger und Legenden. In dieser Zeit wurde vor allem die Quan-Am-Legende verbreitet, die mit ihrer starken Betonung der kindlichen Pietät den Buddhismus gegen die Ideologie des Konfuzianismus verteidigen sollte. Von dieser Entwicklung hat sich der Buddhismus in seiner Lehre eigentlich nicht mehr erholt. Er fand kein inhaltliches Zentrum mehr, sondern nahm praktisch ungeprüft alle möglichen Strömungen und Heiligen (die es in seiner ursprünglichen Lehre gar nicht gibt) auf.

Mit der Teilung des Landes in die Herrschaftsgebiete der Trinh und Nguyen verlor der Konfuzianismus an Glaubwürdigkeit, was der Buddhismus zu einer stillen Wiederbelebung nutzte. Neue Pagoden entstanden, von denen einige zumindest als Nachbau noch vorhanden sind. Mit dem Sturz der Ming-Dynastie in China (1644) flohen zahlreiche Mönche nach Süden und gründeten vor allem in Hue neue bedeutende Klöster. Doch der ständige Versuch der Anbiederung an den Konfuzianismus und damit an die staatliche Macht versagte ihnen eine geistige Bedeutung.

Die Nguyen-Dynastie imitierte das chinesische Hofzeremoniell und den offiziellen Konfuzianismus. Privat vollzogen die Könige, wie die meisten chinesischen Kaiser auch, aber durchaus buddhistische Rituale. Eine weitere Privatisierung des Glaubens ging mit seinem öffentlichen Bedeutungsverlust einher. Dass die französischen Kolonialherren und ihre kommunistischen Nachfolger den Buddhismus nicht förderten, verwundert kaum. So leben heute nur noch

Quan-Am-Statue am Stadtrand von Da Nang

einzelne Mönche in den Klöstern. Ihre Zahl steigt langsam wieder an, und sie werden für einzelne Zeremonien, vor allem für Totenfeiern, gerne ins Haus geholt, eine geistige Inspiration geht von ihnen aber nicht mehr aus. In den letzten Jahren gab es zwar eine gewisse Liberalisierung der Religionsausübung, doch der Buddhismus ist weiterhin eine sehr private Religion, die derzeit nur bei Tempelfesten an die Öffentlichkeit tritt.

Der Daoismus

Etwa zur selben Zeit wie Siddharta Gautama in Indien lebte in China zurückgezogen ein Weiser, der später Laozi (der Alte) genannt wurde. Er vertrat als Glücksideal für den Menschen, dass sich der Einzelne nicht in Widerspruch zu seiner Umwelt, der Natur und den anderen Menschen setzen soll. Der Kosmos habe eine natürliche Ordnung, die nur durch das ›Wu wei‹, das Nicht-Eingreifen, bewahrt werden könne. So findet das Individuum das ›Dao‹, oft als ›Weg‹ übersetzt, doch es bedeutet eigentlich umfassender das Leben in vollständiger Harmonie mit der Umgebung.

Die bekanntesten daoistischen Texte sind das Daodejing, das Laozi zugeschrieben wird, und das Zhuang Zi des gleichnamigen Autors aus dem 4./3. Jahrhundert vor Christus. Stilanalysen belegen jedoch, dass vermutlich mehrere Schüler wesentlich später am Werke waren. Der Daoismus ist eigentlich keine Religion, sondern eine sehr private Lebensphilosophie mit ausgeprägten individualistischen Tendenzen, die deshalb von den Machthabern immer gern unterdrückt wurde. Dennoch übte sie in ganz Ostasien eine starke Wirkung aus, vor allem im künstlerischen Bereich. Aber auch die traditionelle asiatische Medizin beruht auf Vorstellungen von Ausgewogenheit, Harmonie und Mäßigung. Zusammen mit zur selben Zeit entstandenen anderen Schulen entwickelte der Daoismus die Theorie des Yin und Yang, die die Welt in entgegengesetzte Kräfte einteilt, die den Ausgleich und die Synthese suchen.

Gehilfen in einem daoistischen Tempel

In der Zeit, in der die chinesischen Philosophien eine größere Verbreitung fanden, also etwa ab dem 2. Jahrhundert, entstanden auch daoistische Klöster, und der Volksdaoismus legte sich ein bald unüberschaubares Pantheon von Heiligen zu, das in Vietnam noch bedeutend umfangreicher ist als in China.

Im Prinzip teilt sich die Götterwelt des Daoismus in drei Ebenen. Die oberste ist die der himmlischen Götter, an deren Spitze der Jadekaiser steht, der in Vietnam Ngoc Hoang genannt wird. Unter ihm rangiert zum Beispiel die Himmelsmutter (Thien Mu), der in Vietnam die Mütter der Erde, des Wassers und des Holzes beigegeben wurden, die dann als Tu Phu bezeichnet werden. Auch die Urmutter der Vietnamesen, Au Co, findet hier einen Platz. Auf der zweiten Ebene stehen die Acht Unsterblichen, die in den Himmel hätten eingehen können, wenn sie sich nicht entschlossen hätten, darauf zu verzichten, um anderen Menschen zu helfen; sie nehmen dieselbe strukturelle Funktion ein wie die Bodhisattvas im Buddhismus und die Heiligen im Christentum und Islam. Dazu kehren sie immer wieder von ihrer Wohnstatt, der Insel der Seligen, auf die Erde zurück. Sie sollen historische Personen in der Zeit vor dem 10. Jahrhundert gewesen sein, während ihre Lebensgeschichte später zur Legende verklärt wurde. Auch hier fügten die Vietnamesen eigene Kandidaten mit eigenen Legenden hinzu, so dass inzwischen 27 Unsterbliche verehrt werden. Die dritte Ebene der Götterhierarchie besetzen irdische Götter, die auf unbestimmte Zeit auf der Erde bleiben, ohne älter zu werden. Hier finden sich unzählige historische Persönlichkeiten wie Philosophen, Ärzte, Beamte, Generäle und Dichter. Sie besitzen teilweise nur eine regionale Bedeutung, weshalb es nicht weiter verwundert, dass ihre Ränge in Vietnam noch wesentlich ausgeweitet wurden und praktisch unüberschaubar sind.

Es gibt wenige rein daoistische Tempel. Vielmehr spielen die daoistischen Götter als Schutzgötter in den Gemeinschaftshäusern eine große Rolle oder stehen in anderen Tempeln auf Seitenaltären, aber auch – vor allem der Jadekaiser – mitten unter den Buddhafiguren des Hauptaltars.

Der Konfuzianismus

Konfuzius, der auf Vietnamesisch Khong Tu genannt wird, wurde vermutlich 551 vor Christus in eine niedrige Adelsfamilie im Staate Lu (in der heutigen chinesischen Provinz Shandong) geboren, erfuhr eine gute Bildung und bemühte sich dann, Berater an einem Fürstenhof zu werden. Eine politische Karriere blieb ihm jedoch versagt, so dass er später als Wanderlehrer durch die Gegend zog. Seine Ideen und seine ›Schule‹ übten zu seinen Lebzeiten kaum Einfluss aus, sondern wurden erst später von seinen Schülern zu einem kohärenten Gebäude zusammengefügt und mehr als 200 Jahre nach seinem Tod im Jahr 479 vor Christus in China zur Staatsdoktrin erhoben.

Lehre

Geprägt durch die politischen Unruhen seiner Zeit, strebte Konfuzius ein ›ideales‹ Gesellschaftssystem mit einem ›idealen‹ Herrscher an. Als Vorbilder sah er zwei frühe Könige der Zhou-Dynastie an sowie die ›weisen Herrscher‹ Yao

Konfuzius-Statue im Literaturtempel von Hanoi

und Shun, die nur den Nachteil hatten, dass sie allein in der Mythologie lebten. Im Erwerb von moralischen Qualitäten und der Befolgung der alten Riten sah Konfuzius seine Ideale verwirklicht. Seine Gesellschaftsordnung war durch eine strenge Hierarchie gekennzeichnet, die durch die ›fünf Grundbeziehungen‹ entstand: Herrscher–Minister, Vater–Sohn, Ehemann–Ehefrau, älterer Bruder–jüngerer Bruder und Freund–Freund. Die ersten vier Beziehungen sind dadurch bestimmt, dass der erste jedes Paares Autorität besitzt, Befehle gibt und Gehorsam verlangen kann, gleichzeitig muss er sich aber auch als Wohltäter gegenüber dem anderen erweisen. Nur Freundesbeziehungen können gleichberechtigt sein. Wenn jeder derart auf seinem Platz verharrt, wird die Gesellschaft, und damit der Einzelne, in Harmonie leben.

Alle Menschen, vor allem aber die Herrscher, sollten die fünf ›Grundtugenden‹ anstreben: Menschlichkeit, Rechtlichkeit, Sitte, Wissen und Glaubwürdigkeit. Vor allem die Menschlichkeit wurde immer wieder betont, worunter zu verstehen war, dass niemand einem anderen etwas antun sollte, was er nicht auch selbst erdulden wollte. Im Laufe der Jahrhunderte verfestigten sich aus diesen Grundideen bestimmte soziale und private Verhaltensweisen, die das Leben der Menschen in Ostasien und in Vietnam bis heute bestimmen. Die Hochschätzung des Alters und die Ahnenverehrung schlossen einen engen Bund, die Familie spielt als Bezugspunkt eine entscheidende Rolle. Frauen wird eine untergeordnete Rolle zugewiesen, was in Vietnam nicht ganz so ausgeprägt ist wie in China. Die Gesellschaften sind extrem konservativ, beziehen ihre Ideale immer aus der Vergangenheit, aus verklärten Glückszuständen vergangener oder legendärer Zeiten. Auch die kommunistischen Machtübernahmen in China, Nordkorea und Vietnam konnten daran nichts ändern – ganz im Gegenteil, die kommunistischen Parteien haben den Staatskonfuzianismus mehr als alle anderen sozialen Kräfte verinnerlicht.

In den Debatten der frühen Konfuzianer, vor allem von Menzius (Mengzi, 371–289 vor Christus) und Xunzi (313–238 vor Christus), ging es einerseits um die Frage, ob der Mensch von Natur aus gut sei oder durch Bildung dazu gebracht werden müsse, andererseits um die Legitimation des Herrschers. Xunzi lehnte alle personalisierten Götter, Geister und Dämonen ab und setzte an ihre Stelle den ›Himmel‹ (chinesisch tian, vietnamesisch thien) als oberste, vom Menschen unabhängige, weder personell noch räumlich zu bestimmende Instanz.

Der Herrscher besaß das ›Mandat des Himmels‹, vermittelte zwischen ihm und den Menschen – aber nur solange er sich als ›moralischer Herrscher‹ aufführte; sonst war ihm das Mandat des Himmels entzogen, und er konnte abgesetzt werden. Die konfuzianischen Gelehrten lehnten somit sowohl die dynastische Erbfolge als auch die einfache Usurpation der Macht ab. In der chinesischen Han-Dynastie (206 vor Christus–220 nach Christus) jedoch und später nochmals in der Song-Dynastie (960–1279) wurde der Konfuzianismus vom Kaiserhof neu interpretiert und zur Staatsdoktrin erhoben. Er ließ sich dann ganz nach Wunsch zur Fortführung einer Dynastie (›Vorbild der Ahnen‹) oder zu deren Sturz (›Verlust des Mandats des Himmels‹) anwenden. Auch bei mehreren Übergängen zwischen vietnamesischen Dynastien bezogen sich entweder Rebellen auf den Verlust des Mandats des Himmels, zu erkennen zum Beispiel an schlechten Ernten, oder Berater setzten ein Kind auf den Thron (›Fortführung der Dynastie‹) und sich selbst zum Vormund ein (›Weisheit des Alters‹), verheirateten das Kind mit einem Mädchen aus der eigenen Sippe oder übernahmen oft genug zu einem günstigen Zeitpunkt selbst die Macht.

Konfuzianismus als Staatsdoktrin

In seiner Rolle als Staatsdoktrin führte der Konfuzianismus zu einem starken, autoritären Staat, der möglichst viel Macht in seinem Zentrum ansiedelte. Die Kontrolle über die Provinzen hielt er durch ein System von militärischen und zivilen Beamten aufrecht, die in einem mehrstufigen System von Prüfungen ausgewählt wurden. Die Tatsache, dass die Beamtenprüfungen im Prinzip allen Männern offenstanden, wird gelegentlich als emanzipatorisches Element des Konfuzianismus interpretiert. Dabei wird aber vergessen, welch ideologischen Inhalt die Prüfungen hatten, die jahrelanges Studium und Auswendiglernen der sogenannten konfuzianischen Klassiker voraussetzen, die nachgebetet werden mussten oder nach denen ganz orthodox bestimmte Fragen zu lösen waren.

Statuen von Schülern des Konfuzius im Literaturtempel in Hanoi

Hinzu kommt, dass der Kandidat durch sein Studium nicht nur über Jahre kein Einkommen erzielen konnte, sondern auch noch seine Lehrer und die Reisen zu den Prüfungsorten bezahlen musste, was von vorneherein die Zugehörigkeit zum reichen Adel voraussetzte.

Konfuzius als Person erging es nicht anders als seinen Ideen. Mit der Dogmatisierung des Konfuzianismus unter der Han-Dynastie wurde Konfuzius postum zum Fürsten erhoben, Gedenkstelen und Erinnerungstempel wurden errichtet. Die Tempel befanden sich meist auf dem Gelände der Prüfungsorte, die gelegentlich auch Akademien oder Universitäten genannt wurden, so dass sich Lehre und Verehrung des Meisters vermischten. Traditionell steht auf dem Altar eines Konfuziustempels eine Ahnentafel des Meisters, in Vietnam findet man jedoch auch häufig Figuren, wie etwa im Konfuziustempel in Hanoi (→ S. 163).

Chinesischer Einfluss

Zur Zeit der Han-Dynastie behandelte China Vietnam als Kolonie und führte auch dort das Mandarinat ein. Für die meisten Beamten war eine Versetzung in den tiefen Süden jedoch eine Strafe. Mit dem Gewinn der Unabhängigkeit verlor das Beamtensystem zunächst an Bedeutung und wurde erst zur Zeit der Festigung der Macht der ersten bedeutungsvollen Dynastie, der Ly-Dynastie, wieder propagiert. Der erste Konfuziustempel (Van Mieu) im heutigen Hanoi entstand 1070; dort wurden auch die Beamtenprüfungen mit zunehmender Regelmäßigkeit abgehalten. Die Tran-Dynastie (1225–1400) erhob den Konfuzianismus offiziell zur Staatsdoktrin, verstärkte das Beamtensystem und die Zentralisierung der Macht. Nach der erneuten Direktverwaltung aus Peking suchte die Späte Le-Dynastie (1427–1527) die offizielle Investitur durch den Ming-Kaiser und bemühte sich, das chinesische System in Vietnam noch genauer zu kopieren. Spätestens seit dieser Zeit beherrscht der Konfuzianismus das vietnamesische Regierungs- und Verwaltungssystem sowie die zwischenmenschlichen Beziehungen bis heute. In der Zeit der Aufteilung des Landes zwischen den Trinh und Nguyen verlor er etwas an Ansehen, in der Zeit der Nguyen-Dynastie geriet er mehr zur Karikatur seiner selbst, und die Kommunisten bemänteln ihn nur sehr oberflächlich mit revolutionärer und internationalistischer Propaganda – doch bis heute ist die Politik gekennzeichnet durch Hierarchie, Befehl und Gehorsam, geringe soziale Mobilität, persönliche Abhängigkeitsbeziehungen, Erlangung von Positionen nach formalen Kriterien oder Seniorität (nicht durch Leistung), paternalistisches Gehabe und eine hauptsächlich mit sich selbst beschäftigte Bürokratie.

Das Christentum

Den ersten Kontakt mit dem Christentum hatten Vietnamesen Anfang des 16. Jahrhunderts, nachdem die Portugiesen sich in Malakka (im heutigen Malaysia) in einer Festung niedergelassen hatten, um von dort aus Südostasien zu erschließen. Ab Mitte des Jahrhunderts missionierten portugiesische Dominikaner sowie italienische und französische Jesuiten, deren bedeutendster und bekanntester Alexandre de Rhodes war, der 1626 in Vietnam ankam. Er verfasste einen Katechismus auf Vietnamesisch und verfeinerte ein System der Umschrift der

Marienstatue in La Vang

auf dem Chinesischen basierenden Nom-Schrift mit lateinischen Buchstaben. Zunächst blieb dieses Quoc ngu die Leseschrift der konvertierten Katholiken, doch in der späteren Kolonialzeit setzte es sich allgemein durch.

Da den Missionaren schnell die Händler und die Soldaten folgten, begegnete die einheimische Führungsschicht, damals die Klans der Trinh im Norden und der Nguyen im Süden, den Europäern mit Misstrauen. Dieses war berechtigt, denn vor allem die Franzosen verbanden Handel, Politik und Katholizismus sehr eng miteinander. Doch wie überall in Ostasien, wo ein konfuzianisches Gesellschaftssystem vorherrschte, waren die Missionierungsversuche nach einer Periode anfänglicher Neugier auf Dauer nicht sehr erfolgreich. Auf zu starke und drängende Infiltrationsversuche reagierten die Machthaber mit Behinderungen und gelegentlich mit Christenverfolgungen und -ausweisungen. Erst während der Kolonialzeit setzten die Franzosen den Katholizismus stärker durch.

Die Genfer Konferenz zu Indochina im Jahr 1954 sah eine Demarkationslinie zwischen Norden und Süden vor. Die Menschen ahnten wohl, dass diese Teilung länger dauern würde, als dies auf dem Papier vorgesehen war. So setzte eine große Bevölkerungswanderung von Viet-Minh-Anhängern von Süden nach Norden und von etwa einer Million, meist antikommunistisch eingestellter Christen von Norden nach Süden ein. Obwohl die Christen auch danach kaum fünf Prozent der Bevölkerung des Südens ausmachten (also nicht einmal zwei Prozent der Gesamtbevölkerung), verschaffte ihnen der katholische, von den USA unterstützte Präsident Ngo Dinh Diem entscheidende Posten in Politik und Armee. 1960 waren alle wichtigen Minister, zwei Drittel der Senatoren, ein Drittel der Abgeordneten des Scheinparlaments und ein Viertel der Stabsoffiziere Katholiken. Die auch aus dem Ausland unterstützte Kirche entwickelte sich nicht nur zur Bastion des Antikommunismus, sondern bekämpfte zudem den von der großen Mehrheit der Bevölkerung praktizierten Buddhismus und entwickelte sich zum Großkapitalisten mit umfangreichem Grund- und Plantagenbesitz, Immobilien (wie dem Caravelle-Hotel in Saigon) und Banken.

Dass die Kommunisten nach der ›Befreiung‹ Saigons 1975 solche Besitztümer konfiszierten und die Kirchen schlossen, verwundert vor diesem Hintergrund nicht mehr. Bis heute steht die Regierung dem Christentum sehr skeptisch gegenüber und hält Kirchenmitglieder unter genauer Beobachtung. Andererseits finden Gottesdienste ganz offen statt und werden Kirchen seit einiger Zeit aufwendig renoviert. Das Verhältnis der Regierung zum Vatikan hat sich verbessert, und es gibt Gespräche über einvernehmliche Ernennungen von Bischöfen.

Die Caodai

Anfang des 20. Jahrhunderts entstanden im Mekongdelta verschiedene Sekten, die sich teilweise wieder aufspalteten. Fast alle waren auch am politischen und militärischen Geschehen beteiligt, wobei sie sich in der Regel der Seite zuwandten, die am besten bezahlte.

Der Caodaiismus geht auf eine Erleuchtung des Kolonialbeamten Ngo Van Chieu zurück, dem ein strahlendes Auge erschienen sein soll, was weiteren Kolonialbeamten in Saigon später auch widerfuhr. Sie gründeten im Oktober 1926 in Tay Ninh nahe der kambodschanischen Grenze eine Sekte und bauten außerhalb des Ortes ein riesiges Wallfahrtszentrum. Der Caodaiismus sieht sich als dritte Offenbarung aller Religionen, die sich bereits zweimal offenbart haben, und meint damit vor allem Christentum, Daoismus und Buddhismus, übernimmt aber auch konfuzianische Elemente und zitiert gelegentlich aus dem Koran. Die übernommenen Teile scheinen willkürlich und nach der jeweiligen Situation ausgewählt und zu einem inhaltlich selten erklärten, wirren Gedankengebilde zusammengesetzt worden zu sein. Die Organisation hingegen ist streng hierarchisch an der der katholischen Kirche orientiert.

Das Wallfahrtszentrum in Tay Ninh heißt ›Heiliger Stuhl‹, es gibt einen Papst (seit vielen Jahren ist der Posten nicht besetzt) und Kardinäle; auch Frauen können in den Priesterrängen aufsteigen. Als Heilige wurden, vermutlich unfreiwillig, Sun Yatsen, der erste Präsident der chinesischen Republik, der französische Schriftsteller Victor Hugo und Nguyen Binh Khiem (1492–1587), ein vietnamesischer Dichter, angeworben, gelegentlich werden jedoch auch andere zitiert. Soweit dies überhaupt klar wird, handelt es sich um eine monotheistische Religion, wobei der Gott durch eine Weltkugel mit einem Auge im Dreieck, auf das Strahlen zuführen, repräsentiert wird. Er äußert sich in spiritistischen Sitzungen, bei denen in Trance versetzte Medien mit chinesischen Pinseln oder westlichen Kugelschreibern seine Botschaften notieren.

So eklektisch wie die Lehre ist auch der Kirchenstil. Grelle, bunte Farben dominieren, dekorative Elemente aus West und Ost gehen eine wenig harmonische Mischung ein. Zu seiner einflussreichsten Zeit hatte der Caodaiismus vielleicht zwei Millionen Anhänger. Wie viele es heute noch sind, lässt sich schwer feststellen, da die Sekte nach der Liberalisierung der Religionstätigkeit erst langsam wieder an die Öffentlichkeit tritt. Viele ihrer Kirchen im Mekongdelta stehen leer, und auch das Wallfahrtszentrum macht insgesamt eher einen desolaten Eindruck. Ob die Sekte die Region von Tay Ninh wie früher auch ökonomisch noch im Griff hat, ist ebenfalls unklar.

Im Caodai-Dom von Tay Ninh

Figuren in Tempeln

Als wichtigster Tempel-Baustil entstand im Norden des Landes im 17. Jahrhundert der Tam-quan-Stil mit seinem Grundriss in Form eines liegenden H, der auch bei anderen Anlagen Verwendung findet. Die häufigste Alternative meist kleinerer und einfacherer Tempel ist ein auf dem Kopf stehendes T. Die breite Eingangsfront richtet sich fast immer nach Süden, ist aber, außer zu den Tempelfesten, in der Regel verschlossen. Doch auch wenn man einen Tempel durch den meist hinten rechts gelegenen Seiteneingang betritt, sollte man die Besichtigung immer am Haupteingang beginnen, um einen Eindruck von der intendierten Wirkung zu gewinnen.

Der breite Vorraum wird meist von zwei großen Wächterfiguren beherrscht, die sich am Übergang zwischen Vorraum und dem schmaleren hinteren Raum befinden. Weiterhin stehen im vorderen Raum die Altäre lokaler oder daoistischer Gottheiten, wie etwa der Erdgott. An den Seiten finden sich oft die zehn Höllenwächter in zwei Fünfergruppen, die 18 La Han (buddhistische Schüler) in zwei Neunergruppen oder Darstellungen des Universums in Form eines Berges mit den Wolken des Himmels und den Qualen der Hölle.

Im schmalen Teil eines H-förmigen Tempels steht meist ein einfacher Altartisch mit kleineren Figuren, oft Thich Ca, die Darstellung des historischen Buddhas als Kind, der daoistische Jadekaiser oder Quan Am, die vietnamesische Version der chinesischen Guanyin, der Göttin der Barmherzigkeit, die ursprünglich ein männlicher Bodhisattva war. Vor dem Altar knien die Mönche, Nonnen und Gläubigen auf dem Boden oder einer flachen Bank, heben mit beiden Händen die Räucherstäbchen an die Stirn, sprechen zum Buddha und verneigen sich vor ihm. In diesem Raum kann sich auch die Figur einer verehrten Persönlichkeit aus der Geschichte befinden. Sie wird in der Regel in einem Holzverschlag vor den Augen der Tempelbesucher verborgen und nur am jährlichen Tempelfest zur Schau gestellt. In den T-förmigen Tempeln gibt es solche Innenräume nicht. Der schmale, nach Norden gerichtete Teil birgt das Pantheon der Buddha- und Götterstatuen, zu dessen Füßen auch zunächst ein einfacher Altartisch steht, vor dem die Gläubigen knien und auf dem sie Spenden ablegen und Räucherstäbchen in dafür vorgesehene sandgefüllte Behälter stecken können. Das Pantheon steigt dann stufenförmig an, oft tatsächlich wie auf einer Holztreppe bis hoch unter das Tempeldach. Die Anzahl der Stufen hängt vom Wohlstand des Tempels ab, der sich in der Menge der gespendeten Figuren ausdrückt. Diese, wie auch die Zusammenstellung der Figuren kann beträchtlich variieren, so dass hier nur Grundzüge beschrieben werden können. In der Regel nimmt jede Stufe drei Figuren auf, manchmal aber auch nur eine, gelegentlich fünf, auf jeden Fall aber eine ungerade Anzahl. Die wichtigste Statue befindet sich in der Mitte, was noch einmal das Prinzip der Axialität verstärkt, das die gesamte Tempelanlage und die Ausrichtung des Bauwerks bestimmt.

Fast immer schließt das Pantheon hinten und oben mit den drei klassischen Buddhastatuen ab: dem historischen Buddha Sakyamuni in der Mitte, Amitabha, dem Buddha der Vergangenheit, den die Vietnamesen A Di Da nennen, links und mit Maitreya, dem Buddha der Zukunft, auf vietnamesisch Di Lac, rechts. Alle drei sitzen auf einem Lotosbett in Meditationshaltung, das heißt, sie haben die Beine kreuzförmig untergeschlagen, die Hände ruhen mit den Handflächen ineinander und nach oben gerichtet im Schoß. Die Augen sind schmal und halb geschlossen, das Gesicht strahlt Ruhe und Gelassenheit aus. Die Buddhas sind mit einem Überwurfgewand bekleidet, wie bei Mönchen üblich ist eine Schulter frei. Die Frisur mit den kringelförmigen Löckchen erinnert in ihrer Formalität an die Herkunft des historischen Buddhas aus einem indischen Fürstengeschlecht. Die Figuren sind stilisiert, sie folgen also nicht naturalistischen oder individualisierten Darstellungen von Menschen.

Buddhas

Im Prinzip gibt es trotz der allgemein üblichen Stilisierung von Buddhastatuen, die unter anderem ihre Endgültigkeit im Nirwana und ihre Weltentrücktheit belegen soll, eine große Anzahl von Darstellungsmöglichkeiten, die sich in der Haltung der Figur, im Faltenwurf des Gewandes und vor allem in der Handhaltung (mudra) unterscheiden. Im Vergleich zu der Kunstfertigkeit und Vielfalt der Buddhastatuen in den Nachbarländern, vor allem Kambodscha, Thailand und Burma, ist die Figurenkunst Vietnams nicht besonders ausgeprägt, sondern wirkt eher stereotyp.

Ungewöhnlich und in den Nachbarländern nicht zu finden ist die Darstellung des jugendlichen Thich Ca, der meist von neun Drachen umgeben ist, die sich wie in einem Pavillon um ihn winden. Der Knabe zeigt mit dem Zeigefinger einer Hand zum Himmel, mit dem Zeigefinger der anderen Hand zur Erde, um seine Vermittlerstellung mehr als deutlich zu machen.

Aus der chinesischen Legendenwelt übernommen wurde die Darstellung Maitreyas als dickbäuchiger, lachender Mönch. Dieser Di Lac sitzt auf dem Boden, muss sich ob seines Bauchumfangs leicht zurücklehnen, hat das rechte Bein aufgestellt und das linke untergeschlagen. In der rechten Hand, die auf seinem rechten Knie ruht, trägt er eine Gebetskette. Sein Kopf ist wie bei Mönchen üblich kahlgeschoren, und sein Gesicht kennzeichnet ein breites Lachen. Di Lacs lange Ohrläppchen erinnern wieder an die adlige Abstammung des historischen Buddhas, zu dessen Lebzeiten auch Männer schwere Ohrringe trugen. Gelegentlich turnen eine ganze Reihe Kin-

Thich Ca, der historische Buddha als Kind

der über den üppigen Körper dieses wohlgelaunten Buddhas. Er wird nur im chinesisch beeinflussten Kulturraum dargestellt, denn seine Geschichte geht auf den Mönch Qi Ci aus dem 10. Jahrhundert zurück, der sich beim Tod als Inkarnation Maitreyas zu erkennen gab. Nach der buddhistischen Lehre kehrt der Buddha der Zukunft jedoch erst 4- bis 5000 Jahre nach dem historischen Buddha in diese Welt zurück, um die Menschheit erneut zu retten.

Quan Am

Auch die Quan Am hat mit ihrem Ursprung, dem Bodhisattva Avalokiteshvara, nichts mehr gemein. Während nach der traditionellen buddhistischen Lehre alle Bodhisattvas männlich sind, wird die Göttin der Barmherzigkeit nach der chinesischen Tradition weiblich dargestellt, meist als stehende Figur mit ebenen Gesichtszügen, die rechte Hand erhoben und in der linken ein flaschenähnliches Gefäß, das geweihtes Wasser enthielt. In einer anderen, ebenfalls in China und Japan bekannten Version sitzt sie in Meditationshaltung und hat tausend Arme, die ihre unendliche Hilfsbereitschaft verdeutlichen sollen. Die tatsächliche Anzahl der Arme variiert, je nachdem, wie viele auf den nimbusartigen Fächer hinter ihrem Rücken passen. Diese beiden Darstellungen werden hier Quan Am Bo Tat genannt. Die Version als Quan Am Thi Kinh mit einem Kind auf dem Arm (→ S. 332) ist hingegen nur in Vietnam verbreitet.

Der Jadekaiser

Als oberste daoistische Gottheit ist selbst im buddhistischen Pantheon oft der Jadekaiser vertreten. Er sitzt in der Regel auf einem hufeisenförmigen Thronsessel, trägt eine Krone und üppig verzierte Gewänder und blickt wie ein alter, gelassener Mann aus seinem gutmütigen, mit einem langen weißen Bart gezierten Gesicht. Ansonsten findet man noch die beiden wichtigsten Schüler Buddhas, Ananda und Kasyapa, sowie Wächtergestalten, alle stehend, auf den Stufen des Pantheons.

La Han

Seitlich neben dem Pantheon, manchmal auch in Seitengängen des Tempels, kann man die beiden Neunergruppen der La Han betrachten. Sie sind buddhistische Schüler, die noch nicht ins Nirwana eingegangen sind und deshalb wesentlich natürlicher und individualisierter portraitiert werden. Allerdings haben sich auch in ihrer Darstellung schon Konventionen eingeschliffen, die auch die ungewöhnlichen Gesichtszüge und wilden Augenbrauen zu ständig wiederholten Standards machten.

Materialien

Die meisten Figuren sind aus Holz. Je härter dieses ist, desto schwieriger ist die Bearbeitung und desto wertvoller und langlebiger sind die Statuen. Die fertig geschnitzte Figur wird dann mit einer Lackschicht überzogen, wobei Rot und Gold die beliebtesten Farben sind. Überzüge in echtem Gold gibt es jedoch kaum noch. Buddhafiguren sind in der Regel einfarbig gold, und man kann im Groben sagen, dass, je bunter eine Figur ist, desto tiefer rangiert sie in der himmlischen Hierarchie. Das wertvollste Holz für Statuen ist das duftende Sandelholz, das man in Vietnam sehr selten findet. Falls solche Figuren vorhanden sind, stehen sie meist in einem separaten Glaskasten. Andere Materialien sind Stein und Bronze, deren Bearbeitung

Wächterfigur im Chua Tay Phuong

jedoch schwierig und teuer ist, so dass auch sie in Vietnam kaum vorkommen. Vermutlich das wertvollste Material für Buddhafiguren überhaupt ist Jade, die vor allem in Burma und Ceylon verarbeitet wurde. Wenn solche Statuen in anderen Ländern zu sehen sind, handelt es sich meist um Geschenke von Äbten auf Reisen. Falls es in Vietnam solche Präsente gibt, werden sie jedenfalls der Öffentlichkeit nicht vorgeführt.

Bis heute stellt man weniger hoch in der Hierarchie angesiedelte Figuren oder Tierdarstellungen auch aus Pappmaché her. Auf ein Drahtgestell legt man dabei schichtenweise mit Leim bestrichenes Papier oder eingeweichten Karton, bis eine etwa drei bis fünf Zentimeter dicke Haut geschaffen ist. Durch das Trocknen wird die Figur hart und stabil. Zum Schluss wird sie mit einer mehrfachen bunten Lackschicht versehen.

Meister und Schüler

Die Produzenten der Statuen waren wie die Baumeister der Tempel als spezialisierte Handwerker hoch angesehen, wurden aber nicht als Künstler betrachtet. Ihre Aufgabe bestand ja auch nicht darin, ein individualisiertes Werk zu schaffen, das einen besonderen Eindruck beim Betrachter hinterlassen sollte, sondern in der möglichst genauen Kopie vorgegebener, standardisierter Arbeiten. Gewiss hatte jeder Meister seinen eigenen Stil entwickelt, den Experten zu unterscheiden wussten, doch sah jeder Tempel eines Meisters mit seiner Gehilfentruppe aus wie der andere, jede Figur wie die vorherige. Seine Schüler lehrte der Meister in der ›Kunst‹ der Kopie. Sie sollten seinen Stil zunächst möglichst genau nachahmen, bevor sie eine eigene Arbeitsgruppe formten und vielleicht einen eigenen Stil entwickelten. Deshalb sind Figuren nur in äußerst seltenen Fällen signiert und datiert. Wie in anderen Bereichen der Erziehung zählt in Ostasien nicht die individuelle Aneignung, sondern die endlose Wiederholung.

La Han, Buddhaschüler, im Chua But Thap

Eine lange, bewegte Geschichte

Die frühesten Bewohner des südöstlichen Zipfels des eurasischen Kontinents waren australoider oder melanesischer Abkunft. Heute sind von ihnen kaum noch Spuren auf dem kontinentalen Teil Südostasiens anzutreffen, während auf den Philippinen und in Neuguinea noch kleine Völker siedeln, die wohl recht direkt von den frühesten Bewohnern abstammen und einige ihrer Kulturtechniken bewahrten. Die frühen Völker waren Nomaden und ernährten sich durch die Jagd mit Pfeil und Bogen, aber auch mit dem Blasrohr, wobei einige Giftpfeile verwendeten.

Protomalaien und Deuteromalaien

Die erste bis heute noch bedeutsame Einwanderung neuer Völker fand in der Zeit von 3000 bis 1000 vor Christus statt. Eine Mischrasse aus kaukasischen und mongolischen Völkern wanderte über mehrere Jahrhunderte vom heutigen China aus Richtung Süden und besiedelte schließlich ein weites Gebiet, das von Madagaskar im Westen bis tief in die Südsee reichte. Diese Menschen werden Austronesier oder Protomalaien genannt.

Im Gegensatz zu ihren Vorgängern waren die Protomalaien keine Nomaden mehr, sondern errichteten Siedlungen aus Pfahlbauten, die aus Bambus oder Holz bestanden, so wie man dies in einigen Berggebieten der Region bis heute beobachten kann. Sie trieben Ackerbau mit Steinwerkzeugen, doch Funde von Beilen in verschiedenen Formen belegen auch eine Verwendung zu rituellen Zwecken. Mit den nur grob behauenen Werkzeugen wurden Felder für Bananen, Zuckerrohr, Gurken, Gerste und Reis bearbeitet, von Palmen gewann man Kokosnüsse, man verwendete Bambus, braute Bier und hielt Schweine und Büffel als Haustiere. Durch Fischen und Jagen wurde die Ernährung komplettiert.

Urne der Sa-Huynh-Kultur im Hanoier Geschichtsmuseum

Durch Funde belegt ist auch der Bau megalithischer Steinmale, die meist einen sehr engen Bezug zum bis heute bedeutsamen Ahnenkult besaßen. Gewöhnlich hatten diese Figuren einfache geometrische Formen. Halbkugelförmige Brüste, die sich auch noch an Cham-Figuren finden, symbolisieren weibliche Fruchtbarkeit, das männliche Pendant dazu ist der Phallus, der bis heute in den Lingams fortgeführt wird. Häufig wurden auch Standbilder von Toten aufgestellt, die Vorläufer der zahllosen Figuren, in denen später bei den Cham und in Angkor (Kambodscha) verstorbene Herrscher und Götter eins werden. Neben Stein fanden auch Lehm, Ton und Holz Verwendung.

Als die Protomalaien bei ihrer Wanderung von Norden nach Süden die Küste erreichten, bauten sie Kanus mit einem oder zwei Holzauslegern, mit denen sie auch größere Strecken über das Meer zurücklegen konnten. Schon nach kurzer Zeit wurde die vielfältige Inselwelt Südostasiens erobert, Schifffahrt und Handel waren weit verbreitet. In der Regel besaßen die Häuptlinge die Schiffe und kontrollierten damit den Handel. Doch gleichzeitig bildeten sie so das Verbindungsglied eines Austausches zwischen spezialisierten Handwerkern verschiedener Dörfer und Regionen.

Etwa um das Jahr 300 vor Christus gelangte eine zweite Welle austronesischer Völker in die Gegend von ›Indochina‹. Sie werden Deuteromalaien genannt. Ihr Entwicklungsstand war wesentlich fortgeschritten, denn sie lebten in festen Gemeinschaften und besiedelten gezielt landwirtschaftlich gut nutzbare Gegenden wie etwa das Mekongdelta. Zum Ackerbau verwendeten sie jetzt Eisenwerkzeuge statt der bisherigen Steinwerkzeuge. Zur Steigerung der landwirtschaftlichen Erträge kannten sie einfache Formen der Bewässerung durch das Eindeichen, wobei man auch heute noch in der gesamten Region das Schöpfen von Wasser aus Kanälen auf die Felder mit einfachen Behältern beobachten kann. Nach Erkenntnissen der Wissenschaft gab es im Dorf als der grundlegenden Organisationseinheit nur zwei Gruppen von Menschen, die Freien und die Sklaven. Unter den Freien herrschte eine frühe Demokratie, denn sie wählten ihren Vorsteher. Dieses Amt wurde nicht in der Familie vererbt, sondern immer wieder durch Wahlen neu besetzt. Die Menschen hingen Naturreligionen an und glaubten an Geister, die durch einfache Dinge wie Steine oder Bäume symbolisiert wurden. Es wurden keine Tempel gebaut, sondern diese Form der Religion wurde spontan oder in der Natur ausgeübt. Relikte dieser Geisterverehrung haben sich in ganz Südostasien erhalten und sind verstärkt bei den Bergvölkern, aber durchaus auch noch in den Großstädten bis heute anzutreffen.

Dong-Son-Kultur

Während das Wissen über die früheste Zeit in der Region große Lücken aufweist, gibt es für die Bronzezeit eine große Zahl von archäologischen Funden, von denen die herausragenden die großen Bronzetrommeln sind. Doch scheinen die Funde den Ehrgeiz der Wissenschaftler erst recht angestachelt zu haben, sich gegenseitig zu widersprechen. Bis heute gibt es über die Herkunft und die Funktion der Dong-Son-Trommeln keine Einigkeit, denn alle, Chinesen wie Vietnamesen, selbst Europäer, reklamieren sie für sich.

Der Name der Trommeln und über sie häufig der gesamten kulturhistorischen Epoche leitet sich von dem Dorf Dong Son im Norden Vietnams ab, bei dem 1924 der erste bedeutende Fund aus der Bronzezeit verzeichnet wurde. Ausgegraben wurden verschiedenste Waffen wie Spieße, Lanzen, Pfeile, Schwerter und Dolche,

Dong-Son-Trommeln im Saigoner Geschichtsmuseum

auch stark ornamentierte Beile, die offensichtlich eher rituelle Funktionen erfüllten, dazu Gefäße wie Vasen, Kannen, Schalen, Schmuckgegenstände aller Art, einzelne Statuen, Glocken, Gewichte, Löffel und Haken – und eben die Trommeln.

Die frühesten Bronzefunde stammen aus dem 5. bis 3. Jahrtausend vor Christus. Wahrscheinlich trug bis zum Ende ihrer Hochzeit im 1. Jahrhundert nach Christus allein der Adel die Bronzekultur, da die entsprechenden Metallvorkommen in der Region recht gering sind, wodurch die Bronzestücke selten und damit wertvoll waren. Die bedeutendsten Funde stammen aus der Zeit des 8. bis 1. Jahrhundert vor Christus und sind mit großen Ähnlichkeiten im Süden des heutigen China (in den Provinzen Guangdong, Guangxi und Yunnan) und im Norden Vietnams entdeckt worden. Aber natürlich wurden im gesamten südostasiatischen Raum Bronzen gefunden, selbst die Trommeln traten in geringer Zahl auch in Südvietnam, Kambodscha sowie auf verschiedenen indonesischen Inseln zutage.

Die Trommeln wurden nach der Technik der verlorenen Form gegossen, die offensichtlich vor 2500 Jahren in der Region bereits in hervorragender Qualität angewendet wurde, da die Formen sehr gleichmäßig und die Muster sehr fein sind. Die Legierung bestand anfangs aus Kupfer und Zinn, später kam ein relativ hoher Bleianteil hinzu, der das Material geschmeidiger machte. Die Wände konnten so auch immer dünner werden. Die meist zwischen 30 und 80 Zentimeter in der Höhe und 40 bis 80 Zentimeter im Durchmesser messenden Trommeln haben keinen Boden. Der Mantel ist optisch dreigeteilt, oben wulstig mit dem größten Durchmesser, darunter folgt ein schmalerer Zylinder oder Kegelstumpf, der in einen breiteren, kegelförmigen Fuß mündet. Die Proportionen dieser drei Teile untereinander variieren. Eine separat gefertigte Platte deckt die Trommel oben ab. An vielen Trommeln verbinden zwei Paare von Griffen die Wulst und den schmaleren Mittelteil.

Die meisten Trommeln sind sehr stark verziert. Auf der Wulst und am Fuß finden sich konzentrische Bänder von geometrischen Mustern – Zacken, Dreiecke, konzentrische Kreise, Kreise mit Punkten darin, Linien, Spiralen –, während das Mittelteil in quadratische oder rechteckige Flächen aufgeteilt ist, in denen wieder geometrische oder darstellerische Motive zu sehen sind. Am stärksten verziert sind die Deckel. Diese tragen in der Mitte immer einen Stern, der auch als Sonne interpretiert wird. In der Tat besteht dieses Gebilde bei einigen Trommeln aus einem erhabenen Kreis in der Mitte, von dem sehr dünne Zacken wie Strahlen ausgehen. Die Zahl der Strahlen oder Zacken ist unterschiedlich, meist zwischen zehn und zwanzig. Außen am Deckel finden sich wieder äußerst präzise gearbeitete konzentrisch angeordnete Bänder mit geometrischen Mustern. Dazwischen ist nun der interessanteste Teil der Dekoration zu entdecken, breite Bänder mit Tier- oder selbst Menschendarstellungen. Die meisten Tiere sind stilisiert, vor allem Vögel, der ›aufsteigende Vogel‹ der Dong-Son-Trommeln gelangte schon zu Berühmtheit. Die Anzahl der Vögel ist immer gerade (häufig vier), und sie sind in gleichmäßigen Abständen angeordnet. Auf einigen Trommeln finden sich allerdings auch Szenen mit Menschen, einige Alltagsszenen, aber auch Umzüge und Tänzer. Sie sind am schwersten zu interpretieren.

Herkunft und Funktion der Dong-Son-Trommeln

Die Funktion der Trommeln ist unter den Fachleuten weiterhin heftig umstritten, wobei dieser Streit auch ideologisch befrachtet ist. Nach zahlreicheren Funden Ende des 19. Jahrhunderts erstellte 1902 der österreichische Wissenschaftler Franz Heger eine erste Typologie (Heger I–IV), die bis heute weitgehend anerkannt wird. Aber schon die Frage, wer eigentlich diese Trommeln hergestellt hat, führte zu sehr unterschiedlichen Theorien. Einige westliche Forscher glaubten, wegen der großen Ähnlichkeit von Mustern bei vorher oder gleichzeitig in Europa entstandenen Bronzegefäßen müsste die Technik in tatsächlich nachzuweisenden Wanderungen aus dem europäischen Raum nach Ostasien gelangt sein. Belege dafür gibt es allerdings nicht, so dass diese These heute kaum noch vertreten wird. Chinesische Forscher reklamierten die Trommeln für sich, weil zahlreiche auf heute chinesischem Gebiet gefunden wurden und chinesische Annalen von Trommeln berichten. Zu dieser Zeit hatte sich die Han-chinesische Zivilisation allerdings noch nicht über den Yangzi nach Süden ausgebreitet, und die Annalen berichten auch, dass chinesische Generäle bei Kriegszügen Richtung Süden Trommeln ›erobert‹ hätten. Und vietnamesische Wissenschaftler erklären die Trommeln nun zum Kulturerbe der Viet.

Deckel einer Dong-Son-Trommel

Die wahrscheinlichste These ist jedoch, dass der Ursprung der Trommeln dem erst in den letzten Jahren durch zahlreiche archäologische Funde in das Licht einer größeren Öffentlichkeit geratenen Volk der Yue zugeschrieben werden kann. Von ihm berichten chinesische Quellen, dass es im Jahr 1100 vor Christus südlich des Yangzi lebte. Eine Hauptstadt lag in der Nähe des heutigen Kanton, wo ein mit phantastischen Grabbeigaben ausgestattetes Königsgrab aus dem 4. Jahrhundert vor Christus gefunden wurde. Eine weitere Hauptstadt soll weiter nördlich gelegen haben. Zudem ist belegt, dass die Yue um das Jahr 500 vor Christus Handel bis nach Korea, Japan, Sibirien, Java, Sumatra und wohl auch mit einigen Häfen im Indischen Ozean trieben. Nach der Reichseinigung Chinas im Jahr 221 vor Christus drängten Chinesen zunehmend nach Süden und vertrieben die Yue aus ihren fruchtbaren Siedlungsgebieten weiter nach Süden und in die gebirgigen Regionen. Die Yue könnten damit nicht nur als Schöpfer der besten Bronzetrommeln, sondern auch als Vorgänger der als Mischrasse entstandenen Viet gelten.

Damit ist die Frage aber noch nicht geklärt, wozu die Trommeln dienten. Spontan möchte man sagen, natürlich zum Trommeln, und tatsächlich sind auf einigen Trommeln selbst Szenen zu sehen, in denen Menschen, offensichtlich bei einer Feier, trommeln. Doch das muss nicht zwangsläufig bedeuten, dass sie auf Bronzetrommeln Musik machten. Technisch war es wohl möglich, denn die meisten gefundenen Trommeln können tatsächlich Töne erzeugen. Es gibt zudem Berichte, dass bei einigen Völkern in Nordvietnam Regentrommeln mit Bambusrohren gespielt wurden, die mit Wasser gefüllt waren. Dies würde die Darstellung auf den Bronzetrommeln erklären, bei der die Menschen die Trommelstäbe senkrecht halten und offensichtlich mit einem Rohrende auf den Deckel oder das Trommelfell aufstoßen. Einige vietnamesische Wissenschaftler glauben also, die Trommeln wurden zum Herbeiflehen von Regen für eine gute Ernte benutzt. Der Stern in der Mitte stellt dann die Sonne dar. Unterstützt wird die Darstellung durch das Vorhandensein von meist vier plastisch herausgearbeiteten Kröten auf dem Deckel einiger Trommeln, die mit jeweils vier Stegen befestigt sind. Wie die Griffe, die oft die Formen von Pflanzenstengeln haben, könnten die Kröten praktisch der Erleichterung des Transports gedient haben, weshalb gerade solche Tiere gewählt wurden, ist aber nicht ganz klar. Die Vertreter der Regenthese argumentieren, dass die Kröte in der vietnamesischen Mythenwelt eine enge Verbindung zum Regen hat. Bis heute besagen Sprichwörter: ›Die Kröte ist der Onkel des Himmelsgottes‹ und ›Wenn die Kröte den Kopf hebt und quakt, dann regnet es‹.

Auch westliche Forscher sehen eine rituelle Nutzung der Trommeln. Hier wird in den gelegentlich dargestellten Bootsprozessionen die Reise ins Jenseits gesehen, Menschen in Federkleidern sollen Seelen darstellen. Dass die Trommeln eine Verbindung zum Tod ihrer Eigentümer haben, ist unbestreitbar. Einige wurden sogar als Begräbnisurne verwandt, in der bei der Ausgrabung ein Skelett gefunden wurde, andere waren offensichtlich hochrangigen Verstorbenen als Beigabe ins Grab gesetzt worden. Man fand in Gräbern auch eine ganze Reihe von Miniaturtrommeln von 10 bis 15 Zentimeter Durchmesser und gleicher Höhe, die den großen Trommeln wohl nachgebildet waren. Diese Tradition ist weit verbreitet: Wenn lebensgroße Grabbeigaben zu teuer werden, stellt man verkleinerte Versionen als symbolische Beigabe her. Allerdings wäre es zu kurz gegriffen, würde man die Trommeln allein in der Funktion als Grabbeigabe sehen. Es erscheint derzeit vernünftig anzunehmen, dass die Trommeln hochgestellten Persönlichkeiten als extrem wertvolle Ritualobjekte dienten, die den wichtigsten von ihnen beim Tod mit ins Grab gegeben wurden.

Ein Inventar listete 1988 146 in Vietnam gefundene Trommeln auf, dazu 148 in China und 55 in anderen südostasiatischen Ländern. Die besten Originale sind in den historischen Museen von Hanoi und Saigon sowie im Nationalmuseum von Phnom Penh zu sehen.

Die Indisierung des Südens und des Westens

Im 1. bis 3. Jahrhundert setzte in der bis dahin wenig integrierten, nur dünn besiedelten und verschiedensten Traditionen verpflichteten Region eine Einwanderung von Menschen und einer starken Kultur ein, die weite Teile der Region bis heute prägen. Sie stammten vor allem aus dem Süden Indiens, aber auch aus einigen anderen Regionen des Subkontinents. Dort war es offensichtlich zu regionalen Auseinandersetzungen gekommen, in Folge derer die unterlegenen Adligen und ihre Gefolgschaft auswanderten. Die ersten Gruppen landeten im heutigen Burma (Myanmar). Dann breiteten sich die Einwanderer entlang der Küste aus und zogen vor allem ins fruchtbare Delta des Mekong im heutigen Südvietnam. Aber auch Regionen weiter im Norden und im Landesinneren wurden von den ankommenden Indern besiedelt und kulturell beeinflusst.

Diese Indisierung des Südostens des kontinentalen Asien war jedoch – anders als der Einfluss Chinas in Vietnam – keine Kolonisation; niemals drang eine indische Armee nach Südostasien vor und zwang den dortigen Kulturen ihre eigene auf. Es handelte sich vielmehr um eine schrittweise, von der Intensität und Dauer her variierende Besiedlung und kulturelle Einflussnahme, die vorhandene Kulturen aufsog und integrierte, was die späteren Unterschiede in der Ausprägung der Indisierung erklärt. Der Wanderungsbewegung vorausgegangen war bereits eine Intensivierung des Handels entlang der Küsten, doch in diesem Fall scheint vor allem die Religion diesen vergleichsweise schnellen Wandel getragen zu haben. Denn nach dem Konzil von Pataliputra im Jahr 242 vor Christus, das der indische Kaiser Ashoka einberufen hatte, entfaltete der Buddhismus eine rege Missionstätigkeit und spaltete sich gleichzeitig mehrfach auf, was offensichtlich aber die Grundlage dafür war, dass sich die weniger elitären Formen mit mächtiger Geschwindigkeit ausbreiten konnten. Der wichtigste Weg für Kontinentalasien war die Seidenstraße nach China,

Figur aus Tra Kieu aus dem 4. Jahrhundert: Lakshmi, die indische Glückgöttin

Ganesh-Figur im Saigoner Geschichtsmuseum

wo ab dem Jahr 65 nach Christus zahllose Klöster gegründet wurden. Bis zum 2. Jahrhundert hatte der Mahayana-Buddhismus auf diesem Weg den Norden Vietnams erreicht. Die Inder brachten hingegen die traditionellere Hinayana-Richtung in die Region des heutigen Kambodscha und des südlichen Vietnam (und von dort bis zum 4. Jahrhundert weiter nach Indonesien). Erst im 8. Jahrhundert verdrängte der Mahayana-Buddhismus den Hinayana-Buddhismus aus der Region, die heute als Indochina bezeichnet wird.

Mit der Indisierung dieser riesigen Landfläche drangen die indische Staatsorganisation und der Hinduismus nach Osten vor. Indische Adlige heirateten in die lokale Führungsschicht ein und schufen so eine Elite aus hinduistischen Herrschern und Brahmanen-Priestern, die sich durch eine geschickte Heiratspolitik immer wieder selbst reproduzierte. Die Herrschaft legitimierte sich durch die Berufung auf die Götter, denen zu Ehren erstmals Stätten aus Stein erbaut wurden. Mit Rückgriff auf die vorhandene Ahnenverehrung verschmolz der König nach seinem Tod mit dem von ihm am meisten verehrten Gott, meist Shiva oder Vishnu, wodurch sich das System des Gottkönigtums als Basis der Herrschaftsausübung entwickelte. Manche Forscher bezogen das Gottkönigtum auch auf die Lebzeiten des Herrschers, behaupteten also, dieser sei zu Lebzeiten als König und Gott verehrt worden, doch diese These lässt sich bei genauem Studium der Steleninschriften nicht halten.

Mit dem Hinduismus kam auch das Sanskrit in die indisierten Gebiete, es blieb jedoch die Sprache der Priester und der Beziehungen der Herrscher zu den Göttern. Sie findet sich auf Tempelwänden, Säulen und Stelen und berichtet in heroischem Ton von den Machthabern, wurde allerdings nirgends Alltagssprache. Da der Hinduismus eigentlich keinen Beitritt zu seiner Religion vorsieht – für Könige wurde offensichtlich eine Ausnahme gemacht –, blieb das Volk seinen Naturreligionen und den populären Formen des Buddhismus verbunden.

Beide Religionen zeigten jedoch von Anfang an Tendenzen zum Synkretismus (Vermischung von religiösen Ideen), da sie sowohl lokal bereits vorhandene Glaubensrichtungen aufnahmen als auch miteinander verschmolzen. Besonders deutlich wurde dies an der Entwicklung der Idee des Heiligen Bergs Meru, auf dem in den Ahnenkulten die Ahnen, im Hinduismus die Götter wohnten. So gleichen die Dächer der Cham-Türme hoch aufragenden Bergen, bei denen vier kleinere Spitzen an den Ecken die ›Eckpunkte des Universums‹ markieren.

Ab dem 2. Jahrhundert entstanden also isoliert voneinander vor allem aus Südindien inspirierte Staaten, die den Buddhismus und/oder den Hinduismus übernommen hatten und eine erste Grundlage für die spätere Blütezeit hinduistischer und buddhistischer Kultur in der Region legten.

Das Reich Funan

Einer dieser Staaten war das indisierte Königreich Funan, das vom 2. bis 6. Jahrhundert die südlichen Teile des heutigen Kambodscha und des heutigen Vietnam umfasste. Der Einfluss reichte jedoch bis auf die Halbinsel Malaya, nach Siam, in die Region des heutigen Vientiane (Hauptstadt von Laos), über das Mekongdelta hinaus und bis nach Java.

Eigene Zeugnisse hinterließ das Reich nur sehr wenige, allerdings gibt es Berichte chinesischer Reisender, die das Leben dort beschreiben, so dass selbst der Name nur aus den chinesischen Quellen überliefert ist. Er bezieht sich auf ein Schriftzeichen für ›Berg‹, so dass der König von Funan als ›Herrscher der Berge‹ angesehen wurde. Hauptstadt war Vyadhapura, die ›Stadt der Jäger‹, die rund 200 Kilometer von der Küste entfernt gelegen haben soll und bis heute nicht entdeckt wurde.

Der Aufschwung Funans folgte offensichtlich der Ankunft eines südindischen Fürsten, der die Tochter eines einheimischen Königs heiratete. König und Schwiegersohn betrieben dann aktiv die Erweiterung des Reiches, das wohl auf feudalistischer Grundlage durch Vasallen und die Verteilung von Lehen organisiert war. Die Kenntnisse über jene Zeit sind nur punktuell, da sich historische Fakten untrennbar mit Legenden über die Herkunft oder Großtaten der Herrscher mischen, die dann Jahrzehnte oder Jahrhunderte später von Reisenden aus einer anderen Kultur, teilweise bestimmt zufällig, gesammelt wurden.

Offensichtlich gab es während der 400 Jahre wirtschaftlicher und kultureller Blüte in Funan mehrere Usurpatoren auf dem Thron und mindestens einen Dynastiewechsel. Ihre Macht sicherten die Könige durch Gesandtschaften an den chinesischen Kaiserhof ab, zwischen den Jahren 243 und 287 soll es allein fünf gegeben haben, danach wurden sie seltener. In der Folgezeit kamen dann die chinesischen Reisenden an, die ihre Erkenntnisse über Funan aufschrieben.

Ab dem Jahr 357 erfolgte mit einem erneuten Herrscherwechsel eine stärkere Indisierung, wobei der Hinduismus für den Adel und der Buddhismus für die gesamte Bevölkerung Bezugspunkte blieben. Auch die Beziehungen zu China verliefen unverändert. So erhielt König Jayavarman 503 vom chinesischen Hof den Titel ›General des befriedeten Südens‹ verliehen, was auf eine Allianz zur Niederschlagung von Aufständen in der Region zwischen China und Funan hinweist und darauf, dass die Nachbarn im Süden sich wohl als gehorsame Tributstaaten erwiesen.

Lingam mit Shiva-Bild (Mukhalingam) aus dem 6./7. Jahrhundert, gefunden in Oc Eo

Die Stärke der inneren Kohärenz von Funan ist unter Wissenschaftlern umstritten. Die von den chinesischen Berichten suggerierte und von den französischen Forschern des frühen 20. Jahrhunderts übernommene Version, bei Funan handelte es sich um ein starkes geeintes Reich beträchtlichen Ausmaßes, wird immer stärker angezweifelt. Heute wird den Lokalfürsten eine größere Selbständigkeit zugeschrieben, daneben gibt es auch Zeichen für ständige Auseinandersetzungen zwischen einzelnen Gebieten, die dann größere Herrschaftsansprüche nach sich zogen. Das Dorf blieb allzeit die erste Orientierung der Bewohner von Funan und Chen-la.

Ende des 6., Anfang des 7. Jahrhunderts wurde der König von Funan von seinem Vasallen aus dem Reich Chen-la abgesetzt und wohl in den Süden des Landes verbannt, wo er nun seinerseits als Vasall beschränkte Macht ausübte und weiterhin Botschaften nach China sandte. Das Reich Chen-la aber weitete sich zum Khmer-Königreich der Vor-Angkor-Zeit aus.

Kultur der Funanesen

Die Menschen in Funan scheinen in einem beträchtlichen Wohlstand gelebt zu haben, da das Reich einerseits strategisch günstig an den Handelswegen entlang der burmesischen und siamesischen Küste sowie an den Seewegen aus dem Golf von Siam nach Sumatra und Java lag. In Stätten wie Oc Eo, das der von Chinesen am häufigsten frequentierte und vermutlich einer der bedeutendsten Häfen Funans war, wurden dann auch Münzen aus zahlreichen anderen Staaten, selbst aus dem Römischen Reich, gefunden. Andererseits war es den Bewohnern wohl gelungen, die sehr fruchtbare Schwemmlandschaft durch Kanäle in ertragreiche Reiskulturen zu verwandeln. Die Chinesen berichten von Fracht- und Personenbooten auf den Kanälen, die stundenlang durch grüne Reisfelder glitten.

Welcher Volksgruppe die Bewohner Funans angehörten, ist weiterhin nicht klar. Vermutlich sprachen sie eine Mon-Khmer-Sprache, und sie wurden von den Chinesen als dunkelhäutig und kraushaarig beschrieben. Ihre Häuser standen auf Pfählen, so wie dies bis heute bei vielen Bergvölkern der Region, nicht aber bei Chinesen und Vietnamesen üblich ist. Alle Lebensbereiche, die mit Religion in Verbindung standen, etwa Götterkulte und Bestattungsrituale, waren jedoch indisiert. Als Staatsreligion galt der Shivaismus, die Verehrung Shivas, eines der drei höchsten Götter des Hinduismus, der hier abstrakt als Lingam dargestellt wurde. Darüber hinaus wurde aber auch Vishnu verehrt, und man folgte verschiedenen Richtungen des Buddhismus. Die beiden indischen Religionen wurden sogar vermischt, so dass hier bereits die Wurzel für jenes Phänomen gelegt wurde, das die religiöse Welt Südostasiens beherrscht: der Synkretismus.

Über die Kunst Funans ist wenig bekannt. Die wichtigsten Funde stammen weiterhin aus Oc Eo und sind im historischen Museum von Saigon ausgestellt. Ein Teil der Gegenstände ist importiert, andere folgen stark indischen Vorbildern. Ringe sind mit Sanskrit-Texten graviert, zahlreiche Amulette zeigen Shiva- oder Vishnu-Symbole. Es soll auch Bronzestatuen mit Goldeinlagen gegeben haben, doch archäologische Belege dafür fehlen.

Gebaut haben die Funanesen mit Holz. Selbst der Königspalast bestand nach Berichten aus diesem Material, soll aber groß und imposant gewesen sein; erhalten blieb nichts. Der Gebrauch von Ziegel- und Natursteinen schien auf Sakralbauten beschränkt gewesen zu sein, wie dies auch bei den Cham und anderen Gesellschaften der Region üblich war.

Die Sinisierung des Nordens

Die Entstehungsgeschichten von Gesellschaften sind sehr häufig mit Mythen und Legenden verbunden, die Erklärungen für Zeiten anbieten sollen, über die kaum Informationen verfügbar sind, oft aber auch die Funktion zur Legitimierung von Herrschaft haben. Ein wesentlicher Aspekt der Legitimierung besteht in Vietnam in der Betonung der Eigenständigkeit im Gegensatz zu China, das den Norden des heutigen Landes 1000 Jahre als Kolonie beherrschte und überaus starken kulturellen Einfluss ausübte.

In beiden Gesellschaften kamen die meisten Herrscher nach Kriegen, Umstürzen, Usurpationen und anderen Gewaltakten an die Macht, was bei der nach jedem Dynastiewechsel neu aufbereiteten Geschichtsschreibung geglättet und vertuscht werden musste, so dass ganz im Gegensatz zu den historischen Fakten die Kontinuität der Herrschaft über Jahrhunderte oder gar Jahrtausende immer wieder behauptet wird.

Der Nguyen-König Tu Duc (Regierungszeit 1847–1883) wies seine Historiker an, ihr neues umfangreiches Geschichtsbuch mit dem ›großen König der Vietnamesen‹ zu beginnen, mit Kinh Duong Vuong, der die Tochter eines Drachengeistes heiratete. Und so begeben wir uns mit Tu Duc in das Reich der Legenden. Aus der Verbindung zwischen dem Urahn der Kinh und der Tochter des Drachengeistes ging der Drachenkönig Lac Long Quan hervor, der wiederum die Bergfee Au Co heiratete und mit ihr 100 Söhne zeugte, aus denen die ›100 Völker der Viet‹ entstanden (womit die zahlreichen, erst viel später eingewanderten Bergvölker gleich mit in die Legende integriert waren). Der Drache und die Fee beschlossen, sich zu trennen. 50 Söhne zogen mit dem Vater in den Drachenpalast und besiedelten die Ebene und die Küstenregionen, aus ihnen entstanden die Lac Viet (Tiefland-Viet). Die anderen 50 folgten der Mutter in die Bergregionen des Nordens. Sie werden Au Viet (Berg-Viet) genannt und sollen bald danach den ältesten zum König bestimmt haben. Seine Dynastie wurde später Hung-Dynastie genannt und soll 18 Könige umfasst haben, die in einem Zeitraum von rund 2000 Jahren im Reich Van Lang herrschten, dem ›Reich der Tätowierten‹.

Ob es die Hung-Dynastie wirklich gegeben hat, ist bis heute mehr als umstritten. Die Herrschaftszeit ist für nur 18 Könige doch ein wenig lang, und es fehlt auch an archäologischen Funden. Vieles von dem, was man heute aus der Zeit vor der Zeitenwende findet, scheint doch nur nachträglich der Hung-Dynastie zugerechnet zu werden. Denn selbst in der vietnamesischen Geschichtsschreibung tauchen die Hung-Könige erst ab dem 13./14. Jahrhundert auf, und noch später erst wird ihre Regentschaft bis in das 3. Jahrtausend vor Christus zurückgerechnet. Es scheint realistischer, sich auf das älteste noch bekannte vietnamesische Geschichtswerk zu berufen, das ›Dai Viet Su Luoc‹, das von 15 Fürstentümern in der Ebene des heutigen Nordvietnam und in angrenzenden Gebieten der heutigen chinesischen Provinzen Guangdong und Guangxi spricht. Das mächtigste von ihnen, das auf beiden Seiten des Roten Flusses gelegene Van Lang, soll die Fürstentümer unter seinem Namen geeint und eine Hauptstadt im Gebiet von Viet Tri nördlich von Hanoi errichtet haben.

Frühe vietnamesische Reiche

Historisch gesichert ist erst das Reich von Au Lac, dessen Gründung und Namen im Jahr 257 vor Christus durch Zusammenschluss der Fürstentümer Lac Viet und Tay Au entstanden sein soll. Anlass scheint ein chinesischer Invasionsversuch gewesen zu sein, bei dessen Abwehr sich Thuc Phan, der Führer von Tay Au, hervorgetan haben soll, der danach einige Gebiete vereinte und sich zum König An Duong Vuong ausrief. Hauptstadt wurde eine Festung namens Co Loa (→ S. 199), deren Überreste nur wenige Kilometer nordöstlich des heutigen Hanoi gelegen sind. Der Name bedeutet ›Muschelzitadelle‹ und rührt von der spiralförmigen Anlage ihrer Verteidigungswälle her. Archäologen stießen in diesem Gebiet auf Funde, die bis ins 7. Jahrhundert vor Christus zurückreichen.

Die Verteidigung hielt nicht lange, denn die Chinesen starteten immer neue Eroberungsversuche, so in den Jahren 207 und 179 vor Christus durch den General Chao To, der auf Vietnamesisch Trieu Da heißt. Mit ihm und dem König An Duong Vuong verbindet sich eine weitere Legende, die Grundlage der ewigen Rivalität zwischen China und Vietnam ist: Lange versuchte Trieu Da, der Gouverneur einer Provinz in Südchina war, die Mauern von Au Lac zu erobern, doch vergebens. Immer wieder blieben An Duong Vuong und seine Leute siegreich. Da besann sich Trieu Da auf eine List. Er handelte einen Waffenstillstand aus und schickte seinen Sohn Trong Thuy nach Au Lac. Dieser machte der Königstochter My Chau amouröse Avancen und erfuhr bald von ihr das Geheimnis der Unbezwingbarkeit des Gegners. An Duong Vuong besaß nämlich einen Zauberbogen und eine goldene Schildkrötenkralle, mit deren Hilfe er mit einem einzigen Schuss tausende von Feinden zu töten vermochte. Trong Thuy stahl daraufhin die Kralle und beraubte so den Bogen seiner Zauberkraft. Beim nächsten

Parade zu Ehren der Trung-Schwestern in Saigon 1957

Angriff gelang es seinem Vater dann, Au Lac zu erobern. Die Prinzessin hingegen wurde für den Verrat von ihrem Vater eigenhändig enthauptet, woran in einem Tempel in Co Loa bis heute erinnert wird (→ S. 200).

Trotz der Verbindung mit Legenden gibt es an der historischen Authentizität Trieu Das wenig Zweifel. Er eroberte das vietnamesische Reich, erhielt jedoch seine Eigenständigkeit, seine Strukturen und seine lokalen Machthaber. Vielleicht lag dies daran, dass Trieu Da selbst weit weg vom chinesischen Kaiser war, dessen Macht sich bei weitem nicht über das gesamte Gebiet des heutigen China erstreckte. Erst die chinesische Han-Dynastie präsentierte sich als gefestigter Staatenverband und machte sich an die Eroberung weiter Regionen, die vorher zwar einem gewissen chinesischem Einfluss, vor allem kultureller Art, unterlagen, aber nicht zum Reich gehörten. Im Jahr 111 vor Christus marschierten chinesische Truppen ins Delta des Roten Flusses und erklärten es wenige Jahre später zur Provinz Giao Chi, dem ›Land der Barfüßigen‹. Zunächst änderte sich wenig, doch ein Machtkampf in der fernen chinesischen Hauptstadt Chang'an (heute Xi'an) brachte zahlreiche zivile und militärische Mandarine in die Provinz Giao Chi, die durch Verwaltungsakte und Schulen die chinesische Kultur durchsetzten.

Dagegen wehrte sich nun wiederum der vietnamesische Adel, der seine Privilegien entschwinden sah. Anlass war die Ermordung des Fürsten Thi Sach durch den chinesischen Gouverneur Su Ting (vietnamesisch To Dinh). Thi Sachs Frau und ihre jüngere Schwester setzten sich an die Spitze eines Aufstandes gegen die Kolonialmacht und konnten die Chinesen tatsächlich für kurze Zeit vertreiben. Die als Trung-Schwestern (Hai Ba Trung) bekannten Frauen riefen sich zu Königinnen aus und herrschten von 40 bis 43. Heute ist in jedem Dorf Vietnams zumindest eine Straße nach ihnen benannt, und selbst in Tempeln werden sie verehrt, obwohl ihr Widerstand gegen China nur eine Revolte des Adels zum Erhalt seiner Macht war. Die Reaktion der Chinesen kam schnell und hart. Unter Führung des Generals Ma Yuan wurde der Aufstand blutig niedergeschlagen. Die beiden Schwestern sollen sich in die Fluten eines Flusses gestürzt haben, um der Rache der Chinesen zu entgehen, andere Berichte sprechen davon, dass sie in der Schlacht fielen oder von den Chinesen enthauptet wurden.

Als Reaktion auf den Aufstand änderte der chinesische Kaiser nun seinen Kurs. Der alte Lac-Adel wurde entmachtet und größtenteils hingerichtet. Distrikte und Provinzen wurden reorganisiert und durch ein Verwaltungs- und Rechtssystem nach chinesischem Vorbild kontrolliert. Die Militärpräsenz wurde beträchtlich erhöht, so dass alle Aufstände im Keim erstickt werden konnten. Alle einheimischen Bräuche und Traditionen wurden verboten und durch chinesische ersetzt. Ein brutaleres Kolonialsystem hat man auf der Welt kaum je gesehen.

Die chinesische Herrschaft

Die Herrschaft der Chinesen währte fast 1000 Jahre, und der Einfluss, den die Besatzer und ihre Kultur ausübten, kann kaum überschätzt werden. Chinesisch wurde Amtssprache und Amtsschrift, Geschichtswerke und Literatur wurden auf Chinesisch verfasst, chinesisches Vokabular fand Eingang in die vietnamesische Sprache. Selbst nach der Unabhängigkeit war die chinesische Schrift noch

Das Pflügen mit Wasserbüffeln wurde aus China eingeführt

Vorbild für die vietnamesische Zeichenschrift des 12. Jahrhunderts, die sich nie richtig durchsetzen konnte. Bis heute ist der Einfluss chinesischer Philosophie und Religion bis in den Alltag hinein unverkennbar.

Die chinesische Zivilisation brachte aber auch wirtschaftlichen Fortschritt. Die Vietnamesen kannten den Brandrodungsbau in den Bergen und einfache Formen des Nassreisanbaus nahe den Flüssen. Die Chinesen brachten nun den Wasserbüffel als Zugtier mit und wahrscheinlich den Eisenpflug und verbesserten den lebenswichtigen Deichbau. Vor allem aber stülpten sie ihrer Kolonie eine zentrale staatliche Kontrolle und ihren hierarchischen Verwaltungsaufbau über. Beides erreichte aber vor allem die größeren Ansiedlungen und den entmachteten Adel, dessen Wiederaufstieg von der Beherrschung der chinesischen Sprache und der Verinnerlichung ihrer Kultur abhing, weniger die abgelegenen Dörfer, die zum Beispiel das chinesische Bodenrecht mit seiner Erbfolge vollkommen ignorierten und das traditionelle Gemeinschaftsrecht beibehielten. »Vor dem Gesetz des Dorfes weicht das Gesetz des Königs«, lautet ein traditionelles vietnamesisches Sprichwort, das die hohe Autonomie der Dörfer im Norden treffend charakterisiert.

Von der späteren vietnamesischen Geschichtsschreibung wird die chinesische Kolonialzeit gerne als Zeit der Unterdrückung und des heroischen Widerstands dagegen beschrieben. Tatsächlich gab es eine ganze Reihe von Erhebungen, die aber nicht alle direkt gegen die chinesischen Besatzer gerichtet waren. Zu den bekannteren Aufständen gehörten der von Trieu Au (248) oder die Rebellion des Mai Thuc Loan (722), der sich für kurze Zeit zum ›Schwarzen König‹ ausrief. Erfolgreicher war die Erhebung des Ly Bon (541–547), die die Chinesen für einige Jahre aus dem Land vertrieb. Aber natürlich passten sich die Vietnamesen im Alltag den neuen Machthabern an und integrierten sich Schritt für Schritt in die sich entwickelnde Kultur aus chinesischen und anderen Traditionen. Andererseits darf man auch China nicht als monolithischen Block ansehen, war das Reich doch die meiste Zeit durch seine permanente gewaltsame Ausdehnung instabil und von Widersprüchen gekennzeichnet. Sein Machtzentrum lag weit im Norden, und ein Beamtenposten im Süden war oft eher eine Strafversetzung denn ein Karriereschritt. Manche Gouverneure führten die Provinz mit hoher Autonomie, und oft war der Kaiser damit zufrieden, in regelmäßigen Abständen Tributgeschenke als Zeichen der Unterwerfung zu empfangen. Über die Jahrhunderte entstand so ein ständiges Geben und Nehmen, zumal auch die indisierten Reiche der Cham und der Khmer im Süden Einfluss auf den Norden ausübten, der allerdings bei weitem nicht so durchdringend war wie der Chinas.

Die Erringung der Unabhängigkeit

Unter der Tang-Dynastie (618–907) erlangte China seine vorerst größte Ausdehnung und eine kulturelle Blüte. Das Delta des Roten Flusses und das Bergland im Norden wurden zum Generalprotektorat Annam (›befriedeter Süden‹) gemacht und die Einflussnahme steigerte sich nochmals. Doch gleichzeitig zeichnete sich der Niedergang bereits am Horizont ab. Der vietnamesische Klan der Khuc nahm zu Beginn des 10. Jahrhunderts wichtige Verwaltungspositionen ein und steuerte Annam weitgehend unabhängig.

Nachdem die Tang-Dynastie zusammengebrochen war, etablierten sich in Südchina die Südlichen Han, die im Jahr 930 eine Rückkehr zum Kolonialsystem anstrebten. Doch die Vietnamesen bereiteten ihren Truppen eine schwere Niederlage, woraufhin sich der Feldherr Duong Dinh Nghe 931 zum Herrscher ausrief und mit dem Gouverneurstitel bis 937 regierte. Dann erfolgte ein neuer chinesischer Angriff, der 938 von Ngo Quyen mit der berühmten Schlacht im Fluss Bach Dang nahe Hai Phong beendet wurde. Die Chinesen waren mit großen Kriegsdschunken in die Ha-Long-Bucht gesegelt, denen die Vietnamesen nichts entgegenzusetzen hatten – außer einer List: Sie lockten die großen Schiffe bei Flut in

Darstellung der Schlacht auf dem Bach-Dang-Fluss

die Flussmündung, die sie zuvor mit angespitzten Baumstämmen präpariert hatten. Als die Ebbe einsetzte, blieben die Dschunken an den Baumstämmen hängen, und die unterlegenen Vietnamesen konnten sie eine nach der anderen bekämpfen und in Brand stecken. In jedem Geschichts- und Provinzmuseum sind heute (angeblich originale) Baumstämme ausgestellt. Der Heerführer Ngo Quyen ernannte sich zum König und beendete damit die 1000-jährige chinesische Herrschaft.

Obwohl Ngo Quyen Erfahrungen in der Verwaltung unter den Khuc gesammelt hatte und sich als fähiger Herrscher erwies, konnte das von den Chinesen hinterlassene Machtvakuum nicht so leicht gefüllt werden. Verschiedene militärische und zivile Mandarine und Fürsten rangelten um Einfluss, und Ngo Quyen starb bereits 944. Das Reich zerfiel in das ›Chaos der zwölf Militärfürsten‹. Gut 20 Jahre hielten die bürgerkriegsähnlichen Zustände an, dann hatte sich Dinh Bo Linh, der Fürst von Hoa Lu, durch Bündnisse, Heiraten und Intrigen eine Machtbasis geschaffen, von der aus er andere Fürsten unterwerfen konnte. Im Jahr 968 rief er sich zum König Dinh Tien Hoang aus und nannte sein Reich Dai Co Viet (›Großes Reich der alten Viet‹). Zur Hauptstadt machte er seinen Geburtsort Hoa Lu nahe der heutigen Provinzhauptstadt Ninh Binh (→ S. 221).

Dinh Tien Hoang teilte das Reich in zehn Militärbezirke und regierte mit harter Hand, seine Gegner ließ er foltern und umbringen. Doch Ruhe und Frieden wollten nicht einkehren. Schon 979 fiel der König selbst einem Mordkomplott zum Opfer. Die Verschwörer setzten seinen jüngsten, gerade sechsjährigen Sohn auf den Thron, konnten jedoch kein stabiles System schaffen, so dass schließlich der Oberbefehlshaber des ermordeten Königs, Le Hoan, die Macht an sich riss, die Witwe des Königs heiratete und sich zum König Le Dai Hanh ausrief, womit er die frühe Le-Dynastie (980–1009) gründete.

Der Le-König sah sich zahlreichen Bedrohungen ausgesetzt, im Innern von den weiter unruhigen Fürsten und von außen durch das wiedererstarkte China sowie einen Angriff der Cham. Doch er siegte 981 über die Chinesen und eroberte im folgenden Jahr Indrapura, die Hauptstadt von Champa. Dies wird als Beginn des ›Zugs nach Süden‹ (Nam tien) angesehen, der Ausdehnung des Reiches der Viet aus dem Delta des Roten Flusses bis zum heutigen Golf von Thailand.

Le Dai Hanh herrschte bis 1005 und hatte noch zu Lebzeiten seinen Sohn Le Long Viet zum Nachfolger bestimmt. Doch drei Tage nach der Thronbesteigung wurde dieser von seinem eigenen Bruder ermordet, der dann noch vier Jahre König war, bis der stark an Einfluss gewinnende buddhistische Klerus einen neuen Machthaber auf den Thron hob und damit die erste stabile Dynastie begründete.

Die drei großen Dynastien

Ly Thai To, der erste Regent der 1009 etablierten Ly-Dynastie, war ursprünglich ein buddhistischer Mönch ohne die feudalen Besitztümer, Machtinteressen und Ansprüche seiner Vorgänger. So verlegte er als erstes die Hauptstadt an einen neuen Ort, in eine weite Biegung des Roten Flusses, in der sich im 7. Jahrhundert eine chinesische Festung befunden hatte und in der er der Legende nach einen Drachen sich erheben sah. Er nannte sie Thang Long, was ›aufsteigender Drache‹ bedeutet; heute heißt der Ort Hanoi.

Die Einsäulenpagode in Hanoi entstand während der Ly-Dynastie

Sowohl in der Zeit der chinesischen Okkupation als auch während der frühen vietnamesischen Dynastien war die Region des heutigen Nordvietnam stark zersplittert und ohne zentrale Organisation und Autorität. Dem lokalen Adel war dies recht, denn eine starke Zentralmacht hätte seine Autorität beschnitten und seine durch Steuern und Abgaben sowie Zwangsarbeit an den öffentlichen Einrichtungen, wie etwa den Dämmen, von den Bauern erpressten Einkünfte geschmälert. Die Zentralmacht trat effektiv eigentlich nur bei äußeren Bedrohungen auf, vor allem bei den zahlreichen Angriffen aus China, für deren Bekämpfung jeder lokaler Machthaber Truppen abzustellen hatte.

Die Ly-Dynastie schuf nun erstmals einen effektiven Zentralstaat und begrenzte die militärische Macht der Fürsten, indem sie ein stehendes Heer und die Registrierung aller Einwohner einführte, damit diese besteuert und zum Wehrdienst eingezogen werden konnten. Als zweite Maßnahme wurde die Organisation des Deich-, Damm-, Kanal- und Straßenbaus zentral organisiert und verbessert. Da der Rote Fluss große Mengen von Sedimenten mit sich führt, bestand immer die Gefahr tödlicher Überschwemmungen, wenn die Wasserregulierung nicht funktionierte. Dies hatte nicht nur Bedeutung für das Leben der Menschen, sondern auch für den Transport von Waren und vor allem für den Ernteerfolg der Landwirtschaft, die Grundlage der Ökonomie. Das zu bewirtschaftende Land wurde ausgeweitet, das Brachliegen von Agrarland, Diebstahl oder Schlachten von Büffeln oder Rindern wurden hart bestraft, wie überhaupt ein nach chinesischem Vorbild organisiertes Strafrecht durchgesetzt wurde. Andererseits nahm das Recht traditionelle kollektive Strukturen auf dem Lande auf und organisierte Familien zu ›Bao‹ (Zellen), die gemeinsam Zugvieh nutzten und gemeinsam für Gesetzesverstöße bestraft wurden.

Die Ly-Dynastie und die sich anschließende Tran-Dynastie (1225–1400) brachten dem Land eine kulturelle Blüte. Durch den Einfluss des buddhistischen Klerus, der durchsetzte, dass der Buddhismus Staatsreligion wurde, entstanden zahllose Tempel, darunter die Einsäulenpagode in Hanoi (→ S. 173), Schulen, Werke der Literatur und Geschichte. Nach chinesischem Vorbild spielte der Konfuzianismus in der Verwaltung eine wichtige Rolle, gekrönt vom Bau des Konfuzius geweihten Literaturtempels (Van Mieu, → S. 163) und der in derselben Anlage untergebrachten ›Königlichen Akademie‹. Doch als Staatsideologie setzte sich die Lehre der Konfuzianer erst im 15. Jahrhundert durch; in der Frühzeit umfassten die Literaturprüfungen auch buddhistische und daoistische Inhalte.

Die größte militärische Herausforderung seit Jahrhunderten hatte Vietnam im 13. Jahrhundert zu bestehen, nachdem die Mongolen das gesamte chinesische Reich vereinnahmt und dort die Yuan-Dynastie etabliert hatten. Immer weiter nach Westen, bis nach Europa, aber auch nach Süden drangen die mongolischen Reiterheere vor, wurden aber dreimal zurückgeschlagen und mussten sich vor den Unbilden des Wetters zurückziehen. 1284 verlangte der Große Khan das Recht, durch Vietnam nach Champa zu ziehen, doch die Vietnamesen befürchteten, die Mongolen würden bleiben und verweigerten dies. Mit einem gewaltigen Heer brachen die Mongolen auf, wurden jedoch von den Vietnamesen unter dem Kommando des Generals Tran Hung Dao geschlagen, der bis heute gottähnlich verehrt wird. Dabei soll auch der alte Trick mit den Pfählen im Flussbett des Bach Dang wieder zum Einsatz gekommen sein, denn tatsächlich hatte Dschingis Khan (der eigentlich als echte Landratte zu gelten hat) in Südchina die chinesische Flotte akquiriert und nutzte sie, um in einer Zangenbewegung über Land und über das Meer nach Vietnam und Champa vorzudringen. Das misslang, und mit einem weiteren gescheiterten Invasionsversuch 1287 wurde die mongolische Expansion nach Süden endgültig beendet.

Denkmal für General Tran Hung Dao in Saigon

Doch die Dynastien Ly und Tran waren keine immerwährenden Freudenfeste, sondern kannten auch viele Perioden des Verfalls und der Unruhen, bei denen Könige aus der Hauptstadt flüchten mussten. Ursache waren meist wirtschaftliche Verwerfungen, denn der unstabile Machtausgleich zwischen Zentrum und Peripherie basierte meist auf dem Landbesitz. Mit der Vergabe von Ländereien, die oft steuerfrei waren, versuchte der König die Fürsten an sich zu binden, stärkte damit aber gleichzeitig deren Macht, während er sich selbst wertvoller Einnahmen beraubte. Der Großgrund-

Ahnentafeln für die Könige der Tran-Dynastie im Gedenktempel für Tran Hung Dao

besitz des Adels stand zudem in grundlegendem Widerspruch zum kollektiven Eigentum am Boden, wie es in den dörflichen Strukturen üblich war, ein Widerspruch, der bis ins 20. Jahrhundert hinein von Bedeutung blieb und bei der missratenen Bodenreform der Kommunistischen Partei beinahe zu einem neuen Auseinanderbrechen des Landes geführt hätte.

Die Rückkehr der Chinesen

Ende des 14. Jahrhunderts erfuhr das Land wieder einmal eine lange Phase des Niedergangs, die die Cham nutzten, um sich gegen das beständige Vorrücken der Viet nach Süden zu wehren. Zweimal, 1371 und 1377, eroberten und verwüsteten sie die Hauptstadt Thang Long (Hanoi), weil die vietnamesische Armee keinen Rückhalt mehr in der bäuerlichen Bevölkerung fand, die zu sehr damit beschäftigt war, das bloße Überleben zu sichern. Überall brachen Aufstände los, die teilweise die Cham offen unterstützten. Wahrscheinlich ist es nur dem Tod des Cham-Königs zu verdanken, dass das Reich der Viet überlebte. In dieses Vakuum stieß der Premierminister Le Quy Ly und entmachtete die zerrüttete Tran-Dynastie.

Le Quy Ly war seit den 1380er Jahren am Hof aufgestiegen, nicht zuletzt, weil er seine Gegner skrupellos aus dem Weg räumte. 1398 zwang er König Tran Thuan Tong zum Abdanken und ein Jahr später zum Selbstmord. Ein weiteres Jahr beließ er dessen dreijährigen Sohn auf dem Thron, während er als Vormund die wahre Macht ausübte, dann proklamierte er sich selbst zum König Ho Quy Ly, wobei er den alten Namen seiner aus China eingewanderten Vorfahren wieder annahm. Er blieb nur ein Jahr auf dem Thron und übergab dann die Macht an seinen Sohn Ho Han Thuong, der von 1401 bis 1407 regierte, aber von seinem Vater intensiv ›beraten‹ wurde.

Ho Quy Ly kommt in der vietnamesischen Geschichtsschreibung nicht sehr gut weg, was vor allem daran liegt, dass unter seiner Herrschaft die Chinesen zurück ins Land kamen. Doch schon als Premierminister setzte er große und wichtige Reformen durch, so führte er zum Beispiel 1396 erstmals Papiergeld ein und zog die Metallmünzen, die einen hohen Materialwert besaßen, aus dem Verkehr. Vor allem brachte er unter seiner Herrschaft den ausufernden Großgrundbesitz wieder unter Kontrolle, verteilte Land an die Bauern und setzte strikte Größenbeschränkungen beim privaten Grundbesitz durch. Durch zahlreiche Maßnahmen beschnitt er die ökonomische, politische und militärische Macht der Fürsten. Er reorganisierte und vergrößerte das Heer, förderte gleichzeitig aber den kostenlosen Schulbesuch auch in der Provinz und die Verbreitung der vom Chinesischen abgeleiteten Zeichenschrift Chu nom. Doch ihm blieb zu wenig Zeit, und die äußeren Umstände ließen ihn scheitern.

In China hatte die han-chinesische Ming-Dynastie die mongolische Yuan-Dynastie abgelöst. Angehörige des gestürzten Tran-Klans riefen nun, da sie selbst die Ho-Könige nicht stürzen konnten, die Chinesen zu Hilfe, die sich nach 450 Jahren diese Gelegenheit nicht entgehen ließen, in Vietnam einmarschierten und die Ho-Familie gefangennahmen und nach China deportierten. Die Tran dachten, sie könnten so an die Macht zurückkehren, was die Chinesen jedoch nicht zuließen. Als sich die Tran nicht in ihr Schicksal ergaben, verbrachten sie auch

Chinesischer Tempel in der Altstadt von Hanoi

die Führung dieses Klans nach China. Dann drehten die Chinesen die Uhr um fünf Jahrhunderte zurück, etablierten wieder die Provinz Giao Chi, verbannten alles Vietnamesische und ersetzten es durch Chinesisches. Rücksichtslos plünderten sie das Land und seine Bewohner aus und zeigten sich erneut als brutale Kolonialherren.

Die Le-Dynastie

Dagegen brachen unzählige Aufstände aus, die der reiche Großgrundbesitzer Le Loi bündelte. Er stellte ein Heer auf und lieferte den Chinesen 1426 zwei Schlachten, die nach Verhandlungen in einem Kompromiss endeten. Le Loi stimmte zu, dass ein Nachfahre der Tran auf den Königsthron kam und sanktionierte so die ›Wiedereinsetzung der Tran‹, der Vorwand, unter dem die Chinesen ins Land gekommen waren; dafür gewann Vietnam erneut seine Unabhängigkeit. Doch kaum zwei Jahre später trieb Le Loi den Tran-König in den Selbstmord, berichtete den Chinesen, der letzte Nachkomme der Tran sei ›verstorben‹, bestieg selbst als König Le Thai To (Regierungszeit 1428–1433) den Thron und begründete die Le-Dynastie.

Der Ming-Kaiser nahm diese Konstellation hin – er war gerade mit dem Bau des Kaiserpalastes in Peking beschäftigt –, Vietnam war zwar unabhängig, stand aber unter chinesischer Oberhoheit. Das hinderte Le Thai To nicht daran, alle jene, die mit China kollaboriert hatten, enteignen und hinrichten zu lassen. Dann machte er sich daran, einen neuen Zentralstaat aufzubauen, der noch stärker als in der Vergangenheit auf die Hauptstadt Thang Long konzentriert war. Die Verwaltung wurde einer strengen Hierarchie konfuzianisch ausgebildeter Mandarine übertragen, die Provinzfürsten mussten ihre Heere auflösen, und der Großgrundbesitz

Die Geschichte Le Lois ist ein beliebtes Thema des Wasserpuppentheaters

wurde erneut beschnitten. Unter König Le Thanh Tong (Regierungszeit 1460–97) wurde das Land vermessen und dann auf Lebenszeit nach sozialem Rang entlehnt; spätestens drei Jahre nach dem Tod des Belehnten musste es an den Hof zurückgegeben werden. Zur Festlegung der ihr zustehenden Landmenge wurde jede Familie in eine soziale Kategorie eingeordnet: ein geradezu klassisches Beispiel eines Feudalismus unter der Herrschaft einer Bürokratie. Und von der Struktur her ist das heutige politisch-wirtschaftliche System in Vietnam kaum anders.

Auch einen weiteren Machtfaktor schalteten die Le-Könige aus, den buddhistischen Klerus. Mönche wurden aus der Beamtenschaft verbannt und die Mehrzahl der unendlich reich gewordenen buddhistischen Klöster geschlossen, der Bau neuer Pagoden verboten. Nachdem in der Tran-Dynastie viele, teilweise obskure Sekten entstanden waren, wurden diese nun rigoros beseitigt.

Die ganze Zeit über hatte sich das Reich der Viet nach Süden ausgedehnt und zahlreiche Schlachten mit den dort ansässigen Cham geschlagen. Bevor diese bis heute im Alltag deutlich erkennbare Expansion geschildert wird, ist ein Blick zurück auf die Geschichte Champas notwendig.

Champa

Die Cham sind ein austro-asiatisches Volk, stammen also aus der Inselwelt Südostasiens und gehören einer malaio-indonesischen Sprachgruppe an, unterscheiden sich also kulturell sehr stark von den Viet. Wann genau sie in das heutige Zentralvietnam einwanderten, ist unklar. Fest steht jedenfalls, dass sie in der Zeit zwischen dem 2. und dem 4. Jahrhundert bereits dort siedelten, Reisfelder in der Ebene und im Hügelland bewirtschafteten, Fischer, Handwerker, Händler, Seefahrer und Piraten waren. In dieser Zeit unterlagen sie, oder genauer gesagt die Elite ihrer Gesellschaft, einer ›Indisierung‹, wie auch die Khmer weiter im Süden und Südwesten. Offenbar durch Händler und durch in einem Machtkampf in Indien unterlegene Adlige wurde die indische Kultur weiter nach Osten und bis nach Bali getragen, nicht aber durch Feldzüge wie die chinesische Kultur im Norden. Die Führungsschicht, angeleitet von einflussreichen Priestern, hing nun dem Hinduismus (vorübergehend auch dem Buddhismus) an, errichtete religiöse Bauwerke nach indischem Vorbild und verwendete, zumindest auf erhalten gebliebenen Steinstelen, das südindische Sanskrit als Schriftsprache.

Über die frühen Cham ist wenig bekannt. Man vermutet zwei ähnliche, aber miteinander konkurrierende Reiche, Aramavati im Norden, beiderseits des Wolkenpasses mit einem Zentrum in Tra Kieu (→ S. 285) südlich des heutigen Da Nang, dessen Hafen an der damaligen Mündung des Flusses Thu Bon lag, in der Gegend von Hoi An, von dem bisher aber keine archäologischen Belege gefunden wurden. Das Südreich Paduranga hatte sein Zentrum wohl in der Gegend von Phan Rang (→ S. 306) und eine Tempelstadt namens Kauthara in der Gegend des heutigen Nha Trang (vielleicht gehörte der Turm Po Nagar dazu, → S. 298).

Chinesische Quellen berichten von großen Handelsflotten der Cham, die vom 6. bis 10. Jahrhundert mit Gewürzen und Heilkräutern, Elfenbein, Gold und Silber in Südostasien handelten. Das 7. Jahrhundert scheint eine Zeit des Umschwungs gewesen zu sein. Aus dieser Zeit stammen erste Inschriften auf Steinstelen in Sans-

Cham-Turm Po Klaung Garai in Phan Rang

krit, die erstmals den Namen Champa für das Land und Cham für seine Bewohner erwähnen, auch entstanden die ersten Sakralbauten aus gebrannten Ziegeln. Die hinduistischen Priester scheinen eine wichtige Rolle gespielt zu haben. Nur ihnen und der Königsfamilie war der Zutritt zu den Tempeln gestattet, die wegen ihrer kleinen Grundfläche, aber hoch aufragenden Gestalt Türme genannt werden. Verehrt wurde vor allem Shiva, der zu der Dreieinigkeit (Brahma, Shiva, Vishnu) der höchsten hinduistischen Götter gehört, auf dem in vielen Tempeln als Skulptur dargestellten Stier Nandi reitet und meist von einem phallusartigen Stein (Lingam) symbolisiert wird. Einige dieser Lingams tragen Gesichtszüge (Mukha-Lingam), was die Frage nach dem Gottkönigtum aufwirft. Frühere Forscher vertraten meist die Auffassung, die Cham-Könige seien als Götter und irdische Herrscher gleichzeitig angesehen worden. Nach intensivem Studium der Inschriften muss man aber zu dem Ergebnis kommen, dass die Könige zu ihren Lebzeiten einem Hauptgott opferten und diesem einen Tempel bauten und erst bei ihrem Tod als mit dem Gott verschmolzen angesehen wurden, weshalb die Gesichter von Statuen und auf den Mukha-Lingams diejenigen der Könige gewesen sein sollen.

Im 8. Jahrhundert war der Einfluss der Sailandra-Dynastie aus Java sehr groß, deren Soldaten Champa überfielen, Heiligtümer raubten und die Hauptstadt des Südreiches zerstörten. Der Cham-König Indravarman II. baute eine neue Hauptstadt, die er Indrapura nannte, sowie ein Kloster namens Dong Duong etwa 30 Kilometer vom Tempeltal My Son (→ S. 285) entfernt. Der Reichtum Champas scheint immer wieder Rivalen angezogen zu haben, in der Frühzeit die Chinesen, bis sie sich mit dem Delta des Roten Flusses und dem Bergland zufrieden gaben, später die nach Süden strebenden Viet sowie neben den Javanern auch die im Südwesten lebenden, ebenfalls indisierten Khmer, deren Blütezeit mit dem Aufbau von Angkor im frühen 9. Jahrhundert begann. Auf den Steinreliefs des Bayon in Angkor sind zahlreiche Alltags- und Kriegsszenen verewigt, die Cham mit breiten Nasen, großen Augen und lockigen Haaren zeigen.

Von der Cham-Kultur blieben nur Ruinen von Turm-Heiligtümern erhalten. Nur diese Bauwerke scheinen aus Ziegeln und Sandstein zur Dekoration bestanden zu haben, nicht einmal ein Königspalast oder ähnliches wurde gefunden. Über Jahrhunderte sahen sich die Cham dann zurückgedrängt und mussten vor den anrückenden Viet immer weiter nach Süden ausweichen. Ihre Bauten verloren an Harmonie und Stil, dokumentieren eine Gesellschaft in Auflösung. Heute umfasst das Volk der Cham nur noch rund 80000 Menschen, die fast alle Muslime sind und äußerst bescheiden in kleinen Dörfern leben.

Der Zug nach Süden

Im Jahre 982 fand die erste größere militärische Auseinandersetzung zwischen Viet und Cham statt. Die Cham wollten mit einem Seeangriff die Thronstreitigkeiten im Norden ausnutzen, gerieten jedoch in einen Sturm, woraufhin König Le Dai Hanh eine Delegation nach Champa entsandte. Als diese gefangengenommen wurde, rückten Le Dai Hanhs Truppen nach Süden vor, zerstörten die

Cham-Hauptstadt, erzwangen Gebietsabtretungen und die Verlegung der Hauptstadt nach Vijaya, nahe dem heutigen Qui Nhon. In den folgenden Jahrhunderten wurden weitere Gebiete erobert, im 14. Jahrhundert sogar einmal friedlich, als ein Cham-König eine vietnamesische Prinzessin heiratete und dafür zwei Provinzen abtrat. Der König starb bald darauf, und seine Gattin sollte ihm, wie es der Brauch gebot, ins Totenreich folgen, was die Vietnamesen durch eine Entführung verhinderten. Aus diesem Anlass entstand ein neuer Krieg, der aber wiederum von den Vietnamesen gewonnen wurde.

Zur Zeit der Tran-Dynastie war Champa so stark geschwächt, dass es zum Tributstaat Vietnams wurde. 1366 erreichten vietnamesische Truppen den strategisch wichtigen Wolkenpass (→ S. 265) zwischen den heutigen Städten Hue und Da Nang. Danach wendete sich das Blatt noch einmal: Während die Tran-Dynastie zerfiel, kam mit Che Bong Nga der letzte große Cham-König auf den Thron, der 1371 und 1377 Thang Long zerstörte. Mit der Festigung der Le-Dynastie allerdings ging der Zug nach Süden weiter. 1471 eroberten die Truppen des Königs Le Thanh Tong die Hauptstadt der Cham, was zum Zerfall Champas als einheitlichem Staat führte. Weiter im Süden existierten einige kleinere Fürstentümer noch bis ins 18. Jahrhundert, doch die meisten wurden bis 1693 von den Nguyen-Fürsten besiegt, während 1794 die letzte Enklave der Cham in vietnamesische Hand fiel.

Nach dem Sieg über Champa drangen die Vietnamesen weiter in die von Khmern besiedelten Gebiete im Mekongdelta vor. Dort verbündeten sie sich mit chinesischen Einwanderern, die nach dem Sturz der Ming-Dynastie (1644) hierher geflohen waren. 1694 eroberten die Vietnamesen eine kleine Zitadelle an der Stelle, an der sich heute Saigon befindet. Noch 100 Jahre brauchten sie, um den ganzen Süden unter ihre Herrschaft zu zwingen, doch 1795 endete der ›Zug nach Süden‹ an den Ufern des Golfs von Siam.

Die erste Teilung des Landes

Mit Le Thanh Tong (Regierungszeit 1460–1497) hatte die Le-Dynastie ihre Blütezeit erreicht, mit seinem Tod begann der Niedergang. 1527 riss der Provinzgouverneur Mac Dang Dung die Macht an sich, die er jedoch nur kurz behalten konnte. Gegen ihn formierten sich im Norden zwei Klans, die unter dem Vorwand der ›Wiedereinsetzung der Le‹ das Schicksal des Landes für einige Jahrhunderte bestimmen sollten: die Trinh und die Nguyen.

Zunächst entledigten sie sich gemeinsam der Mac-Sippe, indem sie 1533 einen Gegenkönig der Le etablierten, die Macht aber fest in den Händen behielten. Sie vertrieben schließlich die Mac in das bergige Grenzgebiet zu China, wo diese unter dem Schutz der chinesischen Ming-Dynastie blieben, nach der Machtübernahme der Qing in Peking (1644) aber alle Privilegien verloren.

Die Könige der ›wiedereingesetzten Le-Dynastie‹ blieben eigentlich nur Marionetten der beiden mächtigen Familien, unter denen der Kampf um die Macht nach der Verbannung der Mac wieder aufbrach, ohne dass sich eine Seite durchsetzen konnte. Schließlich einigten sie sich auf eine geographische Machtteilung mit dem Fluss Gianh, 30 Kilometer nördlich von Dong Hoi in der heutigen Provinz

Quang Tri, als Grenze, wobei die Trinh den Norden und die Nguyen den Süden kontrollierten, worunter zunächst das heutige Mittelvietnam zu verstehen ist, während die später eroberten Gebiete im Süden dann hinzugefügt wurden. Beide Familien führten im Prinzip die Politik der Le fort, wobei sich die Trinh auf bestehende Strukturen stützen konnten, während die Nguyen in den vorher nicht chinesisch-vietnamesisch kontrollierten Gebieten neue Gegebenheiten schaffen mussten. Das harte Leben der Bauern einerseits und die Privilegien des Adels andererseits, der Müßiggang der Mönche und die Korruption in der Beamtenschaft – ab Mitte des 18. Jahrhunderts konnten öffentliche Ämter ganz offen käuflich erworben werden – verursachten zahllose Rebellionen und Aufstände gegen die Machthaber auf lokaler oder regionaler Ebene, die schließlich zur größten Rebellion in der vietnamesischen Geschichte führten.

Die Tay-Son-Rebellion

Der Name der 1771 begonnenen Rebellion leitet sich vom Namen des Dorfes ab, aus dem die drei Anführer stammten, die Brüder Nguyen Nhac, Nguyen Lu und Nguyen Hue, die nicht mit den machthabenden Nguyen verwandt waren. Sie sollen in der Gegend um Tay Son als Kaufleute, gleichzeitig aber auch als Räuber aktiv gewesen sein, die ihre Beute zum Teil unter den Armen verteilten. So schlossen sich ihnen immer mehr Gefolgsleute an, bis sie schließlich eine veritable Armee kommandierten und den Truppen der Nguyen-Fürsten richtige Schlachten lieferten. Dies machten sich die Trinh aus dem Norden zunutze und eroberten 1775 die Hauptstadt der Nguyen, Phu Xuan, das heutige Hue. Die Nguyen mussten daraufhin in den Süden, in die Gegend des heutigen Saigon, flüchten. Die Trinh gaben sich mit der Eroberung der Provinz Thuan Hoa zufrieden, so dass die nachfolgenden Kämpfe zwischen den Tay-Son-Rebellen und den Nguyen stattfanden.

Eunuchen und Konkubinen in Hue

1776 drangen die Rebellen noch wenig erfolgreich nach Süden vor, doch ihr zweiter Feldzug im Folgejahr führte zu einer fast vollständigen Auslöschung des Nguyen-Klans. Nur Nguyen Phuc Anh, der Enkel des ersten Klanführers, konnte sich ganz im Süden, zeitweise auch im Khmer-Reich und 1784 in Siam (heute Thailand) verstecken und entwickelte sich zum wichtigsten Gegenspieler der Tay Son. Auch einen gemeinsamen Angriff von siamesischen und Nguyen-Truppen konnten die Rebellen zurückschlagen und so ihre Macht im Süden festigen. Zahlreiche Städte und berühmte Tempel wurden in dieser Zeit zerstört.

Nach ihrem Sieg im Süden wandten sich die Tay Son unter Führung von Nguyen Hue nach Norden, eroberten Phu Xuan von den Trinh und stürmten weiter voran. Der Widerstand der Trinh brach schnell zusammen, und innerhalb weniger Wochen hatten die Rebellen Thang Long (Hanoi) besetzt. Die pro forma herrschenden Le riefen sogar eine chinesische Invasionsarmee zu Hilfe, die 1788 nach Nordvietnam einbrach, Thang Long von den Rebellen befreite und weiter nach Süden vorrückte. Doch Nguyen Hue, der sich inzwischen zum König Quang Trung ausgerufen hatte, organisierte seine Truppen neu und brachte den Chinesen eine vernichtende Niederlage bei. Anschließend arrangierte er sich mit ihnen, sandte eine Delegation nach Peking, die die Oberherrschaft des Reichs der Mitte bestätigte, woraufhin er 1792 von den Chinesen als König von Annam anerkannt wurde.

Doch die militärische Auseinandersetzung im Norden bot Nguyen Anh die Gelegenheit, in seine Heimat zurückzukehren und den Süden unter seine Kontrolle zu bekommen. Den Tay Son war es nämlich nicht gelungen, eine funktionierende Verwaltung aufzubauen, und die Lage der einfachen Menschen hatte sich nicht verbessert. Zudem verbündete sich Nguyen Anh erneut mit den im Mekongdelta lebenden Chinesen, die von den Tay Son ausgeplündert und zu Tausenden dahingemetzelt worden waren. Inzwischen waren auch die ersten Europäer – Händler, Missionare, Abenteurer – in Südvietnam angekommen, die Nguyen Anh ebenfalls unterstützten. Die Tay-Son-Brüder hingegen waren untereinander zerstritten und hatten das Land in Norden, Mitte und Süden untereinander aufgeteilt.

Mit seinen vereinigten Kräften rückte Nguyen Anh ab 1792 von Süden nach Norden vor. Zu spät einigten sich die Brüder auf ein Bündnis gegen ihn, hinzu kam, dass Nguyen Hue noch 1792 starb, Nguyen Nhac im folgenden Jahr. In vielen Jahren bitterer Kämpfe kam Nguyen Anhs Truppen voran. Im Frühjahr 1802 erreichten sie Phu Xuan (Hue), wo Anh die Nguyen-Dynastie begründete und sich zum König Gia Long ausrief. An den Tay Son, die aus derselben Region stammten, nahm er bittere Rache: Er ließ das Grab Nguyen Hues öffnen und den Leichnam schänden, zahllose Verwandte und Gefolgsleute wurden hingerichtet. Wenige Wochen später war auch Thang Long erobert. Hauptstadt wurde nun Hue, während Thang Long einige Jahre später mit Vorsatz zerstört, zu einer Provinzstadt herabgestuft und in Hanoi umbenannt wurde.

Die letzte Dynastie und die Kolonialmacht

Im 16. Jahrhundert bereits waren die ersten portugiesischen und spanischen Seefahrer an den Küsten Vietnams aufgetaucht, doch sie etablierten nur kleine Handelsstützpunkte wie das damals als Faifo bekannte Hoi An. Sie bereiteten den

Erinnerungsfoto im Königspalast von Hue

Weg für aggressivere Eroberer wie die protestantischen Briten und Niederländer, deren Hauptaugenmerk aber China und die Gewürzinseln (Indonesien) waren. So blieb Vietnam für den Nachzügler Frankreich, der zum einen eine klassische Plantagenkolonie etablierte, Vietnam aber vor allem als Einfallstor nach Südchina sah, das durch den Eisenbahnbau vom Hafen Hai Phong nach Yunnan erschlossen werden sollte, denn die Küsten Chinas waren bereits von den feindlichen Briten besetzt.

Die europäische Kolonisierung wurde von drei Hand in Hand arbeitenden Kräften betrieben: Missionaren, Händlern und Soldaten. Zunächst unterstützten die Franzosen Nguyen Anh bei der Rückeroberung der Macht und besaßen großen Einfluss an seinem Hof. Der Fürst war an modernen Waffen interessiert, dafür ließ er die Missionstätigkeit unter der Leitung des Bischofs Pigneau de Béhaine zu, war aber irritiert, dass der Bischof ausgerechnet seinen Sohn bekehren wollte und die Katholiken den Ahnenkult, das wohl wichtigste Element des Zusammenhalts der vietnamesischen Gesellschaft, aufgeben mussten. Als Pigneau 1799 starb, wurde er noch hoch geehrt, doch der Einfluss der Fremden schwand zunehmend. Nach dem Tod Nguyen Anhs (1820), der inzwischen König Gia Long geworden war, wurden die ›Berater‹ vom Hof verjagt, das Recht zur Missionierung wurde eingeschränkt, und zeitweise gab es richtige Christenverfolgungen.

Wie in China auch, waren die Machthaber nur an der modernen Technik der Europäer interessiert, nicht an ihren Religionen und Philosophien. Die Nguyen-Dynastie war ganz im Gegenteil philosophisch-politisch extrem rückwärtsgewandt. Der Konfuzianismus wurde wieder zur Staatsideologie, die Beamtenprüfungen mit dem Abfragen der 2500 Jahre alten Klassiker und dem Verfassen von Gedichten nach vorgegebenen Reimschemata wurden wieder eingeführt, die Macht wurde in einer zentralen Institution, dem Königshaus, gebündelt, dem ein Herrscher vorstand, der sich immer noch als Mittler zwischen dem Himmel und den Menschen sah. Die Hauptstadt Hue wurde nach dem Vorbild Pekings, aber mehr als dessen Karikatur, erbaut, absurde Rituale wurden wieder eingeführt, und die Könige tendierten dazu, sich ganz in ihre ›verbotene Stadt‹ oder ihre frühzeitig fertiggestellten Mausoleen zurückzuziehen, statt sich der heraufziehenden Herausforderung durch die Kolonialmacht zu stellen.

Am 1. September 1858 eroberten französische und spanische Truppen Tourane (heute Da Nang), um ihren Forderungen nach Handelsniederlassungen und Erlaubnis zur Missionierung Nachdruck zu verleihen. Die Militärs hatten den Missionaren weisgemacht, dass daraufhin ein Aufstand der Katholiken die Nguyen-Dynastie erschüttern würde, doch nichts geschah. Also zogen Soldaten, Missionare und Händler einträchtig nach Süden, eroberten 1859 Saigon und im Folgejahr drei Provinzen östlich des Mekong. Der ›Friedensvertrag‹ von Saigon (1862), den König Tu Duc ohne Widerstand hinnahm, sah die Übergabe der drei Provinzen an die französische Verwaltung und das Recht der französischen Flotte, den Mekong zu befahren, vor. Die Franzosen nutzten dies, um zwischen 1863 und 1867 die drei westlich des Mekong gelegenen Provinzen sowie Kambodscha zu erobern. Im März 1874 anerkannte Tu Duc die französische Souveränität über den Süden und ein Protektorat über Annam. Als Tu Duc im Juli 1883 kinderlos starb, brachen große Konflikte am Hof aus: Binnen eines Jahres wurden drei seiner Neffen als Monarchen gekrönt, abgesetzt und in den Tod getrieben. Die Franzosen nutzten das Machtvakuum, bombardierten die Zitadelle von Hue und erzwangen den Protektoratsvertrag vom 25. August 1883, der Cochinchina (Südvietnam) zur Kolonie sowie Annam (Mittelvietnam) und Tongking (Nordvietnam) zu Protektoraten erklärte.

Das königliche Siegel wurde eingeschmolzen. Dieser Akt der Demütigung symbolisiert die Entwicklung Vietnams in den folgenden 70 Jahren. Die Franzosen bauten ihre Kolonialverwaltung in Hanoi und Saigon auf und beließen Hue als verschlafene Stadt den wie Marionetten agierenden Königen, den Dichtern und Gelehrten, die dem Konfuzianismus und den Konkubinen frönten. Frankreich straffte zunächst seine Kolonialverwaltung, schuf 1887 die Indochinesische Föderation aus den drei Teilgebieten Vietnams und Kambodscha (in die 1899 auch Laos einbezogen wurde) und unterstellte die gesamte Region dem Kolonialministerium. 1897 wurde Paul Doumer als Generalgouverneur eingesetzt, er förderte die wirtschaftliche Entwicklung des Landes: Reis, Kaffee und Kautschuk wurden auf Plantagen produziert und ausgeführt – während die Vietnamesen Hunger litten. Frankreich etablierte eine klassische Kolonialwirtschaft – Ausfuhr von Rohstoffen, vor allem Kohle, Einfuhr von Luxusgütern –, legte aber keinen Wert auf die Entwicklung der einheimischen Wirtschaft oder der Bevölkerung: Zwar wurde das französische Schulsystem auf Vietnam übertragen, doch nur eine kleine Zahl von vietnamesischen Kindern konnte die Lyzeen besuchen, die einheimische Elite sollte nur so groß sein, dass sie der Kolonialverwaltung dienen konnte.

Die vietnamesische Gesellschaft änderte sich. Landlose Bauern mussten sich als Arbeiter auf den Plantagen oder beim Bau von Häfen, Straßen und Eisenbahnlinien verdingen. Zu Zwischenhändlern (und gelegentlich auch eigenen Plantagenbesitzern) entwickelten sich viele im Land seit Generationen ansässige Chinesen.

Widerstand gegen Frankreich

Gegen alle diese Entwicklungen baute sich zunehmender Widerstand auf. Zum einen gab es Reformer, die oft zur Schicht der Intellektuellen gehörten, die über die Verbesserung des Bildungswesens den Aufstieg der Einheimischen in der Verwaltung ermöglichen wollten. 1907 wurde die Universität von Hanoi gegründet, 1915 wurden in Tongking, 1918 in Annam die konfuzianischen Prüfungen abgeschafft. Der herausragende Vertreter der frühen Reformbewegung war Phan Chu Trinh (1872–1926), anfangs Ritenminister am Hof von Hue, der jedoch verhaftet wurde und ins Exil gehen musste. Phan Boi Chau (1867–1940) hingegen setzte auf die gewaltsame Beseitigung der Kolonialherrschaft und erwartete Hilfe von Japan und der nationalistischen Partei Chinas. Nachdem er aus Japan ausgewiesen worden war, agierte er lange im Süden Chinas und gründete 1912 die Liga für die Wiedergeburt Vietnams, aus der die Nationalistische Partei Vietnams entstand, ein Sammelbecken von Intellektuellen und der erste organisierte Widerstand gegen Frankreich. 1925 wurde Chau zum Tode verurteilt, doch nach massiven Protesten wurde die Hinrichtung ausgesetzt, und er lebte bis zu seinem Tod unter Hausarrest.

Mitte der 1920er Jahre entstanden im chinesisch-vietnamesischen Grenzgebiet die ersten kommunistischen Organisationen. Großen Anteil an ihrem Erfolg hatte der spätere Präsident Ho Chi Minh (→ S. 171), der lange im Ausland

Gefangene in der französischen Kolonialzeit im Hanoier Gefängnis

gelebt und bei der Kommunistischen Internationale (Komintern) in Moskau eine Ausbildung zum Berufsrevolutionär genossen hatte. Verschiedene Gruppen schlossen sich 1930 in Hongkong zur Kommunistischen Partei zusammen, die sich auf Weisung der Komintern später in KP Indochinas umbenannte. Anders als die reformatorischen und rein nationalistischen Kräfte kümmerten sich die Kommunisten vor allem um die einfachen Menschen, arme Bauern, Kulis und die unter erbärmlichen Bedingungen schuftenden Arbeiter. Ihnen allen erging es im Zuge der Weltwirtschaftskrise der 1930er Jahre noch schlechter als vorher. Die allgemeine Unzufriedenheit eskalierte immer wieder in Unruhen und Demonstrationen gegen die Kolonialmacht, denen sich die Kommunisten immer wieder anschlossen. Sie waren gut organisiert und finanziell versorgt und konnten ihre Position nach 1936 entscheidend verbessern, als in Frankreich die Volksfrontregierung an die Macht kam, die dem Kolonialismus ablehnend gegenüberstand, viele politische Gefangene freiließ und die Etablierung politischer Parteien erlaubte. Die Kommunistische Partei andererseits öffnete sich für Bündnisse mit anderen Oppositionsgruppierungen, wodurch im Mai 1941 die Liga für die Unabhängigkeit Vietnams entstand, die kurz Viet Minh genannt wurde und in der Erlangung der Unabhängigkeit eine entscheidende Rolle spielen sollte.

Erneute Unabhängigkeit

Inzwischen waren große Teile der Welt in den Krieg gestürzt worden, der das vietnamesische Schicksal mehr als 30 Jahre bestimmen sollte. Schon 1937 hatte Japan damit begonnen, über Korea und die Mandschurei nach China vorzudringen, das faschistische Deutschland war nach Osten marschiert und hatte zudem große Teile Frankreichs besetzt. Nach dem Angriff auf Pearl Harbor eroberte

Japan in schneller Folge große Gebiete Ost- und Südostasiens, darunter auch Vietnam. Allerdings sah Japan das Land offensichtlich als nicht besonders wichtig an, denn es einigte sich mit dem Kriegsgegner Frankreich darauf, zwar alle militärischen Möglichkeiten des Landes nutzen zu können und die letztendliche Entscheidungsmacht zu besitzen, andererseits aber die französische Kolonialherrschaft unangetastet zu lassen. Erst am 9. März 1945, wenige Monate vor dem Ende des Zweiten Weltkriegs, übernahm Japan die direkte Verwaltung Vietnams.

Die Kommunisten erkannten die Gunst der Stunde und wussten von der drängenden Zeit. Auf der Potsdamer Konferenz hatten sich die Alliierten bereits auf eine Nachkriegsregelung für Vietnam geeinigt, nach der britische Truppen in den Süden, nationalchinesische der Guomindang in den Norden einrücken sollten, um die Japaner zu entwaffnen. Die wiederum hatten nach der Übernahme der Macht im März 1945 den letzten Nguyen-König, Bao Dai, mit der Bildung einer Regierung beauftragt und dem Land formell die Unabhängigkeit gewährt. Um zu verhindern, dass die Alliierten die französische Kolonialherrschaft wieder etablierten oder die Bao-Dai-Regierung anerkannten, starteten die Kommunisten im August 1945 einen Aufstand, der angesichts der katastrophalen Bedingungen im Land schnell Erfolg zeitigte. Der Viet Minh bildete eine provisorische Regierung unter Ho Chi Minh, König Bao Dai dankte ab. Am 2. September 1945 rief Ho Chi Minh in Hanoi die Gründung der Demokratischen Republik Vietnam (DRV) aus.

Der französische Krieg

Die Alliierten erkannten die Unabhängigkeit nicht an, sondern schickten wie in Potsdam geplant britische Truppen in den Süden und Einheiten Chiang Kaisheks in den Norden. Im Süden fassten die Franzosen in Zusammenarbeit mit den Briten schnell wieder Fuß. Die Guomindang im Norden hingegen nahm eine sowohl anti-französische als auch anti-kommunistische Position ein. Doch im Februar 1946 einigten sich die chinesischen Nationalisten, die inzwischen in

Glückwünsche an Ho Chi Minh zum 125. Geburtstag

König Bao Dai nach der Krönung 1925

ihrer Heimat in einen Bürgerkrieg mit den Kommunisten Mao Zedongs verwickelt waren, und die Franzosen auf eine Rückkehr der Kolonialmacht, deren erste Truppen schon im März 1946 in Hai Phong landeten. Gleichzeitig schlossen die Franzosen eine Vereinbarung mit der Regierung Ho Chi Minhs, in der sie die Unabhängigkeit Vietnams im Rahmen einer Indochinesischen Föderation anerkannten sowie eine Zoll- und Währungsunion etablierten.

Doch dieses Abkommen war eigentlich von Anfang an zum Scheitern verurteilt: Die Franzosen wollten das Kolonialregime wieder einführen, die von den Kommunisten geleitete Regierung eine vollständige Unabhängigkeit. Im November 1946 kam es zu ersten militärischen Auseinandersetzungen in Hai Phong, im Dezember auch in Hanoi. Ho Chi Minh rief zum nationalen Widerstand auf und zog sich mit seiner Regierung in die Bergregion im Norden zurück.

Der Zweite Weltkrieg hatte einerseits die USA als mächtigste Nation der Welt hervorgebracht, andererseits ein schnelles Auseinanderdriften der ehemaligen Alliierten und den baldigen Beginn des Kalten Krieges zur Folge. Waren für China, Korea und Vietnam – genau wie für Deutschland – noch gemeinsame Besatzungsverwaltungen vorgesehen, so entwickelten sich in diesen Ländern schon bald heiße und kalte Konfrontationen wie der Bürgerkrieg in China (1945–1949), der mit der Machtübernahme der KP Chinas, und der Koreakrieg (1950–1953), der mit der Teilung des Landes endete. Auch in Vietnam sahen die USA die erneute Etablierung der Kolonialherrschaft als nicht zukunftsweisende Lösung an, so dass sie bereits ab den 1950er Jahren nach einer dritten Kraft suchten. Doch weder die Nationalisten noch so exotische Gruppierungen wie die durchaus kriegerische Sekte der Caodai (→ S. 48) noch der Ex-König Bao Dai erwiesen sich als tragfähig.

Der Krieg (auch Erster Indochinakrieg genannt, 1946–1954) wogte lange unentschieden hin und her. Das änderte sich nach der Ausrufung der VR China am 1. Oktober 1949, die die Regierung Ho Chi Minhs sofort anerkannte und sie ideologisch und mit Waffen und Logistik unterstützte. Auch in Frankreich verlor der Krieg immer mehr an Unterstützung, so dass für 1954 eine internationale Indochinakonferenz nach Genf einberufen wurde. Bevor diese eröffnet wurde, intensivierte sich der Krieg nochmals. Die Franzosen nahmen das Hochland von Dien Bien Phu (→ S. 226) unweit der laotischen Grenze ein und wollten es durch Versorgung aus der Luft in eine uneinnehmbare Festung verwandeln. Unter dem Kommando des legendären Generals Vo Nguyen Giap (1911–2013) schafften die Vietnamesen jedoch mit allen zur Verfügung stehenden Transportmitteln schweres Gerät in die entlegene Gegend und schlossen die französische Garnison ein. Die USA erwogen sogar einen atomaren Angriff auf die vietnamesischen Truppen, konnten aber vom britischen Premierminister Winston Churchill und seinem Außenminister Anthony Eden gerade noch gebremst werden. Am 7. Mai 1954, einen Tag vor der Eröffnung der Genfer Indochinakonferenz, fiel Dien Bien Phu und beendete de facto die französische Kolonialherrschaft in Asien.

Die USA sahen die Siege der Kommunisten in China und Vietnam, die Teilung der Macht in Korea und Deutschland als Beweis für die Eroberungsgelüste des Kommunismus und definierten als Ziel ihrer Politik ein ›containment‹ (Eindämmung) des kommunistischen Einflusses. Von hier war es nur noch ein kleiner Schritt zu jener fatalen These, die die amerikanische Asienpolitik über Jahrzehnte bestimmen sollte: die Dominotheorie. Sie besagte, dass wenn ein Staat (an die Kommunisten) ›fiel‹, auch die anderen ›fallen‹ würden, nach Vietnam also auch Kambodscha, Laos, Thailand, Burma, Indonesien und so weiter. Dass dies später zum Teil tatsächlich so eintraf, beweist noch nicht die Richtigkeit der These, denn viele der Widerstandsbewegungen im gar nicht so dogmatischen Südostasien waren vor allem nationalistische Bewegungen, die ein Ende der Kolonialherrschaft von Franzosen, Briten und Niederländern anstrebten und oft erst mangels Unterstützung aus dem Westen in die Arme der damals noch weitgehend geeinten kommunistischen Bewegung getrieben wurden. Die USA jedenfalls sahen sich in Genf als nicht-kolonialistische neue Schutzmacht für Vietnam, Kambodscha und Laos und wollten diese Länder, notfalls auch mit Gewalt, nach eigenen politischen Vorstellungen formen. In der Praxis sah das Waffenstillstandsabkommen eine Demarkationslinie mit einer fünf Kilometer breiten entmilitarisierten Zone auf beiden Seiten am 17. Breitengrad vor. Innerhalb von 300 Tagen sollten sich die Armeen neu gruppieren, die nordvietnamesischen im Norden, die nationalistischen und französischen im Süden. Für Juli 1956 wurden Wahlen im gesamten Land angesetzt, nach denen eine internationale Kommission die Bildung einer gesamtvietnamesischen Regierung überwachen sollte.

Die Teilung Vietnams

Theoretisch sollte das Abkommen zu einer Lösung für das gesamte Land führen, doch es war von Anfang an unrealistisch. Die Regierung der DRV unterschrieb auf Druck von Peking und Moskau, aber auch, weil sie sicher war, dass sie die Wahlen gewinnen würde. Die USA und die Bao-Dai-Regierung unterzeichneten nicht. Sie hatten offensichtlich andere Pläne. Der nächste Krieg war bereits vorgezeichnet.

Die Franzosen zogen sich aus dem Norden zurück, die kommunistische Regierung marschierte im Triumphzug nach Hanoi. Rund eine Million Menschen, vor allem Katholiken, flohen in den Süden, von dort kamen die Unterstützer Ho Chi Minhs in den Norden. Das Land war ausgepumpt, erschöpft und zerstört, doch die Regierung saß in Hanoi fest im Sattel.

Im Süden sah es ganz anders aus. Die französische Armee verließ nur zögernd das Land, von einer Regierung konnte bei Ex-König Bao Dai nicht mehr gesprochen werden. Bao Dai war eigentlich schon 1945 ins Exil nach Südfrankreich

Mit diesem Austin fuhr der Mönch Thich Quang Duc zu seiner Selbstverbrennung in Saigon

gegangen und hielt sich auch jetzt immer häufiger dort auf. So sammelten sich die nationalistischen Kräfte um Ngo Dinh Diem, einen fanatischen Katholiken und Antikommunisten, der schließlich vom amerikanischen Geheimdienst unterstützt und nach einem gefälschten Referendum zum Premierminister gewählt wurde. Er setzte Bao Dai erneut ab, rief Südvietnam als Republik aus und machte sich selbst zum Präsidenten. Die Teilnahme an der für 1956 geplanten Wahl verweigerte er, und de facto war das Land zu diesem Zeitpunkt bereits geteilt.

Im Norden wollte man den Aufbau des Landes nach dem Vorbild der Sowjetunion und Chinas gestalten, setzte also auf eine schnelle Kollektivierung der Landwirtschaft und den Aufbau einer Industrie. Verbunden war damit die Einteilung der Menschen in Klassen, die Enteignung von ›Großgrundbesitzern‹ und ihre Verurteilung durch selbsternannte Tribunale. Diese ideologischen Vorgaben hatten mit der ökonomischen Realität des Landes so gut wie nichts zu tun und gerieten zu einem gigantischen Desaster, das große Hungernöte auslöste und tausende von Menschen durch Denunziation und Verfolgung das Leben kostete. Bis heute währt der Hass vieler Menschen auf die Parteikader, gehen Risse durch Familien und schwelen Konflikte in Dorfgemeinschaften als Folge dieser desaströsen Zerstörung der bäuerlichen Gemeinschaft. Nach großen Unruhen, vor allem im November 1956 in Nghe An, einer der ärmsten Gegenden des Landes, entschuldigte sich Ho Chi Minh persönlich bei der Bevölkerung, riss das Ruder herum, entmachtete mehrere hohe Funktionäre, löste die Tribunale auf und kehrte zurück zur Familienwirtschaft auf dem Lande.

Es folgte aber auch eine Kehrtwende in der Politik gegenüber dem Süden. Hatte man sich zunächst auf den Aufbau des Nordens konzentriert, so half beim Umbau der Partei nun wieder ein Feind von außen. 1959 kehrten erste Kader in den Süden zurück und gründeten mit nichtkommunistischen Kräften im Dezember 1960 die Südvietnamesische Befreiungsfront (FNL). Noch im selben Jahr begannen militärische Auseinandersetzungen zwischen der FNL und der südvietnamesischen Regierung. Diese stand auf sehr schwachen Beinen. Diems Regierung war von Katholiken dominiert, die auch in Südvietnam nur eine kleine Minderheit darstellten, und von seiner Familie beherrscht, die das Land mit gnadenloser Korruption überzog.

Die Bodenreform von 1955 war auch im Süden gescheitert, weil sie nicht einmal das Ziel hatte, Gerechtigkeit oder Praktikabilität zu bringen. In einer zweiten Stufe wurden die Bauern in ›Agrodörfern‹ zusammengefasst, um sie den kommunistischen Guerillas zu entziehen, tatsächlich brachte diese Maßnahme die Landbevölkerung endgültig gegen den Diem-Klan auf. Angeführt von buddhistischen Mönchen, die sich starken Restriktionen ausgesetzt sahen, kam es 1962/63 zu Massenprotesten, Hungerstreiks und schließlich Selbstverbrennungen. Anfang 1962 bombardierten Piloten der Luftwaffe den Präsidentenpalast in Saigon, einzelne Minister traten aus Protest aus dem Kabinett aus. Angesichts der militärischen Erfolge der FNL inszenierten mehrere Generäle mit Unterstützung der USA am 1. November 1963 einen Militärputsch, bei dem Diem gestürzt und ermordet wurde. Die Diktatur fand damit aber kein Ende. Es folgten mehrere Staatsstreiche, und erst mit der Machtübernahme des Generals Nguyen Van Thieu Mitte 1965 stabilisierte sich die Lage.

Der amerikanische Krieg

Schon ab der Genfer Indochinakonferenz 1954 war der Einfluss der USA auf den Süden überwältigend. Diem wurde durch den amerikanischen Geheimdienst an die Macht gehievt und gestürzt, auch Nguyen Van Thieu war ein Diktator von Washingtons Gnaden. Als nun 1964 die durch reguläre nordvietnamesische Einheiten gestärkten Truppen der FNL unaufhaltsam vorrückten, entschlossen sich die USA zur offenen Intervention. Die ganzen Jahre über hatten sie Wirtschafts- und Militärhilfe großen Ausmaßes geleistet und gelegentlich mit Hubschrauberverbänden direkt in die Kämpfe eingegriffen. Nun nutzten sie den ›Tongking-Zwischenfall‹, einen, wie der spätere Verteidigungsminister Robert McNamara inzwischen zugab, von den USA inszenierten Schusswechsel zwischen nordvietnamesischen Küstenschutzbooten und dem US-Zerstörer ›Maddox‹ wenige Meilen vor der nordvietnamesischen Küste, zu ersten Luftangriffen auf die Stadt Vinh, aus deren Nähe Ho Chi Minh stammte. Eine Woche später wurde Präsident Lyndon B. Johnson vom Kongress zur Invasion ermächtigt. Im Februar 1965 begann der Luftkrieg mit Flächenbombardierungen über Nordvietnam, kurz darauf der Einsatz von Bodentruppen, die zeitweise eine Stärke von mehr als einer halben Million Soldaten erreichten.

Der Verlauf des amerikanischen Kriegs in Vietnam (auch Zweiter Indochinakrieg genannt, 1964–1975) ist vielfach berichtet worden und ist für die heutige Zeit kaum noch relevant. Interessant sind die Strukturen des Krieges und die Folgen, an denen Vietnam bis heute zu leiden hat. Beteiligt am Krieg waren südkoreanische, philippinische und australische Einheiten, die meisten Staaten verhielten sich neutral, so auch die Bundesrepublik Deutschland. DDR-Bürger mussten über den FDGB ›spenden‹, um die nordvietnamesische Seite zu unterstützen. Nur durch den massiven Einsatz der Invasionsarmee gelang es, Südvietnam vor dem Zusammenbruch zu bewahren, doch ständige Konflikte trübten das Verhältnis der USA und Südvietnams. Die Hauptlast der Kämpfe im Süden trug die FNL, doch sie wurde ständig von Einheiten und Material aus dem Norden unterstützt. Zu Berühmtheit gelangte in diesem Zusammenhang der legendäre Ho-Chi-Minh-Pfad, über den die nordvietnamesische Armee per Lastwagen, per Fahrrad und zu Fuß den Nachschub beförderte. Dieses Gewirr an Wegen und Pfaden verlief in dichtem Dschungel, teilweise auf laotischem und kambodschanischem Territorium, weshalb die USA großflächig Entlaubungsmittel, darunter das dioxinhaltige Agent Orange, und Flächenbombardements einsetzten, auch über Laos und Kambodscha, wodurch in diesen beiden, ebenfalls neutralen Ländern enorme Schäden verursacht wurden.

Während die USA zunächst eher einen konventionellen Krieg betrieben, große Flächen in Schutt und Asche legten, Vegetation und Menschen durch Chemikalien zerstörten, wurden sie zunehmend in einem ihnen unbekannten Terrain in einen Guerillakrieg gezogen, den sie nicht beherrschten und nicht gewinnen konnten. 58 000 amerikanische Soldaten verloren in Vietnam ihr Leben. Und auf der anderen Seite? Zehn Millionen Menschen sollen von 1965 bis 1973 in Südvietnam vom Land in die aus allen Nähten platzenden Städte geflohen sein, 700 000 vietnamesische Soldaten fielen und mehr als zwei Millionen Zivilisten wurden getötet.

Zum Frühlingsfest, dem Tet, des Jahres 1968 hatte die Nordkoalition eine große Offensive geplant. Mehr als 60 Städte, darunter Hue und Saigon ganz im Süden, wurden von Kämpfern der FNL und der nordvietnamesischen Armee angegriffen und unterschiedlich lange besetzt. Die Führung im Norden hatte gehofft, dass diese Aktion einen Volksaufstand auslösen würde, der das Regime im Süden hinwegfegte, doch dies geschah nicht. Unter hohen Verlusten eroberte die Südkoalition die Städte zurück. Dennoch muss die Tet-Offensive als der Wendepunkt im Krieg angesehen werden. Zunehmend wurde dieser Krieg in den USA als nicht gewinnbar angesehen, und ausgerechnet Richard Nixon versprach in seinem Wahlkampf seine Beendigung.

Bekanntlich gewann er die Wahl und verkündete nach einem Treffen mit dem Präsidenten Thieu Mitte 1969 seine ›Vietnamisierungspolitik‹ – eine äußerst euphemistische Umschreibung eines stetigen Rückzugs und einer Übergabe der Lasten an den Saigoner Verbündeten. Nach außen hin wurde der Krieg sogar noch einmal intensiviert, hinter den Kulissen liefen aber längst die Rückzugsgespräche mit der Regierung in Hanoi. Nachdem im Dezember 1972 die schwersten US-Bombardements auf Nordvietnam niedergegangen waren, einigten sich die Außenminister Le Duc Tho und Henry Kissinger im Januar 1973 auf das Pariser Waffenstillstandsabkommen.

Ein erneuter ›Zug nach Süden‹

Wie so viele Verträge und Abkommen zuvor war auch das Pariser Abkommen vor allem eines: realitätsfern, eine Augenwischerei zum Betrug der amerikanischen Öffentlichkeit. Die amerikanischen Kampftruppen verließen das Land, doch die Auseinandersetzung war nicht beendet.

Unter Nguyen Van Thieu hatte sich das südvietnamesische Regime, in völliger ökonomischer und militärischer Abhängigkeit von den USA, eigentlich stabilisiert. Grund und Boden waren privatisiert, die Agrarpreise den Marktbedingungen angepasst, die Geldwirtschaft unter Kontrolle, und nicht zuletzt war das US-Militär für das kleine Südvietnam auch ein bedeutender Wirtschaftsfaktor. Die FNL hingegen war durch die Tet-Offensive geschwächt, von den gezielten Liquidierungen des amerikanischen Phoenix-Programms ihrer Führungsspitze beraubt und von den kommunistischen Kadern aus dem Norden zunehmend dominiert.

Der amerikanische Abzug und die starke Reduzierung der Wirtschafts- und Militärhilfe wendeten das Blatt vollständig. Die südvietnamesische Wirtschaft brach zusammen, Arbeitslosigkeit und Inflation schnellten in astronomische Höhen, Korruption beherrschte das Land. Von ihrem übermächtigen Verbündeten alleingelassen, sank die Moral der Südtruppen ins Bodenlose.

Für die kommunistische Regierung im Norden war der Krieg noch nicht zu Ende, denn ihr Ziel war ja immer die vollständige Unabhängigkeit und die Vereinigung des ganzen Landes gewesen. Um dies zu erreichen, plante sie eine Offensive im Süden für das Jahr 1976. Die Kämpfe gingen also weiter, und die südvietnamesischen Truppen verloren Schlacht um Schlacht. Im Dezember 1974 standen die FNL-Truppen bei Tay Ninh, 150 Kilometer westlich von Saigon, am 14. März 1975 fiel Buon Ma Thuot im Zentralen Hochland. Thieu befahl, Zentralvietnam außer Da Nang aufzugeben, doch ohne großen Widerstand wurde die Hafenstadt am 30. März von den Nordtruppen besetzt. Bevor die Offensive aus dem Norden überhaupt begonnen hatte, war der Süden bereits gefallen. Noch einen Monat brauchten die Truppen von Da Nang nach Saigon, wo dieser Krieg am 30. April 1975 mit jenen Bildern endete, die sich auf ewig in das Gedächtnis der

Propagandaplakat zum 40. Jahrestag der ›Befreiung‹ Saigons am 30. April 1975

Welt eingebrannt haben: Ein Panzer walzt das Tor zum Präsidentenpalast nieder, die Fahne der FNL flattert auf dem Dach, General Duong Van Minh ergibt sich, denn der Präsident ist längst geflohen. Tausende belagern die amerikanische Botschaft in der Hoffnung, in einen der von ihrem Dach aufsteigenden Hubschrauber zu gelangen, die die Flüchtenden zu einem Flugzeugträger vor der Küste bringen. Doch die vielen Helfer werden zurückgelassen, obwohl jeder weiß, was mit ihnen unter einem kommunistischen Regime passieren wird. In Panik faltet der amerikanische Botschafter die Fahne und klettert in den letzten Hubschrauber.

Vietnam ist ein amerikanisches Trauma. Ein verlorener Krieg, eine Weltmacht, die ein kleines, armes Land nicht besiegen konnte. Ein schmutziger Krieg, in dem mehr Bomben und chemische Kampfstoffe abgeworfen wurden als im Zweiten Weltkrieg, unter dessen Folgen zahllose Menschen in Vietnam bis heute leiden. Nicht einen einzigen Cent Entschädigungen haben die USA je gezahlt. Ein Krieg, der in Amerika und der Welt keine Unterstützung mehr fand, große Unruhen und Proteste auslöste. Ein Krieg ohne Legitimation, ohne Konzept angesichts des Terrains und des Gegners und ohne Exit-Strategie. Und die jüngsten Kriege im Irak und vor allem in Afghanistan zeigen, dass man jenseits des Atlantiks nichts daraus gelernt hat.

Wiedervereinigung

Dreißig Jahre Krieg hatten Vietnam als Trümmerfeld zurückgelassen. Die physischen Zerstörungen waren enorm, Industrie und Landwirtschaft lagen am Boden. Noch schlimmer waren aber wohl die psychischen Schäden. Rund drei Millionen Menschen starben, unzählige andere waren vermisst, verwundet, verkrüppelt, entwurzelt. Die Trennung zwischen Nord und Süd war nicht allein eine politische, sondern sie ging auch durch Familien, in denen der eine auf der einen, der andere auf der anderen Seite gestanden hatte. Gräben zwischen Stadt und Land, zwischen Regimeanhängern und -gegnern, zwischen Soldaten und Zivilisten,

Der ehemalige Präsidentenpalast in Saigon, heute ›Palast der Einheit‹

Berlin zu Gast in Hanoi

zwischen Anhängern von Fortschritt und Tradition, zwischen Eltern und Kindern. In die Erleichterung und die Hoffnung auf Frieden mischte sich Angst vor der Zukunft. Und sie sollte nicht unberechtigt sein.

Zunächst plante die Regierung eine fünfjährige Übergangszeit, doch dann setzten sich in der KPV jene durch, die wirtschaftliche Probleme und eine Festigung der Spaltung zwischen Nord und Süd befürchteten und deshalb für eine schnelle Integration plädierten. Im Herbst 1975 wurde ein Wahlausschuss gebildet, im April 1976 fanden im ganzen Land Wahlen statt, die die Kommunisten erwartungsgemäß gewannen, und am 2. Juli 1976 wurde in ihrer Hauptstadt Hanoi die Sozialistische Republik Vietnam (SRV) ausgerufen.

Auf ihrem Parteitag im Dezember beschloss die KPV, das nordvietnamesische Wirtschaftsmodell der Kriegszeit einerseits auf die Friedenszeit und andererseits auf den Süden zu übertragen und dort bis 1980 die ›sozialistische Umgestaltung der Produktionsverhältnisse‹ zu erreichen. Parteikader aus dem Süden, die die Verhältnisse besser kannten und zunächst einen vorsichtigen Kurs gefahren hatten, wurden entmachtet oder auf unbedeutende Posten abgeschoben. Die Kollektivierung der Landwirtschaft, die im Norden schon große Probleme bereitet hatte, wurde im Süden intensiviert, und im März 1978 verstaatlichte die Regierung den gesamten Privathandel in Saigon, das nun zur Strafe Ho-Chi-Minh-Stadt hieß. Dies führte zu neuen großen Fluchtwellen, die nach 1975 vor allem aus politischen Gründen begonnen hatten und nun aus wirtschaftlichen Gründen wieder anschwollen; vor allem chinesischstämmige Händlerfamilien aus Cho Lon und dem Mekongdelta waren davon betroffen. Sie wurden als ›Boat People‹ bekannt.

Die Menschen scheinen wenig lernfähig. Intensiver und schneller noch als im Norden scheiterte diese totale Wirtschaftsumstellung im Süden an ihren strukturellen Schwächen und der ungeheuren Inkompetenz der aus dem Norden entsandten Kader. Und so begannen bereits im September 1979, nach dem bedeutsamen

6. Plenum des ZK der KPV, erste Veränderungen. Das Kollektivierungstempo wurde gedrosselt, private Märkte und Unternehmen wurden in geringem Umfang wieder zugelassen, und die Bauern durften in manchen Gebieten nach einem Familienvertragssystem wieder nach eigenen Vorstellungen wirtschaften. Dieselben Reformen waren übrigens auf dem berühmten 3. Plenum im Dezember 1978 in China auch beschlossen worden.

In Südvietnam lösten sich die meisten Genossenschaften wieder auf. Im gesamten Land führte die Privatinitiative zu einer Steigerung der Erträge, die teilweise auf den privaten Märkten verkauft werden durften und eine Erhöhung der Einkommen der Bauern zur Folge hatten, was wiederum zum Konsum verleitete. Auch das private Handwerk und die Kleinindustrie blühten auf. Doch dieser neue Kurs hatte nicht nur Befürworter. Der Generalsekretär der KPV, Le Duan, ein alter Hardliner, sah die Reform nur als vorübergehende Maßnahme an, verdächtigte die Reformer der Komplizenschaft mit dem Erzfeind China und verbreitete Kritik und Propaganda in der Presse. Die 1980er Jahre kennzeichnete ein ständiger Kampf der verschiedenen Linien und Fraktionen in der Partei, der das Land wenig voranbrachte.

Doi Moi

Im Herbst 1985 erlebte Vietnam eine schwere ökonomische Krise. Die Inflation hatte schon seit Jahren um sich gegriffen, und die Regierung kannte nur ein Mittel zur Bekämpfung: die Notenpresse. Das kann auf die Dauer nicht gutgehen, und so brachte die Währungsreform 1985 nur noch größeres Chaos, Teuerungsraten im vierstelligen Bereich und schließlich einen Zusammenbruch des Finanzsystems.

Vielleicht war der Tod Le Duans im Juli 1986 der entscheidende Auslöser. Die Reformer gewannen die Oberhand, weil sie in der Partei seiner Fraktion das Finanzchaos anhängen und einige seiner Schützlinge aus Schlüsselposi-

Ho-Chi-Minh-Statue vor dem Rathaus in Hanoi

tionen in Regierung und Partei entfernen konnten. Auf einem geheimen Parteitag forderte der Interimschef Truong Chinh, ein alter Gegner Le Duans, wirtschaftliche Kurskorrekturen: eine Neuorientierung der Investitionen zugunsten der Landwirtschaft und der Leichtindustrie, eine gemischte Eigentumsordnung, die Dezentralisierung der Wirtschaftsplanung und eine außenwirtschaftliche Öffnung. Bis zum Ende des Jahres waren diese Forderungen in der Partei durchgesetzt, und mit Nguyen Van Linh wurde ein neuer Generalsekretär gewählt, der als Parteichef von Ho-Chi-Minh-Stadt die meisten Maßnahmen bereits praktiziert hatte. Dieser Prozess der wirtschaftlichen Erneuerung wurde Doi Moi (Neue Struktur) genannt.

Vietnams Perestroika resultierte jedoch nicht nur aus inneren wirtschaftlichen Problemen. Die Welt begann sich in schnellerem Tempo zu verändern, vor allem die sozialistische Welt. In Moskau, bei der sowjetischen Schutzmacht, stand Michail Gorbatschow am Ruder. In China war die Wirtschaftsreform bereits wesentlich schneller vorangeschritten, hatte mit privatwirtschaftlichen Elementen, freien Märkten, zum Teil freigegebenen Preisen, Wirtschaftssonderzonen zur Lohnfertigung für internationale Unternehmen, der Öffnung von Häfen für den Außenhandel und dem Anlocken von Auslandsinvestitionen in harter Währung großen Erfolg erzielt. Alle diese Maßnahmen der Wirtschaftsreform gibt es heute in Vietnam auch. Und viele Unternehmen, denen die Lohnkosten in China bereits wieder zu hoch sind, fertigen heute in Vietnam; jeder zweite Schuh, in dem ›Made in Italy‹ steht, wurde in Wahrheit in Vietnam hergestellt.

Nach dem Zusammenbruch der Sowjetunion und der Wirtschaftsvereinigung Comecon, der auch Vietnam angehörte, sah sich das Land plötzlich damit konfrontiert, bestimmte Industrieprodukte, wie etwa IFA-Lastwagen oder Simson-Mopeds aus der DDR, nur noch gegen Devisen importieren zu können, während die eigenen landwirtschaftlichen Produkte mit dem Weltmarktangebot konkurrierten und nicht mehr die subventionierten Preise des Comecon erzielten. Dass man kurz zuvor mit den Wirtschaftsreformen begonnen hatte, hat das Land vielleicht ökonomisch gerettet.

Intervention in Kambodscha

Das Jahr 1975 war auch für die Nachbarländer Laos und Kambodscha ein Jahr der Wende gewesen. Beide Länder waren seit vielen Jahren instabil und von den USA, obwohl offiziell neutral, in den Krieg gezogen worden, weil ein Teil des Ho-Chi-Minh-Pfades in der unwegsamen, gebirgigen Grenzregion verlief. Beide Länder sind kulturell Vietnam überhaupt nicht ähnlich und sehen das Land an ihren Ostgrenzen angesichts der über Jahrhunderte dauernden Ausdehnung der Viet von Norden nach Süden als großen, bedrohlichen Bruder an.

Nach dem Ende des Krieges entspannte und klärte sich die Lage auch in Laos und Kambodscha. In Laos kam die kommunistisch inspirierte Befreiungsbewegung Pathet Lao an die Macht, in Kambodscha die maoistische Gruppierung der Roten Khmer. Während sich Vietnam und Laos mehr Richtung Sowjetunion orientierten, wurde das Mörderregime der Roten Khmer von China unterstützt und mit Waffen versorgt. Ein Ziel der Führung unter Pol Pot bestand in der Ausweitung des Khmer-Reiches auf alte Grenzen, sie sah also das Mekongdelta als angestammtes Gebiet der Khmer an. Seit der französischen Kolonialzeit lebten im Osten Kambodschas zudem viele aus Vietnam stammende Familien, die auf den Plantagen gearbeitet hatten.

Das Ziel der Roten Khmer, eine Art Steinzeitkommunismus ohne Städte und Geld, mit reiner bäuerlicher Selbstversorgung zu errichten, sah nach der Vertreibung der Bewohner aus der Hauptstadt Phnom Penh auch grauenvolle Attacken auf die vietnamesische Minderheit vor. Ab Anfang 1977 übertraten dabei Kommandos der Roten Khmer auch die Grenze zu Vietnam und richteten Massaker an der Bevölkerung der Grenzregion an. Die alles geschah mit Unterstützung der VR China, die mit großem Misstrauen die Wiedervereinigung Vietnams und die Kooperation mit der Sowjetunion zur Kenntnis genommen hatte.

Im November 1978 entschloss sich die vietnamesische Regierung zu einem harten Schnitt und schickte Truppen über die Grenze nach Kambodscha, die Anfang Januar 1979 Phnom Penh erreichten und dem Terrorregime der Roten Khmer ein Ende setzten. Zunächst begrüßten die meisten der den Vietnamesen nicht unbedingt freundlich gesinnten Khmer die Invasion, doch die Rückzugsgefechte gegen die Einheiten der Roten Khmer zogen sich noch über Jahre hin, und letztendlich behielt die Führung um den ›Bruder Nr. 1‹, Pol Pot, eine kleine Basis im schwer zugänglichen Urwald nördlich von Battambang.

Für Vietnam brachte der Einmarsch in das Nachbarland eine weltweite Isolation. Die UN und die internationale Gemeinschaft erkannten die von den Vietnamesen in Phnom Penh eingesetzte Regierung nicht an, sondern hielten weiter das Pol-Pot-Regime für legitim, allen Menschenrechtsverletzungen zum Trotz. Vietnam wurde die sowieso nur bescheidene Wirtschaftshilfe gestrichen und es wurde in internationalen Organisationen geächtet.

China zeigte sich wieder einmal als der große konfuzianisch-kommunistische Lehrmeister und marschierte im Februar 1979 über den Grenzübergang bei Lao Cai, um, wie es selbst sagte, den unbotmäßigen Nachbarn eine ›Lektion‹ zu erteilen. Diese Aktion war nur darauf ausgerichtet, möglichst schlimme Zerstörungen an Menschen und Städten zu erreichen, was auch auf brutalste Weise durchgeführt wurde, ging aber trotzdem gründlich daneben, denn auch die chinesische Armee erlitt heftige Verluste, und die vietnamesische Regierung zeigte sich unbeeindruckt. Nach zwei Monaten rückten die Chinesen wieder ab.

Erst 1991 zogen die vietnamesischen Truppen sich aus Kambodscha zurück. Ein von den UN beaufsichtigter Wahlprozess brachte die erwartete Pattsituation zwischen der royalistischen Partei des früheren und späteren Königs Sihanouk und der Volkspartei des Premierministers Hun Sen, die in eine Koalition gezwungen wurden. Hun Sen ist insofern eine interessante Figur, als seine Familie ebenfalls aus Vietnam stammt, während er selbst Mitte der 1970er Jahre Anhänger und Mitglied der Roten Khmer war. Ein Demokrat ist er nicht. Heute ist seine Position stark, nicht zuletzt dank der üppig wuchernden Korruption, er hat etwas Abstand von den Vietnamesen gewonnen, die ihn einst installiert hatten, und wird jetzt auf ökonomischem Gebiet von China umworben.

Liberalisierung und schneller Fortschritt

Während der wirtschaftliche Umbau in schnellen Schritten voranging, die Landwirtschaft vollständig auf ein Familienvertragssystem umgestellt wurde, wodurch Vietnam ab 1989 wieder Reis exportieren konnte, während ein liberales Gesetz Investitionen aus dem Ausland anlockte und die Währung durch Bindung an den US-Dollar stabil wurde und die Inflation bis 1993 auf fünf Prozent gesenkt werden konnte, kamen die politischen und gesellschaftlichen Entwicklungen nicht so schnell voran.

Sicher, Zeitungen, Radio und Fernsehen wurden bunter und vielfältiger, doch nur in eng gesteckten Grenzen. Zu spüren bekamen dies zum Beispiel die Schriftsteller. In seiner Erzählung ›Der pensionierte General‹ (Tuong Ve Huu) schildert der Geschichtslehrer Nguyen Huy Thiep die Schwierigkeiten eines Generals im Ruhestand, sich wieder in das Zivilleben einzufügen, das offensichtlich gar nicht so harmonisch verläuft, wie dies in der Propagandaliteratur des ›sozialistischen Realismus‹ immer dargestellt worden war. Die Schriftstellerin Duong Thu Huong, wohl die beste der Reformzeit, rührte mit ihrem Roman ›Nhung Thien Duong Mu‹ (Paradise of the Blind, Terre des oublis) an das größte Tabu, die desaströse Bodenreform der 1950er Jahre. Als sie im ›Roman ohne Titel‹ (Tieu Tuyet Vo De, 1990) die Nöte und Ängste der Soldaten im Krieg, nicht aber ihre heroischen Taten schilderte, wurde sie für ein halbes Jahr inhaftiert.

Der Tourismus wurde als Wirtschaftsfaktor entdeckt

Dies war typisch: Die ganz harte Haltung der Kriegszeit und unmittelbar danach wurde zwar aufgegeben, doch das Ansehen und der Alleinvertretungsanspruch der Partei durften auch nicht im geringsten angezweifelt werden. Bis heute müssen Autoren im Schriftstellerverband organisiert sein, werden Presse und Internet streng zensiert, sind zwar gewisse private Freiheiten erlaubt, doch keine großen öffentlichen.

Die Entwicklung Vietnams konzentriert sich ganz auf die Wirtschaft. Seit US-Präsident Bill Clinton am 3. Februar 1994 das Wirtschaftsembargo gegen den Feind von einst aufhob, geht die Normalisierung der Wirtschaft und der internationalen Beziehungen schnell voran. Die diplomatischen Beziehungen zu China und den USA wurden weitgehend normalisiert, nach dem Ende des Kambodscha-Abenteuers wurde auch der Austausch mit den Nachbarländern intensiviert, und Vietnam konnte der ASEAN-Gemeinschaft (1995) beitreten. Nach langen Verhandlungen wurde es Mitglied der Welthandelsorganisation (2007), des Weltwährungsfonds, der Asiatischen Entwicklungsbank (1993) und vieler anderer internationaler Organisationen.

Seit 1991 wurde auch der Tourismus als Wirtschaftszweig entdeckt. Zunächst durfte man nur mit ›permits‹, die Route und Übernachtungsorte genau vorschrieben, und organisiert von einem staatlichen Reisebüro durchs Land reisen, doch alles dies ist längst abgeschafft. Große Investitionen in die Infrastruktur, in Hotels und Strandresorts haben das Land zu einem attraktiven Reiseziel gemacht.

Natürlich hatten und haben das Auseinanderbrechen der sozialistischen Wirtschaftsgemeinschaft und die schnelle Wirtschaftsentwicklung auch ihre Nachteile und führten zu Problemen, mit denen Vietnam heute intensiv zu kämpfen hat. Millionen von Soldaten wurden demobilisiert und mussten in das Alltags- und Arbeitsleben integriert werden. Hinzu kamen weitere Millionen, die als ›Vertragsarbeiter‹ in der Sowjetunion und osteuropäischen Ländern gearbeitet hatten und nach 1989 ihre Gastländer meist verlassen mussten. Zudem ist in Friedenszeiten die Bevölkerungszahl stark gestiegen, was alles zusammen zu einer enormen Arbeitslosigkeit führte, die auch durch den Wirtschaftsaufschwung nicht abgefangen werden konnte. Da es kaum öffentliche Sozialsysteme gibt, müssen diese Probleme von den Familien bewältigt werden.

Die schnelle Wirtschaftsentwicklung führte zudem zu einem starken Auseinanderklaffen zwischen Nord und Süd, Stadt und Land, Arm und Reich. Spannungen, für die die Gesellschaft keine Verarbeitungsmöglichkeiten besitzt und bei denen sich die Regierung eher hilflos zeigt. Seit etwa 2014/15 gilt die völlige Industrialisierung des Landes als vorherrschendes Entwicklungsziel, das neuen Wohlstand schaffen soll, mit dem die gesellschaftlichen Spannungen und die Auswirkungen des hohen Bevölkerungswachstums beseitigt werden sollen. Auch die Landflucht in die Städte wird jetzt kaum noch begrenzt, vielmehr akzeptiert die Verwaltung das Wachstum der Städte und versucht, durch umfangreichen Bau von Hochhaussiedlungen in der Peripherie der Städte die ehemalige Landbevölkerung unterzubringen und das Wirtschaftswachstum weiter anzukurbeln.

Größtes Hindernis für jede Art von Entwicklung ist jedoch die überall grassierende Korruption, die sich in alle Bereiche der Gesellschaft eingeschlichen hat. Sie öffnet der Willkür Tür und Tor, bevorzugt jene, die gute Beziehungen

Dachgarten des ›Rex-Hotels‹ in Saigon

zur Kommunistischen Partei haben, die das Zentrum der Korruption darstellt, untergräbt jedoch gleichzeitig das Ansehen und die Leistungsfähigkeit jeglicher Autoritäten.

Ein besonders interessantes Beispiel aus der von Partei-Hardlinern beherrschten Stadt Da Nang ist typisch für die Gegenwart und wohl auch für die nahe Zukunft: Der Hafen von Da Nang ist einer der wichtigsten des Landes und sollte mit einer neuen Brücke besser an das Straßennetz angebunden werden, so dass die Lastwagen nicht mehr durch die Stadt fahren müssen. Die Brücke fiel majestätisch, gigantisch, pompös aus, mit einem eleganten Schwung erhebt sie sich in die Höhe und legt sich in die Kurve. Man sagt, dass in Vietnam bei Infrastrukturprojekten etwa 30 bis 40 Prozent (!) der Projektsumme an Schmiergeldern an Partei- und Regierungsfunktionäre aller Ebenen zu zahlen sind. Wie sollen Bauunternehmer solche Summen wieder hereinholen? Nun gut, man kann überhöhte Kosten geltend machen, den Ausschreibungsprozess manipulieren, seine Leiharbeiter nicht bezahlen und am Material sparen. Und so gibt es jetzt eine gigantische vierspurige neue Brücke in Da Nang, die die Nationalstraße mit dem Hafen verbindet, über die aber kein einziger Lastwagen fahren darf: wegen der Einsturzgefahr. Sie ist ein beliebtes Ausflugsziel der Leute aus Da Nang, die mit dem Moped hinfahren und schöne Fotos von oben schießen.

Geschichte im Überblick

ca. 257 vor Christus Durch den Zusammenschluss der Fürstentümer Lac Viet und Tay Au entsteht das Reich Au Lac, der erste Staatsverband im Delta des Roten Flusses. Herrscher ist An Duong Vuong, Hauptstadt Co Loa.

2. Jahrhundert vor Christus Eroberung durch die Chinesen und Angliederung an eine Kommandantur in Südchina. Ab 111 vor Christus Provinz Giao Chi.

40–43 nach Christus Revolte und kurze Herrschaft der Schwestern Trung. Danach konsequentere chinesische Machtausübung und kulturelle Sinisierung. Gelegentliche vietnamesische Aufstände. Die Viet leben in dieser Zeit nur im Delta des Roten Flusses, südlich davon gibt es das indisierte Reich der Cham, im Delta des Mekong wohnen in verstreuten Siedlungen Khmer, während am heutigen Golf von Thailand vom 1. bis 7. Jahrhundert das indisierte Reich Funan ausgedehnten Handel treibt. Es wird dann von einem Khmer-Fürsten unterworfen.

44 Erste kriegerische Auseinandersetzungen chinesischer und vietnamesischer Truppen mit den Cham, Zerstörung der Cham-Hauptstadt.

930 Nach dem Zusammenbruch der chinesischen Tang-Dynastie (907) Versuche einer strafferen Verwaltung, denen sich die Vietnamesen widersetzen. Siege 931 und 938 im Fluss Bach Dang durch den Feldherrn Ngo Quyen. Die Vietnamesen gewinnen die Unabhängigkeit von China, doch die frühen Dynastien bleiben instabil.

981 Weitere Gefechte mit den Cham und Beginn des ›Zugs nach Süden‹.

1009 Mit Hilfe buddhistischer Mönche gelangt Ly Thai To auf den Thron und gründet die Ly-Dynastie (1009–1224), die als erste fest im Sattel sitzt.

1010 Verlegung der Hauptstadt nach Thang Long (Hanoi), Blüte der Kultur, Konfuzianismus als Staatsideologie.

12. Jahrhundert Erste Einführung einer sino-vietnamesischen Zeichenschrift, des Chu nom.

Binh-Tay-Markt in Cho Lon

1225 Die Ly-Dynastie wird von der Tran-Dynastie (1225–1400) abgelöst, die die zentrale politische und ökonomische Herrschaft weiter strafft und stärkt. Kulturelle Blüte.

1258, 1287 Abwehr mongolischer Invasionsheere.

13./14. Jahrhundert Freundschaftliche und aufgezwungene Akquisition weiterer Gebiete der Cham.

1371, 1377 Angriffe der Cham auf Thang Long. Danach Zusammenbruch der Tran-Dynastie. Der Premierminister der Tran, Le Quy Ly, übernimmt die Macht und etabliert die Ho-Dynastie (1400–1407).

1407–1427 Rückkehr der Chinesen, Vietnam wird erneut zur Provinz Giao Chi.

Ab 1428 Der Großgrundbesitzer Le Loi sammelt die Unzufriedenen und gewinnt zwei Schlachten gegen die Chinesen. Als König Le Thai To gründet er die Le-Dynastie. Straffung der Herrschaft, Enteignung der buddhistischen Klöster.

1471 Nach dem Tod des letzten großen Cham-Königs (1390) rücken Vietnamesen weiter nach Süden vor und erobern 1471 die letzte Cham-Hauptstadt, womit das Reich zersplittert.

15. Jahrhundert Erste Vorstöße von Europäern ins heutige Vietnam, ab dem 16. Jahrhundert erste Handelsstützpunkte.

bis ca. 1630 Eroberung weiter Teile des von Khmer bewohnten Südens, Eingriff in die kambodschanische Thronfolge (1658), Übernahme des heutigen Saigon 1694 und der Kontrolle über das gesamte Gebiet bis zum heutigen Golf von Thailand bis 1795.

1858 Französische und spanische Truppen erobern Tourane (Da Nang), 1859 Gia Dinh (heute Saigon) und drei Provinzen am Mekong, 1862 vom Hof in Hue anerkannt, danach weitere französische Eroberungen.

1874 Nach der Hinnahme des französischen Besitzes von Cochinchina (Südvietnam) akzeptiert König Tu Duc auch ein Protektorat über Annam (Zentralvietnam). 1883 nimmt der Hof nach Tu Ducs Tod auch das Protektorat über Tongking (Nordvietnam) hin.

1887, 1899 Gründung der Indochinesischen Föderation mit dem ebenfalls kolonisierten Kambodscha und Laos.

ab Beginn des 20. Jahrhunderts Reform- und Widerstandsbewegungen gegen die französische Herrschaft.

1930 Gründung der Kommunistischen Partei Vietnams in Hongkong.

1940 Besetzung Vietnams durch japanische Truppen, Fortbestand der französischen Verwaltung.

1941 Gründung der Sammlungsbewegung des Widerstands: Liga für die Unabhängigkeit Vietnams (Viet Minh).

1945 Japaner beseitigen im März die französische Verwaltung, kapitulieren im August. Unter Führung der Kommunisten beginnt der Viet Minh einen bewaffneten Aufstand (August-Revolution) und reißt die Macht an sich. 2. September 1945: Ausrufung der Demokratischen Republik Vietnam (DRV). Alliierte Truppen rücken jedoch wieder ins Land.

1946 Frankreich erkennt die DRV offiziell an, landet jedoch gleichzeitig weiter Truppen. Im November erste Kämpfe in Hai Phong. Regierung Ho Chi Minhs verlässt Hanoi. Verstärkung der Kampfhandlungen.

1954, 7. Mai Entscheidender vietnamesischer Sieg in der Hochebene von Dien Bien Phu beendet den Krieg. Das Genfer Abkommen schafft eine Demarkationslinie am 17. Breitengrad und sieht Wahlen vor. Starke Bevölkerungswanderungen. Im Norden übernehmen die Kommunisten um Ho Chi Minh wieder die Macht. Im Süden etabliert sich Ngo Dinh Diem als Präsident, unterstützt von den USA, und verhindert die Wahlen.

1960 Erste Gefechte zwischen der Nationalen Front für die Befreiung Südvietnams (FNL) und der südvietnamesischen Armee.

1962 Der Putschversuch der Luftwaffe gegen Diem bleibt erfolglos. Verstärktes Militär- und Wirtschaftsengagement der USA auf der Seite des Südens.

1963 Der Katholik Diem unterdrückt die Buddhisten. Proteste, später Selbstverbrennungen von Mönchen. 1. November: erneuter Putsch gegen Diem, diesmal mit CIA-Unterstützung, Mord am Präsidenten und seinem Bruder.

1965 Unruhen im Süden, bis General Nguyen Van Thieu die Macht an sich reißt. Die USA bombardieren Städte im Norden, Eskalation des Krieges.

1968 Tet-Offensive der FNL in 60 Städten kann erst nach Wochen zurückgeschlagen werden. Wendepunkt des Krieges zur ›Vietnamisierungspolitik‹ Nixons.

1969–71, 2. September 1969: Tod Ho Chi Minhs. Während geheime Verhandlungen über den Rückzug der Amerikaner laufen, werden gleichzeitig die Bombardements in der Brutalität und Fläche (Kambodscha, Laos) ausgedehnt.

1973, Januar: Pariser Waffenstillstandsabkommen. US-Truppen verlassen das Land. FNL-Truppen machen sich mit Unterstützung aus dem Norden an die ›Befreiung‹ ganz Vietnams.

1975 Mit der Eroberung des Präsidentenpalasts in Saigon am 30. April ist die ›Befreiung‹ abgeschlossen und die ›Wiedervereinigung‹ erreicht.

1976, 2. Juli: Offizielle Gründung der Sozialistischen Republik Vietnam (SRV). Kollektivierung der Landwirtschaft im Süden, Enteignungen, Abschaffung der Privatwirtschaft. Große Flüchtlingsströme (›Boat people‹).

1977–79 Grenzzwischenfälle zwischen den Roten Khmer und vietnamesischen Truppen.

Januar 1979: Eroberung Phnom Penhs und Sturz der Roten Khmer. Februar bis März 1979: ›Straffeldzug‹ Chinas (das die Roten Khmer ideologisch und materiell unterstützte) gegen das nördliche Vietnam. Erneut große Flüchtlingsströme, vor allem von Chinesen.

1986 Wegen der Isolierung durch die Welt aufgrund der Besetzung Kambodschas, der ökonomischen Misserfolge der Planwirtschaft und der Reformbestrebungen der Sowjetunion verliert auch in Vietnam die alte Garde an Macht. Wirtschaftliches Reformprogramm Doi Moi, langsame Öffnung des Landes.

1987–1993 Ermöglichung von Auslandsinvestitionen, Abschaffung der Genossenschaften, Zulassung von Privatunternehmen, Schaffung von Märkten, Inflationsbekämpfung. Vorbereitung des Rückzugs aus Kambodscha. Normalisierung der Beziehungen zu den Nachbarn.

1994, 3. Februar US-Präsident Bill Clinton hebt das Wirtschaftsembargo gegen Vietnam auf.

1995 Vietnam wird Mitglied der süd-ostasiatischen Staatengemeinschaft ASEAN.

Ab 2000 Die Wirtschaftsreformen zeigen Wirkung, Jahr für Jahr erreicht die vietnamesische Wirtschaft Steigerungsraten von über sieben Prozent.

2006 Zehnter Parteitag: Die Führung von Politik und Staat wird verjüngt.

2007 Aufnahme Vietnams in die Welthandelsorganisation (WTO).

2009/10 Im Zuge der Weltwirtschaftskrise hat auch Vietnam mit Schwierigkeiten zu kämpfen. Ausländische Fertigungsaufträge werden reduziert, der Export geht zurück, auch die Zahl der ausländischen Touristen verringert sich stark.

Seit 2011 Die Wirtschaft erholt sich mit zunehmender Geschwindigkeit, Vietnam zieht Geschäft aus China ab und exportiert nicht mehr nur Textilien und Schuhe, sondern auch technisches Gerät und Elektronik. Die Regierung setzt auf eine vollständige Industrialisierung des Landes. Angesichts der zunehmenden Landflucht entstehen ausgedehnte Hochhaussiedlungen an den Rändern der Großstädte.

Januar 2014 Die neue Verfassung bringt kaum Änderungen, die führende Rolle der KP bleibt festgeschrieben, Meinungs-, Versammlungs-, Glaubens- und Pressefreiheit werden nur formell gewährt, im Alltag jedoch weitgehend eingeschränkt.

Januar 2016 Der XII. Parteitag beschließt den neuen Fünfjahresplan und ernennt einige neue Führungspersonen, die eher für eine langsame Reform stehen.

Dynastien und Herrscher

NGO-DYNASTIE (939–944)

Ngo Quyen	939-944

ZWÖLF MILITÄRFÜRSTENTÜMER (944-968)
DINH-DYNASTIE (968–979)

Dinh Tien Hoang	968-979
Dinh Toan	979 (nach wenigen Tagen abgesetzt)

FRÜHE LE-DYNASTIE (979–1009)

Le Dai Hanh	979–1005
Le Ngoa Trieu	1005–1009

HERRSCHER DER LY-DYNASTIE (1009-1224)

Ly Thai To	1009–1028
Ly Thai Tong	1028–1054
Ly Thanh Tong	1054–1072
Ly Nhan Tong	1072–1127
Ly Than Tong	1128–1137
Ly Anh Tong	1137–1175
Ly Cao Tong	1176–1210
Ly Hue Tong	1210–1224

HERRSCHER DER TRAN-DYNASTIE (1225–1400)

Tran Thai Tong	1225-1258
Tran Thanh Tong	1258–1278
Tran Nhan Tong	1279–1293
Tran Anh Tong	1293–1314
Tran Minh Tong	1314–1329
Tran Hieu Tong	1329–1341
Tran Du Tong	1341–1369
Tran Nghe Tong	1370–1372
Tran Due Tong	1372–1377
Tran Phe De	1377–1388
Tran Thuan Tong	1388–1398
Tran Thieu De	1398–1400

HO-KÖNIGE

Ho Quy Ly	1400–1401
Ho Han Thuong	1401–1407

SPÄTE TRAN-DYNASTIE (1407–1413)

Tran Gian Dinh	1407–1409

SPÄTE TRAN-DYNASTIE (1407–1413)

Tran Qui Khoach	1409–1413

DIREKT VERWALTETE PROVINZ DER MING-DYNASTIE (1407/1413 –1427) HERRSCHER DER SPÄTEN LE-DYNASTIE (1427–1788, OFFIZIELL)

Le Thai To	1427–1432
Le Thai Tong	1433–1442
Le Nhan Tong	1443–1459
Le Ghi Dan	1459–1460
Le Thanh Tong	1460–1497
Le Hien Tong	1497–1504
Le Uy Muc	1504–1509
Le Tuong Duc	1509–1516
Le Cung Hoang	1516–1527

HERRSCHER DER MAC-DYNASTIE

Mac Dang Dung	1527–1529
Mac Dang Doanh	1529, danach Unruhen, Mac herrschen noch in kleinem Gebiet

RESTAURIERTE LE-DYNASTIE (1533–1788, NUR NOMINALE HERRSCHAFT DER LE)

Aufteilung des Landes auf die Adelsfamilien der Trinh und der Nguyen
Aufstand und Herrschaft der Tay-Son-Rebellen (1771–1802)

KÖNIGE DER NGUYEN-DYNASTIE (1802–1945)

Gia Long	1802–1820
Minh Mang	1820–1841
Thieu Tri	1841–1847
Tu Duc	1847–1883
Duc Duc	1883 (drei Tage)
Hiep Hoa	1883 (vier Monate)
Kien Phuc	1883–1884 (sieben Monate)
Ham Nghi	1884–1885 (nach Algerien exiliert)
Dong Khan	1885–1889 (von Frankreichs Gnaden)
Thanh Thai	1889–1907 (nach Réunion exiliert)
Duy Tan	1907–1916 (nach Réunion exiliert)
Khai Dinh	1916–1925
Bao Dai	1925–1945 (lebte von 1945 bis zu seinem Tod 1997 meist in Frankreich)

Politik

Die Sozialistische Republik Vietnam ist ein klassisch organisierter sozialistischer Staat. Die Verfassung von 1992 legt fest, dass die Nationalversammlung (Parlament) das höchste Entscheidungsorgan im Land ist. Sie besteht aus 450 Mitgliedern und wird alle fünf Jahre gewählt. Sie unterhält ein permanentes Komitee, das die Alltagsaufgaben erledigt, denn die Versammlung tritt nur zweimal im Jahr zusammen, um Gesetze und anderes zu beschließen. Die Nationalversammlung wählt zudem den Präsidenten, den Premierminister, den Vorsitzenden des Obersten Gerichts und andere hohe Beamte.

Der Präsident ist Repräsentant des Staates nach innen und nach außen und zudem Oberbefehlshaber der Armee. Im Alltag beschränkt er sich weitgehend auf seine repräsentativen Funktionen.

Regierungschef ist vielmehr der Premierminister, der eine Regierung aus zahlreichen Ministern und Vizeministern bildet. Er steht der Exekutive mit einer gewaltigen Beamtenschar vor.

Das Land unterteilt sich in inzwischen 61 Provinzen und vier regierungsunmittelbare Städte (Hanoi, Ho-Chi-Minh-Stadt, Da Nang und Hai Phong). In den letzten 50 Jahren gab es zahllose Änderungen in der Anzahl und im Zuschnitt der Provinzen, was zu einer ungeheuren Aufblähung des Verwaltungsapparats führte und dazu, dass die Bürokratie sich vor allem mit sich selbst statt mit den Bürgern beschäftigte. Die Provinzen unterteilen sich wiederum in Städte und Bezirke und diese wiederum in Stadtteile und Dörfer. Auf allen Ebenen gibt es einen umfassenden politischen und Verwaltungs-Apparat.

Die Verfassung weist zudem der Kommunistischen Partei Vietnams (KPV) eine führende Rolle zu. Sie hat den klassischen Aufbau nach dem Vorbild der Sowjetunion mit einer hierarchischen Führungsspitze, die aus einem großen

Das Parlamentsgebäude in Hanoi

Zentralkomitee besteht, das ein kleineres Politbüro und einen Ständigen Ausschuss wählt und von einem Generalsekretär geführt wird. Obwohl sie nur etwa zwei Millionen Mitglieder hat, besetzt die Partei alle wichtigen Ämter von der Dorfebene bis zum Staatspräsidenten und kontrolliert die Justiz und die Presse. Der sowieso schon voluminöse Regierungsapparat wird noch ergänzt durch einen auf jeder Ebene parallelen Parteiapparat, der de facto alle Entscheidungen fällt, die dann von der jeweiligen Regierungsebene ausgeführt werden. Seit Jahren versucht die Zentralregierung, das Schwergewicht der Entscheidungsfindung von der Partei auf die Regierung zu übertragen, ist in diesen Bemühungen angesichts der beharrenden Kräfte in der Partei aber nicht weit vorangekommen.

Es gibt keine, noch nicht einmal nominelle Oppositionsparteien. Die Auseinandersetzungen werden innerhalb der Partei ausgetragen, wo es traditionell verschiedenste Fraktionen und Seilschaften gibt. Um die große Mehrheit der Bevölkerung sowohl sozial als auch ethnisch besser zu repräsentieren, ließ die Partei unabhängige Kandidaten bei Wahlen auf allen Ebenen zu, die auch gewählt wurden, sich jedoch nicht in einer Fraktion organisieren dürfen und von der Partei überwacht werden.

Während Ho Chi Minh, der in den späten 1960er Jahren alle hohen Partei- und Staatsämter in seiner Person vereinte, als ›Bac Ho‹ (Onkel Ho) hoch verehrt wurde (und bis heute wird), hat das Ansehen der Parteikader in jüngster Zeit beträchtlich gelitten. Als Entscheidungsträger sind sie Hauptakteure auf dem Gebiet der Korruption und, da meist aus politischen Erwägungen ausgewählt, oft mit wenig Kompetenz gesegnet. Dennoch muss festgestellt werden, dass die Partei fest im Sattel sitzt und es im Land derzeit keine Alternative gibt.

Wirtschaft

Vietnam ist ein Agrarland. Vier Fünftel der Bevölkerung lebt auf dem Land und vom Land. Für die Industrie bestehen allerdings auch gute Voraussetzungen, da das Land reich an Bodenschätzen ist. Es gibt große Kohlevorräte und verschiedene Erze wie Chrom, Titan, Mangan und Eisen sowie Metalle wie Kupfer, Nickel, Blei, Zink, Bauxit, verschiedene Edelmetalle und Zinn. Vor den Küsten werden umfangreiche Ölvorkommen vermutet. Auch die Energiefrage scheint angesichts zahlreicher Flüsse lösbar.

Dennoch wird die vietnamesische Volkswirtschaft von einigen fundamentalen Problemen geplagt, die nicht ohne weiteres zu lösen sind. Zum einen sind die Bodenschätze auf den Norden konzentriert und bei den gegenwärtigen Infrastrukturbedingungen nicht über größere Strecken zu transportieren. Genau wie im Landwirtschaftsbereich wirken hier die Langzeitfolgen der Kriege noch nach. Es ist zudem derzeit unklar, wie groß die Vorräte an Bodenschätzen tatsächlich sind. Einer der traditionellen Schätze des Landes, das Tropenholz, wird bald erschöpft sein, ohne dass bisher ausreichende Zukunftsvorsorge getroffen wurde. Ungleichmäßige Verteilung macht auch der Gewinnung von Elektrizität aus Wasserkraftwerken zu schaffen, da während der Monsunzeit die Wassermassen zu stark, während der Trockenzeit zu schwach fließen. Viele Kraftwerke werden

Bauer in Duong Lam bei Hanoi

noch umweltschädlich und wenig effektiv mit Kohle befeuert, während bei Da Lat im zentralen Hochland 1984 ein erster Kernreaktor in Betrieb genommen wurde. Obwohl gerade landesweite Hochspannungsleitungen gebaut werden, ist der Transport von Energie über größere Strecken derzeit noch schwer zu lösen.

Durch den Versuch, nach 1975 dem Süden des Landes das Wirtschaftssystem des Nordens einfach überzustülpen, konnten die Schwierigkeiten der Harmonisicrung der beiden sehr unterschiedlichen Landesteile auch nicht ansatzweise gelöst werden. Vielmehr wurde auf der einen Seite eine gewachsene Kleinindustrie, die Handwerkerschaft und der vielfältige Kleinhandel durch Verbote und Enteignungen zerstört, auf der anderen Seite die koloniale Plantagenwirtschaft nicht effektiv weitergeführt.

Liberalisierungspolitik Doi Moi

Die ökonomisch extrem schwierige Lage versucht die Kommunistische Partei seit 1986 durch eine wirtschaftliche Liberalisierung und die Wiedereinführung von Marktelementen zu überwinden. Die Erfolge dieser Doi Moi genannten Politik sind zwar im Alltagshandel deutlich zu erkennen, halten sich im nationalen Maßstab aber noch in Grenzen. Weiterhin werden die entscheidenden Fragen in den konservativen Ministerien in Hanoi gefällt, während im lebhaften Süden schon vieles unter der Hand in die Praxis umgesetzt wird und die Mitte des Landes, etwa das verschlafene Hue, nicht genau mitbekommt, was weiter nördlich und südlich geschieht. Für die nahe Zukunft besteht die Gefahr, dass sich vor allem der Süden sehr schnell entwickelt, während andere Gebiete bei Investitionen und Infrastrukturverbesserungen übergangen werden. Dieses Auseinanderdriften und die Gefahr des Zerreißens an geographisch und historisch bedingten

Bruchstellen könnte die Regierung im Norden veranlassen, die wirtschaftliche Öffnung zurückzunehmen. Im schlimmsten Fall könnte es gar zu einem Auseinanderbrechen des Landes kommen.

Bevölkerungswachstum

Das bedeutendste ökonomische Problem Vietnams ist derzeit das rapide Bevölkerungswachstum. Die Alphabetisierungsquote ist zwar mit über 90 Prozent im Vergleich zu anderen Ländern der Dritten Welt sehr hoch, und vietnamesische Arbeiter gelten als fleißig und geschickt, doch führen die hohen Wachstumszahlen bei niedrigem Entwicklungsniveau zu erheblichen Arbeitslosenzahlen, die auch durch die systemtypische Überbeschäftigung in Staatsbetrieben nicht bewältigt werden kann. Seit dem Rückzug der Armee – einst die viertgrößte der Welt – aus Kambodscha kommen noch mehr als eine Million demobilisierte Soldaten hinzu, und seit dem Zusammenbruch des Rats für Gegenseitige Wirtschaftshilfe (RGW) strömen hunderttausende von Vertragsarbeitern aus Osteuropa zurück in ihre Heimat.

Immer schon war die Besiedlung des Landes aus geographischen Gründen extrem ungleichmäßig. Während im Hochland nur wenige Menschen leben, viele von ihnen zudem weiterhin zumindest halbnomadisch, drängen sich im Delta des Roten Flusses über 1000 Menschen auf einen Quadratkilometer (Deutschland: 226). Die Regierung versuchte, im Norden schon ab 1960, im Süden dann nach 1975, durch Umsiedlungsaktionen in sogenannte Neue Ökonomische Zonen, die insgesamt zehn Millionen Menschen betreffen sollten, den Bevölkerungsdruck zu mindern und neue Anbauflächen zu erschließen. Die Politik war jedoch von wenig Erfolg gekrönt, nicht nur weil die Vietnamesen sich sehr stark an ihr Dorf gebunden fühlen, sondern weil die Böden in den Neulandgebieten

Bei der Reisernte

meist zu schlecht und die Subventionen der Regierung nicht ausreichend waren, um den oft nur unter Druck Umgesiedelten tatsächlich eine neue Existenz zu sichern. Seit 1980 gehen die Umsiedelungen in wesentlich kleinerem Maßstab und verbunden mit einem Anreizsystem weiter. In Zukunft wird die Besiedlungsschere aber noch mehr auseinandergehen: Die Bevölkerungszahl wächst weiter, doch neue Anbauflächen können kaum noch erschlossen werden, vielmehr gehen alte durch Haus- und Straßenbau sowie Industrieansiedlung verloren.

Kautschukernte

Als beträchtlich erfolgreicher erwies sich die 1986 begonnene Wirtschaftsreform – vor allem in der Landwirtschaft. War Ho Chi Minh 1945 noch mit der Parole ›Das Land dem Pflüger‹ angetreten, so nahm die Kollektivierungskampagne von 1955 bis 1957 den Bauern das gerade gewonnene Land wieder ab. Ähnliche Kampagnen fanden nach der Vereinigung ab 1976 auch im Süden statt. Der Boden gehört zwar weiterhin dem Kollektiv, doch dem Bauern wird Land entsprechend der Größe seiner Familie zugeteilt, das er selbständig bewirtschaftet und für das er Steuern in Naturalien und/oder Geld entrichtet. Die Überschüsse kann er an den Staat zu höheren Preisen als in der Vergangenheit oder auf dem freien Markt verkaufen. Dies führte zu sofortigen Ertragssteigerungen, so dass Vietnam nach erheblichen Versorgungsengpässen Ende der 70er, Anfang der 80er Jahre inzwischen Reis exportieren kann und den landwirtschaftlichen Anbau auf Gemüse, Obst und andere Produkte, wie etwa Blumen ausweitet. Das bleibende Problem sind allerdings auch hier die regionalen Unterschiede.

Außenhandel

Der Zusammenbruch der Sowjetunion und des RGW, in dem Vietnam Mitglied war, zwang die Regierung auch im Außenhandel zu neuen Orientierungen. Die Ölvorkommen sollen jetzt mit amerikanischer, britischer und französischer Unterstützung ausgebeutet werden, und die meisten Rohölexporte gehen inzwischen nach Japan. Seit ausländische Investitionen erlaubt sind, sehen vor allem der Textilsektor und die Schuhindustrie einen Aufschwung, auch wenn bisher lediglich Lohnveredelungsgeschäfte möglich sind, bei denen nur die Fertigung im Lande stattfindet, aber alle Einzelteile importiert und wieder exportiert werden.

Die Geschehnisse in China zeigen zudem, dass ein solches Entwicklungsmodell als ›Werkbank der Welt‹ nur zeitlich befristet Erfolg haben kann. Da die Löhne und andere Kosten in China rapide steigen, haben bereits einige Unter-

Fischstand auf einem Markt im Mekongdelta

nehmen ihre Fertigung von dort nach Vietnam verlegt, wo sich eine vergleichbare Entwicklung in Ansätzen bereits abzeichnet. Die ganz einfachen Produktionen in der Textilbranche wandern bereits nach Kambodscha oder Bangladesch, und angesichts des chinesischen Engagements in Afrika, das einer Kolonialisierung ähnelt, scheint sich der Fertigungszyklus immer schneller von Land zu Land zu wälzen. Wenn Vietnam kein anderes Entwicklungsmodell findet, könnte es in zehn bis 20 Jahren zu erheblichen Problemen kommen.

Seit der Kolonialzeit exportiert Vietnam von den Plantagen Gummi, Tee und Kaffee. Als großer Exportrenner bei landwirtschaftlichen Produkten erwiesen sich in jüngster Zeit jedoch Fisch und Krustentiere in die Nachbarländer Thailand, Singapur, Hongkong und Taiwan.

Der entscheidende Knackpunkt beim Erfolg von Doi Moi liegt jedoch nicht bei mehr Garnelen für die Meeresfrüchte-Restaurants Hongkongs, sondern in der Änderung der Planungs- und Befehlsstruktur der Wirtschaft und der dafür verantwortlichen Ministerien sowie in der Frage, ob es der Regierung gelingt, die Subventionen fressenden Staatsbetriebe profitabel zu machen, zu privatisieren oder zu schließen. Und das ist noch gar nicht abzusehen.

Größtes pragmatisches Hindernis der Entwicklung ist zur Zeit die Korruption, die die Preisstruktur verzerrt und die wirtschaftliche Entwicklung behindert. Denn während die Parteikader früher aufgrund ihrer politischen Autorität Entscheidungen gefällt und durchgesetzt haben, deren Qualität selten überprüft wurde, können sie am Privatisierungs- und Modernisierungsprozess nur verdienen, indem sie sich die ›Macht der Stempel‹ versilbern und manchmal auch vergolden lassen. Wie Mehltau liegt diese Plage über dem Land und wird es ersticken, wenn nicht konsequent dagegen vorgegangen wird. Die gelegentlichen Kampagnen und spektakulären Einzelfälle haben daran bisher nichts geändert, es handelt sich um einen Fehler im System, der nur durch grundlegende Korrekturen beseitigt werden kann.

Kunst und Kultur

Die vietnamesische Kultur ist in ihrer Geschichte von vielen verschiedenen Einflüssen geprägt worden. Einiges wurde in die eigene Kultur integriert und weiterentwickelt, anderes, wie das Sprechtheater, konnte nie richtig Fuß fassen. Eine spezielle Form des Theaters ist das Wasserpuppenspiel, eine Aufführung sollte man sich nicht entgehen lassen. Besondere Beachtung verdienen die Tempelbauten mit ihren Figuren und Schnitzereien.

Literatur

Wie dies in den meisten Kulturen der Fall ist, entstand auch die vietnamesische Literatur aus mündlich überlieferten Mythen, Sagen, Legenden, Märchen, Fabeln, Liedern, Gedichten und Sprichwörtern. Zu den bekanntesten Gründungsmythen des Landes gehört jener des Drachen und der Fee, aus deren Nachkommen die Viet des Tieflandes und der Berge entstanden sind, oder der Mythos, wie ein Drache die Ha-Long-Bucht erschuf, oder jener, in dem eine goldene Schildkröte vom König ein geliehenes Schwert zurückverlangt. Sehr beliebt ist auch das Kürbismotiv mit seinen interessanten Parallelen zur Arche-Noah-Legende: Bei einer Flut verstecken sich Bruder und Schwester in einem Kürbis; nachdem das Wasser zurückgegangen ist, ist alles Leben auf der Erde zerstört, und entgegen sonst üblicher Tabuvorschriften ›heiraten‹ die Geschwister und zeugen die Vorfahren der Viet.

Solche Geschichten, dazu Heiligenlegenden, humorvolle Abenteuer und vieles mehr, wurden über Jahrhunderte erzählt, immer wieder umgewandelt, von Generation zu Generation weitergegeben, irgendwann einmal aufgeschrieben und im kulturellen Leben auf vielfache Weise benutzt. Bis heute nimmt die Literatur darauf Bezug oder werden solche Legenden einem begeisterten Publikum im Wasserpuppentheater vorgespielt.

Wasserpuppen im Literaturtempel von Hanoi

Verse, Lieder, Straßengesang und die alten, überlieferten Geschichten fanden auch Eingang in das Volkstheater (Cheo), das etwa ab dem 10. Jahrhundert aufkam und vor allem bei Tempelfesten zur Unterhaltung von Bauern und Pilgern diente. Die Texte wurden im Luc-bac-Versmaß (6-8-Rhythmus) vorgetragen und gesungen und waren sehr eingängig. Mimik und Gestik waren die wichtigsten Ausdrucksmittel der Schauspieler, die dadurch ihre Kunst beweisen konnten, denn die Texte und Geschichten waren ja weitgehend bekannt. Als spontanes Element trieb sich vor allem der Possenreißer auf der Bühne herum, der die Handlung kommentierte. Begleitet wurde das Ganze von Musik. Sehr ähnlich funktionierte auch das im 11. Jahrhundert aufkommende Wasserpuppentheater (→ S. 120, 159) mit denselben Geschichten, mit Musik und Erzähler, nur mit an Stäben geführten Puppen statt der Schauspieler.

Eine weitere bedeutende Quelle für die frühe Literatur waren die verschiedenen Religionen, die sich in Vietnam ausbreiteten, miteinander konkurrierten und sich schließlich vermischten. Sie alle (vor allem der Daoismus) brachten zahllose Legenden mit sich, die im Wettbewerb um Gläubige, Pilger und Spender immer weiter mit lokalen Geschichten verbunden und so popularisiert wurden. Vietnam ist ein Land, in dem der Synkretismus der Religionen am weitesten getrieben wurde; es gibt kaum einen Tempel, der sich streng nur einer Religion öffnet.

Die Gelehrtenliteratur

Vietnamesische Literaturwissenschaftler datieren den Beginn der vietnamesischen Literatur auf das 10. Jahrhundert, was nicht weiter verwundert, denn in dieser Zeit erlangte das Reich der Viet seine Unabhängigkeit von der chinesischen Kolonialmacht. Diese hatte aber natürlich schon vorher einen überwältigenden Einfluss auf Kultur und Gesellschaft ausgeübt, der mit dem militärischen Rückzug nicht verschwand. Man denke nur an die kulturelle Blüte der Tang-Dynastie (618–906) in der Lyrik, der Malerei und dem Kunsthandwerk, die auch an der fernen südlichen Kolonie nicht spurlos vorüberging.

Von den Caodai wird Nguyen Binh Khiem (rechts) als Heiliger verehrt

Der Bau des Literaturtempels (Van Mieu, → S. 163) in der Hauptstadt Thang Long (Hanoi) belegt einerseits den Wunsch der neuen Dynastie, Stätten einer formalisierten Kultur zu schaffen, andererseits die Abhängigkeit von großen, etablierten Vorbildern wie dem Konfuzianismus. Mit den Chinesen war auch eine ›Gelehrtenliteratur‹ ins Land gekommen, die sich der kulturell dominanten Formen, Themen und vor allem der chinesischen Sprache und Schrift bediente.

Ab dem 13. Jahrhundert versuchte man, die Abhängigkeit vom Chinesischen zu beseitigen, indem man eine eigene Schrift entwickelte, das Chu nom, eine Zeichenschrift wie das jahrhundertealte Vorbild. Auch sonst waren die Ähnlichkeiten groß. Diese Schrift konnte sich jedoch nie wirklich durchsetzen, wohl auch, weil sie von oben diktiert wurde, dem Volk zu kompliziert war, nach Meinung der Gelehrten aber an das Chinesische nicht heranreichen konnte. Erst die französische Kolonialmacht bewirkte mit ihren Versuchen, eine lateinische Umschrift für die vietnamesische Sprache zu entwickeln, eine große Revolution. Zuerst waren die Alphabetisierungsbemühungen nicht so intensiv, und natürlich gab es politische Vorbehalte gegen die fremde Schrift, doch wurde sie im 20. Jahrhundert von der Führung der Befreiungsbewegungen im Norden, von deren Mitgliedern viele ihre Ausbildung in Frankreich oder Russland genossen hatten, als ein Mittel zur schnellen Alphabetisierung großer Teile der Bevölkerung wahrgenommen und 1945 offiziell eingeführt. Heute ist sie praktisch unumstritten, und sämtliche Literatur wird in ihr verfasst.

Originale aus dem 10. bis 15. Jahrhundert sind praktisch nicht mehr vorhanden, viele wurden wohl schon Anfang des 15. Jahrhunderts zerstört, als die Kolonialherren für kurze Zeit zurückkehrten und alles eigenständig Vietnamesische vernichteten. In chinesischen Quellen werden einige Werke aufgeführt, meist sehr umfangreiche Konvolute, die wohl auf Anordnung des Königshofes verfasst und von ihm bezahlt worden waren. Es gibt Geschichtswerke darunter, aber auch Gedichtsammlungen. In diese Tradition reihte sich auch die ›Literaturakademie der 28 Sterne‹ ein, die Ende des 15. Jahrhunderts, als die Chinesen wieder abgezogen waren, von König Le Thanh Tong (Regierungszeit 1460–1497) im Literaturtempel von Thang Long (Hanoi) gegründet wurde. In konfuzianischer Tradition wurden hier Verse geschmiedet und neue Sammelwerke mit Gedichten und Prosa geschaffen.

Die Literatur emanzipiert sich

Im 16. Jahrhundert trat erstmals ein Autor ins Rampenlicht, der ein seiner Person klar zuzuschreibendes Werk von mehr als 1000 Gedichten in Chu han (Chinesisch) und Chu nom hinterließ. Nguyen Binh Khiem (1491–1585) war Lehrer und Beamter und zog sich mit etwa 60 Jahren in eine kleine Pagode zurück, wo ihn aber noch Fürsten und Mandarine besuchten, da er als Weiser und Wahrsager galt. Noch etwa 200 seiner Gedichte sind heute erhalten.

Das 17. und das 18. Jahrhundert brachten große Unruhen über das Land, die Zeit der großen Sammelwerke schien vorbei, doch neue Strömungen entfalteten sich. So traten erstmals Frauen als Schriftstellerinnen auf. Bekannt wurde Doan Thi Diem (1705–1748), die traditionelle Gedichte in neue Versmaße übersetzte, die Unruhen und Kriege in ihrer Heimat anklagte und eine Sehnsucht nach Liebe und Frieden zum Ausdruck brachte. Auch Ho Xuan Huong (etwa 1772–1822) fiel als Person und Dichterin auf, weil sie sich gegen die Todesstrafe für Frauen aussprach, die ein uneheliches Kind zur Welt gebracht hatten, und die liederliche Moral vieler buddhistischer Mönche anprangerte. Ihre Lyrik ist viel lebensfroher und erotischer als die vergleichbare Gelehrtenliteratur ihrer Zeit.

Zu den bedeutendsten Dichtern des späten 18. und frühen 19. Jahrhunderts gehört Nguyen Du (1765–1820), Sohn eines Literaten und hohen Hofbeamten der späten Le-Dynastie. Nguyen Du verherrlichte die längst machtlosen Herrscher und musste die Rebellion gegen sie und schließlich ihren Sturz erleben. Seine Gedichte veröffentlichte er unter dem Pseudonym Thanh Hien, doch das Werk, das bis heute jedes Schulkind in Vietnam kennt, erschien unter seinem Klarnamen: der 3254 Verse umfassende Roman ›Truyen Kieu‹ (Das Mädchen Kieu). In dem bedeutenden Sittengemälde des Vietnam des späten 18. Jahrhunderts, dessen Handlung in das 16. Jahrhundert zurückverlegt wurde und auf chinesischen Vorbildern beruht, geht es um Korruption und Machtkämpfe, die Stellung der Frau in der Gesellschaft, den Frauenhandel und viele Fragen von Moral und Ethik.

Von einem weiteren konservativen Autor des 19. Jahrhunderts wäre noch zu berichten. Nguyen Dinh Chieu (1822–1888) war ein großer Patriot mit Verbindungen zum Hof der Nguyen-Dynastie, der sich sowohl gegen den Einfluss des Kolonialismus und Katholizismus als auch des Buddhismus wehrte. Er schrieb Aufsätze und Essays, sein Hauptwerk war jedoch der Versroman ›Luc Van Tien‹ (Der Jüngling Luc Van Tien), der bereits 1864 in französischer Übersetzung erschien. Die wohl stark autobiographisch gefärbte Geschichte erzählt die Abenteuer eines tugendhaften jungen Mannes, der sich von Verbrechen und Niedertracht umstellt sieht.

Aufbruch in die Moderne

Insgesamt brachte die Kolonialzeit die vietnamesische Literatur aber schnell voran. Die meisten Intellektuellen erkannten, dass sie sich mit der französischen Sprache eine neue und sehr große Welt erschließen konnten, die in eine ganz andere Richtung wies als der rückwärtsgewandte, feudalistische Konfuzianismus, dem in China und am vietnamesischen Königshof immer noch gehuldigt wurde. Der Einfluss kam zunächst aus dem Westen, Vietnam wurde geradezu mit französischer Literatur im Original und in Übersetzungen überschwemmt, doch dann wurde auch vietnamesische Literatur produziert, die Themen und Techniken nachahmte oder adaptierte. Obwohl sich diese Literatur aus dem geistigen Einfluss der Kolonialmacht speiste, war sie aber oft gegen die politische und ökonomische Ausbeutung Vietnams durch Frankreich gerichtet, so dass sich die Intellektuellen zu einer wesentlichen Kraft im Widerstandskampf entwickelten.

Für kurze Zeit blühte jetzt auch ein Sprechtheater nach europäischem Vorbild auf. In der Oper von Hanoi wurden zahlreiche europäische Stücke gespielt, und die einheimischen Autoren machten sich sofort daran, dieses neue Medium selbst zu erobern. 1921 wurde das erste vietnamesische Drama mit dem Titel ›Chen Thuoc Doc‹ (Der Giftbecher) von Vu Dinh Long (1896–1960) in Hanoi uraufgeführt. Die wenigen Stücke, die entstanden, blieben aber eine Episode in der Theaterwelt, denn die Vietnamesen kannten nur gesungenes Theater, und das Sprechtheater verschwand mit den Kolonialherren wieder in den Kulissen.

Was blieb, sind die Romane, die nun nicht mehr in Versen und hochtrabenden moralischen Deklamationen daherkamen, sondern sich der Alltagssprache bedienten, auch alltägliche Handlungen beschrieben, Menschen als Individuen auftreten ließen, die handeln, entscheiden, leiden, scheitern oder Glück empfinden konnten. Zu den frühen Werken dieser Übergangszeit zur Moderne zählt der 1922 entstandene Kurzroman ›To Tam‹ (Weiße Orchidee) von Hoang Ngoc Phach (1896–1973), der die verzweifelte Liebe zwischen zwei gebildeten jungen Leuten schildert, die sich aber gleichzeitig den traditionellen Bräuchen ihrer Familien verpflichtet fühlen und keinen Ausweg mehr aus diesem Geflecht finden. Der junge Mann muss die arrangierte Ehe mit einer ihm unbekannten Frau eingehen, und auch die junge Frau To Tam, die er wirklich liebt, heiratet einen anderen, den sie ebenfalls nicht kennt, weil ihre Mutter schwer krank ist und ihre Tochter vor ihrem Tod versorgt sehen will. Alle handeln honorig und aus bester Absicht, doch das Ergebnis ist Leid auf allen Seiten. Sehr deutlich und mehr als didaktisch warnt der Autor am Ende davor, dem (vollkommen der Tradition entsprechenden und bis heute vielfach üblichen) Beispiel der Personen in seinem Roman zu folgen.

Buchcover von Nam Cao 1957

In den 30er und 40er Jahren des 20. Jahrhunderts kam es zu einer gewaltigen Blüte der Literatur in allen Genres, mit neuen Themen und vielfältigen Ausdrucksformen. Das höfische Geschehen des vergangenen Jahrhunderts (das aber am Königshof von Hue noch praktiziert wurde) interessierte niemanden mehr, ganz neue gesellschaftliche Gruppen rückten in den Fokus des Interesses, wie etwa die Bauern oder am Rande der Gesellschaft Lebende. Der Erzähler Nam Cao (1917–1951) schilderte detailreich die Armut auf dem Lande, das traurige Schicksal von Lehrern, die dort eine an Bildung uninteressierte Gesellschaft unterrichten sollten, oder das Leben von Waisenkindern. Andere Autoren wie Vu Trong Phung (1912–1939) und Ngo Tat To (1892–1954) widmeten sich den städtischen Armen.

Einige Schriftsteller schlugen aber eine entgegengesetzte Richtung ein, gründeten eine ›romantische Bewegung‹ und gaben sich der naturschwärmerischen Lyrik hin. Ebenfalls in dieser Zeit entstand die revolutionäre Literatur, die sich in der Regel direkt gegen das Kolonialsystem richtete und dabei gelegentlich stark propagandistischen Charakter besaß. Auch der spätere Staats- und Parteichef Ho Chi Minh versuchte sich in der Lyrik, etwa in seinen Gefängnistagebüchern; interessanterweise schrieb er meist auf Französisch oder Chinesisch, erst nach dem Krieg wurden seine Werke auf Vietnamesisch herausgebracht.

Durch die Machtübernahme der Befreiungsbewegungen unter Führung der Kommunisten wurde diese Aufbruchbewegung in der Literatur abrupt gestoppt. Nach den Maßstäben des ›sozialistischen Realismus‹ hat die Literatur den füh-

Der Junge auf dem Wasserbüffel ist ein beliebtes Motiv in Literatur und Malerei

renden Kräften der Gesellschaft zu dienen und lässt sich kaum von der direkten Propaganda unterscheiden. Über die offiziellen Produkte dieser Zeit deckt man besser den Mantel des Schweigens und Vergessens.

Ein neuer Aufbruch

Doch längst nicht alle Intellektuellen fügten sich in die ihnen neu zugewiesene Rolle. Es entstanden verschiedene Widerstandsgruppen wie die Gruppe ›Humanismus – Schöne Werke‹ (der Zusammenschluss zweier Zeitschriften), die zeitweise geduldet, meist aber bald verboten wurden. Besonders nach der katastrophalen Bodenreform von 1955/56 brach breite Kritik über die Partei herein, die mit rigorosen Maßnahmen niedergeschlagen wurde.

Vor allem der Krieg gegen die USA brachte zwar eine große Zahl von Werken hervor, oft in kleinen Formen wie Tagebüchern, Skizzen, Kurzgeschichten, doch engte der übermächtige Feind Themen und Diskussionen stark ein. Das Kritische und das Tragische verschwanden aus der Literatur, es entstand eine neue Heldenliteratur, in der der Krieg und seine Auswirkungen übermächtig waren. Das Kriegsende brachte Hoffnungen, die jedoch allesamt enttäuscht wurden. Ganz im Gegenteil, die Zensur wurde schlimmer, gegenüber Autoren aus dem Süden bestanden mächtige Vorurteile und angesichts der katastrophalen Wirtschaftslage durch die neuen Kollektivierungen entwickelte sich eine Mangelwirtschaft, in der Literatur keinen Platz mehr zu haben schien. Mit den Kriegen gegen das Pol-Pot-Regime in Kambodscha und gegen China Ende der 1970er Jahre kamen zudem neue Feindbilder auf, die die Schriftsteller zu Schildkröten machten: Bei Gefahr ziehen sie die Köpfe ein.

Es gab zwar immer wieder kritische Diskussionen, und das eine oder andere lesbare Werk wurde veröffentlicht, doch die aufgestaute Lawine brach sich erst nach 1986 Bahn, als die Politik der Erneuerung (Doi Moi) von der Partei beschlossen worden war. Diese bezog sich zwar in erster Linie auf die Wirtschaft und die Außenpolitik, doch auch die gesellschaftlichen Entwicklungen kamen, immer streng kontrolliert und oft behindert, nach so vielen Jahren des Stillstands wieder voran.

Im Juni 1987 wurde die Kurzgeschichte ›Tuong Ve Huu‹ (Der pensionierte General) von Nguyen Huy Thiep (geboren 1950) in der Zeitschrift ›Van Nghe‹, dem offiziellen Blatt des Schriftstellerverbandes, veröffentlicht. Dieses Ereignis wird heute als Startschuss für die Moderne in der vietnamesischen Literatur angesehen. Es ist eine etwas holprig geschriebene Erzählung über das Leben eines ehemaligen Generals, der nach dem Krieg wieder bei der Familie seines Sohnes wohnt, in einer Vorstadt von Hanoi mit dorfähnlichen Strukturen. Nichts ist hier heroisch. Die Familienmitglieder gehen durchschnittlichen Berufen nach, die Frau des Generals ist senil, es gibt Streit und Neid und Armut. Als der General den Vorsitz bei der Hochzeit einer Verwandten führt, stellt sich heraus, dass die Braut im neunten Monat schwanger ist, dass keiner der Rede des Generals zuhört, sondern gleichzeitig Musik von ABBA und den Beatles gespielt wird. Zum Schluss kommt der General bei einem Manöver unter mysteriösen Umständen ums Leben. Ein Sperrfeuer der Kritik prasselte über den Herausgeber der Zeitschrift und den Autor nieder, die bedroht und als geistesgestört beschimpft wurden. Die alte Riege der Heroenliteratur erhob zum letzten Mal ihre Stimme, doch die neue Literatur ließ sich nur noch be-, aber nicht mehr verhindern. Der Krieg ist heute nur noch ein Thema unter vielen, die Armut der gerade erst vergangenen Jahre steht oft im Mittelpunkt, alte Sitten und Bräuche, deren Beharrungsvermögen kritisiert wird, Erfahrungen im Ausland, die Debatte, ob man ins Exil gehen soll oder nicht. Und auch die Formen werden vielfältiger. Manche Kurzgeschichten (wie etwa ›Lieder‹, 1989, enthalten in der Sammlung ›Der pensionierte General‹) von Nguyen Huy Thiep wirken völlig dekonstruiert, die Handlung ist zerlegt in knappe Passagen eines Ich-Erzählers, Briefe, Tagebucheintragungen, Gedichte, die alle irgendwie Bezug aufeinander nehmen, ohne dass eine stringente Erzählung zustande kommt.

Völlig zu Recht entstand in dieser Zeit der Ruf von Duong Thu Huong (geboren 1947) als der besten vietnamesischen Gegenwartsautorin. Hatte sie im Krieg noch als Armeeschreiberin an der Front gedient, so schien diese Erfahrung zu ihrer völligen Desillusionierung über die angeblich so heroische vietnamesische Geschichte beigetragen zu haben. Alle kritischen Themen der Vergangenheit kamen nun auf den Tisch, die Einmischung der Partei in alle privaten Angelegenheiten in ›Truyen Tinh Ke Truoc Luc Rang Dong‹ (Liebesgeschichte, vor der Morgendämmerung erzählt, 1984), die missratene Landreform in ›Thien Duong Mu‹ (Blinde Paradiese, 1988), die Ängste und Nöte auch der vietnamesischen Soldaten im Krieg in ›Tieu Tuyet Vo De‹ (Roman ohne Titel, 1990). Letzteres überschritt aber eine Grenze, so dass dieses Buch verboten wurde und die Autorin für sechs Monate ins Gefängnis wanderte. Heute lebt Duong Thu Huong in Frankreich. Sie fasst aber nicht nur die thematisch heißen Eisen an, sondern versteht es auch, eine Handlung interessant und spannend zu komponieren, ihre Figuren zu führen und ihnen Charakter und Individualität zu verleihen sowie Tragik als unausweichliche Prüfung entstehen zu lassen.

Die wirtschaftliche Entwicklung und Freiheit schreitet in Vietnam sicherlich schneller voran als die gesellschaftliche und auch die künstlerische. Die Medien werden weiterhin zensiert, und doch werden immer wieder kritische Stimmen laut. Der Schriftstellerverband, bei dem früher alle wichtigen Autoren praktisch angestellt waren, verliert beständig an Einfluss, gilt aber immer noch als prestigeträchtig, so dass viele Autoren schwanken, ob sie Mitglied bleiben oder werden sollen oder nicht. Der vietnamesische Sprachraum ist so klein wie der deutsche, so dass man durch das Verfassen von Gedichten oder Romanen sicher nicht reich werden kann, manche leben von ihren kommerziellen Nebenjobs aber ganz gut: Widersprüche all überall.

Die Literaturszene ist bunt und vielfältig geworden. Bei den Themen spielt die rasche Kommerzialisierung des Lebens eine große Rolle, das Individuum hat sich zu bewähren. Viele Autoren konstruieren dabei eine gewaltige moralische Fallhöhe, und nicht jede sprachliche und thematische Landung aus großer Höhe gelingt. Zumal auch nicht jeder Autor den moralischen Ansprüchen, die er an seine Figuren und seine Leser stellt, in seinem eigenen Leben gewachsen ist. Aber wenn etwas mehr Freiheit, Mut, Erfahrung mit der Weltliteratur und Professionalität in die Literatur Einzug halten, wird es hier noch viel Interessantes zu erlesen geben.

Oper, Theater und Puppenspiel

Die Oper, das Theater und das Puppenspiel weisen große Ähnlichkeiten bei den Texten und in der Darstellungsform auf und haben sich jeweils in einer volkstümlichen und einer höfischen Variante herausgebildet. Die volkstümlichen Spielformen speisen sich aus alten Geschichten und Legenden, die eigentlich jeder kennt, die aber in immer neuen Varianten im Volkstheater (Cheo) oder im Wasserpuppenspiel (Mua roi) dargeboten werden. Die Aufführungen dienen zur Unterhaltung des Publikums, aber auch zur Belehrung. Sie verbinden Musik, Gesang, Tanz, Deklamation, Pantomime und Akrobatik und schwankten immer zwischen dem Auftrag der Obrigkeit zur Belehrung und der Karikatur derselben.

Die Charaktere sind – wie etwa im mittelalterlichen Theater in Europa bis hin zur Commedia dell'arte – immer Typen, also der General, der alte, erfahrene Bauer, die weise Frau, der Böse, die verzogene Prinzessin, der gute König und viele mehr. Niemals treten Individuen auf, die im Laufe der Handlung Prüfungen oder einer Entwicklung ausgesetzt sind. Handlung und Text sind bekannt, manchmal gibt es innerhalb der Handlung Stehgreif-Improvisationen, und der Possenreißer kommentiert vorlaut das Geschehen. Gespielt wird nicht auf einer wirklichen Bühne, sondern auf Wagen, vor Tempeln, auf Marktplätzen. Die Truppen von zehn, zwölf Schauspielern, Sängern und Musikanten ziehen umher, so dass es auch kein aufwendiges Bühnenbild gibt, ein Stuhl kann Thron und Pferd sein. Bis heute wird das Wasserpuppentheater vor einem einfachen Vorhang gespielt, gelegentlich taucht mal ein Bananenbaum aus den trüben Fluten auf.

Unter Kontrolle des Hofes entwickelte sich das Volkstheater im 10. Jahrhundert. Es wurde bei Volksfesten und am Hof gespielt. Im 15. Jahrhundert aber, in der Le-Dynastie, die die Chinesen zum zweiten Mal aus dem Land geworfen hatte

Theater und Opernhaus in Saigon

Straßentheater in Hanoi

und einer strengen Form des Konfuzianismus anhing, wurde 1437 das höfische Spiel und 1470 auch das dörfliche Spiel verboten. Die Le-Könige förderten stattdessen das ›Bao choi‹, eine wesentlich formalere Variante der chinesischen Oper.

Die höfische chinesische Oper, ›Tuong‹ genannt, wurde im 11. Jahrhundert von einem Schauspieler der Peking-Oper verbreitet, der in Vietnam in Kriegsgefangenschaft geraten war. Sie funktioniert ähnlich wie das Volkstheater, befleißigt sich aber einer gehobeneren Sprache mit vielen chinesischen Wörtern, die das ländliche Publikum nicht verstand, sowie einer strafferen Regie. Sie existierte lange parallel zum Volkstheater, wurde im 15. Jahrhundert dann ebenfalls verboten und wich daraufhin nach Süden aus, wo sie unter der Herrschaft des Nguyen-Klans im 17. Jahrhundert wieder aufblühte. Über die neue Hauptstadt Phu Xuan (Hue) kehrte die Oper langsam in den Norden zurück.

Wasserpuppenspiel

Ursprünglich stammt das Puppenspiel aus dem indischen Kulturkreis und wanderte mit der Indisierung von Teilen Südostasiens nach Osten, bis nach Bali, wo es heute als Schattenspiel noch sehr aktiv ist. In Vietnam ist es seit dem 11. Jahrhundert belegt. Es wurde meist bei Tempelfesten aufgeführt, vor allem zum Laternenfest, bei dem Laternen auf dem Dorfteich installiert wurden, damit sich ihr Licht im Wasser spiegelte. Dies machten sich auch die Puppenspieler zunutze, die im Wasser zudem die langen Stäbe verbargen, an denen die Puppen geführt werden. Schließlich baute man steinerne Pavillons in die Dorf- oder Tempelteiche, in denen die Musiker saßen und von denen aus die Spieler agierten.

Das Puppenspiel war bestens organisiert. Sowohl die Spieler als auch die Puppenschnitzer bildeten Gilden unter Führung eines Meisters, die ihre Texte sowie die Fertigkeiten in der Puppenführung und Schnitzkunst mündlich von Generation zu Generation weitergaben. Auch die Könige, zumindest der Ly- und Tran-Dynastie, scheinen sich am Puppenspiel erfreut zu haben, denn es gibt einen Bericht über ein Spiel zum Geburtstag des Königs Ly Nhan Tong im Jahr 1121, das in den Wassern des Roten Flusses aufgeführt wurde.

Alle populären Theaterformen wurden im 19. Jahrhundert noch betrieben, verloren im 20. Jahrhundert aber an Bedeutung, vor allem weil die Kommunisten sie als ›bourgeois‹ betrachteten und behinderten.

In den letzten Jahren blühen einige der Theater wieder auf, entweder orientiert an den Traditionen oder an den Einkünften durch Touristen, wie etwa das Wasserpuppenspiel im Theater am Hoan-Kiem-See in Hanoi, in dem eine bunte Folge von Szenen zusammengestellt wurde. Bei den meisten Vietnamesen ist das Interesse am Theater heute gering. Sie sitzen lieber vor dem Fernseher und schauen sich die Seifenopern aus aller Welt an.

Musik, Gesang und Tanz

Im alten Vietnam galt die Musik als eine der ›vier Freuden des Lebens‹. Sie gehörte zu den ›freien Künsten‹, und der Hof wie auch das Volk erfreuten sich daran, ohne dass hier bedeutende Werke geschaffen wurden oder Musiker in hohem Ansehen standen. Es gibt Aufzeichnungen über chinesische Musik im 8. Jahrhundert, die ergänzt wurde von ›Nam ai‹, der ›Südmusik‹, die aber nicht aus dem heutigen Südvietnam stammt, sondern vom Volk der Cham gespielt wurde, das in Mittelvietnam lebte. Mit dem ›Zug nach Süden‹, der Eroberung des Cham-Reiches, kamen gefangene Musiker an den Königshof, deren Melodien dort großen Anklang fanden.

Die ältesten Instrumente waren wahrscheinlich Klangsteine, die an Holzgestellen aufgehängt wurden und je nach Zuschnitt und Größe unterschiedliche Töne erzeugten. Solche Klangsteine kann man bis heute in Museen und einzelnen Tempeln sehen, wo sie Vorläufer der Glocken waren. Ähnliche Schlaginstru-

Feentanz beim Wasserpuppenspiel

Cham-Musiker Anfang des 20. Jahrhunderts

mente waren Trommeln und Gongs aus verschiedenen Metallen und gar aus Jade. Viele Instrumente wurden aus Bambus hergestellt, ein leicht zu bearbeitendes, hohles Gewächs, das selbst Töne von sich gibt, aber auch Resonanzkörper für Saiteninstrumente sein kann. Es gab verschiedene Geigen mit zwei bis vier Saiten, die oft senkrecht aufs Knie gestellt wurden, größere Gitarren und Lauten oder auf einem Tisch gespielte 16-saitige Zithern. Aus Bambus und diversen Hölzern konnte man auch Flöten schnitzen, eine Tätigkeit, die vor allem Hirtenjungen zugeschrieben wurde.

Zwar wurde überall viel gesungen und Musik gemacht, doch diente sie meist als Begleitung für Volksfeste und Hochzeiten, fürs gespielte und gesungene Theater oder zum Tanz. Als eigenständige Kunstform hat sie keinen tieferen Eindruck hinterlassen. Dasselbe gilt für den Tanz. Wie in den meisten bäuerlichen Gesellschaften üblich, gab es rituelle Tänze für bestimmte Gelegenheiten, vor allem Erntetänze, Fächertänze und solche, die bei Ruderwettbewerben aufgeführt wurden. Es sind in der Regel Schreittänze, die von Männern oder Frauen aufgeführt wurden, aber praktisch nie von beiden zusammen.

Malerei und Kalligraphie

Die chinesische Kultur unterscheidet kaum zwischen Malerei und Kalligraphie, dem ›Schönschreiben‹. Dies liegt vor allem daran, dass beides mit denselben Materialien ausgeübt wird. Auf saugstarkes, am besten handgeschöpftes Papier wird mit einem Pinsel aus Tierhaar, der eine beträchtliche Variation in der Größe aufweisen kann, auf einem Tuschstein abgeriebene Tusche aufgetragen. Die Tusche wurde in Stangenform aufbewahrt; wenn man malen oder schreiben wollte, gab man ein wenig Wasser in den Tuschstein und rieb die Tusche hinein, wodurch eine sehr unterschiedliche Intensität der Farbe erreicht werden konnte. Für den wahren Meister ist dies eine kontemplative Tätigkeit, die bereits der Konzentration auf das Bild diente. Denn die Kalligraphie und die Malerei mit Tusche sind eine A-la-prima-Malerei, die – anders als bei der Ölmalerei – nicht korrigiert werden kann; jede Berührung des Papiers durch den Pinsel bleibt sichtbar. Das gesamte Bild muss also vor dem geistigen Auge des Malers bereits fertig sein, bevor er zum ersten Mal den Pinsel ansetzt.

Dies gilt genauso für die Kalligraphie, für die es verschiedene Schriften gibt, doch wahre Meisterschaft zeigt sich in der freien Komposition, in der mehrere Zeichen in einem Pinselschwung hintereinander geschrieben werden. Unabhängig von der gerade gültigen Schrift galt das Kalligraphieren in Gelehrtenkreisen als große Kunst und wurde hoch geschätzt. Selbst in der heutigen lateinischen Umschrift des Vietnamesischen gibt es Kalligraphen, die freihändig eine sehr expressive Schrift auf das Papier bringen, die für das ungeübte Auge kaum zu entziffern ist. Darum geht es aber auch nicht, sondern um die Schönheit der Form und die Meisterschaft in der Ausführung.

Traditionelle Malerei war vor allem Übungssache, denn es gab genaue Vorschriften, wie etwa Bambus oder eine Pfirsichblüte zu malen waren. Erst wenn der Schüler die traditionelle Technik vollständig beherrschte, konnte er durch kleine Variationen seine Meisterschaft unter Beweis stellen. Auch die Sujets waren vorgegeben, wobei die Landschaftsmalerei im Vordergrund stand. Dabei gibt es keine zentrale Perspektive, sondern der Betrachter ›wandert‹ sozusagen durch das Bild, hat immer neue Blickwinkel auf verschiedene Szenen. Dazu passt, dass die meisten Bilder Rollbilder waren, wobei ursprünglich die Querrolle beliebter war als die Längsrolle. Eine solche Querrolle wurde nicht aufgehängt, sondern eingerollt in einer Truhe verwahrt. Wollte man sie betrachten oder anderen zeigen, so nahm man sie in beide Hände und entrollte Szene für Szene.

Kalligraph im Tempel

In Vietnam sind nicht viele Werke der klassischen Malerei erhalten geblieben, so dass man ihre Bedeutung über den Königshof und die großen Häuser der Mandarine und des Adels hinaus kaum einschätzen kann. Die moderne Malerei lebte erst mit dem europäischen Einfluss durch die französischen Kolonialherren auf. Wie in der Literatur kam es zu Adaptionen, doch bevor sich eine echte Bewegung herausbilden konnte, wurde auch die Malerei dem ›sozialistischen Realismus‹ unterworfen. Heute gibt es wieder große Freiheiten, Tuschmalerei und Ölmalerei stehen gleichberechtigt nebeneinander, doch vieles von dem, was man in den zahllosen Galerien der großen Städte sehen kann, wirkt doch eher dekorativ. Die Preise sind stark gestiegen, aber ob die gegenwärtige Phase der Malerei Bestand haben wird, darf angezweifelt werden.

Holzschnitt und Schnitzereien

Die Bearbeitung von Holz weist eine lange Tradition und große Vielfalt auf, vom flächigen Holzschnitt über Holztäfelchen mit Schriftzeichen für den Druck, Reliefs auf Balken und Brettern, sakralen und profanen Skulpturen bis hin zu ganzen Bauwerken aus Holz. Holz stand als Material in der Menge und der Qualität ausreichend zur Verfügung, denn bis zu den Entlaubungsaktionen der US-Luftwaffe war Vietnam größtenteils von Wald bedeckt. Je nach Zweck wurden härtere oder weichere Hölzer verwendet, wie das dunkle, sehr harte Eisenholz, das ins Rötliche spielende Mahagoni, das verschiedene Schattierungen aufweisende Jackholz. Statuen oder Möbel, die auch üppige Schnitzereien aufweisen können, wurden zum Schutz auf Hochglanz lackiert und geschliffen, während Tempelreliefs oft noch vergoldet wurden.

Schnitzereien und Lackarbeiten in einem alten Haus im Mekongdelta

Geschnitzter Drachen an einem Dachbalken des Chua Tay Phuong

Auffällig und zum Teil über Jahrhunderte erhalten ist die Reliefschnitzkunst an Gebäuden, vor allem den gut bemessenen Balken, die die ganze Last des Daches zu tragen haben. Tempel und die Versammlungshäuser der Dörfer im Norden (Dinh) wurden so reich geschmückt. Zu sehen sind einerseits Wolken- oder Wellenmotive, häufig Drachen oder andere mystische Tiere, aber auch ganze Szenen aus dem ländlichen Leben oder aus der Geschichte.

Bei der großen Menge an Figuren in den Tempeln bedurfte es schon der werkstattmäßigen Fertigung, so dass die Holzskulpturen wohl am deutlichsten auf der Schwelle zwischen Kunst und Kunsthandwerk standen. Vor allem die bekanntesten Figuren, wie etwa die verschiedenen Variationen des Buddha, der Quan Am oder des Jadekaisers, wurden immer mehr standardisiert, so dass die Meisterschnitzer vor allem bei den La Han (Buddhaschüler) oder dem in manchen Tempeln dargestellten gemeinen Volk ihre Kreativität zur Geltung bringen konnten. Doch eigentlich ging es, wie bei den meisten Künsten, gar nicht um Kreativität, sondern um die Erfüllung der Erwartung des Auftraggebers und eine perfekte Ausführung. So hatte der Meister zwar einen Stil, den Experten auch heute noch erkennen, doch nach dem Entwurf arbeiteten erst einmal die Schüler, bis es schließlich um die Feinheiten der Details ging. Kein Wunder, dass Schnitzarbeiten in der Regel nicht signiert sind.

Das gilt eingeschränkt selbst für den Holzschnitt, sofern er als Massenprodukt daherkam. Er hat sich als Kunstform lange gehalten. Oft werden ländliche Szenen dargestellt, und leuchtend bunte, nicht unbedingt naturalistische Farben waren beliebt. Die schlichten bäuerlichen Alltagswelten waren in jeder politischen Phase beliebt, selbst im ›sozialistischen Realismus‹, wie ein Besuch im Kunstmuseum von Hanoi (→ S. 177) belegen kann.

Besonders häufig nachgefragt wurden Neujahrsbilder (→ S. 33), auf die sich zum Beispiel das Dorf Dong Ho östlich von Hanoi (→ S. 198) spezialisiert hat. Die Druckstöcke wurden über Jahrhunderte verwendet und in der Familie weitervererbt (was bereits den konservativen Geschmack belegt). Das Papier wird zunächst mit einer Masse aus Muschelkalk grundiert, dann werden die jeweiligen Farben mit separaten Druckstöcken aufgebracht.

Steinmetzarbeiten

Im Prinzip gilt für die Arbeiten in Stein dasselbe wie für jene in Holz. Sie sind allerdings erst für die Zeit ab dem 7. Jahrhundert nachweisbar. Eine wichtige praktische Bedeutung haben die Steinstelen, auf denen weitgehend unauslöschlich wichtige Ereignisse, wie etwa die Gründung und Errichtung eines Tempels, später auch das Bestehen des obersten Beamtenexamens im Literaturtempel von Hanoi (→ S. 163), festgehalten wurden. Ohne solche Stelen wüssten wir von der frühen Geschichte der Kulturen in Vietnam sehr wenig.

Mehr dekorativen Zwecken dienten Sockel für Säulen und Statuen, mit Reliefs versehene Balustraden und Treppenwangen, Terrassen und Podeste für Gebäude sowie geschlossene Flächen von Brücken. Hier findet man überall florale Motive, aber auch Tiere und Szenen von symbolischer Bedeutung, wie die Schutz gewährenden Drachen, die langlebigen Schildkröten, die Weisheit verkörpernden Einhörner. In buddhistischen Tempeln ist der Lotos sehr beliebt; er gilt als Zeichen der Reinheit, denn seine leuchtend weiße oder rosa Blüte wächst aus einem sumpfigen Tümpel.

Innerhalb der Tempel gibt es selten Steinskulpturen, höchstens einmal in den Außenanlagen. Im neuen Chua Bai Dinh bei Ninh Binh (→ S. 217) sind allerdings 500 La Han in Stein gemeißelt, so dass hier vielleicht eine neue Mode entsteht.

Mehr als die Vietnamesen waren die Cham und die Khmer Meister der Steinmetzkunst. Auf den besten Cham-Türmen sind Reliefs sowohl im Ziegelstein der Basis des Turms als auch in Sandstein zum Beispiel über dem Vestibül zu sehen. Halb- oder vollplastisch herausgearbeitete Figuren schmücken vor allem die Dächer, und häufig sind in den Scheintüren und in Nischen stehende oder in Meditationshaltung sitzende Götter zu sehen. Auch freistehende Steinskulpturen von Göttern oder ihren Reittieren, vor allem Shiva und der Stier Nandi, befanden sich in den Türmen oder zwischen den einzelnen Bauwerken. Die Steinmetzkunst der Cham ist am besten in My Son (→ S. 285) und im Cham-Museum von Da Nang (→ S. 266) zu erleben.

Shiva-Skulptur der Cham aus Tra Vinh

Wer sehen möchte, welche Blüten das dekorative Steinmetzgewerbe in heutiger Zeit treibt, sollte einen Laden in der Umgebung der Marmorberge in Mittelvietnam (→ S. 274) aufsuchen. Zum Glück kommt der Stein aus Steinbrüchen im Norden, sonst wären die gar nicht so hohen Marmorberge längst verschwunden. Und Marmor ist es auch nicht, sondern die Bezeichnung steht einfach nur für diverse eher preisgünstige Steinarten.

Kunsthandwerk

Die Grenze zwischen Kunst und Handwerk ist immer fließend, wobei in Vietnam der Strom des Handwerks wesentlich breiter ist als der der Kunst.

Die chinesischen Eroberer brachten die Technik der Versiegelung und später auch der Dekoration mit Lack mit in die südliche Provinz. Dieser wird aus dem Harz des Lackbaumes (Rhus verniciflua) gewonnen, der vor allem in Korea und Japan, aber auch in verschiedenen Regionen Chinas wächst. Der Lack kann zunächst ganz banal Holz gegen Beschädigung und Feuchtigkeit schützen, wurde dann aber auch zu dekorativen Zwecken verwendet. Durch Zugabe anderer Stoffe lässt sich der Lack färben. Die traditionellen Farben waren Schwarz und Rot, man findet aber auch auf älteren Stücken grüne, orangene und braune Tönungen. Traditionelle Lackarbeiten herzustellen ist ein komplizierter und langwieriger Prozess. Zunächst wird das Objekt selbst, also Schalen, Tabletts, Dosen, Kisten, Vasen und vieles andere mehr, aus Holz gefertigt. Man hat auch ganze Möbelstücke und Paravents mit Lack überzogen, und manchmal wird statt Holz Bambus verwendet. Durch Schleifen wird die Oberfläche geglättet und mit mehreren Schichten Grundierungslack bedeckt. Nach jeder Schicht muss der Lack über Tage trocknen und vor jeder neuen Schicht wieder geschliffen werden. Bei guten Stücken werden mehr als 20 Lackschichten aufgebracht. In die oberen Schichten können dann Muster eingeritzt werden, die mit andersfarbigem Lack ausgefüllt werden. Dieses aufwendige Verfahren findet man heute kaum noch, sondern die Muster sind eher einfach aufgemalt.

Lackarbeiten lassen sich auch gut mit Intarsien kombinieren, zum Beispiel mit Elfenbein oder Schildpatt. Beides ist heute nach dem Washingtoner Artenschutzabkommen verboten, doch es gibt wunderschöne und unbezahlbare alte Stücke. Was heute in den Läden angeboten wird, ist eher einfacher Natur. Nur zwei oder drei Lackschichten werden aufgetragen, und vieles leuchtet in schrillen Neonfarben.

Intarsien (heute aus Knochen oder Muscheln oder gar aus Plastik) können auch filigranere Gegenstände schmücken, wie etwa Essstäbchen. In einer schönen Box mit Schiebedeckel ist dies

Wasserpuppen sind beliebte Souvenirs

Bemalen einer großen Vase im Keramikdorf Bat Trang

ein ansehnliches Geschenk. Als Souvenirs eignen sich zudem Wasserpuppen, die in allen Größen vor allem in Hanoi angeboten werden. Zu den alten Techniken gehört auch die Porzellanherstellung. Ob ganze Tee- oder Essgeschirre, Vasen aller Größen und Figuren aller Art, in traditionellem Blau-weiß oder in modernen bunten Farben, das Angebot ist unüberschaubar geworden.

Beliebtester Stoff ist natürlich edle Seide. Auf Plantagen, etwa auf dem Weg von Saigon nach Da Lat (→ S. 313), werden Maulbeerbäume angebaut, deren Blätter die Nahrung für die Seidenraupen sind, die sich in Kokons einspinnen. Diese Puppen werden mit Wasserdampf abgetötet, die Kokons in heißes Wasser gelegt und maschinell gebürstet, damit sich die Fäden entwirren. Je nach gewünschter Fadenstärke werden drei bis acht Kokons zusammengehaspelt. So kommen Fäden von bis zu 3000 Metern zustande, von denen bis etwa 800 Meter für Seide guter Qualität genutzt werden können. Die entstandene Rohseide ist zunächst allerdings hart, vollkommen glanzlos und eierschalenfarbig bis gelblich. Zur Veredelung wird sie in Seifenlösung gekocht, damit sich der Seidenleim herauswäscht. Dann werden die Fäden gefärbt und schließlich zu Stoff verwebt. Früher waren solch aufwendig gefertigte Stoffe natürlich nur für die Wohlhabenden erschwinglich, heute wird Seide sehr unterschiedlicher Qualität auch industriell gefertigt. Stoffe und bereits fertig geschneiderte Kleidungsstücke findet man in den Einkaufsstraßen von Hanoi und Saigon sowie in Hoi An.

Architektur

Der Architekt hat in der traditionellen Vorstellung der Vietnamesen vom Bauen keinen Platz, denn er entwirft ja einen individuellen Plan für ein Bauwerk. Das war aber in der hiesigen Kultur nicht vorgesehen, da alle Bauwerke im Prinzip gleich strukturiert waren. Der entscheidende Mann auf der Baustelle war der Baumeister, der die Grundlage des Bauens und der verwendeten Materialien aus der Erfahrung genau kannte.

Selten stand ein einzelnes Gebäude im Vordergrund, vielmehr stehen die Gebäude in einer Beziehung zu anderen Gebäuden, fügen sich gemeinsam in eine Anlage. Für diese ist zunächst einmal die Lage wichtig. Sie soll sich gut in die Landschaft einfügen, was bei prestigeträchtigen Bauten wie Tempeln oder

Anwesen von Adligen bedeutet, dass zum Schutz im Rücken der Anlage, am besten im Norden, ein Berg oder eine Hügelkette aufragt. Nach Süden hingegen sollte das Gelände frei sein, etwas Wasser dort ist auch von Vorteil. Vieles von dem, was im Chinesischen ›Feng shui‹ und im Vietnamesischen ›Phong thuy‹ heißt und einfach ›Wind, Wasser‹ bedeutet, sind ganz praktische Erwägungen, die dem Klima und den technischen Möglichkeiten des Bauens geschuldet sind und mit dem manierierten Unsinn, der jetzt im Westen unter diesem Namen verbreitet wird, nichts zu tun hat. Die Gebäude riegeln sich also nach Norden ab und öffnen sich nach Süden, zur Sonne. Da liegt es nahe, dass sie, wenn sie zu einem Ensemble gehören, auf einer Achse liegen, höchstens im rechten Winkel dazu. Wichtige Gebäude streben in einer solchen Anlage nicht in die Höhe, sondern besetzen die herausragende Position in der Gesamtanlage.

Das einzelne Gebäude erhebt sich von einer Plattform. Im einfachsten Fall konnte dies gestampfte Erde sein, vielleicht mit eingelassenen Steinplatten, auf denen die Säulen stehen, damit die Feuchtigkeit nicht in sie hineinzieht. Besser war ein Steinboden für das ganze Gebäude oder gar eine Plattform, die das Gebäude leicht anhob; sie bestand aus gestampfter Erde und war von Bruchsteinplatten umgeben. Diese Plattform war das Fundament des Gebäudes – Keller sind praktisch unbekannt, auch in Kaufmanns- und Wohnhäusern –, auf ihr erheben sich die Säulen, die allein das auffälligste Element, das Dach, stützen. Die Wände tragen praktisch keine Last, sie bestehen traditionell aus dünnen Holzbrettern, können gar noch mit Schnitzereien versehen sein oder sich bei heißem Wetter herausnehmen lassen. Durch ein kompliziertes System von Balken und Auflagen wird das Gewicht des Daches aufgefangen und verteilt.

Dieses Gewicht kommt durch die Dachkonstruktion zustande. Auf die Pfetten werden Bretter aufgebracht und darauf eine Mörtelschicht, in die die Dachziegel gebettet werden. Sie sind halbrund und werden abwechselnd konkav und

Geomantisch günstig gelegen: der Chua Thay

Doppelte Fußwalmdächer mit dekorativ aufgeschwungenen Dachecken im Chua Tay Phuong

konvex verlegt. Da sie auch nicht besonders dünn sind, entsteht so ein erhebliches Gewicht. Dieses erhöht sich weiter, wenn die Dachziegel glasiert sind, das macht sie schöner und haltbarer, aber auch teurer. Die Farben der Glasur waren nicht frei wählbar, gelb stand nur dem König zu, für den niederen Adel musste grün ausreichen; sehr schön ist dies sichtbar am Mittagstor des Palasts in Hue. Sollte das Dach an den Ecken gar noch aufschwingen, wie dies in Tempeln und Palästen der Fall ist, ist die Konstruktion besonders schwierig und materialaufwendig, denn die Rundung wird durch kurze, angesetzte Balken, eine größere Anzahl von Pfetten und den entsprechend aufgetragenen Mörtel erreicht.

Bei größeren Gebäuden, etwa den Palastbauten in Hue, lassen sich die Proportionen gut beobachten. Sobald der Baumeister wusste, wie groß der Abstand zwischen zwei Säulen sein sollte (dieser wird ›gian‹ genannt) und wie viele Säulen gewünscht waren, konnte er das gesamte Gebäude ohne Zeichnung, nur aus der Erfahrung konstruieren. Die Anzahl der Abteilungen ist immer ungerade, damit es einen zentralen Eingang in der Mitte der Südseite geben konnte.

Nach diesen Prinzipien konnten alle Bauwerke, vom Ein-Zimmer-Haus einer einfachen Familie über ein großes Anwesen eines Adligen, einen Königspalast bis hin zum angesehensten Tempel, errichtet werden. Natürlich musste man sich in der Praxis den lokalen Gegebenheiten und praktischen Erfordernissen anpassen und natürlich gibt es Variationen, aber die Grundideen unterlagen immer diesen Prinzipien.

Tempelbau

Die ostasiatischen Religionen kennen keine Kirchenorganisation, die den Glauben zentral verwaltet und den Bau von Tempelgebäuden kontrolliert und finanziert. Alle Initiative geht vielmehr von derjenigen gesellschaftlichen Gruppe aus, die das Sakralbauwerk errichten und benutzen möchte. Dies kann ein Dorf, ein

Stadtbezirk, aber auch nur eine Straße oder eine einzelne Familie sein. Manche Tempel entstanden zudem durch die Patronage des Adels oder reicher Kaufleute, die zum Beispiel ihrem Heimatdorf eine Wohltat erweisen wollten.

Alle diese Faktoren weisen auf eine beträchtliche Vielfalt unter Einbeziehung lokaler Gegebenheiten hin, die sich vor allem in der Zahl und der Art der aufgestellten Figuren manifestiert. Markant ist zudem, dass sich in Vietnam die verschiedenen Religionen in ihren populären Ausprägungen in starkem Maße anglichen, so dass Gestalten aus unterschiedlichen Traditionen im gleichen Gebäude verehrt werden.

Dennoch lassen sich gewisse Züge erkennen, die weit verbreitet und in den meisten Tempeln zu beobachten sind. Die meisten heute noch bestehenden größeren Tempel gehen auf einen buddhistischen Ursprung zurück. Ihre Gründung, vor allem wenn sie lange zurückliegt, erfolgte meist einfach dadurch, dass sich ein Mönch niederließ und eine Hütte für die mitgebrachte Buddhastatue oder Inschriftentafel baute. Solche Hütten bestanden aus einigen Stämmen mit einem Blätterdach und mussten nach jedem Unwetter erneuert werden. Später wurden vereinzelt dauerhafte Steinaltäre aufgestellt.

Manchmal förderte der Adel den Bau von Steingebäuden, die meist dem Vorbild mehrstöckiger chinesischer Pagoden folgten, die aber nicht als ursprünglich chinesische Bauwerke angesehen werden, sondern erst mit dem Buddhismus aus Indien kamen. Solche Pagoden (›Thap‹, Turm) haben eine gerade Anzahl Kanten und eine ungerade Anzahl Stockwerke.

Stabilere und größere Sakralbauten entstanden erst ab dem 16. Jahrhundert, als die restaurierte Le-Dynastie den Buddhismus wieder förderte. Die jetzt an den traditionellen Orten und mit dem traditionellen Namen errichteten Tempel bestanden weitgehend aus Holz. Schon die Geschichte der Materialverwendung belegt, dass die Tempelgebäude, so wie man sie heute physisch vor sich sieht, nicht sehr alt sind. Auch bedingt durch das feucht-heiße Klima mussten alle Holzgebäude alle paar Jahre renoviert und häufig vollständig restauriert werden.

Bearbeitung von Säulen bei der Tempelrenovierung

Bei einer solchen Restauration wird das gesamte Bauwerk in seine Einzelteile zerlegt, vermoderte Stellen werden ausgebessert oder ganze Balken durch neue ersetzt, bevor die Einzelstücke wieder zusammengefügt werden. Dies ist aber auch eine günstige Zeit um Anbauten hinzuzufügen oder die gesamte Anlage zu vergrößern und umzubauen. Holzbauwerke befanden sich damit sozusagen in einem beständigen ›Runderneuerungsprozess‹. Wenn Besuchern also berichtet wird, ein Tempel stamme zum Beispiel aus dem 10. Jahrhundert, so darf dies keinesfalls auf das jetzt bestehende Gebäude bezogen werden, sondern meist nur auf den Namen und den Standort, wobei Tempel allerdings auch ›umziehen‹ können, entweder, indem sie auseinander genommen und an anderer Stelle wieder aufgebaut werden oder indem an anderer Stelle ein neuer Bau unter dem alten Namen errichtet wird.

Diese von westlichen Datierungs- und Historisierungsvorstellungen abweichende Praxis hängt mit ostasiatischen Konzepten von Original und Kopie zusammen. Auch in der Kunst gilt es nicht unbedingt als erstrebenswert, etwas Neues, Ursprüngliches und Individuelles zu schaffen, sondern eine technisch gut ausgeführte Kopie kann auch erheblichen Wert im ideellen und materiellen Sinn besitzen. Welche Metamorphose ein Tempel also auch immer durchmacht, solange sich seine geistige Bestimmung nicht ändert, wird der jeweilige Zustand wie ein Original behandelt.

Der Dinh

Das in Nordvietnam weit verbreitete Gemeinschaftshaus zeigt die oben beschriebene Holzskelettbauweise am deutlichsten, da es meist keine oder nur halbhohe Wände besitzt. Die aus dunklem, hartem Holz bestehenden Säulen fallen sofort ins Auge. Kleinere Dinh sind drei Gian breit, größere fünf. Dem rechteckigen Grundriss wird allerdings im Zentrum der Rückseite ein oft quadratischer Tempel für den Schutzgeist des Dorfes angefügt. Er ist oft durch Holzbretter verschlossen und wird nur an besonderen Feiertagen geöffnet. In der Regel bestehen die Fußböden der Dinh auch ganz aus Holz und sind deshalb rund einen halben Meter angehoben, damit sie keine Feuchtigkeit anziehen. Die Säulen stehen auf Steinplatten oder einer Steinplattform. Sehr auffällig sind die großflächigen, oft weit heruntergezogenen Dächer, deren Ecken oft aufgeschwungen sind. War das Dorf wohlhabend, so konnte man sich als Dekoration Schnitzereien in den Säulen und Dachbalken leisten.

Der Chua

Der überwiegend buddhistische Tempel heißt auf Vietnamesisch ›chua‹, was mit ›Pagode‹ übersetzt wird. Die eher daoistischen Stätten, ›Den‹ oder ›Nghe‹, werden dann mit ›Tempel‹ übersetzt. Dies führt gelegentlich zu Verwirrungen, weil in anderen asiatischen Ländern mit Pagoden die hoch aufragenden Bauwerke gemeint sind, die in Vietnam als Thap oder ›Turm‹ bezeichnet werden.

Zunächst ist eine Tempelanlage immer von einer Mauer umgeben, die klar abgrenzt, was zum Tempel gehört und was nicht (es gibt aber auch Ausnahmen, zum Beispiel steht im Chua But Thap bei Hanoi der Glockenturm außerhalb der Mauer, → S. 196). Die wichtigsten Hallen reihen sich hinterein-

Außenmauern und Dächer des Chua Tay Phuong

ander auf einer zentralen Achse auf, entlang der Mauer gibt es oft überdachte Galerien, in die sich Pilger bei schlechtem Wetter oder zu Übernachtungen zurückziehen konnten.

Die Eingänge der Hallen liegen im Süden, und wie die Bauwerke in der Anlage, so reihen sich auch die Altäre in den Bauwerken auf einer Achse von Süden nach Norden hintereinander auf. Im Alltag sind die großen Tore im Süden verschlossen, sie werden nur zu den Tempelfesten geöffnet. Wenn man eine Pagode besucht, tritt man meist durch einen Seiteneingang hinein und sollte dann ganz zurück zur Südwand gehen, um den Eindruck zu gewinnen, der beabsichtigt war.

In der Regel hat ein Chua drei Hallen, die sich anordnen wie das chinesische Schriftzeichen für die Zahl drei (chinesisch ›san‹, vietnamesisch ›tam‹, drei waagerechte, untereinanderliegende Striche, der mittlere ist etwas kürzer). Später rückten die Gebäude immer näher aneinander, verbanden sich gar, so dass sie wie ein liegendes H aussehen. Dies wurde Tam-quan-Stil genannt (→ S. 50). Während die vordere und die hintere Halle rechteckig sind und quer liegen, ist die mittlere Halle schmaler oder gar quadratisch.

Der Thap

Die hoch aufragenden Türme kamen zwar auch aus China nach Vietnam, werden von den Chinesen aber als ›indische‹ Bauwerke angesehen. Die frühesten Beispiele in China wurden aus Stampflehm hergestellt und dienten der Aufbewahrung von Manuskripten, da sie anders als die hölzernen Tempelbauten nicht so einfach abbrennen konnten. Die frühen Türme haben einen quadratischen Grundriss und ragen mit glatten Wänden auf. Innen befand sich eine Treppe, über die man hölzerne Zwischendecken erreichen konnte. Die Türme waren auch als Ausguck sehr beliebt.

Eine weitere Quelle der Türme ist in den Beerdigungstupas buddhistischer Mönche zu sehen. Sie sollen zuerst halbkugelförmig gewesen sein, denn auch eine umgedrehte Essschale symbolisierte den Tod. Dann bekamen sie Spitzen und gewannen immer mehr an Höhe. Die heutigen Beerdigungsstupas für Mönche haben in Vietnam meist einen quadratischen Grundriss und ragen wie ein kompakter Turm zwei, drei Meter auf.

Der große Turm hingegen entwickelte ein beträchtliches Eigenleben. Er wuchs immer höher, wurde schlanker und erhielt immer mehr Dekorationen wie etwa angesetzte Dächer. Ein solcher Turm hat im Grundriss immer eine gerade Anzahl von Seiten, oft acht, und eine ungerade Anzahl von Stockwerken. Er kann die verschiedensten Funktionen haben, ist aber vor allem eins: dekorativ. Der wahrscheinlich bekannteste Turm Vietnams ist der Phuoc Duyen im Chua Thien Mu in Hue (→ S. 258).

Essen und Trinken

Im Laufe seiner Geschichte wurde Vietnam von zwei Giganten auf dem Gourmetsektor okkupiert: China und Frankreich. Beide Länder haben tiefe Spuren in Form von hervorragenden chinesischen und französischen Restaurants hinterlassen, aber auch zu einer gaumenschmeichelnden Symbiose geführt. Bleiben wir jedoch ehrlich: Der chinesische Einfluss ist größer, was man unter anderem daran erkennen kann, dass mit Stäbchen gegessen wird.

Nudelsuppe zum Frühstück

Einen normalen Tag beginnt der Vietnamese gerne mit einer schmackhaften Nudelsuppe (Pho), in die manche französisches Baguette tauchen. Drei Sorten von Nudeln stehen zur Auswahl: weiße Reisnudeln (Banh), durchsichtige Glas-

Geröstete Grillen sind gut für die Versorgung mit Proteinen

Nudelsuppenstand auf dem Gehweg

nudeln (Mien) und gelbe Weizennudeln (Mi), die, mit hauchdünn frisch geschnittenen Hühner- oder Rindfleischstreifen, Ingwer und grünem Blattgemüse vermischt, mit Brühe übergossen werden. Entscheidend für den Geschmack der Suppe ist die Qualität der Brühe. Fleisch und Knochen sollten ein paar Stündchen köcheln, damit ein würziger Sud entsteht. Die Nudelsuppe mit Huhn heißt ›Pho ga‹, die mit Rindfleisch ›Pho bo‹. Zu beiden gibt es ein Gemisch aus Salz und Pfeffer, in das man ein paar Tropfen Saft von frisch aufgeschnittenen Zitronen oder Limonen gibt, für die Unverwüstlichen etwas roten Chili und die unvermeidliche Nuoc-mam-Sauce zum Würzen. Eine weitere Geschmacksvariante lässt sich mit den separat angebotenen Koriander- und Minzezweigen erzielen, die entweder in die Suppe gegeben oder roh dazu gegessen werden. Das unterscheidet übrigens die vietnamesische deutlich von der chinesischen Küche, zu der praktisch keinerlei ungekochte Zutaten gehören. Nun nimmt man die Stäbchen in die rechte Hand, den Löffel in die linke, und schon kann's losgehen; ein bisschen darf geschlürft werden.

Die Pho stammt aus dem Norden und ist dort auch besser. Genauso berühmt und typisch, doch aus dem Süden stammend, ist Nuoc mam, was wörtlich übersetzt ›Wasser vom gesalzenen Fisch‹ heißt und tatsächlich in der Grundform ein konzentrierter Sud ist, der durch das Fermentieren von stark in Salz eingelegtem Fisch gewonnen wird. Jeder Koch hat sein Rezept, wie er die Sauce dann mit Essig, Zitronensaft, Knoblauch, Zucker, Chili und Koriander verfeinert, so dass es als Nationalgewürz der in China, aber nicht in Vietnam gebräuchlichen Sojasauce oder dem in Indien verwandten Curry entspricht.

Die Vielzahl von kleinen Essensständen serviert morgens jedoch auch schon gebratenen Reis. Zu trinken gibt es leichten grünen Tee oder zu dieser Tageszeit noch seltener den guten ›Ca phe den‹, der in kleinen Gläsern mit eigenem Filter

Die königlichen Speisen werden in Hue optisch interessant serviertv

schwarz und stark eher als Nachmittagsgetränk gilt. Dann kann man ihn auch im ›Zebralook‹ bekommen: unten eine Schicht stark gesüßter Kondensmilch, auf die von oben das schwarze Gold tropft.

Für die Liebhaber des westlichen Frühstücks servieren die großen Hotels die amerikanische und kontinentale Variante, die größeren auch oft ein Bufett westlicher und östlicher Speisen, aus denen man sich seine persönliche Variante zusammenstellen kann. Alternativ kann man sich auch auf der Straße oder bei einem der kleinen Stehimbisse aus frischem Baguette ein Sandwich bereiten lassen. Man sollte sich die Zutaten jedoch genau ansehen, denn sie können dort schon eine Weile ungekühlt liegen.

Reis, Fleisch, Gemüse

Mittags und abends sind die angebotenen Gerichte praktisch gleich. Das Hauptnahrungsmittel ist Reis, von dem es an die 2000 Sorten geben soll. Üblicherweise bestellt man mehrere einzelne Gerichte und Reis oder Nudeln, so dass jeder von jedem nehmen kann. Faustregel für die Menge ist die Anzahl der Personen plus eins. Eine Dreiergruppe kann also zum Beispiel ein Fleisch-, ein Fisch-, ein Gemüsegericht und eine Suppe bestellen. Der Reis zählt nicht als Extragang. Er kommt traditionell sehr spät auf den Tisch, gelegentlich erst, wenn die anderen Teller bereits leer sind, da er eigentlich nur zum Füllen des Magens dient. Wer ihn gleichzeitig mit den anderen Speisen will, kann dem vietnamesischen Begleiter oder der Bedienung Bescheid sagen oder ihn erneut bestellen, wenn das andere Essen auf dem Tisch steht. Er kommt dann sofort, weil er immer schon gekocht bereit steht.

Vietnamesen achten beim Bestellen auf geschmackliche und farbliche Vielfalt. Es sollte nicht nur gedünsteten Fisch, sondern auch gegrilltes Fleisch oder kurz angebratenes Gemüse und frittierte Frühlingsrollen geben. Bei diesen wird eine Füllung aus Glasnudeln, Schweinefleisch, Gemüse und Pilzen in dünn ausgerollten Teig aus Reismehl gewickelt und dann gebraten oder frittiert. Vietnamesen essen die Rolle mit frischen Pfefferminz- und Basilikumblättern und in Nuoc mam getaucht. Neben den üblichen asiatischen Gewürzen wie Ingwer, frischem Koriander, Frühlingszwiebeln und verschiedenen Saucen wird viel mit Zitronengras, Chili, frisch gemahlenem Pfeffer, Sternanis und süßem Basilikum gewürzt, so dass die geschmackliche Variationsbreite von scharf über süß-sauer zu bitter und frisch geht.

Seitdem sich die Versorgungslage im Land wesentlich gebessert hat, bieten die Restaurants eine große Auswahl an Fleisch, vor allem Rind, Schwein und Geflügel an, dazu Fisch, Meeresfrüchte und Süßwasserfische (die gelegentlich recht teuer sein können), Gemüse und Tofu. Exotische Fleischgerichte wie Kobra, Fledermaus oder Hund werden in der Regel nur in Spezialitätenrestaurants angeboten. Wildschwein, Reh und Frosch hingegen findet man auf Speisekarten zum Beispiel im Hochland. Im Winter gilt Hundefleisch in den Hanoier Bierkneipen als ideale Ergänzung zu dem (für deutsche Verhältnisse) dünnen Bier. Dagegen kam gelegentlich Kritik auf, doch mit einem gewissen Recht fragen die ›Hundeliebhaber‹, weshalb Schwein und Huhn dran glauben müssen, während der Hund moralisch verteidigt wird.

Desserts als fester Bestandteil eines Menüs sind eher selten, obwohl es eine Vielzahl von Konditoreien gibt, die sehr leckere, oftmals aber auch sehr süße Kuchen oder aus Klebreis hergestellte bunte Süßigkeiten anbieten. Vom Verzehr von Eis, sowohl als Speiseeis als auch als Eiswürfel in Getränken, sollte jedoch abgesehen werden. In einigen kleinen Restaurants bekommt man eine Banane, ein Stück Wassermelone oder Papaya zum Abschluss; eine nette Geste.

Früchte und Getränke

Früchte gibt es das ganze Jahr über in großer Auswahl. Ananas, Rosenäpfel, Litschis, Longan, Pomelo sind neben verschiedenen Sorten von Bananen je nach Saison zu kaufen.

Grundnahrungsmittel Reis in großer Auswahl

Jede Frühlingsrolle wird von Hand gewickelt

Junge Kokosnüsse eignen sich hervorragend als Durstlöscher, sie sind immer hygienisch verpackt in ihrer eigenen Schale, frisch vom Baum, nicht zu süß und schon gar nicht teuer. Inzwischen werden sie sogar frisch aus dem Kühlschrank angeboten; der größte Teil der grünen Schale ist dann entfernt, damit die Nüsse nicht so viel Platz wegnehmen.

Daneben gibt es an den größeren Touristenorten das Sortiment internationaler Softdrinks sowie lokales und importiertes Bier. Intensiver nachfragen muss man nach Mineralwasser, das hier ›Soda‹ (mit Betonung auf der zweiten Silbe) genannt wird. Ein Relikt aus französischer Zeit sind importierte Weiß- und Rotweine, die in den internationalen Hotels und einigen privaten Restaurants angeboten werden, ebenso wie andere Spirituosen. Neuerdings produziert Vietnam in Da Lat im südlichen zentralen Hochland sogar eigenen Wein ganz ordentlicher Qualität.

Zu Fest- und Feiertagen werden spezielle Speisen gereicht, die in ihrer Vielzahl und lokalen Besonderheiten stark variieren. Stellvertretend sei ›Banh day‹ erwähnt, Klebreis mit Schweinefleischfüllung in Bananenblättern gegart, das vor allem zum Neujahrsfest Tet gereicht wird.

Reisen im Land

Dem Reisen in Vietnam sind fast keine Beschränkungen mehr auferlegt. Nur einige Regionen im Hochland, an der Grenze zu Kambodscha und Laos, bedürfen einer Sondergenehmigung, die in der Regel nicht erteilt wird. Dort gibt es bei den Bergvölkern, die in den Kriegen teilweise auf Seiten der Franzosen und Amerikaner gekämpft haben und deswegen von der Zentralregierung marginalisiert wurden, Unruhen und Fluchtbewegungen über die Grenze.

Auch die Art des Reisens ist vielfältig. Man kann sich einer von einem europäischen Veranstalter organisierten Reise anschließen, womit von der Visabeschaffung über Flüge, Hotels, Transporte bis zu den Besichtigungen und Mahlzeiten alles organisiert ist. Die Veranstalter müssen versichert sein, damit es bei Pannen oder Ausfällen von Leistungen finanzielle Regelungen gibt. Am anderen Ende der Skala steht die eigene Bemühung um Visa, Flüge, Reiseziele und -wege. Dies ist in Vietnam möglich, aber sehr zeitaufwendig.

Kombi-Reisen

Als mittlerer Weg empfiehlt sich eine Kombination von individueller und organisierter Reise. Man besorgt sich zu Hause Visum und Flug und lässt sich von einem europäischen (Vorteil: Versicherungen) oder vietnamesischen (Vorteil: meist etwas preiswerter) Reiseveranstalter ein Programm ganz nach Wunsch zusammenstellen. So bekommt man alleine, mit Familie oder Freunden das zu sehen, wofür man sich interessiert, reist im eigenen Tempo, kann nach Wunsch Pausen machen oder vor Ort noch kleinere Programmänderungen besprechen und braucht sich im Land um nichts mehr zu kümmern. Auch den Preis kann man durch Wahl der Strecke und der Verkehrsmittel, vor allem aber durch die Hotelwahl beeinflussen.

Um Angebote wirklich vergleichen zu können, muss geklärt sein, dass folgende Leistungen im Reisepreis eingeschlossen sind:

- Fahrzeug (Auto, Minibus) mit Benzin und Fahrer
- Reiseführer
- Übernachtung und Verpflegung für Fahrer und Reiseführer
- Straßenmaut, Fähren, Parkgebühren
- Hotels mit Frühstück, Halbpension oder Vollpension
- Eintrittsgelder

Die meisten Reisen beginnen in Hanoi oder Ho-Chi-Minh-Stadt und enden in der jeweils anderen Stadt. In welche Richtung man reist, ist organisatorisch unerheblich, die Viet sind historisch von Norden nach Süden vorgedrungen, im Norden sind wesentlich mehr Kulturzeugnisse zu sehen, im Süden steht mehr Entspannung und Strand auf dem Programm. Die beiden Städte am Anfang und am Ende kann man mit etwas Reiseerfahrung zumindest teilweise auch in Eigenregie bewältigen, so dass zu klären ist, wann und wo das gebuchte Programm beginnt und endet, ob zum Beispiel der abschließende Transfer zum Flughafen eingeschlossen ist (alternativ kann man im Hotel ein Taxi buchen).

Auf den **Reiseführer** sollte man in der Regel nicht verzichten. Die Fahrer beherrschen keine Fremdsprachen, und viele Führer kennen die Wege zu den Sehenswürdigkeiten besser als die Fahrer. Alle offiziellen Führer müssen eine Ausbildung machen und eine Prüfung bestehen, bevor sie ihre Lizenz erhalten. Sie haben einen Lichtbildausweis, den sie bei Sehenswürdigkeiten vorzeigen, weswegen sie dort keine Eintritte bezahlen müssen und Erklärungen abgeben dürfen. Nicht alle Führer sind bei allen Themen sattelfest, vor allem die religi-

Touristen in Sa Dec im Mekongdelta

ösen Implikationen bereiten schon einmal Schwierigkeiten, da sie in der Vergangenheit in Vietnam negiert wurden. Bei lokalen Göttern fragen sie aber den ansässigen Mönch, wodurch man manchmal ganz nette Geschichten zu hören bekommt. Deutschsprachige Reiseführer haben die Sprache vielfach als Vertragsarbeiter in der DDR gelernt, nicht alle gleich intensiv, bei manchen hapert es vor allem bei der verständlichen Aussprache.

Um eine solche Reise zu organisieren, studiert man zunächst intensiv diesen Reiseführer, um die möglichen Ziele festzulegen, dann steckt man einen zeitlichen Rahmen ab und fragt die Reise bei mehreren Veranstaltern am besten am Einreiseort an. Mit dem, der das beste Programm anbietet und preislich im Rahmen liegt, verhandelt man dann die Details. Obwohl das alles hervorragend per E-Mail ablaufen kann, ist es durchaus sinnvoll, nach Ankunft das Büro persönlich aufzusuchen und die Einzelheiten zu bestätigen. Gesicht zu zeigen und eine persönliche Beziehung aufzubauen, ist in Asien sehr wichtig. Außerdem sind meistens Zahlungen zu leisten, wobei sich durchaus eine Vereinbarung empfiehlt, einen Teil des Reisepreises erst am Ende der Reise zu zahlen. Vielleicht kann man auch den Reiseleiter schon einmal auf einen Kaffee einladen und sehen, ob man mit ihm zurechtkommt. Man sollte allerdings bedenken, dass die meisten Vietnamesen mit Fremden anfangs sehr bescheiden und zurückhaltend sind und erst nach einigen Tagen ›auftauen‹ und vor Ort ihre Fähigkeiten entfalten. Manchmal scheint auch beim Verlassen der Großstadt eine Last von ihnen abzufallen.

Legt man Strecken der Route per Flugzeug zurück, ist es oft sinnvoller, den Flug alleine zu bestreiten und am Ankunftsort von einem neuen Reiseführer erwartet zu werden. Dies spart Kosten, und längst nicht jeder Führer kennt sich in allen Teilen des Landes gut aus.

Inlandsflüge

Vietnam Airlines (www.vietnamairlines.com) hat sein Streckennetz und die Frequenzen beträchtlich ausgebaut und die Flotte fast vollständig modernisiert. Die staatliche Fluglinie kann heute als effiziente und zuverlässige Airline bezeichnet werden. Hauptknotenpunkte sind Hanoi im Norden, Da Nang in der Mitte und Ho-Chi-Minh-Stadt im Süden. Zwischen Hanoi und Ho-Chi-Minh-Stadt geht fast jede Stunde ein Flug, manche mit Zwischenlandung in Da Nang oder Hue. Auch die abgelegeneren Ziele sind fast täglich erreichbar.

Es gibt einige private oder von anderen staatlichen Einheiten betriebene Gesellschaften, die zum Teil günstigere Preise anbieten, deren Streckennetz aber wesentlich kleiner ist und sich häufig ändert, wie zum Beispiel www.jetstar.com, www.vietjetair.com.

Die Flugzeit zwischen Hanoi und Ho-Chi-Minh-Stadt beträgt etwa zwei Stunden. Auch die Flughäfen wurden in den letzten Jahren teilweise neu gebaut oder durchgreifend modernisiert.

Zugreisen

Das Eisenbahnnetz ist in keinem guten Zustand. Die wichtigste Verbindung ist jene zwischen Hanoi und Saigon. Dass die Züge dafür zwischen 30 und 40 Stunden brauchen, liegt vor allem daran, dass die Spurweite gering und der größte Teil der Strecke eingleisig ist. Auch sind Schienen und Untergrund oft schadhaft, weite Streckenabschnitte werden jedes Jahr in der Monsunzeit überflutet. Vor 20 Jahren waren die Züge noch drei Tage unterwegs, und durch einige Ausbauarbeiten will man die Fahrzeit der Expresszüge auf 24 Stunden reduzieren. Im Grunde aber benötigt Vietnam ein vollständig neues Eisenbahnsystem.

Für Reisende mit viel Zeit und Fans von Zugreisen kann eine Bahnfahrt aber trotzdem ein Abenteuer sein, zudem ein durchaus preiswertes. Neben der Nord-Süd-Strecke, die man natürlich auch abschnittsweise befahren kann, sind die Stre-

Aus einem Wasserflugzeug kann man die Ha-Long-Bucht von oben sehen

Der ›Wiedervereinigungsexpress‹

cken von Hanoi nach Hai Phong und von Hanoi nach Lao Cai (von dort per Minibus weiter nach Sa Pa) von Bedeutung. Einige private Veranstalter hängen ihre (meist besser ausgestatteten) Wagen an die staatlichen Züge an (vor allem Hanoi–Lao Cai). Zwischen Saigon und Nha Trang beziehungsweise Phan Thiet verkehrt der komfortable private Expresszug ›Golden Train‹ (www.vietnam-travel services.com/home/5_Star_Express_Train_Saigon_Nhatrang.htm).

In den staatlichen Zügen gibt es im Prinzip **vier Klassen**, jeweils eine einfache und eine bequemere zum Sitzen und zum Liegen. Im Hard Seater erwarten den Reisenden Holzbänke, die mit vielen Leuten und viel Gepäck belegt sind, die Soft Seater sind gepolsterte Einzelsitze mit Plastiküberzug. Unter einem Hard Sleeper muss man sich ein Abteil für sechs Personen vorstellen, rechts und links reihen sich jeweils drei Pritschen übereinander. Oben ist die Luft meist ziemlich schlecht, die unteren Pritschen sind die teuersten, auf denen sich aber tagsüber die gesamte Abteilbesatzung versammelt. Die Soft Sleeper haben vier Schlafplätze in zwei Stockbetten mit Matratze.

Es empfiehlt sich, **Fahrkarten** und **Reservierungen** mehrere Tage vor Abreise zu kaufen, manchmal sind Reservierungen für mittlere Teilstrecken (die nicht am Ausgangsbahnhof des Zuges beginnen) schwierig. Gegen eine geringe Gebühr (etwa 50 000 VND) besorgt ein Reisebüro oder die Reiseabteilung des Hotels die Fahrkarten. Die Preise steigen ziemlich regelmäßig etwa zweimal im Jahr, sind aber mit 20 bis 40 Euro für die Gesamtstrecke noch sehr moderat.

Die Fahrpläne befinden sich auf der Website der Staatsbahn und hängen an den Bahnhöfen aus, man sollte sich aber besser vorher mehrfach erkundigen, vor allem wenn das Wetter nicht mitspielt (zum Beispiel im Dezember und Januar in Mittelvietnam), www.vr.com.vn.

Busreisen

Öffentliche Busse fahren auch entlegene Ziele und kleine Dörfer an. Dort halten sie meist auf dem Dorfplatz, in größeren Orten gibt es spezielle Busbahnhöfe. Vorteil der Busse sind die geringen Preise, die nur etwa die Hälfte der Eisenbahnpreise ausmachen. Doch die Nachteile sind evident. Die meisten Busse sind alt, pannenanfällig und äußerst unbequem. Sie donnern mit nur wenigen Pausen über die Landstraßen, das Personal spricht in der Regel keine Fremdsprachen. Viele Busse sind überfüllt, zumal die Fahrer auch unterwegs gerne noch weitere Reisende aufnehmen. Fahrpläne und Tickets gibt es an den Busbahnhöfen; in den Großstädten existieren davon mehrere, so dass man zunächst feststellen muss, von welchem die Busse zur gewünschten Destination abfahren. Viele Busse machen sich im frühen Morgengrauen auf, um vor Einsetzen des Verkehrs die städtischen Gebiete verlassen zu haben, aber auch einfach aus Tradition: Zu Reisen bricht man in Vietnam früh auf.

Auf den meisten Strecken verkehren auch **private Busse**, die teurer sind, aber deutlich besser ausgestattet. Als zuverlässig erwies sich vor allem das Unternehmen Mai Linh, das auch eine gigantische Flotte von Taxis in vielen Städten betreibt (www.mailinh.vn).

Die **Open Tours** sind aus den Aktivitäten verschiedener Cafés entstanden, in denen sich Rucksackreisende trafen, um Informationen auszutauschen. So erkannten junge einheimische Unternehmer schnell, welche Dienstleistungen nachgefragt werden. Kern einer Open Tour ist der Verkauf einer bestimmten Reisestrecke in einem modernen Reisebus oder Minibus. Man kann diese Strecke beliebig unterbrechen und einige Tage später fortsetzen; ein Anruf im zuständigen Büro genügt als Reservierung. Dieses Angebot wird hauptsächlich von Ausländern angenommen, man bleibt also unter sich, und das Servicepersonal spricht in der Regel Englisch. Die Abfahrtzeiten sind etwas humaner, und meist wird man vom Hotel abgeholt und zum Abfahrtspunkt des Busses gebracht. Die Preise hängen von der Route ab – von Norden nach Süden ist es oft preiswerter als umgekehrt –, aber auch von der Saison und der Nachfrage. Es gibt auch Stopps bei bekannten Sehenswürdigkeiten, so dass man an ihnen nicht (wie im Linienbus) nur vorbeirauscht. Soweit die positiven Aspekte.

Andererseits: Das Geschäft arbeitet mit kleinen Margen und kämpft mit harten Bandagen. Nicht alle bei der Buchung gemachten Versprechungen werden eingehalten, so sind die Busse oft überfüllt, statt eines bequemen Reisebusses

Linienfernbus auf der Nationalstraße 1

Kreuzfahrtschiff auf dem Mekong

werden schaukelige Minibusse eingesetzt, manche Fahrer scheinen der Meinung zu sein, sie könnten sich hier für die Formel 1 qualifizieren, vor allem gibt es aber stark überhöhte Preise bei Essensstationen an Orten ohne Alternative oder in mitgebuchten Vertragshotels (www.thesinhtourist.vn, www.phuongtrangdalat.com, Hanh Café, 221 Pham Ngu Lao, Ho-Chi-Minh-Stadt, Tel. 08/39205679).

Schiffsreisen

Für Bootsreisen mit Übernachtung bieten sich die **Ha-Long-Bucht** im Norden (→ S. 202) sowie der Mekong im Süden (→ S. 352) an. In der Ha-Long-Bucht kreuzt man mit einer oder zwei Übernachtungen durch die Welt der skurrilen Inseln und kann Höhlen, Aussichtspavillons und schwimmende Dörfer besuchen oder sich im Kajakfahren und Angeln üben. Auf dem **Mekong** verkehren Flusskreuzfahrtschiffe zwischen My Tho und Chau Doc und weiter in Kambodscha zur Hauptstadt Phnom Penh oder durch den Tonle-Sap-See bis nach Siem Reap (Angkor).

Stadtverkehr

In den großen Städten hat der Verkehr stark zugenommen und führt fast täglich zu beträchtlichen Staus und schlechter Luft. Die öffentlichen Verkehrsmittel sind sehr schlecht ausgebaut. Es gibt zwar jetzt modernere Busse, doch die sind meist überfüllt und stecken natürlich auch im Stau. In Saigon hat man Mitte 2015 damit begonnen, die erste Strecke eines U-Bahn-Netzes zu bauen.

Der Verkehr ist also weitgehend individuell, das heißt für den Besucher, die meisten Wege per **Taxi** zurückzulegen. Davon gibt es mehr als genug. Die Taxis werden von mehreren Gesellschaften betrieben, die ihre eigene Autofarbe und eigene Preise haben. Alle Taxis zeigen aber ein Taxischild auf dem Dach und müssen den Taxameter einschalten; die Preisunterschiede sind letztendlich minimal. Der Grundpreis liegt zwischen 10000 und 15000 Dong und bringt einen etwa einen Kilometer weit, danach geht es zum Beispiel in 2000- oder 3000-Dong-Schritten weiter. Insgesamt ist das Taxifahren preiswert und meist auch unproblematisch.

Allerdings spricht kaum ein Fahrer ansatzweise eine Fremdsprache. Man sollte beim Einsteigen klären, ob der Fahrer das Ziel kennt. Fährt man vom Hotel los, kann man das Personal um Hilfe bitten und sich die Fahrtziele des Tages aufschreiben lassen. Wirkt der Fahrer unsicher oder schaltet den Taxameter nicht ein, sollte man besser sofort aussteigen. Manche Fahrer sind etwas zögerlich beim Wechselgeld; auf 1000 oder 2000 Dong kann man mal verzichten, aber für größere Beträge sollte man die Hand aufhalten, dann finden sich schon noch ein paar Scheine.

Größere Probleme gibt es gerne an den **Flughäfen**. Vor allem bei ankommenden Reisenden geht man davon aus, dass sie sich nicht auskennen, zudem gibt es dort mafiaähnliche Seilschaften, die Fahrer bestrafen, die überhöhte Preise unterlaufen. Der Flughafen von Hanoi ist rund 40 Kilometer vom Zentrum entfernt, hier sind 15 bis 20 Dollar angemessen. In Saigon sind es nur 7 Kilometer bis in die Stadt, der Taxameter zeigt dann je nach Verkehr 150 000 bis 200 000 Dong an.

Ein großer Teil des Verkehrs wird von Mopeds und Motorrädern bestritten. Auch hier gibt es private Mopedfahrer, die keine Lizenz haben, aber von der Polizei geduldet werden und an fast jeder Straßenecke auf Passagiere warten. Sie werden **Xe Om** (sprich ›ßä om‹) genannt. Sie sind schneller im Verkehr unterwegs als Autos, preiswerter, aber natürlich auch unsicherer. Alle Motorradfahrer und Beifahrer müssen Helme tragen; ob die mitgeführten Exemplare für die Kunden mehr Sicherheit bringen, ist aber fraglich. Vor Beginn der Fahrt muss unbedingt der Preis ausgehandelt werden, sonst kann die Tour dreimal so teuer

Mopeds und Roller sind die wichtigsten Verkehrsmittel in vietnamesischen Städten

Taxi in Hanoi

wie eine Taxifahrt werden. Als Schätzwert kann man ungefähr ein Drittel des zunächst genannten Preises nehmen; eine Tour von zwei, drei Kilometern in der Stadt sollte nicht mehr als 20 000 bis 30 000 Dong kosten.

Noch vor 25 Jahren gab es praktisch keine Taxis in Vietnam. Wenn man nicht zu Fuß hinter (!) seinem Fotografen herlief, konnte man sich in einem **Cyclo** (vietnamsisch ›xich lo‹), einer Fahrradrikscha, chauffieren lassen. Diese nostalgische Art des Transportes ist heute kaum noch sinnvoll, da man genau in der Höhe der Autoauspuffrohre sitzt und viele Straßen für Cyclos ohnehin gesperrt sind. Nur in der Umgebung von Märkten findet man sie noch zahlreich, da sich die älteren Damen mit ihren Einkäufen gerne die paar hundert Meter nach Hause kutschieren lassen.

Unterkünfte

Vietnam weist inzwischen das vollständige Angebot an Hotelunterkünften auf, von der Top-Liga der Strandresorts auf einsamen Inseln, in denen man leicht mehr als 500 US-Dollar pro Nacht loswird, über Fünf-Sterne-Resorts und -Hotels an den Stränden und in den Innenstädten und Standardhotels bis zu Minihotels.

Die **Fünf-Sterne-Hotels** sind in der Regel Investitionen der großen, weltweit tätigen Hotelketten oder Joint-ventures mit vietnamesischen Unternehmen. In ihnen ist der Standard bei der Einrichtung wie beim Service auf internationalem Niveau, das Personal spricht ausreichend Englisch und/oder andere Fremdsprachen. Die Preise schwanken nach Saison und Buchungsart, wobei die Einzelbuchung zum Beispiel über das Internet nicht unbedingt den besten Preis hervorbringt; Reisebüros, vor allem in Vietnam ansässige, haben oft langfristige Verträge und Kontingente in den Hotels, die zu besseren Preisen als im Internet führen können. Es hilft nur, verschiedene Quellen zu vergleichen.

Die **Vier-Sterne-Hotels** weisen auch einen gehobenen Standard auf und lassen sich, sofern sie unter internationalem Management stehen, kaum kritisieren. In dieser Kategorie gibt es aber auch einige rein vietnamesische Anbieter, die offensichtlich von anderen Kriterien ausgehen als europäische Besucher; so findet man dort gelegentlich Fliesen im Wohnbereich, unbehandelte Bretter als Schrankböden, gigantische Fernseher, aber keinen Wasserkocher für Tee, viel Plastik in Details. Auch hapert es mit den Sprachkenntnissen beim Personal, das nicht ausgebildet ist, sondern ein ›Training on the job‹ erfährt. Das Frühstück ist gelegentlich recht karg.

Drei-Sterne-Hotels in den Städten sind in der Regel in Ordnung, die Zimmer manchmal etwas eng, und man kann natürlich keine Fünf-Sterne-Einrichtung und entsprechenden Service erwarten. Auf niedrigere Kategorien sollte man sich nur in Notfällen einlassen.

In den großen und den touristisch stark frequentierten Städten haben viele sogenannte **Minihotels** eröffnet, die in der Regel von Familien betrieben werden und sich vor allem auf Rucksackreisende spezialisiert haben. Sie haben oft nur zwei oder drei Zimmer, die in der Regel sehr eng sind. Die Einrichtung (eigenes Bad, Klimaanlage oder Ventilator, Fernseher) schwankt stark. Man sollte sich hier erst das Zimmer zeigen lassen und prüfen, ob man mit der Einrichtung zurechtkommt.

Andere Unterkünfte wie Jugendherbergen oder Campingplätze gibt es nicht.

Überblick über die Hotelpreise in diesem Reiseführer:

Minihotels: 20–30 US-Dollar

* (manche 2-Sterne-Hotels, durchschnittliche 3-Sterne-Hotels) 40–80 US-Dollar.

** (gehobene 3-Sterne- und normale 4-Sterne-Häuser) 80–140 US-Dollar.

*** (gehobene 4-Sterne- und 5-Sterne-Hotels) 140–200 US-Dollar.

Suite im Hotel ›La Residence‹ in Hue

Kleiner Vietnam-Knigge

Auch wenn die modernen westlichen Sitten in Vietnam Einzug halten, ist es immer vorteilhafter, das traditionelle Verhalten zu kennen und sich an ihm zu orientieren. Das konfuzianische Wertesystem ist vor allem durch Hierarchie bestimmt: Der Tieferstehende hat dem Höherstehenden Respekt und Demut zu bezeugen, umgekehrt sind Wohlwollen, Großzügigkeit und Milde angebracht. Als Ausländer ist man automatisch in der Kategorie des Tieferstehenden, auch als Kunde, während sich viele Ausländer peinlicherweise wie Kolonialherren aufführen. Ruhe und Gelassenheit, Respekt und Zurückhaltung sind jederzeit angebracht.

Begrüßung

Bei der ersten Begrüßung schüttelt man die Hand und nickt leicht mit dem Kopf. Viele Vietnamesen (männlich) umfassen die ausgestreckte Hand mit beiden Händen; dies ist besonders herzlich gemeint und kann durchaus gleichartig erwidert werden. Spätere Begrüßungen sind dann meist nur noch verbal, ohne Händeschütteln. Es ist höflich, sich dabei nach dem Befinden zu erkundigen und einen kleinen Smalltalk zu beginnen.

Frauen sind Männern gegenüber oft sehr zurückhaltend und schüchtern, haben einen sehr leichten Händedruck (der nicht mit Zerquetschungsversuchen beantwortet werden sollte) und scheuen vor körperlichen Berührungen zurück. Vollkommen unüblich sind Küsschen zur Begrüßung oder kräftiges Schulterschlagen.

Unterhaltungen

Bei Unterhaltungen fällt man niemals mit der Tür ins Haus. Der Gastgeber (wenn zum Beispiel der Guide in der Hotellobby etwas besprechen will, ist das der Reisende, weil das Hotel sozusagen als sein Zuhause gilt) sorgt für etwas Tee oder zumindest Wasser, und man plaudert zuerst ein wenig, bevor man allmählich zur Sache kommt. Wenn man so schnell kein Getränk besorgen kann, muss man zumindest mehrfach fragen, ob Tee oder Wasser gewünscht wird; die Antwort wird immer negativ sein, wenn es möglich ist, sollte man trotzdem etwas besorgen. Wenn Getränke angeboten werden, muss man auch davon trinken, zumindest aus Höflichkeit ein wenig nippen. Unvermeidbar gehörte früher auch das Rauchen zu diesem Begrüßungsritual, vor allem, wenn der Besucher seine ausländischen Zigaretten ›aufdrängen‹ (und am besten zum Schluss ›vergessen‹) konnte. Damit ließ sich manche Tür öffnen. Heute spielt dies kaum noch eine Rolle, und es sind auch weniger Türen verschlossen.

Vietnam ist nach wie vor ein armes Land. Deshalb sollte man nicht durch teure Kleidung, Schmuck und dicke Uhren protzen und auch nicht erzählen, dass in Deutschland alles besser ist. Der Vietnamese wird sich zu Recht fragen, weshalb der Tourist dann nicht dort geblieben ist. Bei Unterhaltungen wird gerne nach Kindern, Haus und Hof, Beruf und Einkommen gefragt, dies gilt nicht als Eindringen in die Privatsphäre, sollte aber auch nicht zum Angeben verleiten. Relativierend kann man darauf hinweisen, dass auch die Lebenshaltungskosten in Europa viel höher sind als in Vietnam.

Politische Debatten sind nicht grundsätzlich verboten oder gefährlich, sollten aber vorsichtig geführt werden. Manche Führer sagen, vor allem in der Fremdsprache, ganz offen ihre Meinung (oder eine, von der sie glauben, dass sie die Anerkennung des Ausländers finden wird), andere halten sich in dieser Hinsicht sehr zurück. Auch hier sollten Besucher nicht zu laut tönen, das genaue Funktionieren des vietnamesischen Systems durchschauen sie zumeist nämlich gar nicht, und vor allem ihr Gegenüber nicht zu Statements drängen.

Problemlösungen

Soziale Situationen sind immer verhandelbar. Dazu ist es notwendig, dass alle Beteiligten ›ihr Gesicht wahren‹. Unangemessen sind harte Konfrontationen oder Befragungen, direkte Anschuldigungen und arrogantes Auftreten. Konflikte werden nicht direkt gelöst, sondern über Vermittler oder in einem Fernduell. Wenn es zum Beispiel Probleme mit Fahrer oder Führer gibt, so trägt man seine Position in aller Ruhe vor, macht vielleicht Verbesserungsvorschläge, hört sich an, was die andere Seite zu sagen hat. In der Regel ist keine sofortige Lösung möglich, und es empfiehlt sich, beiden Seiten eine Pause, Zeit zum Nachdenken und Nachfragen zu lassen, etwa über Nacht. Oft wird am nächsten Tag die Position des Reisenden als eigener Vorschlag präsentiert. Man sollte dann nicht in den Ton ›Hab' ich doch gleich gesagt‹ verfallen, sondern noch etwas weiter reden und dann den Vorschlag annehmen. Sind die Positionen unvereinbar und unlösbar, so sollte jemand eingeschaltet werden, der vermitteln oder entscheiden kann, zum Beispiel ein Mitarbeiter (oder der Chef) des Reisebüros, den man am besten zu Anfang kennengelernt hat. Ein Telefonanruf reicht dann meist.

Überhaupt ist es für Asiaten schwer, Nein zu sagen oder zuzugeben, dass etwas nicht möglich ist oder sie etwas nicht wissen. Dies wird als persönliches Defizit empfunden. Fragt man zum Beispiel nach dem Weg und der Befragte kennt ihn nicht, wird er dies nicht zugeben, sondern ausweichend antworten oder gar etwas Falsches sagen. Wirkt in solcher Situation ein Gegenüber unsicher, sollte man sich höflich bedanken und jemand anderes fragen.

Die beiden Alten haben einen direkten, aber freundschaftlichen Umgang miteinander

Gesten

Einige Gesten sind in Vietnam anders als im Westen. Die Zahl Eins wird mit dem hochgestreckten Zeigefinger (nicht dem Daumen) angezeigt, Zwei mit Zeige- und Mittelfinger, Drei mit kleinem Finger, Ringfinger und Mittelfinger. Der Mittelfinger alleine oder die Faust zum Drohen kommen natürlich nie zum Einsatz. Wünscht zum Beispiel ein Fahrer einem anderen etwas Böses, so zeigt er mit ausgestrecktem Zeigefinger auf ihn, woraus man schon entnehmen kann, dass dies sehr unhöflich ist, also vermieden werden sollte.

Auch streckt man anderen beim Sitzen nicht die Füße entgegen, vor allem aber richtet man in Pagoden und Tempeln niemals die Fußsohle auf das Götterpantheon, sondern man sitzt entweder auf den Fersen oder winkelt die Unterschenkel seitlich ab.

Will man jemanden mit einer Geste herbeirufen, etwa einen Kellner, so streckt man den Arm halb, die Hand mit der Handfläche nach unten ganz aus und knickt dann ein paar Mal die Finger ganz ab. In guten Restaurants reicht es aber völlig aus, Blickkontakt mit Kellner oder Kellnerin aufzunehmen, dann wird sofort jemand herbeieilen. Will man etwas ablehnen, zum Beispiel lästige Postkartenverkäufer, so streckt man ihnen die Handfläche entgegen und sagt höflich ›Thank you‹ oder ›Cam on‹.

Einladungen

Dass man in eine Privatwohnung eingeladen wird, ist äußerst selten. Die meisten Vietnamesen finden es peinlich, den als reich geltenden Ausländern ihr bescheidenes Heim zu präsentieren, aber auch untereinander treffen sich Vietnamesen eher in öffentlichen Räumen, einem Restaurant oder Café. Besucher sollten dies auch berücksichtigen, wenn sie geschäftliche Dinge abzuwickeln oder etwas mit ihrem Reiseleiter zu diskutieren haben. Ein Termin kann im Hotel stattfinden, dann aber in einem Besprechungsraum, in der Lobby oder der Bar, niemals aber auf dem Zimmer, vor allem nicht, wenn nur zwei Leute beteiligt sind, und noch viel weniger, wenn dies ein Mann und eine Frau sind.

Wird man irgendwo eingeladen, so ist ein kleines Geschenk mitzubringen, zum Beispiel schön verpackte Süßigkeiten, am besten natürlich aus der Heimat des Besuchers, wenn der Transport möglich ist. Auch ein Bildkalender oder etwas Ähnliches wird auf neugierige Empfänger treffen. In jüngster Zeit sind auch frische Blumen erhältlich und beliebt. Geschenke sind immer eingepackt und werden nicht sofort in Anwesenheit des Schenkenden geöffnet. Auch Geld, etwa das Trinkgeld für den Guide, übergibt man in einem Briefumschlag oder zumindest so, dass es nicht zu sehen ist.

Kleidung

Sehr unpassend kann man sich auch auf dem Gebiet der Kleidung verhalten. Nach vietnamesischer Meinung sollte Kleidung den Körper vor allem verhüllen, nicht bloßstellen, vor allem, wenn dieser Körper solche Ausmaße annimmt, wie dies in Vietnam gar nicht für möglich gehalten wird.

Männer tragen lange Hosen und lang- oder kurzärmelige Hemden oder T-Shirts mit Kragen. Nur im Geschäftsbetrieb geht es heute etwas formeller zu, oft mit Krawatte, aber ohne Jackett. Sportkleidung trägt man allerdings nur am Strand oder auf Sportplätzen, also Turnhosen und ähnliche Shorts, ärmellose Unterhemden oder Trainingsanzüge. Frauen tragen auch oft Hosen, dazu Blusen oder Pullover und immer einen BH (auch wenn wenig zu halten ist). Westliche Sommerkleider und mittellange bis lange Röcke kommen wieder in Mode.

Das traditionelle Gewand der Frau ist der Ao Dai, eine lange, weite Hose aus einem dünnen, leichten Stoff und darüber ein etwa knielanges, eng geschnittenes, an den Seiten bis zur Hüfte geschlitztes Oberteil. Im Alltag wird dieses Gewand aber nur noch von jungen Mädchen als Schuluniform, im Tourismusgewerbe von einigen Angestellten, zum Beispiel an der Rezeption, von einigen älteren Damen aus Gewohnheit und zu festlichen Anlässen getragen.

An Stränden und Hotelpools ist Sonnen oder Baden oben ohne oder gar nackt völlig tabu.

Tempel galten in der jüngeren Vergangenheit als eine Art Museum, weshalb dort auch nicht die Schuhe ausgezogen wurden. Dies ist in den meisten Tempeln weiterhin der Fall. In einigen Tempeln, die intensiv von Gläubigen genutzt werden, wird aber wieder Wert darauf gelegt, dass, wie sonst in Asien überall üblich, die Schuhe am Eingang abgelegt werden. Meist erkennt man dies schon an der großen Schuhversammlung, manchmal weisen auch Schilder darauf hin. In Tempeln verhält man sich ruhig und respektvoll, läuft nicht vor knienden oder betenden Menschen hin und her und fotografiert nicht übermäßig. Auch hier empfiehlt sich ordentliche Kleidung. An einzelnen Tempeln wird dies inzwischen explizit vorgeschrieben.

Essen

Das Essen ist eine wichtige Gemeinschaftsveranstaltung. Gerne trifft man sich mit Freunden und Kollegen in einem Restaurant und lässt es sich gut gehen, vor allem seit die Wirtschaftsreformen etwas Geld unter die Leute gebracht haben. Dabei bestellt man immer gemeinsam eine bunte Mischung von Speisen, niemals würde einer ein Tellergericht für sich alleine bestellen. Alle Platten und Schüsseln kommen in die Mitte, und jeder nimmt von allem.

Bei förmlicheren Banketten ist eine genaue Sitzordnung einzuhalten, die am besten an einem runden Tisch funktioniert: Der Ehrengast sitzt neben dem Gastgeber, der Gast Nr. 2 ihm gegenüber. Es ist höflich, mit Vorlegelöffeln oder -stäbchen dem Gast die besten Brocken in die Essschale zu legen. Man sollte sich nicht direkt mit Heißhunger auf das erste Gericht stürzen, denn es werden noch viele folgen, und so ein Bankett kann sich über Stunden hinziehen.

Beim Bankett hat der Gastgeber das Finanzielle längst erledigt, doch bei einem gemeinsamen Mahl gilt die alte Musketier-Regel: Einer für alle. Niemals würde man Rechnungen aufteilen oder getrennte Rechnungen verlangen. Unter Asiaten ist es schon fast ein Sport, Rechnungen zu erobern und zu bezahlen. Wenn man jemanden eingeladen hat, muss man auch rechtzeitig dafür sorgen, dass man bezahlt; es gäbe keinen größeren Gesichtsverlust als dies dem Eingeladenen zu überlassen, der aus Spiel und Höflichkeit vielleicht Anstalten dazu macht. Wenn man selbst eingeladen wurde, ist natürlich eine Gegeneinladung fällig, wodurch das genussvolle Spiel immer weiter getrieben wird.

Die vietnamesische Hauptstadt hat etwas Schwerblütiges und Traditionelles, auch Bürokratisches und Engstirniges an sich. Gleichzeitig bewahrt sie die hergebrachte Kultur besser als das leichtlebige Saigon im Süden. Lange ist das Stadtbild unverändert geblieben, doch seit einigen Jahren schießen auch in der tausend Jahre alten Stadt am Roten Fluss die Hochhäuser aus dem Boden.

HANOI UND DER NORDEN

Die Hang-Quat-Straße in der Altstadt von Hanoi

Hanoi

Die vietnamesische Hauptstadt untersteht direkt der Zentralregierung. Im Jahr 2009 wurden ihr einige Bezirke umliegender Provinzen zugeschlagen, so dass sie jetzt 3300 Quadratkilometer umfasst und etwa sieben Millionen Einwohner beherbergt. Der eigentliche Innenstadtbereich machte nur 40 Quadratkilometer aus, auf denen sich zwei Millionen Menschen drängten. Nachdem sie sich lange durch Zuzugsverbote gesträubt hatte, musste die Regierung schließlich die Realitäten erkennen und dem Druck der schnell wachsenden Einwohnerzahl nachgeben. Auf einstigem Ackerland, das durch Autobahnen erschlossen wird, entstehen ausgedehnte Industrieparks und dazwischen gigantische Hochhaussiedlungen, in die die Arbeiter aus der Innenstadt und die Umsiedler aus ländlichen Regionen einziehen sollen. Selbst die Regierung überlegt, ob sie nicht eine Verwaltungsstadt außerhalb des bisherigen Zentrums errichten soll.

Obwohl Hanoi am Ufer des Roten Flusses liegt, ist nirgendwo die Atmosphäre einer Stadt am Fluss zu empfinden. Das liegt daran, dass der Fluss durch hohe Dämme in seinem Bett gehalten werden muss, weil er sich sonst in der gesamten Stadt breitmachen würde. Erst die Franzosen bauten 1902 eine Brücke, die ein beliebtes und markantes Angriffsziel amerikanischer Bombardierungen wurde. Zu den zwei alten Brücken im Norden kamen in den letzten Jahren und kommen in den nächsten Jahren mehrere lange Brücken im Südosten, die den zunehmenden Verkehr bewältigen sollen. Auch die Stadtbezirke am linken Ufer des Flusses haben sich beträchtlich ausgedehnt und modernisiert; das Herz der Stadt schlägt jedoch nur am rechten, inneren Ufer.

Den Besucher Hanois braucht dies alles nicht weiter zu stören, denn er findet zahlreiche historische Sehenswürdigkeiten im alten Kern der Stadt, in der Um-

Karte: hintere Umschlagklappe

Am Hoan-Kiem-See

gebung des Hoan-Kiem-Sees, der so etwas wie den geistigen Mittelpunkt der Stadt bildet, sowie in noch erhaltenen Villen aus der französischen Kolonialzeit, in denen jetzt neben Botschaften auch Museen eingezogen sind.

Stadtgeschichte

Hanoi liegt in einer Biegung des Roten Flusses, in der Anfang des 7. Jahrhunderts die chinesischen Besatzer einen militärisch gesicherten Verwaltungssitz errichteten. Die eigentlich sehr kleine Zitadelle war umgeben von zahllosen Flussarmen und musste durch Dämme gegen Überschwemmung gesichert werden. Als die Viet mehr Unabhängigkeit von den Chinesen erreicht hatten, wichen sie diesem Ort immer aus. Die frühen Dynastien siedelten sich in Co Loa weiter nördlich oder Hoa Lu weiter südöstlich an. Erst Ly Thai To, der Begründer der Ly-Dynastie, wählte im Jahr 1010 diesen zentralen Ort im Delta des Roten Flusses als Hauptstadt. Es wird berichtet, dass er an dieser Stelle einen goldenen Drachen aufsteigen sah, und so nannte er die Stadt Thang Long (aufsteigender Drache).

Obwohl das Reich der Viet von China unabhängig war, wirkten die chinesischen Kulturideale weiter, denn die neu errichtete Königsstadt folgte genauestens chinesischen geomantischen Vorstellungen: eine rechteckige Außenmauer, die die Erde symbolisiert, alle wichtigen Gebäude an einer Nord-Süd-Achse ausgerichtet, die dem weiblichen Element zugeordneten Wohn- und Erholungspaläste im Norden, die wichtigen Ministerien im Süden, alles der Landwirtschaft Zugehörige im Westen, die Handwerker im Osten, die Händler weit draußen, denn so erfolgreich sie auch waren, so geringes gesellschaftliches Ansehen besaßen sie.

Die Ly-Dynastie war die erste wirklich gefestigte vietnamesische Dynastie, und

Läden und Wohnungen in der Altstadt

sie verschrieb sich ideologisch ganz dem Konfuzianismus, der als Staatsdoktrin eingeführt wurde. Schon 1070 entstand der Literaturtempel (Van Mieu, → S. 163) als Beamtenakademie und Prüfungsort für die zivilen und militärischen Mandarine. Hinzu kamen zahlreiche Tempel, von denen der berühmteste die 1049 fertiggestellte Einsäulenpagode ist.

Doch Thang Long blieb nicht durchgehend Hauptstadt. Die kurzlebige Ho-Dynastie verlegte ihre Hauptstadt in die Gegend von Thanh Hoa und nannte sie Tay Do (westliche Hauptstadt), die Drachenstadt hingegen Dong Do (östliche Hauptstadt). In der Le-Dynastie hieß sie Dong Kinh (östliche Königsstadt), woraus die Franzosen den Namen Tongking für das nördliche Territorium Vietnams ableiteten. In der Restaurierten Le-Dynastie entstanden mehrere Herrschaftszentren, 1786 zerstörte König Le Chieu Thong den Palast der rivalisierenden Sippe der Trinh. Die letzte vietnamesische Dynastie, die Nguyen-Dynastie, hatte ihre Hauptstadt in Hue und ließ die alte Hauptstadt zwischen 1820 und 1848 weitgehend zerstören, damit sie keine

Konkurrenz zur neuen Kapitale mehr darstellte. In dieser Zeit erhielt sie auch ihren bis heute bestehenden Namen, der statt des mythischen Drachen – Symbol der Herrschaft – rein geographischer Natur ist. ›Ha‹ bedeutet ›Fluss‹ und ›noi‹ innerhalb, ›Hanoi‹ könnte man also mit ›Stadt in der Flussbiegung‹ übersetzen. Die Franzosen besetzten Hanoi 1882 und richteten, wie alle Herrscher vorher, erst einmal große Zerstörungen an, bevor sie eine luftige koloniale Kapitale entstehen ließen. Der Hoan-Kiem-See wurde zur Hälfte zugeschüttet, Paläste, Tempel und Wohnhäuser abgerissen. Vor allem südlich und östlich des Sees entstanden parallel verlaufende Alleen mit eleganten Villen in schönen Gärten. Der Gouverneur erhielt eine Residenz am See, gegenüber ragte, wo vorher eine Pagode gestanden hatte, die Kathedrale auf, ein weiterer Tempel musste dem überdimensionierten Postamt weichen. Als Ho Chi Minh nach Ende des Zweiten Weltkriegs, am 2. September 1945, die Unabhängigkeit Vietnams erklärte, wurde Hanoi wieder Hauptstadt, doch 1946 musste die Regierung erneut fliehen und kehrte erst 1954, nach dem Sieg

Eingang zum Den Ngoc Son

▲ Karte: hintere Umschlagklappe/S. 157

gegen die Franzosen in Dien Bien Phu, glorreich zurück. Viele Jahre veränderte sich das Bild der Innenstadt kaum, was auch daran lag, dass den Kommunisten das Geld für repräsentative Bauten fehlte. Das nach dem Vorbild des Lenin-Mausoleums gestaltete Mausoleum für den 1969 gestorbenen Staatsführer Ho Chi Minh, das Rathaus am Hoan-Kiem-See und der Kulturpalast blieben die einzigen Beispiele sozialistischer Bauweise im Zentrum, während an den Rändern die typischen Plattenbauten entstanden. Zur Jahrtausendwende begann die (zunächst illegale) Bebauung der Ufer des Westsees, und wenige Jahre später schossen die ersten Hochhäuser in den Himmel.

Rund um den Hoan-Kiem-See

Er ist nicht mehr das geographische Zentrum Hanois, aber immer noch sein Herz: der Hoan-Kiem-See, der seinen Namen einer Legende verdankt. Der Grundbesitzer Le Loi kämpfte Anfang des 15. Jahrhunderts gegen die Invasoren der chinesischen Ming-Dynastie, die als Verbündete der Adelsfamilie Tran ins Land zurückgekehrt waren. Eines Tages tauchte aus dem See eine goldene Schildkröte auf, die Le Loi ein Schwert überreichte, mit dem er den Sieg gegen die Chinesen erringen konnte. Bei der Siegesparade erschien das Tier wieder und forderte das Schwert zurück. Die Waffe schwebte von selbst aus der Scheide und verschwand mit der Schildkröte in den trüben Fluten des Sees. Da erkannte Le Loi in dem Tier den Schutzgeist des Sees, der seitdem Ho Hoan Kiem (See des zurückgegebenen Schwerts) heißt.

Der See ist umgeben von einer schmalen Grünanlage, durch die den ganzen Tag über die Hanoier flanieren, in der sie gymnastische Übungen machen oder Federball spielen und in der sich Liebespaare treffen. Von einem Café in der Süd-

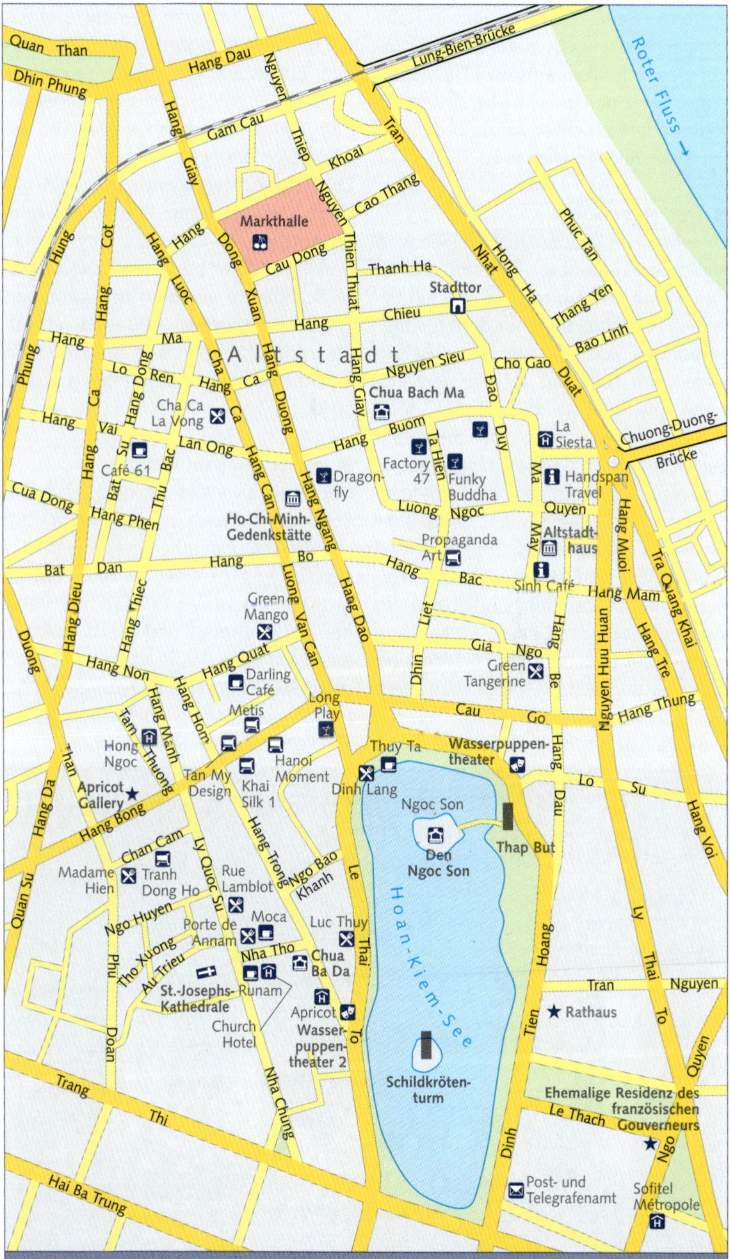

Hanoi, Altstadt und Hoan-Kiem-See

westecke kann man dies alles in Ruhe beobachten und hat zudem einen Blick auf den **Schildkrötenturm** (Thap Rua) auf einer kleinen Insel im See, der im 19. Jahrhundert errichtet wurde und eines der Wahrzeichen Hanois ist.

Den Ngoc Son

Die nördliche, größere Insel im See wird Ngoc Son (Jadeberg) genannt und ist durch eine rote Holzbrücke, die ein beliebtes Fotoobjekt ist, mit dem Ostufer verbunden. Am Ufer ragt der pinselförmige Turm **Thap But** auf, der den Literaten gewidmet ist.

Auf der Insel selbst macht eine große Tempelfahne auf den Schutzgeisttempel Den Ngoc Son aufmerksam. Er wurde im 18. Jahrhundert gegründet, später aber mehrfach umgebaut. Heute gehen drei Räume, die von Süden betreten werden können, direkt ineinander über. Im zweiten Raum wird General Quan Cong verehrt, der stets mit rotem Gesicht und in Begleitung seines Pferdes dargestellt wird. Es sind zudem Statuen des aus der chinesischen Tradition stammenden Van Xuong, des Gottes der Literatur, und von La To, dem Beschützer der Heilkundigen, aufgestellt. Der sehr enge hintere Raum ist Tran Hung Dao gewidmet, jenem vietnamesischen General, der die Mongolen besiegte.

Die Schildkrötenlegende, die sich mit dem See verbindet, fand 1968 neuen Auftrieb, als eine 2,10 Meter lange und 1,20 Meter breite, 250 Kilo schwere Schildkröte aus dem See geborgen wurde, die angeblich 400 Jahre alt war. Sie wird jetzt, glänzend präpariert, in einem Nebenraum des Tempels ausgestellt.

Wasserpuppentheater

Die Legende von der Schildkröte mit dem Schwert wird auch in jedem Programm des Wasserpuppentheaters gespielt, das sich schräg gegenüber der roten Brücke größter Beliebtheit erfreut. Während der Hauptreisezeit sind die Vorführungen meist ausverkauft, so dass man sich rechtzeitig Eintrittskarten besorgen sollte. Ein weiteres Wasserpuppentheater hat an der Westseite des Sees eröffnet.

▲ Karte S. 157

Puppenspieler am Ende der Vorstellung

Wasserpuppenspiel

Trommeln und Gongs erreichen einen grandiosen Höhepunkt, Knallfrösche fliegen durch die Luft, Nebelwände steigen auf – endlich erheben sich die Drachen aus dem Wasser. Sie haben Räucherkerzen zwischen den Zähnen, schwingen ihre Körper hin und her und durchpflügen mit ihren Schwänzen das trübe Nass. Wenn die Räucherkerzen ausgebrannt sind, tauchen die Drachen mit ihren Köpfen ins Wasser, wenden sich Richtung Publikum, entsteigen wieder den Fluten und spritzen einen langen Strahl in den Zuschauerraum. Die Kinder in der ersten Reihe jauchzen vor Freude.

Das Wasserpuppenspiel ist in Hanoi wieder beliebt geworden, nachdem man ihm lange als ›feudalistische Belustigung‹ skeptisch gegenüber gestanden hatte. Das Puppenspiel ist vermutlich indischen Ursprungs, und es weist durchaus Ähnlichkeiten mit dem indonesischen Schattenspiel auf. Es erfreute sich wohl schon im 11. Jahrhundert des Wohlwollens des Herrscherhofes, wie chinesische Besucher zu berichten wussten.

Im 17. und 18. Jahrhundert verband sich das Spiel mit den stabgeführten Puppen vor allem mit den Tempelfesten, bei denen es zur Erbauung und Belustigung der zahlreichen Besucher aufgeführt wurde. Besondere Berühmtheit erlangten damals die Thay-Pagode außerhalb Hanois (→ S. 185) und die Giong-Pagode in der Provinz Ha Bac. Sie besaßen Teiche mit einem kleinen Tempel für den Schutzgeist der Puppenspieler, von dem aus die Puppen geführt wurden.

Die Spieler waren in Gilden unter dem Vorsitz eines Meisters organisiert, der die Stoffe und Texte weitergab. Auch die bis zu 70 Zentimeter großen Puppen durften nur von erfahrenen Handwerkern geschnitzt werden. Die Themen des Wasserpuppenspiels waren historische Parabeln, Löwen- und Drachentänze, die Beschreibung des Lebens auf dem Lande.

Am Nordende des Hoan-Kiem-Sees in Hanoi eröffnete 1993 die staatlich unterstützte Thang-Long-Wasserpuppen-Truppe eine neue Spielstätte. Jeden Nachmittag und Abend ertönen nun wieder die Trommeln und Gongs, die geigen- und gitarrenähnlichen Saiteninstrumente, die Flöten, die Lieder und Sprechgesänge der Musiker.

Derweil stehen ihre puppenspielenden Kollegen bis zu den Hüften im Wasser hinter einem Bambusvorhang, vor dem sie Drachen und Löwen, Bauern und Beamte, Fische und Enten, Feen und Fabeltiere auftauchen lassen.

Das Programm beginnt mit dem Aufrichten der Tempelfahnen, einem Erzähler, der das Publikum begrüßt und dann zu den wilden Drachen überleitet. Danach folgt ein bunter Reigen bäuerlichen Lebens, bei dem Reis gesetzt wird, Frösche gefangen und Enten gezüchtet werden. Ein langer Zug von Musikanten, Mandarinen auf Pferden und Gepäckträgern begleitet einen Kandidaten, der das Beamtenexamen bestanden hat, nach Hause. Die vier Tiere der vietnamesischen Mythen tanzen: Einhorn, Drache, Schildkröte und Phönix.

Auch historische Legenden finden ihren Platz: Le Loi, der spätere König Le Thai To, erhält ein heiliges Schwert von einer goldenen Schildkröte, die aus einem See auftaucht, und gibt dies schließlich zurück. Der Ort, an dem dies geschehen sein soll, liegt direkt vor der Tür: der Hoan-Kiem-See.

Vom Rathaus zum Hotel Métropole

Das einzige Gebäude der sozialistischen Moderne am See ist das stets gut bewachte **Rathaus** am Ostufer. Weiter südlich erstreckt sich das **Post- und Telegrafenamt** aus französischer Zeit. Interessanter ist es aber, durch den kleinen Park mit der gewaltigen **Statue des Königs Ly Thai To** (974–1028) einen Abstecher vom See zu machen. An der Ecke mit der parallel zur Uferstraße verlaufenden Ngo Quyen liegt die **ehemalige Residenz des französischen Gouverneurs von Tongking**, ein repräsentativer Kolonialbau, der heute als Gästehaus der Regierung genutzt wird. Schräg gegenüber versteckt sich hinter alten Bäumen ein weiteres Kolonialgebäude, das **Hotel Métropole**, das 1901 seine Pforten öffnete. Nach 1954 wurde es als Hotel ›Thong Nhat‹ (Wiedervereinigung) von einer staatlichen Firma betrieben und muss nach Berichten von Reisenden im Laufe der Jahre stark heruntergewirtschaftet worden sein. Heute erstrahlt es in neuem-altem Glanz, hat die historischen Zimmer aufpoliert und elegante Restaurants eingerichtet. Der öffentlich zugängliche Innenhof bietet sich mit seinem Café am Pool für eine schattige Pause an.

Die ehemalige Residenz des Gouverneurs von Tongking

Oper

Geht man ein Stück weiter, so kreuzt die Ngo Quyen bald die Tran Tien. An deren Ende ragt hinter einem großen Kreisverkehr die Oper auf, die 1901 als etwas verkleinerte Kopie des Pariser Opernhauses entstand. Nach Renovierung kommt dort ein buntes Unterhaltungsprogramm zur Aufführung. Hinter der Oper befinden sich das **Revolutionsmuseum** und das **Historische Museum** (→ S. 176, 177).

Chua Ba Da

Etwas abseits des Westufers des Sees führt die Nha Tho auf die Kathedrale zu. Ganz am Anfang der Straße leitet neben dem Haus Nr. 3 ein Gang in einen Innenhof, in dem sich ein interessanter kleiner Tempel versteckt. Das erste Bauwerk entstand im 11. Jahrhundert, als man bei Ausschachtungsarbeiten für die neue Zitadelle eine Frauenstatue fand. Diese ›Ba da‹ (steinerne Frauenfigur), die der Pagode den Namen gab, ist nicht erhalten, doch die Grabstupas vor dem heutigen Gebäude sollen noch aus dieser Zeit stammen.

Man muss um das Gebäude herum auf die linke Seite gehen, um den niedrigen, dunklen Raum zu betreten. In ehrwürdiger Stille stehen verschiedene Buddhafiguren auf den Altären, Gläubige aus der Nachbarschaft legen Opfer ab; die Zahl der aufgestellten Buddhafiguren hat sich, wie die der Gläubigen aus der Nachbarschaft, in den letzten Jahren erhöht. In dem modernen Bau seitlich wohnen auch einige buddhistische Nonnen.

Auf dem rechten Seitenaltar wird Ong Dia, der Erdgott, verehrt. Seit Jahrhun-

▲ Karte S. 157

Innenhof des Chua Ba Da

derten werden in dieser Pagode viele Totenfeiern durchgeführt, früher wurden die Namen der Verstorbenen in Steintafeln geritzt, die in die Außenmauern eingelassen sind, heute werden Fotos aufgestellt. Die Tische und Bänke in den überdachten Galerien rund um die Pagode dienen zur Bewirtung der Trauergäste. In der Nha Tho haben sich mehrere nette Cafés und kleine Restaurants angesiedelt, in denen man eine Pause einlegen kann.

■ St.-Josephs-Kathedrale

Am Ende der Nha Tho ragt an einem kleinen Platz die 1886 erbaute St.-Josephs-Kathedrale auf. Die von der französischen Gotik inspirierte Kirche mit zwei fünfstöckigen quadratischen Türmen war früher bunt angemalt, erscheint heute aber als ziemlich abweisender grauer Block. Wegen der Differenzen zwischen der Regierung und der katholischen Kirche ist der gesamte Komplex außerhalb der Gottesdienstzeiten in der Regel verschlossen.

Die Altstadt

Hanois Altstadt erstreckt sich zwischen der alten Zitadelle im Westen, dem Roten Fluss im Osten und Norden sowie dem Hoan-Kiem-See im Süden. Hier lag das Quartier der wie im mittelalterlichen Europa in Zünften organisierten Handwerker. Die Straßen teilten den Stadtteil in einem Schachbrettmuster in quadratische Viertel (Phuong), die durch Wälle oder Mauern getrennt waren und deren Tore nachts verschlossen wurden. Als immer mehr Familien aus den umliegenden Dörfern zuzogen, wurden die Trennmauern schließlich abgerissen.

Das Zunftwesen war streng organisiert, bot Kontrolle und Schutz gleichermaßen; nur Mitglieder durften die anerkannten Berufe ausüben. Die Handwerker fertigten nach Aufträgen und boten Waren in ihren Läden und Werkstätten an. Dafür brauchten sie ein Stück Straßenfront, was dazu führte, dass die Häuser sehr schmal sind, meist fünf bis sechs Meter, manchmal durch Erbteilung aber auch nur noch zwei. Dafür ziehen sie sich bis zu 50 Meter in die Tiefe. An der Straße befindet sich in der Regel der Laden oder die Werkstatt, oft mit einem zweiten Raum dahinter. Dann folgt der erste Innenhof, der Licht und Belüftung bringt. Hinter diesem Hof liegen die Wohn- und

Im Altstadthaus

Laden für Masken und Tonfiguren

Schlafgemächer, dann folgt vielleicht ein zweiter Hof, um den sich die Nassräume wie Küche, Bad und Toilette gruppieren. Manche Häuser sind vollständig oder teilweise zweistöckig; im Obergeschoss sind die besseren Wohn- und Schlafräume untergebracht.

An den meisten Häusern wurde ständig aus- und umgebaut – manchmal nach Finanzlage, manchmal nach Zusammensetzung der Bewohner. Mädchen blieben im Haus, bis sie heirateten und zogen dann in die Familie der Schwiegereltern. Die Frauen der Söhne zogen ein und erhielten mit Glück einen separaten Bereich. Manchmal mussten verwitwete oder verarmte Verwandte aufgenommen werden. Richtige Mehrgenerationenfamilien gab es aber nur in sehr wohlhabenden Haushalten – dies war eher gesellschaftliches Ideal denn Realität.

▲ Karte S. 157

Die Benennung der Gassen folgte den Produkten, die dort hergestellt oder verkauft wurden. Das Wort ›hang‹ bedeutet ›Ware‹, und so gibt es die Hutgasse (Hang Non), von der aus man in die Zinngasse (Hang Thiec) oder in die Pfeifengasse (Hang Dieu) abbiegen kann. Die Stiefelgasse heißt Hang Hai, die Seidengasse Hang Dao und die Bambusgasse Hang Tre. Lebensmittel spielten eine herausragende Rolle, was man an der Bohnengasse Hang Dau, der Fischgasse Hang Co, der Reisgasse Hang Gao und der Nudelgasse Hang Bun erkennen kann. Körbe gab es in der Hang Bo, Matten in der Hang Chieu und Segeltuch in der Hang Buom. Neu belebt hat sich in jüngerer Zeit die Hang Quat, in der Ahnenaltäre, Statuen, Fahnen und anderer Tempelbedarf angeboten werden.

Zwar wurden die inneren Mauern abgerissen, doch die äußere Mauer mit ihren 16 Toren blieb lange bestehen. Ein **Stadttor**, das noch weitgehend aus dem 16. Jahrhundert stammen soll, blieb am Ostende der Hang Chieu erhalten.

Die französischen Kolonialherren brachten etwas mehr Hygiene auf die Märkte und ließen 1889 eine **Markthalle** in der Hang Dong Xuan errichten, die nach 100 Jahren von einem Betonklotz abgelöst wurde, der nur noch einige alte Fassadenelemente aufweist. Drinnen pulsiert aber weiter das Leben: Stimmengewirr, die bunten Farben von Gemüse, Gewürzen, Fleisch und Fisch sowie die exotischen Düfte regen die Sinne an.

In der Hang Ngang Nr. 48 wurde ein Haus, in dem Ho Chi Minh kurze Zeit lebte und die Unabhängigkeitserklärung verfasste, zu einer Gedenkstätte mit historischen Fotos und einem schlicht eingerichteten Zimmer umgebaut. Interessanter ist in der Hang Buom Nr. 76 ein kleiner Tempel mit schönen Schnitzereien, der **Tempel des Weißen Pferdes** (Chua Bach Ma). Jede Zunft hatte früher einen solchen Tempel in ihrer Gasse. Ein mit französischer Hilfe restauriertes und sehr aufgeräumt als **Museum** aufbereitetes Haus findet sich in der Hang Ma May Nr. 87.

Noch in den frühen 1990er Jahren war die Hanoier Altstadt relativ kompakt und ansehnlich; die meisten Häuser stammten aus dem 19. Jahrhundert und befanden sich in unterschiedlichen Stadien der Erhaltung. Die Menschen kurvten auf Fahrrädern, Cyclos oder mit Handkarren durch die Gassen und gingen ihren Geschäften nach. Sicher war alles beengt, und die hygienischen Verhältnisse hätten besser sein können. Dann begann man allerdings damit, in die alten Häuserfronten Betonklötze zu rammen, die aussehen wie aufgestapelte Schuhkartons mit Barockverzierung, und vollkommen ungeplant und willkürlich die Altstadt zu ›modernisieren‹. Die Stadtregierung war vollkommen orientierungslos und hatte sich durch die massive Korruption handlungsunfähig gemacht. Als Ergebnis wurde dieses einmalige Stadtviertel ziemlich verschandelt und zudem noch dem Autoverkehr geöffnet. So macht das Bummeln wesentlich weniger Spaß als früher, ist aber immer noch interessant.

Straße in der Altstadt

Literaturtempel

Westlich des Hoan-Kiem-Sees und südlich der Zitadelle liegt der 1070 erbaute Literatur- oder Konfuzius-Tempel (Van Mieu). In den südlichen, heute weitgehend leergeräumten Höfen fanden die Beamtenexamen nach chinesischem Vorbild statt, bei denen die konfuzianischen Klassiker, die ursprünglich von den Schülern des Konfuzius verfasst, später dann kanonisiert wurden, auswendig gelernt, in Schönschrift geschrieben und interpretiert werden mussten. Im Prinzip konnte jeder Mann an den Examen teilnehmen, in der Praxis brauchte man aber Jahre des Studiums mit Privatlehrern, um den Anforderungen zu genügen, was sich nur die wohlhabendste Schicht erlauben konnte, die damit im chinesischen und vietnamesischen Feudalstaat die Verwaltungselite stellte. Neben den Klassikern musste auch das Verfassen von Gedichten nach vorgegebenen Reimschemata und von Verwaltungsdekreten in einer ebenfalls festgelegten Sprache gelernt werden.

Zur Prüfung erschienen die Kandidaten mit Schreibgerät und Bettzeug, denn das Examen dauerte etwa drei Tage. Alles Papier wurde gestellt, damit keine

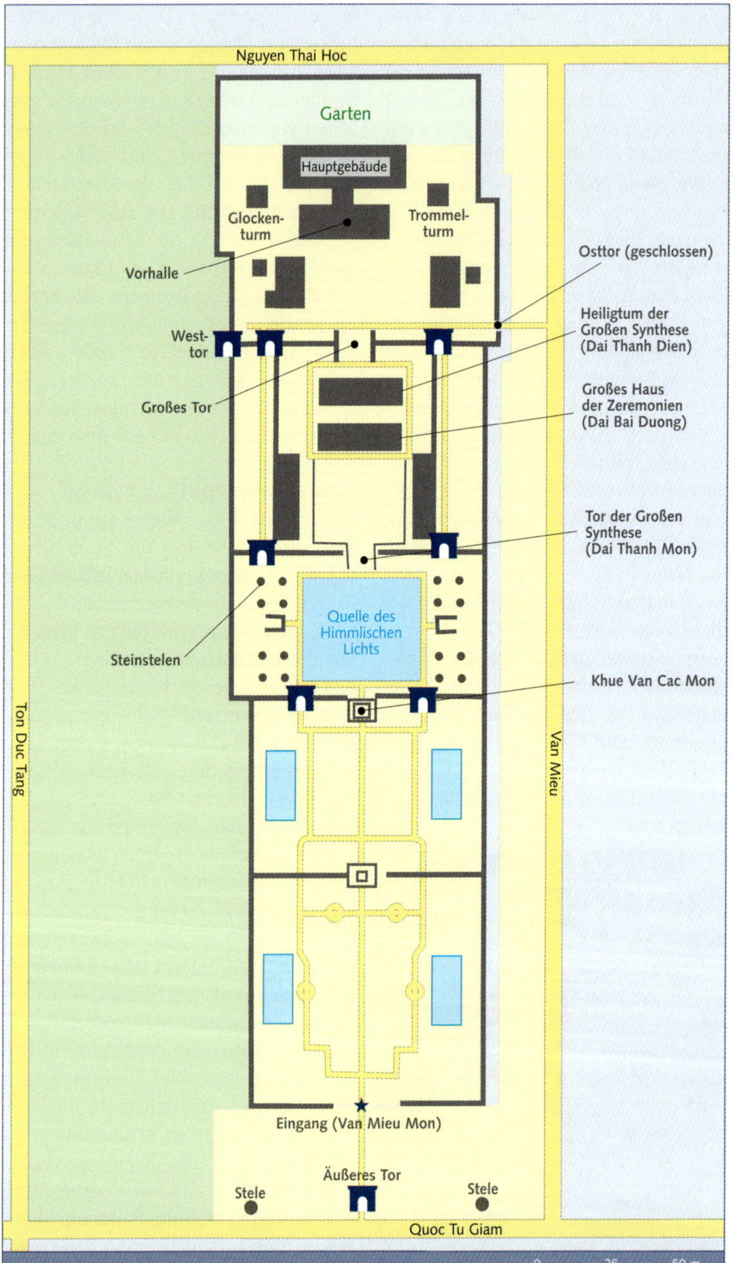

Hanoi, Literaturtempel

Universitätsabsolventen beim Fototermin im Literaturtempel

Spickzettel mitgebracht werden konnten. Soldaten bewachten die Anlage, doch es gibt auch Berichte, nach denen der ein oder andere gegen Obolus bereit war, Informationen zu besorgen. Die meisten Kandidaten fielen beim Examen durch, manchmal bis zu 90 Prozent. Sie konnten es zum nächsten Termin erneut versuchen, doch für manchen blieb dies ein lebenslanger Lernprozess.

Der Van Mieu wurde auf Anordnung von König Ly Thanh Tong als Schule für Prinzen und Kultstätte für Konfuzius gebaut. 1076 wurde der Anlage im Norden ein weiterer Hof als ›Nationalakademie‹ hinzugefügt. Solche Institutionen werden gelegentlich als ›Universitäten‹ bezeichnet, doch waren sie nie Orte der Forschung, sondern nur der doktrinären Unterweisung und können selbst mit den ideologisch vorbelasteten Universitäten des europäischen Mittelalters nicht verglichen werden. In den Jahren nach der Gründung des Konfuzius-Tempels in Hanoi wurden ähnliche Anlagen in den Provinzen erbaut, so dass die Kandidaten sich langsam durch diese hierarchische Struktur nach oben arbeiten mussten, aber in niederen Beamtenpositionen bereits Erfahrung sammeln konnten. Nachdem die Nguyen-Dynastie die Hauptstadt 1802 nach Hue verlegt hatte, wurde der Tempel in Hanoi zu einer Provinzschule herabgestuft, doch bis 1915 fanden hier noch Prüfungen statt, in Hue, wo der Konfuzius-Tempel nicht erhalten ist, sogar noch bis 1918. Das Festhalten am sowieso schon rückwärtsgewandten Konfuzianismus während der Nguyen-Dynastie erleichterte die koloniale Eroberung Vietnams, da weder Verwaltung noch Wirtschaft des Landes den ›modern‹ ausgerüsteten Soldaten, Kaufleuten und Missionaren der Besatzungsmacht etwas entgegenzusetzen hatten. Der Tempel in Hanoi wurde 1946 von französischen Truppen stark beschädigt und nach 1954 nach altem Vorbild neu aufgebaut, der nördliche Hof erst Anfang des 21. Jahrhunderts.

Ein Rundgang

Die Anlage folgt vollständig chinesischen geomantischen Vorstellungen. Sie ist rechteckig und rundum von einer etwa zwei Meter hohen Mauer umgeben. Alle Gebäude richten sich nach einer zentralen Achse aus, einem Weg, über den

Das Tor Khue Van Cac Mon

einst nur der König schreiten durfte. Der Eingang befindet sich im Süden (an der Quoc Tu Giam), jenseits der Straße liegt jedoch noch ein **künstlicher See**, denn die Geomantiker empfehlen bei wichtigen Bauwerken immer Wasser im Süden. An der Straße stehen in der Verlängerung der Seitenmauern kleine **Steinstelen** mit der Aufforderung, vom Pferd zu steigen; auch andere Passanten mussten ehrerbietig zu Fuß am Tor vorbeigehen. Vier hohe quadratische Säulen markieren ein äußeres Tor, dem innen ein dreiflügeliges Torhaus (Van Mieu Mon) folgt, das zu zwei Innenhöfen mit Teichen führt, die früher von den Zellen der Prüflinge umgeben waren. Das schönste Tor bietet Einlass in den dritten Hof. Es heißt **Khue Van Cac Mon** und bekam 1802 einen rot gestrichenen hölzernen Pavillon (Cac) aufgesetzt, in dem sich Literaten zu Lesungen und Debatten trafen. Mit seinen runden Fenstern, von denen Holzstäbe wie Sonnenstrahlen ausgehen, ist es heute eines der Wahrzeichen Hanois. Der Teich im dritten Innenhof wird **Quelle des Himmlischen Lichts** genannt. Zu beiden Seiten reihen sich 82 große **Steinstelen** auf, die auf ausladende Schildkröten, Symbole des langen Lebens, montiert sind. Zwischen den Jahren 1442 und 1779 wurden auf ursprünglich 91 Stelen, von denen neun verloren gingen, insgesamt 1306 Namen von erfolgreichen Kandidaten des obersten Examens eingemeißelt.

Durch das **Tor der Großen Synthese** (Dai Thanh Mon) gelangt man in den nächsten Innenhof, der seitlich von Vorbereitungsbauten (in denen heute Läden untergebracht sind) und im Norden von zwei hintereinander liegenden flachen Tempelhallen gesäumt wird. Das vordere **Große Haus der Zeremonien** (Dai Bai Duong) ist nur an den Schmalseiten geschlossen, während das massive Dach sonst von Säulen gestützt wird. Der Stil ist charakteristisch für die Späte Le-Dynastie des 17. und 18. Jahrhunderts. Auf Säulen und Paravents finden sich Schnitzereien von Wolken, Flammen, Drachen und Phönixen. Zwei große Bronzekraniche flankieren den Weg zur hinteren Halle.

Stele auf einer Schildkröte

▲ Karte S. 164

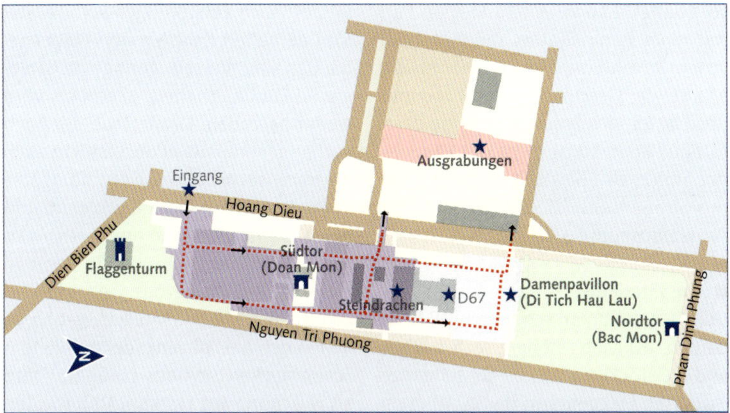

Hanoi, Zitadelle

Dieses **Heiligtum der Großen Synthese** (Dai Thanh Dien) entspricht in Größe und Struktur der vorderen Halle, mit dem Unterschied, dass zwischen den äußeren Säulen dünne Holzwände eingesetzt sind, die den Raum in geheimnisvolles Dunkel tauchen. Auf dem mittleren Altar ist eine Konfuzius-Statue zu erkennen, rechts und links sitzen auf Seitenaltären jeweils zwei seiner wichtigsten Schüler.

Durch kleine Seitentore und das Große Tor hinter den Haupthallen erreicht man schließlich den letzten Hof, **Thai Hoc** genannt, in dem sich im 11. Jahrhundert die Schule für Prinzen befand. Später durften auch die Söhne der hohen Beamten sie besuchen, und ab dem 15. Jahrhundert wurden zudem Stipendien für nichtadlige Jungen vergeben; ab 1483 gab es ein außerhalb der Anlage gelegenes Internat. Diese etwas euphorisch ›Akademie für die Kinder des Landes‹ genannte Schule wurde bis Mitte des 18. Jahrhunderts betrieben, dann zu einem Tempel zu Ehren der Eltern des Konfuzius umgebaut, der durch ein Tor im Osten betreten werden konnte.

Bei der Restaurierung ab dem Jahr 2000 wurde ein gewaltiges zweistöckiges Holzbauwerk mit einem Vorbau und zwei flankierenden Seitenbauten sowie rechts einem Trommel- und links einem Glockenturm errichtet. Im Hauptgebäude wird nun ausgewählten Persönlichkeiten verschiedener Dynastien gehuldigt, die sich aus heutiger Sicht besonders um Hanoi verdient gemacht haben. Unten ist dies Chu Van An (1292–1370), der als einer der 72 besten Schüler des Konfuzius angesehen wird. Im oberen Stockwerk finden sich die Statuen dreier Könige: in der Mitte Ly Thanh Tong (1023–1072, Regierungszeit 1054–1072), der Begründer des Van Mieu, rechts Ly Nhan Tong (1066–1128, Regierungszeit 1072–1128), sein ältester Sohn und Nachfolger, und links Le Thanh Tong (1442–1497, Regierungszeit 1460–1497), der fünfte König der Späten Le-Dynastie.

Botschafts- und Regierungsviertel

Schräg gegenüber der Nordostecke des Literaturtempels liegt das **Kunstmuseum** (→ S. 177). Geht man entlang der vor ihm nach Norden führenden Straße und biegt an der nächsten Kreuzung links ab, so gelangt man zu einem kleinen Park mit einer Lenin-Statue, die den russischen Revolutionär zeigt, wie ihn der Mantel der Geschichte umweht. Immer noch lassen sich Brautpaare gerne davor fotografieren, sonst dient der Platz vor der Statue als Spielplatz. Auf der anderen Straßenseite ist der Eingang zum **Armeemuseum** (→ S. 176).

Die Zitadelle

Von hier sieht man schon den 1812 erbauten, 60 Meter hohen, sechseckigen und dreistöckigen, aus Ziegelsteinen gemauerten Flaggenturm der 2010 in die UNESCO-Welterbeliste aufgenommen Zitadelle mit der großen Staatsfahne. Die Hoang Dieu führt zum Eingang der bis vor einigen Jahren von Ministerien genutzten und damit nicht zugänglichen Festung.

Seit 1010 mit der Ly-Dynastie das heutige Hanoi erstmals Hauptstadt wurde, befand sich an dieser Stelle der von hohen Mauern geschützte Königspalast, der sein Bild aber immer wieder änderte, da jede neue Dynastie Umbauten und oft auch Zerstörungen veranlasste. Von den alten Palästen und Nebengebäuden sind nur sehr geringe archäologische Funde erhalten, allerdings wird weiter gegraben. Große Teile der noch vorhandenen Bauwerke zerstörte auch die französische Kolonialverwaltung, die 1886 ihr militärisches Oberkommando nebst Waffen und Munition hierher verlegte. Später nutzte auch die kommunistische Regierung das Gelände und ließ einige recht tiefe Bunker graben, in denen sich die Spitzenkader aufhielten. So präsentiert sich das Gelände heute als Mischung aus restaurierten royalen Toren, französisch-mediterranen Verwaltungsbauten und Reminiszenzen an die Kriege gegen Frankreich und die USA.

Von Süden nach Norden sind zu sehen: der **Flaggenturm**, ein modernes **Verwaltungsgebäude** (Tickets), eine große freie Fläche vor dem **Südtor** (Doan Mon), dem traditionellen Zugangstor zum Palastbezirk, das etwas vom Ausmaß der Mauern zu früheren Zeiten erkennen lässt. Dahinter folgen die **Arsenalgebäude** der

Das Südtor der Zitadelle

▲ Karte S. 167

Franzosen aus dem 19. und frühen 20. Jahrhundert, die heute für diverse Ausstellungen über die Geschichte der Zitadelle und bekannte Besucher genutzt werden. Eine Treppe, die von markanten Drachen flankiert wird, führt auf eine erhöhte Plattform, auf der sich einst das ›Drachenhaus‹, also der Königspalast (Kinh Thien), befand. Die Franzosen zerstörten das Bauwerk und setzten ein Haus im eigenen Stil darauf, in dem jetzt wieder einige historische Könige verehrt werden.

Am nördlichen Ende der Plattform stößt der Besucher auf jüngere Erinnerungen an militärische Auseinandersetzungen. Die kommunistische Führung nutzte das unscheinbare, **D67** genannte Gebäude als Einsatz- und Verwaltungszentrum mit Besprechungszimmern, in denen an den Namensschildern noch die Sitzordnung zu erkennen ist, und Büros, in denen es so aussieht, als habe der legendäre General Giap nur kurz den Raum verlassen. Sehr eindrucksvoll sind auch die **Tiefenbunker**, die eine ähnliche Raumaufteilung aufweisen wie die oberirdische Anlage.

Nun kehrt man zurück in die alte Geschichte, denn auf der Hauptachse hat sich ein **Damenpavillon** (Di Tich Hau Lau) mit ungewöhnlicher Architektur erhalten, in dem man über schmale, hohe Treppen ins Obergeschoss gelangt. Einrichtung blieb keine erhalten, und die genaue Bedeutung des Pavillons scheint ebenso wenig geklärt. Ganz im Norden ist an der Mauer noch das **Nordtor** (Bac Mon) erhalten, das allerdings nicht zugänglich ist. Vielmehr wird der Besucher zum Ausgang geleitet, wo er die Straße überqueren und in den Bereich der **archäologischen Ausgrabungen** eintreten kann. Zu sehen sind hier aber bisher nur einige freigelegte und befestigte Grundmauern von frühen Palastgebäuden.

Französisches Kolonialgebäude in der Zitadelle

Am besten geht man zurück zum kleinen Lenin-Platz und biegt dann rechts in die Dien Bien Phu ein, an der noch einige der alten französischen **Kolonialvillen** stehen, die Ende des 19. Jahrhunderts errichtet wurden. In vielen befinden sich heute Botschaften oder Firmenvertretungen. Bald ist die Südostecke des Ba-Dinh-Platzes erreicht. In einem Kolonialbau an der Ecke residiert das Außenministerium, dominiert wird der Platz jedoch von Ho Chi Minhs Mausoleum an der Westseite.

Ihm gegenüber entstand ab 2010 das neue **Parlamentsgebäude**. Es ist ein riesiger Klotz, der recht abweisend wirkt und streng bewacht wird. In den Außenanlagen sind einige Wasserkanäle, Pavillons und tempelartige Gebäude zu erkennen. Eigentlich sollten die Bauten noch größer werden, doch gerieten sie in Konflikt mit dem nebenan gelegenen Ausgrabungsfeld der Zitadelle, so dass die Regierung sich entschloss, nicht weiterzubauen. Vielleicht hängt dies auch mit Überlegungen zusammen, alle Regierungs- und Parlamentsbauten in einer Satellitenstadt am Rande von Hanoi zu versammeln.

Das Ho-Chi-Minh-Mausoleum

Ho-Chi-Minh-Mausoleum

Das Ho-Chi-Minh-Mausoleum gleicht dem Lenin-Mausoleum auf dem Roten Platz in Moskau, geriet nur etwas größer. Es wurde zwischen 1973 und 1975 an jenem Ort errichtet, an dem Ho am 2. September 1945 die Unabhängigkeit Vietnams erklärt hatte. Am 2. September 1969 starb Ho Chi Minh. Er hatte in seinem Testament festgelegt, dass sein Leichnam verbrannt und seine Asche über dem Land verstreut werden sollte. Doch die Partei wollte den im Volk beliebten Führer weiter benutzen, hielt das Testament bis 1990 unter Verschluss und ließ den Leichnam einbalsamieren. Seit das Testament auch in der vietnamesischen Öffentlichkeit bekannt ist, sorgen sich einige Landeskinder um die unruhige Seele des Präsidenten. Jeden Morgen werde der Glassarg mit der Mumie nach oben gefahren, von zahlreichen Besuchern gestört und abends wieder in der Kühlkammer versenkt. So finde die Seele keine Ruhe. Andere beschimpfen die russischen Balsamierer, die schlechte Arbeit geleistet hätten.

Zum Besuch des Ho-Chi-Minh-Mausoleums muss man sich an der Südwestecke des Ba-Dinh-Platzes anmelden und Taschen abgeben; ordentliche Kleidung und würdevolles Verhalten sind Vorschrift.

▲ Karte: hintere Umschlagklappe

Präsidentenpalast

Am Nordwestende des Ba-Dinh-Platzes liegt der heutige Präsidentenpalast, der zwischen 1900 und 1906 nach dem Entwurf deutscher Architekten erbaut wurde. Er diente bis 1954 23 französischen Generalgouverneuren als Dienstsitz, für die im prächtigen schmiedeeisernen Tor noch die verschlungenen Buchstaben RF für République Française im oberen Kranz angebracht waren. Im März 1945 zog vorübergehend das Oberkommando der japanischen Okkupanten ein, und 1954 sollte die Revolutionsregierung den Palast nutzen. Ho Chi Minh weigerte sich jedoch, in dem Kolonialbauwerk zu arbeiten. So werden die 60 feierlichen Räume nur zu Staatsempfängen genutzt. Der Palast und sein Garten sind nicht zugänglich.

Ho Chi Minhs Holzhaus

Der allseits als bescheiden beschriebene Onkel Ho lebte und arbeitete statt im Palast lieber im Garten des Palastes, wo er seine Frühgymnastik zwischen Mangobäumen absolvierte oder in einer Laube saß und schrieb. Schließlich entwarf er selbst ein einfaches, zweistöckiges Holzhaus an einem kleinen künstlichen See im Garten. Unten befindet sich ein Arbeits- und Empfangsraum, oben ein privates Arbeitszimmer und ein Schlafraum. Eine breite Veranda führt rund um das angenehme Haus. Gerne soll Ho Chi Minh auch durch den Garten spaziert sein und die Karpfen im See gefüttert haben. Was seitlich wie ein Gästezimmer aussieht, ist der Eingang zu seinem Bunker. Zudem werden drei Autos ausgestellt, die Ho von anderen Staatsführern geschenkt bekam.

Das Holzhaus und der Garten sind nach einem Besuch des Mausoleums erreichbar oder durch einen separaten Eingang neben dem Präsidentenpalast.

Landesvater und Onkel: Ho Chi Minh

Bis heute wird er in Vietnam achtungsvoll und vertraut zugleich Bac Ho, Onkel Ho, genannt, doch Namen hat er viele gehabt. Am 19. Mai 1890 wird er als Nguyen Sinh Cung in die Familie eines konfuzianisch orientierten niederen Beamten in dem Dorf Hoang Tru in der Nähe von Vinh geboren. Mit dem Eintritt in die Schule erhält er nach der Tradition einen neuen Namen: Nguyen Tat Thanh (Nguyen, der erfolgreich sein wird). Als Revolutionär trägt er viele Tarnnamen, wird aber als Nguyen Ai Quoc (Nguyen der Patriot) bekannt. Nach seiner Rückkehr aus dem Exil nimmt er den Namen Ho Chi Minh (Ho mit klarem Willen) an. Hier sein Lebenslauf in Kürze:

19. Mai 1890 Geburt im Dorf Hoang Tru bei Vinh.

1905–1909 Besuch eines französischen Gymnasiums in Hue.

1911–1917 Reisen als Matrose und Küchenjunge, unter anderem in die USA, nach England und Frankreich.

1917–1924 Arbeit als Fotolaborant und Autor kommunistischer Zeitungen in Paris.

1920 Teilnahme am Gründungskongress der KP Frankreichs.

1923 Erste Reise in die Sowjetunion, Funktionär der Kommunistischen Internationale.

1924–1925 Komintern-Funktionär für Kolonialfragen und Studium an der Universität der Werktätigen in Moskau.

1925–1933 Mehrere Reisen im Auftrag der Komintern nach China, Westeuropa, Thailand und Hongkong, Aufbau revolutionärer Zellen.

1930 Gründung der KP Vietnams in Hongkong, die kurze Zeit später auf Anweisung der Komintern zur KP Indochinas umfirmieren muss.

1931 Verhaftung in Hongkong.

Historisches Ho-Chi-Minh-Plakat

1933 Flucht.

1934–38 Wieder Komintern-Funktionär in Moskau und Studium an der Lenin-Universität.

1939/40 Organisation des antikolonialen Widerstands im südchinesischen Grenzgebiet zu Vietnam.

1941 Rückkehr in seine Heimat nach 30 Jahren im Ausland; Gründung der Liga für die Unabhängigkeit Vietnams (Viet Minh), die antikoloniale Gruppen unter der Führung der KPV zusammenschließt.

1942–1944 Verhaftung durch die nationalistische Guomindang in China, Niederschrift des Gefängnistagebuchs.

1945 Die nationalen Kräfte nutzen das Machtvakuum zur Augustrevolution; Ho proklamiert am 2. September die Demokratische Republik Vietnam (DRV).

1946 Wahl zum Präsidenten und Ministerpräsidenten der DRV; die Franzosen erobern die Macht zurück.

1947–1954 Exilregierung im Dschungel von Cao Bang; 1951 wählt der II. Parteitag Ho auch zum Vorsitzenden der Partei.

1954 Rückkehr der Regierung nach Hanoi, nachdem die französischen Truppen in Dien Bien Phu eine entscheidende Niederlage erlebten und abziehen mussten; Defacto-Teilung des Landes durch die Genfer Indochinakonferenz.

1956 Die Bodenreform und anschließende schnelle Kollektivierung der Landwirtschaft führt zu Aufständen gegen die kommunistische Regierung; Ho wird auch Generalsekretär der Partei (bis 1960) und hat damit alle hohen Partei-, Staats- und Regierungsämter in einer Hand; die Kollektivierung wird schließlich abgemildert.

1960 Gründung der Nationalen Front für die Befreiung Südvietnams (FNL).

1961–73 Unterstützung des südvietnamesischen Regimes durch die USA, beständige militärische Eskalation.

1964 Beginn des Luftkrieges.

1968 Tet-Offensive der FNL.

1969 Beginn der Verhandlungen über ein Ende des Krieges.

1969 Am 2. September stirbt Ho Chi Minh, sein Todestag wird offiziell auf den 3. September gelegt, damit er nicht mit dem Nationalfeiertag zur Unabhängigkeitserklärung von 1945 kollidiert.

1973 Pariser Abkommen.

Festumzug zum 80jährigen Bestehen der Kommunistischen Partei 2010

Einsäulenpagode

Die Einsäulenpagode ist das bekannteste religiöse Bauwerk in Vietnam. Ihre Entstehung verbindet sich mit einer Legende. Dem kinderlosen König Ly Thai Tong erschien eines nachts im Traum Quan Am, die Göttin der Barmherzigkeit. Sie saß auf einer Lotosblüte und hielt ihm einen Knaben entgegen. Der König interpretierte dies als Zeichen, ein junges Bauernmädchen, das ihm gerade gefiel, zur Konkubine zu wählen. Tatsächlich gebar diese ihm bald darauf einen Sohn und Thronerben. Aus Dankbarkeit ließ er 1049 Quan Am diese außergewöhnliche Pagode errichten. Sie hat einen quadratischen Grundriss von nur drei Metern Seitenlänge und steht auf einer einzelnen Säule in einem ebenfalls quadratischen künstlichen Teich. Von dessen Rand führt eine Treppe hinauf zu dem kleinen Bauwerk, das eine Statue der Göttin mit zahlreichen Armen birgt. In seiner fast 1000-jährigen Geschichte wurde die Pagode mehrfach beschädigt oder zerstört und genauso oft wieder aufgebaut. Zuletzt geschah dies 1955, wobei die einstige Holzsäule durch einen Betonpfeiler ersetzt wurde.

Nur wenige Meter von der Einsäulenpagode entfernt liegt in einem Hof die **Dien-Huu-Pagode**, ein einfaches Bauwerk mit vielen bunten Statuen. Wegen der großen Besucherscharen der Umgebung ist sie oft verschlossen.

Nur wenige Schritte weiter ragt auf einer kleinen Anhöhe das **Ho-Chi-Minh-Museum** (→ S. 176) auf.

Am Westsee

Geht man vom Ba-Dinh-Platz weiter nach Norden durch die Hung Vuong, deren Namen an die nur in der Legende existierenden Hung-Könige erinnert, so fällt zunächst das moderne palastartige Gebäude mit der Nr. 1 auf, der Sitz des

Die Einsäulenpagode

Parteichefs, des zwar nicht protokollarisch, aber realpolitisch mächtigsten Manns im sozialistischen Vietnam: der neue König, dessen Macht ebenfalls auf vielen Legenden beruht.

Den Quan Thanh

Hinter der zweiten Kreuzung liegt auf der rechten Seite der 1010 mit der Stadtgründung errichtete Den Quan Thanh. Hier wird der Schutzgeist des nicht erhaltenen Nordtores der Stadt, der Dämon Tran Vu, verehrt, der als Herrscher des schwarzen Himmels gilt und dessen Kult aus China stammt. Er wird mit zahlreichen Yin-Aspekten in Verbindung gebracht: dem Norden, der Dunkelheit, der Nacht und nicht zuletzt dem Tod. Er eignet sich zudem gut als Bewacher, weil er der Legende nach ein neunschwänziges Fuchsmonster besiegte, das schrecklichste Ungeheuer chinesischer Vorstellungskraft. Der vietnamesischen Version der Legende entsprechend fand der Kampf genau an dieser Stelle statt und war so

Statue des Dämons Tran Vu im Den Quan Thanh

heftig, dass die Ringer ein tiefes Loch ausschürften, in dem sich der Westsee sammelte.

Vor allem Frauen kommen zum Tempel und bitten den Dämon um Kindersegen. 1677 wurde ihm eine inklusive Podest vier Meter hohe und vier Tonnen schwere Bronzestatue geweiht. Der Tempel befindet sich in einem begrünten Hof mit einer hohen Umfassungsmauer und weist prächtig verzierte Türen, Säulen und Balken auf.

Am Ufer des nahen Westsees haben sich Restaurants und Cafés etabliert, auch einige Restaurantschiffe haben an Stegen festgemacht. Vor allem an heißen Tagen ist hier abends eine Menge los.

■ Westsee

Der Westsee (Ho Tay) ist ein alter Arm des Roten Flusses. Er nimmt heute noch eine Fläche von etwa 500 Hektar ein, ist aber nur rund zwei Meter tief. An seinen Ufern befanden sich die Sommerpaläste der Könige und die Landsitze der Adligen. In den letzten Jahren wurde er ringsum mit nicht gerade ansprechenden Scheibenhäusern bebaut. 1620 wurde das östliche Ende des Sees mit einem Damm abgetrennt; der neu entstandene kleine Teil heißt **See der Weißen Seide** (Ho Truc Bach) nach einem Palast am Ufer, in dem ungehorsame Konkubinen als Strafe weiße Seide weben mussten.

■ Chua Tran Quoc

Vom Damm zwischen den beiden Seen ragt eine kleine Halbinsel in den Westsee, auf der sich der Chua Tran Quoc befindet. Seine Geschichte reicht in das 6. Jahrhundert zurück, die heutige Anlage wurde allerdings erst 1616 gegründet, als die alte Pagode vom Ufer des Roten Flusses hierher verlegt wurde; 1639 erfolgte ein Neubau in Form eines liegenden H. Den **Bodhibaum** ganz im Süden der kleinen Halbinsel, von wo aus man die mit zahlreichen Figuren bestückte Pagode betritt, schenkte 1959 der indische Präsident Rajendra Prasat; er soll ein Ableger jenes Bodhibaums sein, unter dem der Buddha seine Erleuchtung erlangte. Im hinteren Hof gibt es zahllose **Grabstupas**, darunter ein neuer 13-stökkiger Ziegelturm.

Seidendorf Lan Van Phuc

Am südwestlichen Rand von Hanoi befindet sich das längst eingemeindete ehemalige Dorf, das durch ein großes Tor auf sich aufmerksam macht. Eine Königin namens A La De Nuong soll im 9. Jahrhundert die Seidenweberei eingeführt und dem Dorf damit großen Wohlstand gebracht haben. Zum Dank wird sie jetzt als Schutzgöttin verehrt.

Direkt hinter dem eindrucksvollen **Tor**, das die Besucher begrüßt, breitet sich links ein buddhistischer **Dorftempel** aus. Gegenüber wirbt **Mao Silk** für seine Produkte, der einzige Laden, in dem man noch sehen kann, wie aus den Seidenraupenkokons Stoffe werden, auch einige mit Lochkarten gesteuerte elektrische Webstühle sind noch in Betrieb. Herr Trieu Van Mao ist ein im ganzen Land bekannter Seidendesigner, doch auch er lässt weit außerhalb der Stadt produzieren, oder gleich in China, woher die meisten Stoffe kommen. In der Umgebung von Hanoi gibt es einfach nicht genug Land zur Aufzucht von Maulbeerbäumen, deren Blätter die Seidenraupen fressen, aus deren Kokons die Fäden gezogen werden. Und so besteht Lan Van Phuc heute aus vielleicht hundert Läden und einem **Markt**, die Seidenstoffe und -kleidung anbieten.

Am Ende des Dorfes ragt hinter einem quadratischen Seerosenteich ein modern gestaltetes **Gemeinschaftshaus** (Dinh Van Phuc) aus dem Jahr 2013 auf. Hier

Beim Aufrollen der Seidenfäden

wird im hinteren, verschlossenen Raum die Königin in Form einer Statue verehrt, die aber nur zum Tempelfest zu sehen ist. Obwohl dies kein wirkliches Handwerkerdorf mehr ist, sondern nur aus Geschäften besteht, ist die Atmosphäre gelassen, da es keine aufdringlichen Verkäuferinnen gibt.

Museen

Adressen und Öffnungszeiten der Museen → S. 183.

Armeemuseum

Die Sammlung von Waffen und einer ganzen Menge von Kriegsschrott sowie die sehr schematischen Darstellungen bewaffneter Auseinandersetzungen sind irgendwie völlig aus der Zeit gefallen.

Ethnologisches Museum

Das sieben Kilometer nordwestlich des Zentrums gelegene Museum präsentiert mit Unterstützung französischer Ethnologen erstmals die als ›Minderheiten‹ bezeichneten Völker vorurteilsfrei und gleichwertig in ihren Bautraditionen, Kleidungen und Alltagsgegenständen. Nachgestellte Szenen geben Einblicke in Sitten und Bräuche. Draußen wurden unter anderem ein Langhaus der Ede und ein Gemeinschaftshaus der Bahnar aus dem Zentralen Hochland errichtet.

Frauenmuseum

Das nach ausgiebiger Renovierung wieder eröffnete Museum hat etwa 28000 Gegenstände gesammelt, die besonders mit dem Leben der Frauen in Vietnam verbunden sind; viele stammen dabei aus der Welt der ›Minderheiten‹ und betreffen den Anbau und die Zubereitung von Lebensmitteln. Allerdings werden auch mehrere Lebenswege von Frauen portraitiert, die sich in Politik, Geschichte oder Wissenschaft hervorgetan haben. Obwohl die Kommunistische Partei die Emanzipation der Frauen rhetorisch auf ihre Fahnen geschrieben hat, hat noch keine Frau in Partei oder Staat jemals eine führende Rolle gespielt.

Historisches Museum

In dem gelben, Ende des 19. Jahrhunderts errichteten Gebäude der École Française de l'Extrême Orient geht es auf zwei Stockwerken von der Bronzezeit bis in die glorreiche Gegenwart. Herausragende Objekte sind die Bronzetrommeln, Begräbnisurnen der Sa-Huynh-Kultur, Modellhäuser aus der chinesischen Han-Dynastie, Klangsteine, Porzellan, einige nicht immer gelungene Kopien berühmter Statuen sowie neuerdings in einem Raum zusammengefasste Statuen und Friese der Cham-Kultur.

Ho-Chi-Minh-Museum

Das Museum bietet eine sehr ansprechende Präsentation, die teilweise von Künstlern geschaffen wurde. Natürlich wird Ho Chi Minh als Held präsentiert, und die üblichen Tropenhelme, Brillen

▶ Karte: hintere Umschlagklappe

und Gummilatschen dürfen nicht fehlen, doch das weltweite Umfeld seiner Lebenszeit wird nicht ausgespart, eigene Assoziationen und Überlegungen sind dem Besucher möglich.

Kunstmuseum

Im Erdgeschoss finden sich historische Objekte und Statuen (zum Teil Kopien), in den beiden oberen Geschossen Gemälde, Skulpturen, Lackarbeiten und anderes aus dem 19. und 20. Jahrhundert. Obwohl manches sehr realsozialistisch, manches kitschig ist, erhält man einen guten Überblick über Techniken, Motive und Entwicklungen in der vietnamesischen Kunst. Im Seitengebäude werden Wechselausstellungen gezeigt.

Revolutionsmuseum

Im Museum wird die Geschichte der Kämpfe gegen chinesische, französische und amerikanische Besatzung sehr schematisch und belehrend dargestellt.

Das Historische Museum

Das Ho-Chi-Minh-Museum

Zentralgefängnis

Südwestlich des Zentrums baute die französische Kolonialmacht 1896 ein großes Gefängnis, in dem neben einfachen Kriminellen auch politische Gefangene festgehalten und gefoltert wurden. In der Ausstellung werden deren Leiden mit Puppen in den Originalzellen drastisch dargestellt. Nach 1954 nutzte die vietnamesische Regierung das Gefängnis, unter anderem, um abgeschossene amerikanische Piloten zu beherbergen, für die dies nach den Fotos eine Art Urlaub mit Tannenbaumschmücken und anderem darstellte. Vielleicht gaben die Piloten dem Gefängnis auch deshalb den Namen ›Hanoi Hilton‹. Nicht erwähnt wird in der Ausstellung, dass die vietnamesische Regierung nach 1975 auch ihre eigenen politischen Gefangenen hier einsperrte. Der größte Teil des Komplexes in heute lukrativer Lage wurde Ende der 1990er Jahre abgerissen, um einem Bürohochhaus Platz zu machen; ein Trakt blieb als Museum übrig.

Hanoi-Informationen

Allgemeine Informationen

Vorwahl: +84/4.

Es gibt keine offizielle Touristeninformation, auch wenn manche versuchen, sich dieses Namens zu bemächtigen. Die meisten Reisebüros sind zwar hilfreich, aber letztendlich wollen alle ihre Produkte verkaufen.

Diese sind die besten Gerüchtebörsen, Bus-, Ausflugs- und Hotelvermittler der Rucksackreisenden, alle in der Altstadt:

Darling Café, 33 Hang Quat, Tel. 38269386. Karte S. 157.

Green Bamboo Tours, 55 Hai Ba Trung, Tel. 091/5246609 (mobil), www.greenbambootours.com. Karte: hintere Umschlagklappe.

Green Mango Restaurant, 18 Hang Quat, www.greenmango.vn. Karte S. 157.

Sinh Café, 52 Ma May, Tel. 39281403, www.vietnamthesinhtourist.com. Karte S. 157.

Sonstige Reisebüros:

Buffalo Tours, Level 10, Viet Bank Building, 70–72 Ba Trieu, Hoan Kiem, Tel. 38280702, Fax 38269370, www.buffalotours.com. Karte hintere Umschlagklappe.

Das Moped ist das Lastentaxi

Exo Travel, 3/F, 66A Tran Hung Dao, Hoan Kiem, Tel. 38282150, www.exotravel.com. Karte: hintere Umschlagklappe.

Handspan Travel, 78 Ma May, Tel. 39262828, www.handspan.com. Karte S. 157.

An- und Abreise

Mit dem Flugzeug

Flughafen Hanoi (Noi Bai, HAN), 45 km nördlich des Stadtzentrums, www.hanoiairportonline.com. Hanoi wird von allen vietnamesischen Flughäfen (außer Phu Quoc) angeflogen.

Die preiswerteste Variante, um vom Flughafen in die Stadt zu gelangen, sind die **Stadtbusse Nr. 7** und **17** (5000 VND, 1 Std.). Eine Fahrt im **Minibus** kostet etwa 32 000 VND, im **Taxi** etwa 320 000 VND.

Mit Bus und Bahn

Überlandbusse verkehren auf der N1 entlang der Küste von Saigon oder den Städten dazwischen. Parallel dazu verläuft die **Bahnstrecke**, wobei die Züge wesentlich langsamer sind als die Busse. Von Hanoi führt eine weitere Bahnstrecke nach Lao Cai an der chinesischen Grenze, von wo aus man Sa Pa (→ S. 222) erreicht. Die Metropole des Nordens ist zudem Ausgangspunkt für Ausflüge in die Ha-Long-Bucht (→ S. 202).

Bahnhof, 120 Le Duan.

Es gibt verschiedene Busbahnhöfe, je nach Zielort. Am besten besorgt man sich die Informationen über den Abfahrtsort und die Tickets an der Rezeption seines Hotels oder im Reisebüro.

Unterwegs in Hanoi

Außer gerne im Verkehr stehenden Bussen gibt es noch keine öffentlichen Verkehrsmittel in der Hauptstadt, eine Hochbahn ist erst im Bau, führt aber nur in die südwestlichen Vorstädte. Also bleiben **Taxi** und **Mopedtaxi**.

Am Nordufer des Hoan-Kiem-Sees parken zahlreiche **Elektrokarren**, die eine 30-mi-

Die Schienen der wichtigsten Eisenbahnlinie des Landes

nütige Rundfahrt um den See und durch die Altstadt anbieten. Ein Wagen fährt los, wenn mindestens fünf Passagiere an Bord sind, 150 000 VND pro Person.

Unterkunft

Oberer Preisbereich

Apricot (***), 136 Hang Trong, Tel. 38289595, Fax 38286565, www.apricot hotels.com. Das Hotel liegt hervorragend am Westufer des Sees, von den oberen Etagen und der Dachterrasse mit Pool und Bar blickt man ins Grüne, auf den See und über die Stadt. Da der Eigentümer auch Besitzer der Apricot Gallery ist, sind Zimmer sowie Flure und öffentliche Räumlichkeiten wie Restaurants und Bibliothek mit zahlreichen Kunstwerken der besseren Qualität geschmückt. Ein sehr angenehmes Etablissement. Karte S. 157.

Meliã (***), 44B Ly Thuong Kiet, Tel. 39343343, Fax 39348688, www.melia.com. Mit 22 Stockwerken und 306 Zimmern und Suiten sowie dem größten säulenfreien Ballsaal des Landes ist das zu einer spanischen Kette gehörende Haus eines der führenden Business-Hotels der Stadt. Eine gute Lage und ein guter Blick über die Stadt sind auch inklusive. Karte: hintere Umschlagklappe.

Mövenpick (***), 83A Ly Thuong Kiet, Tel. 38222800, Fax 38222822, www.moven pick.com. Dekoration und Einrichtung des unter Schweizer Management stehenden Boutique-Hotels mit 154 Zimmern sind sehr modern und ansprechend. Zudem hat das Hotel eine gute Lage unweit des Hoan-Kiem-Sees mit Läden und Restaurants in der Umgebung. Karte: hintere Umschlagklappe.

Sofitel Métropole (***), 15 Ngo Quyen, Tel. 38266919, Fax 38266920, www.so fitel.com. Das Kolonialhotel aus dem Jahr 1901 hat heute 364 Zimmer und Suiten im historischen und im neuen Flügel. Dazwischen liegt ein angenehmer Innenhof mit Pool, Café und Restaurant. Karte S. 157.

Mittlerer Preisbereich

Church Hotel (**), 9 Nha Tho, Tel. 39288118, Fax 39288119, www.church hotel.com.vn. Es sieht selbst ein wenig wie eine Kirche aus, das zwischen Kathedrale

Mutter und Tochter bereiten in der Altstadt Hanois einen köstlichen Nachtisch zu

und Hoan-Kiem-See günstig gelegene Hotel. Die 26 Zimmer sind modern und komfortabel eingerichtet. Karte S. 157.

Hong Ngoc (**), 30 Hang Manh, Tel. 090/4428387 (mobil), www.hongngochotel.com. Mitten in der Altstadt liegt dieses Standardhotel mit vietnamesischer Einrichtung. Falls hier nichts frei ist, gibt es noch vier weitere Hotels in der Umgebung, die denselben Eigentümern gehören. Karte S. 157.

La Siesta (**), 94 Ma May, Tel. 39263641, Fax 39263645, www.hanoilasiestahotel.com. Mitten in der Altstadt ragt dieses sehr modern eingerichtete 50-Zimmer-Hotel auf, in dem es sogar einen Computer in jedem Zimmer gibt. Karte S. 157.

Ocean (**), 48 Tran Nhan Tong, Tel. 49445959, Fax 49447313. Zwar nicht mit Meerblick, aber an einem Park mit See südlich vom Stadtzentrum gelegen ist dieses Standardhotel mit vietnamesischen Möbeln. Karte: hintere Umschlagklappe.

Silk Path (**), 195 Hang Bong, Tel. 32665555, Fax 32661288, www.silkpathhotel.com. Das jüngst mit 106 Zimmern eröffnete Hotel liegt in einer lebhaften Gegend am westlichen Rand der Altstadt und weist eine moderne und geschmackvolle Einrichtung auf. Karte: hintere Umschlagklappe.

Unterer Preisbereich

Zahlreiche sogenannte **Minihotels** mit Preisen um 20 US-Dollar pro Zimmer finden sich in der Altstadt. Die meisten Zimmer sind so eng, dass man gerade um die Betten herumgehen kann, in der Regel aber sauber und funktional. Am besten zieht man von Hotel zu Hotel, lässt sich die Zimmer zeigen und verhandelt bei längeren Aufenthalten über den Preis.

Gastronomie

Oberer Preisbereich

Green Tangerine, 48 Hang Be, Tel. 38251286, www.greentangerinehanoi.com. Eine interessante Mischung aus französischer und vietnamesischer Küche kann man drinnen oder in einem schön gestalteten Innenhof in der Altstadt genießen. Karte S. 157.

Home, 34 Chau Long, Ba Dinh, Tel. 39392222, www.homerestaurant.vn. Eine in kolonialem Gelb gestrichene Villa am Westsee beeindruckt mit rustikalem Interieur: blanke Ziegelsteinwände, Holztische, Teller als Wanddekoration und schlichtes Geschirr aus Steinzeug. Das Essen hingegen ist eine ganz moderne Interpretation der vietnamesischen Küche. Eine interessante Kombination. Karte: hintere Umschlagklappe.

Madame Hien, 15 Chan Cam, Tel. 39381588. Der bekannte französische Hotelkoch Didier Corlou verbindet in kolonialem Ambiente die vietnamesische mit der französischen Küche und hat sein Restaurant nach seiner ›Schwiegergroßmutter‹ benannt, die ihn einst in die Geheimnisse der traditionellen Kochkunst einweihte. Karte S. 157.

Seasons of Hanoi, 95B Quan Thanh, Tel. 37341466. In einer älteren, schon renovierten Villa wird in eleganter Umgebung vietnamesische und westliche Küche serviert. Karte: hintere Umschlagklappe.

Wild Rice, 6 Ngo Thi Nham, Tel. 39438896. Die große Villa wurde im klassischen, schlichten Design umgebaut, und hier serviert man moderne vietnamesische Küche auf höchstem Niveau. Karte: hintere Umschlagklappe.

Mittlerer Preisbereich

Au Lac House, 13 Tran Hung Dao, Tel. 39333533. Gute vietnamesische Küche in einer stilvollen alten Villa. Man kann je nach Wetter draußen auf dem Balkon oder in den gekühlten Innenräumen sitzen. Karte: hintere Umschlagklappe.

Dinh Lang, 1 Le Thai To, Tel. 38286290. Das bei Touristen beliebte Restaurant liegt direkt am Hoan-Kiem-See. Eine lange Speisekarte bietet wohlschmeckende Spezialitäten aus Hue und dem Süden, abends wird Musik auf traditionellen Instrumenten gespielt. Karte S. 157.

Ginger, 87C Ly Thuong Kiet, Tel. 39412099. Große moderne Gemälde an der Wand, die Tische schön eingedeckt – alles steht bereit für die Verbindung guter mediterraner Küche mit asiatischen Noten oder umgekehrt. Hier gibt es (was selten ist) auch tolle Nachtische, wie etwa süßen Reis mit Kokosnusseis und frischem Mangosalat! Karte: hintere Umschlagklappe.

Koto, 59 Van Mieu, Tel. 37470337. Jimmy Pham lebte einige Jahre in Australien und war bei seiner Rückkehr geschockt von der puren Armut vieler Straßenkinder. Also gründete er ein Ausbildungszentrum, in dem jetzt pro Jahr etwa hundert Kinder trainiert werden, die meisten für gastronomische Berufe. Das Lokal direkt neben dem Literaturtempel bietet auf zwei Etagen westliche und vietnamesische Küche sowie Kuchen. Karte: hintere Umschlagklappe.

Le Tonkin, 14 Ngo Van So, Tel. 39433457, www.letonkinvietnam.com. In einer alten Villa aus französischer Zeit bietet die Karte zwei Seiten vietnamesischer Spezialitäten, darunter viel Fisch und Gemüse. Karte: hintere Umschlagklappe.

Luc Thuy, 16 Le Thai To, Tel. 62838888, www.lucthuy.com. Elegantes Speiselokal

Cool gegrillt: angeblich die besten Fleischspießchen Hanois

in einem historischen Gebäude mit großer Terrasse und Lounge am Westufer des Hoan-Kiem-Sees. Chinesische Küche. Karte S. 157.

Potomac, 4 Thuy Khue, Tel. 39110203. Dies ist das eleganteste der Restaurantschiffe, die am Südufer des Westsees festgemacht haben. Auf dem Anleger Gartenatmosphäre, auf dem Schiff weiße Tischdecken. Karte: hintere Umschlagklappe.

Old Hanoi, 4 Ton That Thiep, Tel. 091/3559096 (mobil). Die alte französische Villa südlich der Zitadelle hat einen kleinen Hof und ist mit alten Möbeln geschmackvoll eingerichtet. Sehr feine, traditionelle Hanoier Kost kommt auf den Tisch. Karte: hintere Umschlagklappe.

Porte de Annam, 22 Nha Tho, Tel. 3938 2688. Spezialitäten sind die hauseigene Nudelsuppe sowie Frühlingsrollen mit sehr unterschiedlichen, auch innovativen Füllungen, besonders gut ist die Ente. Karte S. 157.

Quan An Ngon, 18 Phan Boi Chau, Tel. 39428162. In der großen gelben Villa und ihrem ausgedehnten Garten herrscht so etwas wie Biergartenatmosphäre. Die Küche aus allen Teilen des Landes ist sehr beliebt; ein Teil der Gerichte wird in Nebenküchen draußen vor den Augen der Gäste zubereitet. Karte: hintere Umschlagklappe.

Rue Lamblot, 6 Ly Quoc Su, Tel. 38243555, www.ruelamblot.com. Auf zwei Etagen eines neuen Hauses im alten Gewand wird hier vietnamesische Küche mit einigen Spezialitäten serviert. Karte S. 157.

Unterer Preisbereich

Cha Ca La Vong, 14 Hang Cha Ga, Tel. 38253929. Dies ist das Original: Seit 1871 serviert die Familie in ihrem Haus in der Altstadt nur ein Gericht: marinierten Fisch, der mit Sojasprossen, Erdnüssen und etwas Grünzeug auf dem Tisch in der Pfanne gegart wird. Kein kulinarisches Highlight, aber ein Erlebnis. Karte S. 157.

Hung Gia, 19 Phan Boi Chau, Tel. 85867598; tägl. 10.30–14.30, 16.30–21 Uhr. Kleines vegetarisches Restaurant, das seine Produkte von einer kontrollierten Farm außerhalb von Hanoi bezieht und den Teig für Nudeln und Teigtaschen selbst herstellt. Karte: hintere Umschlagklappe.

Nang Tam, 79A Tran Hung Dao, Tel. 39424140, www.nangtam.com.vn. Vegetarisch lebende Buddhisten bereiten gerne Speisen zu, die aussehen, als sei ein wesentlicher Bestandteil Fleisch, das jedoch aus Pilzen oder Tofu besteht. Diese Tradition lebt in dem kleinen, einfachen Restaurant auf. Karte: hintere Umschlagklappe.

Pho Bo Gia Truyen, Hai Ba Trung. Die richtigen Nudelsuppen-Lokale verschwinden langsam zugunsten von westlichem Fastfood. Doch hier gibt es noch die echte Rindfleisch-Nudelsuppe (Pho bo), die einst das typische Frühstück war. Deshalb sind die Öffnungszeiten auch von 5–14 Uhr. Karte: hintere Umschlagklappe.

Pho Ga Mai Anh, 32 Le Van Huu. Echte Nudelsuppe mit Huhn (Pho ga) am Rande der Altstadt. Karte: hintere Umschlagklappe.

Vi Quang, 35 Tran Hung Dao. Hier gibt es die Nudelsuppe aus Mittelvietnam in verschiedenen Varianten: Schwein, Rind, Huhn, Fisch, Shrimp oder Ei. Karte: hintere Umschlagklappe.

Cafés

Praktisch alle Cafés servieren neben Kuchen auch Imbisse und leichte Speisen.

Café 61, 61 Bat Su. Freundliches Café mitten in der Altstadt mit zahllosen Schwarzweiß-Fotos aus vergangenen Tagen. Karte S. 157.

Fröhliches Chaos in der abendlichen Altstadt

Moca Café, 14 Nha Tho. Sehr freundliches Café im Ziegelsteinlook nahe der Kathedrale. Karte S. 157.

Runam, 13 Nha Tho. Verschiedene Varianten des sehr guten vietnamesischen Kaffees, Tees und frische Säfte locken junge Familien in das zweistöckige Café. Karte S. 157.

Thuy Ta, 1 Le Thai To; tägl. 6–23 Uhr. An der Nordwestecke des Hoan-Kiem-Sees sitzt man hier auf einer Terrasse direkt am Wasser. Karte S. 157.

Clubs und Bars

Binh Minh Jazz Club, 1 Trang Tien, www.minhjazzvietnam.com. Tägl. ab 21 Uhr Live-Jazz, gelegentlich Jam Sessions. Tagsüber eine Art Bistro. Karte: hintere Umschlagklappe.

Dragonfly, 15 Hang Buom. Bar mit Billard und Tischfußball in der Altstadt. Karte S. 157.

Face Club, 6 Hang Bai. Schrille Disko mit wechselnden DJs und bunten Lichteffekten wenig südlich des Hoan-Kiem-Sees. Karte: hintere Umschlagklappe.

Factory 47, 47 Hang Buom. Im Arbeiterdress empfangen Kellner und Barkeeper das junge Publikum bei elektronischer Musik zu Bier und Cocktails; zu essen gibt es Steaks und Käse-Sandwiches in vielen Variationen. Karte S. 157.

Funky Buddha, 2 Ta Hien. Moderne Bar mit psychedelischen Lichteffekten, lauter Musik und jungem Publikum. Karte S. 157.

Jojo's Bar, 23C Hai Ba Trung. Große, gestylte Bar mit häufigen Live-Auftritten. Karte: hintere Umschlagklappe.

Long Play, 9A Ngo Bao Khanh. Witzige Bar unweit des Hoan-Kiem-Sees, in der Vinyl aus den 70er Jahren aufgelegt wird. Karte S. 157.

Kultur

Museen

Den Ngoc Son, im Hoan-Kiem-See; tägl. 7–18, am Wochenende bis 21 Uhr, 30000 VND.

Altstadthaus, 87 Hang Ma May; tägl. 8–17 Uhr, 10 000 VND.

Literaturtempel; Sommer 7–17.30, Winter 8–17 Uhr, 30 000 VND.

Zitadelle, 9 Hoang Dieu, www.hoangthanhthanglong.vn; tägl. 8.30–11.30 Uhr und 14–17 Uhr, 30 000 VND.

Ho-Chi-Minh-Mausoleum; Di, Mi, Do, Sa, So, April–Okt. 7.30–10.30, Nov.–März 8–11 Uhr (nicht zuverlässig).

Holzhaus Ho Chi Minhs und Garten, Eingang neben Präsidentenpalast, tägl., Sommer 7.30–11, 14–16 Uhr, Winter 8–11, 13.30–16 Uhr, Mo und Fr nachmittags geschlossen, 40 000 VND.

Armeemuseum, Dien Bien Phu; tägl. außer Mo und Fr 8–11.30, 13–16.30 Uhr, 20 000 VND.

Ethnologisches Museum, Nguyen Van Huyen, Cau Giay, www.vme.org.vn; Di–So 8.30–17 Uhr, 40 000 VND.

Frauenmuseum, 36 Ly Thuong Kiet, www.baotangphunu.org.vn; tägl. 8–17 Uhr, 20 000 VND.

Historisches Museum, 1 Trang Tien (prähistorische Zeit bis Nguyen-Dynastie) und 216 Tran Quang Khai (nebenan, Moderne seit 1858), http://baotanglichsu.vn; tägl. 8–12 und 13.30–17 Uhr, Kombiticket 40 000 VND.

Ho-Chi-Minh-Museum; tägl. 8–12, 14–16.30 Uhr, Mo, Fr nachmittags geschlossen, 40000 VND.

Kunstmuseum, 66 Nguyen Thai Hoc; tägl. außer Mo. 8.30–17 Uhr, 20000 VND.

Revolutionsmuseum, Tong Dan; tägl. 8–11.30 Uhr und 13.30–16.15 Uhr, 10 000 VND.

Zentralgefängnis (›Hanoi Hilton‹), Hai Ba Trung; tägl. 8–17 Uhr, 20000 VND.

Theater

Wasserpuppentheater, Dinh Tien Hoang; Vorstellungen tägl. 15, 16.10, 17.20, 18.30 und 20 Uhr, 60 000 und 100 000 VND, So zusätzliche Kindervorstellung 9.30 Uhr.

Ein **zweites Puppentheater** hat am Westufer des Sees eröffnet, an der Ecke Le Thai To und Hang Trong. Die Spielfolge ist ähnlich. Vorstellungen tägl. um 17 und 18.30

Uhr, Karten ebenfalls 60 000 und 100 000 VND.

Einkaufen

Bücher

Bookworm, 44 Chau Long, http://bookwormhanoi.com; tägl. 9–19 Uhr. Buchladen mit über 5000 neuen und gebrauchten Büchern. Karte: hintere Umschlagklappe.

Infostones, 41 Trang Tien. Buchladen, vor allem für Bildbände, Architektur und Kunst. Karte: hintere Umschlagklappe.

Propaganda Art, 30 Ta Hien, Altstadt, www.vnpropaganda.com. Die revolutionäre Propaganda der 1960er und 1970er Jahre wird heute nicht mehr so ernst genommen, hat aber fast den Status einer eigenen Kunstrichtung erreicht. In dem kleinen Laden gibt es Poster, Bildbände, bedruckte Tassen und ähnliches. Karte S. 157.

Kunst und Kunsthandwerk

Apricot Gallery, 40B Hang Bong, Hoan Kiem, Tel. 38288965, www.apricotgallery.com.vn. Vermutlich die beste Kunstgalerie mit Einzelausstellungen moderner Künstler und gut gemachten Katalogen. Karte S. 157.

Hanoi Moment, 101 Hang Gai, www.hanoimoment.vn. Kunsthandwerkprodukte aus dem Norden. Karte S. 157.

Tan My Design, 61 Hang Gai, www.tanmydesign.com. In einem großen Laden über mehrere Stockwerke wird eine breite Auswahl an skurrilen und witzigen Dekogegenständen von lokalen Designern angeboten. Mit Café für Erschöpfte. Karte S. 157.

Tranh Dong Ho, 17 Chan Cam, Altstadt. Hier gibt es die originalen Neujahrsbilder aus dem Dorf Dong Ho. Karte S. 157.

Kleidung und Stoffe

Metiseko, 71 Hang Gai, www.metiseko.com. Sehr elegante Mode und Stoffe. Das Design erinnert an japanische Vorbilder.

Quilts&Art, No. 31, Lane 343, Doi Can, www.quiltsandart.com. Von Behinderten, die sich dadurch ein Einkommen erwirtschaften können, gefertigte dekorative und nützliche Produkte wie Kissen, Taschen und Weihnachtsdeko (!).

Sonntags im Park

Khai Silk, 113 Hang Gai und 26 Nguyen Thai Hoc, www.khaisilkcorp.com. Elegante und innovative Kleidung und Accessoires aus Seide und anderen Materialien. Karte: hintere Umschlagklappe (2) und S. 157 (1).

Gosto, 128 Hang Trong. Drei Generationen lang beschäftigte die Familie sich mit der Produktion von Schuhen, jetzt kommen auch Taschen, Gürtel und andere Accessoires aus Leder hinzu. Karte S. 157.

Ärztliche Versorgung

International SOS, 1 Dang Thai Mai, Tel. 39340666, www.internationalsos.com. Rund um die Uhr erreichbare Klinik mit lokalen und internationalen Ärzten, die verschiedene Fremdsprachen beherrschen.

International SOS Dental Clinic, 51 Xuan Dieu, Tel. 39340666, www.internationalsos.com. Große Zahnklinik in der Nähe des Westsees.

Tagesausflüge von Hanoi

In der Umgebung Hanois liegen einige der historisch bedeutsamsten und ansprechendsten Pagoden des Landes. Sie zeigen klassische Baustile, wurden zwar immer wieder renoviert und gelegentlich auch umgebaut, allerdings nicht kitschig bunt aufbereitet, wie das bei einigen Stadttempeln der Fall ist. Für alle Ausflüge mietet man am besten ein Auto mit Fahrer und Führer und kehrt am Nachmittag in die Hauptstadt zurück.

In einem Tagesausflug kann man den **Chua Thay**, den **Chua Tay Phuong** (→ S. 189) und die Gemeinde **Duong Lam** (→ S. 190) mit einigen kleineren Tempeln sowie traditionellen Bauernhäusern aus Lateritstein verbinden. Unterwegs kommt man durch die ausgedehnten Neubaugebiete von Gewerbeparks und Hochhaussiedlungen, mit denen sich Hanoi nach Westen ausdehnt.

Der **Chua Huong** (→ S. 194) ist weiter entfernt, mit einer Bootsfahrt und einem längeren Aufstieg verbunden, braucht also den größten Teil eines Tages.

Der **Chua But Thap** (→ S. 196) östlich von Hanoi kann mit den **Handwerkerdörfern** (→ ab S. 196) und/oder der **Zitadelle Co Loa** (→ S. 199) verbunden werden. Die Handwerkerdörfer und der Chua But Thap können auch auf dem Weg zur Ha-Long-Bucht besucht werden.

Chua Thay

Der Chua Thay (Pagode des Meisters) liegt am Rande des Dorfes **Sai Son**, etwa 30 Kilometer westlich des Stadtzentrums von Hanoi. Die Pagode wurde geomantisch günstig zwischen den Abhang eines Berges und einen kleinen See, der **Drachensee** (Long Tri) genannt wird, plaziert. Der Legende nach wohnt in jedem Berg ein Drache, und wegen seiner Form wird der hiesige Berg als besonderer Drache angesehen. Sein Kopf liegt hinter der Pagode, daneben fällt der Grat zum Hals etwas ab, steigt zum Körper wieder an und läuft auf der anderen Seite des Sees als Schwanz aus. Der in den See ragende Vorplatz der Pagode

Der Pavillon der Wasserpuppenspieler am Chua Thay

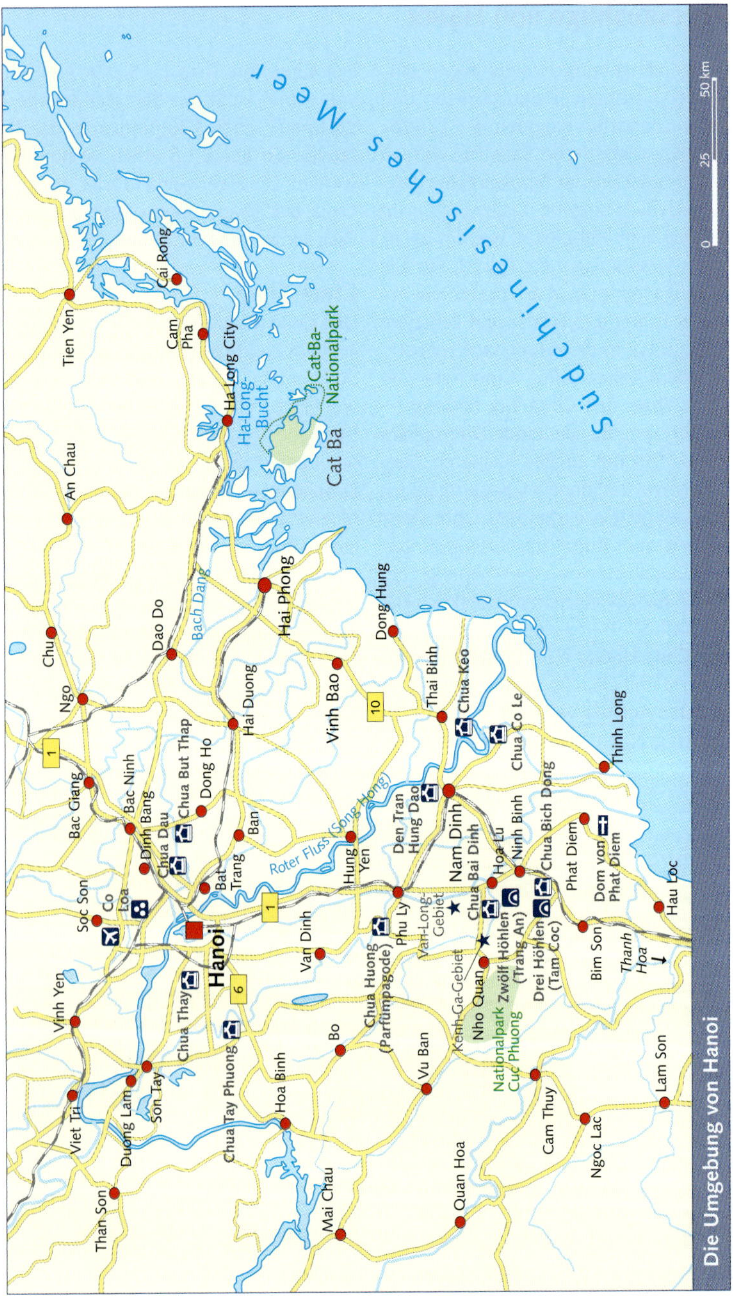

Die Umgebung von Hanoi

ist die Zunge des Drachens und die beiden historischen Brücken sind die Augen. Unweit des Ufers ragt aus dem See ein **Schutzgeisttempel**, von dem aus die Wasserpuppenspieler vom 5. bis 7. Tag des 3. Mondmonats zum Tempelfest spielen. Auffällig sind auch die beiden überdachten Holzbrücken (1602), von denen die rechte nach der Sonne, die linke nach dem Mond benannt ist. Solche Brücken gab es im 17./18. Jahrhundert in großer Zahl im ganzen Land; sie dienten nicht nur zur Überquerung eines Baches oder kleinen Flusses, sondern boten auch Schutz für Reisende bei Unwettern oder für Verkäufer von Erfrischungen vor der Sonne.

Über die rechte Brücke gelangt man zum kleinen **Den Tam Phu**, in dem in der Mitte der Jadekaiser, links der Erdgott und rechts der Wassergott verehrt werden.

Die Geschichte des Chua Thay reicht zurück ins 11. Jahrhundert, als der Arzt und Mönch Tu Dao Hanh aus dem Dorf Lang bei Hanoi den Buddhismus predigte und seine Heilkünste anbot. Er gilt als Gründer der Pagode (1076), und da er auch ein Lehrer des Wasserpuppenspiels war, wurde er Thay (Meister) genannt, wovon sich der Name der Pagode ableitet.

Der Chua besteht aus drei separaten Gebäuden auf drei leicht ansteigenden Ebenen. Man sollte ihn von unten nach oben gehend betrachten. In den Außenmauern befinden sich ein **Glocken-** und ein **Trommelturm** aus dem 17. Jahrhundert.

Vordere Halle

In der vorderen großen Halle flankieren die Tempelwächter den Altar, der einige wichtige Figuren aufweist: vorne der Buddha als Kind, dahinter Quan Am, in der nächsten Reihe außen eine weitere Quan Am, dazu ein Di Lac aus Bronze, in der folgenden Reihe ein Fastenbuddha, flankiert von den Buddhaschülern At Nan und Ca Diep, ganz hinten drei neue Buddhafiguren.

Auf der rechten Seite, vor dem Ausgang zur höher gelegenen Halle, ist im Boden eine schwarze **Steinplatte** zu sehen. Nach lokal erzählten Legenden saß der Mönch Hanh auf diesem Stein und meditierte, so dass der Stein als Verbindung zwischen Himmel und Erde gilt.

Mittlere Halle

Die mittlere, kleinere und etwas höher gelegene Halle steht ganz im Zeichen der Legenden um Tu Dao Hanh. Dieser soll nämlich nicht nur aus der Stadt geflohen und Mönch geworden sein, um den Buddhismus und das Puppenspiel zu predigen, sondern auch als König Ly Thanh Tong wiedergeboren worden sein. Dies wird auf drei Altären dargestellt. Auf dem **mittleren Altar** ist Tu Dao Hanh als Mönch zu sehen; die aus dem Holz eines Jackfruchtbaums geschnitzte Statue soll aus dem 13. Jahrhundert stammen. Sie repräsentiert Hanh als Lehrer und Meister des Puppenspiels. Umgeben ist er von mehreren gespendeten Buddhastatuen. Die hinteren Buddhas sind wohl aus dem 17. Jahrhundert. Interessant ist noch der hinter der Mönchsfigur befindliche **Steinaltar**, der aus dem 14. oder 15. Jahrhundert stammen soll.

Der Altar des Königs Ly Thanh Tong

An seinen Ecken sind deutlich Figuren des vogelähnlichen Garuda zu finden, der das Reittier des hinduistischen Gottes Vishnu ist. Oben sind aber Lotosblumen eingeschnitzt, die wiederum typisch für den Buddhismus sind. Ist dies ein Altar aus dem Cham-Reich? Wenn ja, wie kam er hierher? Oder gab es hier freiwillig oder unfreiwillig Cham-Steinmetze, die diesen Altar als Verbindung der beiden Religionen geschaffen haben? Antworten fehlen.

Auf dem **rechten Altar** befindet sich eine weitere Statue des Mönchs Tu Dao Hanh vor einem Schrein aus Eukalyptusholz, der angeblich die Asche des Mönches aus dem 11. Jahrhundert enthalten soll. Zudem befindet sich darin ein Skelett aus dem 17. Jahrhundert, das mit Kordeln so arrangiert war, dass es sich erhob, wenn die Türen des Schreins geöffnet wurden. Der Mechanismus funktioniert aber nicht mehr, zudem heißt es, dass ein Mandarin verfügt habe, dass ein Gott, als der Tu Dao Hanh angesehen wird, sich nicht vor den Gläubigen erhebt, weshalb das Skelett außer Betrieb gesetzt worden sei. Der Schrein wird nur zum Tempelfest geöffnet.

Auf dem **linken Altar** ist – erkennbar am Drachensessel – nun der als König Ly Thanh Tong reinkarnierte Mönch zu sehen. Vor ihm bitten kniend zwei Abgesandte der Cham um Frieden.

Zu beachten ist auch die Architektur der Halle. Die Säulen und die Balken, die das sehr schwere, weit heruntergezogene Dach tragen, sollen teilweise noch aus dem 11. Jahrhundert stammen, auch das komplizierte Auflagensystem der Balken ist typisch für diese Zeit.

Der Zahn der Zeit nagte zudem am 500 Jahre alten hölzernen **Opfertisch** vor der Mönchsfigur in der Mitte, denn das Holz ist abgeschabt von den vielen Leuten, die Räucherstäbchen einsteckten und sich mit einer Hand am Tisch festhielten. Der Mönch Tu Dao Hanh selbst soll einen flachen Stein hinter dem linken Altar bearbeitet und dort abgelegt haben, der den Tempel vor allem Bösen, vor allem vor Überflutung und Dieben beschützt.

Hintere Halle

Im hinteren und am höchsten gelegenen Gebäude werden mehrere Äbte der Pagode sowie mehrere der animistischen Tradition entstammende Göttinnen und Götter verehrt. Auf dem **Mittelaltar** ist hinten ein Mann mit Bart zu erkennen, der als ›indischer Buddha‹ bezeichnet wird. Es könnte sich dabei um den Mönch Bodhidharma handeln, der im 6. Jahrhundert den sogenannten Versenkungsbuddhismus (chin. Chan, jap. Zen) von Indien über China nach Japan brachte. Die Statuen vor ihm stellen nochmals Tu Dao Hanh sowie seine Eltern dar.

Tu-Dao-Hanh-Höhle

Auf dem Berg gibt es einige **Tempel** für Quan Am und die Eltern Hanhs sowie eine **Höhle**, in der Tu Dao Hanh gelebt haben soll, bevor er ins Nirwana einging. Man erreicht den Weg auf den Berg, wenn man die vom See aus gesehen linke Brücke überquert und geradeaus die sehr steilen Stufen hinaufsteigt, über die man zur Anhöhe mit den Tempeln gelangt. Von dort geht es über einen unebenen und felsigen Weg in gut 20 Minuten bis zur Höhle, für deren Erkundung eine Taschenlampe erforderlich ist, die auch vor Ort geliehen werden kann. Abgesehen von der Legende um den Mönch Hanh soll die Höhle Anfang des 15. Jahrhunderts Ort eines Dramas gewesen sein, weil sich hier 3000 Kämpfer gegen die chinesische Ming-Dynastie verschanzten, von denen die meisten ums Leben kamen, weil die Feinde den

▶ Karte S. 186

Eingang verschlossen. Auch im Kampf gegen die Franzosen war die Höhle als Versteck beliebt.

Chua Tay Phuong

Der Chua Tay Phuong (Pagode des Westens) liegt rund 40 Kilometer westlich des Stadtzentrums und 10 Kilometer westlich des Chua Thay auf dem Hügel Cau Lau. Seine Geschichte ist beispielhaft für die Entwicklung bedeutender Pagoden im Delta des Roten Flusses. Er wurde im 8. Jahrhundert als einfaches Holzbauwerk begründet und erfuhr später die Patronage des Adels, der im 11. bis 14. Jahrhundert zahlreiche Pagoden förderte. Anfang des 15. Jahrhunderts wurden unter den Ho-Königen und den chinesischen Invasoren viele religiöse Bauwerke zerstört. Erst Mitte des 16. Jahrhunderts wurden neue Pagoden errichtet, und ein neuer Stil bildete sich heraus, der im 17. Jahrhundert seine Blüte erreichte.

Der Name dieses Tam-quan-Stils leitet sich von dem dreiflügeligen **Tor** ab, das im Süden durch die Umfassungsmauer führt. Dieses Tor liegt, wie alle wichtigen Gebäude, auf einer zentralen, in der Regel in Nord-Süd-Richtung ausgerichteten Achse; die Gesamtanlage umgibt eine zwei bis drei Meter hohe Mauer aus getrockneten Ziegeln oder in dieser Gegend auch aus Lateritsteinen. Alle Eingänge gehen nach Süden, der in der Geomantik mit dem männlichen Element Yang verbunden ist und außerdem für das Helle, Trockene und die Sonne steht. Hinter dem Tor folgt ein Garten oder Innenhof, häufig mit einem künstlichen Teich in der Mitte, manchmal mit einem Glockenturm und/oder einer Plattform vor dem Haupteingang.

Die Pagode selbst besteht aus drei Gebäuden, die unmittelbar aufeinander folgend wie ein liegendes H angeordnet sind: eine breite **Vorhalle**, eine schmale **Zwischenhalle** und die breite **Haupthalle**. Jedes Gebäude hat ein eigenes Dach. Bei wichtigen Pagoden kann dieses auch zweistufig sein, überhaupt sind die Dächer die auffälligsten architektonischen Elemente der Pagoden des 17. Jahrhunderts. Ihre hochgezogenen Ecken betonen die Dächer weiter, geben ihnen aber auch eine gewisse Leichtigkeit. Vor allem die Firste sind häufig mit zahlreichen Porzellanfiguren wie für Wohlstand stehenden Fischen oder den vier heiligen Tieren Drache, Phönix, Einhorn und Schildkröte verziert. Viele Anlagen haben an der Außenmauer angebrachte überdachte Galerien, die vor allem Pilgern als Schutz vor schlechtem Wetter und Übernachtungsstelle dienten. Das **Quartier der Mönche und Nonnen** liegt ganz im Norden der Anlage an der rückwärtigen Außenmauer. Dort haben sie ihre privaten Altäre, dort wohnen und schlafen sie.

Der Chua Thay Phuong ist ein gutes Beispiel für den Tam-quan-Stil, die Anordnung der Gebäude und die schönen, hoch-

Buddhaschüler im Chua Tay Phuong

Hanoi und der Norden

gezogenen Dächer. Da er jedoch auf einem Hügel liegt, der über eine etwa 100 Stufen umfassende Treppe bestiegen wird, ist der Vorhof nicht sehr groß, und es gibt keinen Glockenturm.

In der ersten Halle findet man acht alte, 2,10 Meter hohe, aus Jackfruchtholz geschnitzte Wächterfiguren sowie eine neue Quan Am mit vielen Armen. In der Mittelhalle stehen die Figuren in sechs Reihen hintereinander; beachtenswert sind vor allem ein Fastenbuddha in der vorletzten Reihe in der Mitte, flankiert von Schülern des historischen Buddhas. In der dritten Halle ziehen vor allem die Figuren an den Seiten die Aufmerksamkeit auf sich, die zehn Höllenkönige und 16 lebensgroße La Han, die sehr lebensnah und realistisch dargestellt sind. Mit dieser Individualisierung soll ihr Zwischenstatus als Menschen und Buddhaschüler verdeutlicht werden.

Beim Verlassen der Anlage sollte man kurz nach links schauen; dort erhebt sich der **Begräbnisstupa des Abtes Thich Dam Thanh**, der 1997 im Alter von 97 Jahren verstarb. Das Bauwerk, das seine Asche enthält, besteht ganz aus Laterit, einem grobkörnigen vulkanischen Stein, den man in der Gegend aus größeren Tiefen abbaut und der beim Trocknen in der Sonne seine große Härte erlangt.

Duong Lam

Die Gemeinde Duong Lam, einige Kilometer von den beiden Pagoden entfernt, ist die Heimat zweier Nationalhelden. Phung Hung (761–802) führte mit seinem Bruder einen erfolgreichen Aufstand gegen die chinesische Kolonialmacht an und wurde dann für elf Jahre Verwalter des Protektorats von Annam. Ngo Quyen (897–944) hingegen besiegte als Feldherr die Chinesen bei der historischen Schlacht im Bach-Dang-Fluss (→ S. 68). Für beide gibt es in ihrem Heimatdorf kleine Gedenktempel.

▲ Karte S. 186

Bedeutsamer ist der **Chua Mia** (Zuckerrohrpagode), der im 13. Jahrhundert gegründet, in der heutigen Form 1632 als Stiftung einer adligen Dame aus dem Geschlecht der Trinh errichtet wurde. Im Vorhof fällt zunächst ein gut zehn Meter hoher, achteckiger Turm mit neun Stockwerken auf. Dekorative Drachen klettern außen an ihm hoch, innen gab es eine Treppe, die zur Spitze führte. Dies ist der Beerdigungsstupa eines Mönches.

Im Hof steht links eine Schildkrötenstele, auf der die Geschichte der Pagode eingemeißelt ist. Die Haupthalle steigt in mehreren Stufen an und weist auf Podesten und neuen Betonaltären sowie in kleinen Grotten insgesamt 286 Figuren auf.

Nach einem kleinen Spaziergang durch das Dorf ist der **Dinh Mong Phu** erreicht, eine traditionelle Versammlungshalle aus Holz mit einem Schutzgeisttempel für Ngo Quyen. Drei große Gebäude sind hier in U-Form angeordnet, wobei sich das Hauptgebäude durch weit aufgeschwungene Dachecken und ein Fußwalmdach auszeichnet. Sehr schön sind auch die Schnitzereien an den tragenden Balken, die zahllose Drachenmotive aufweisen.

In der Nähe wird Laterit abgebaut, das als solides und preiswertes Baumaterial galt; heute sind die Vorräte fast erschöpft, der Preis stieg entsprechend. Viele der Umfassungsmauern der Bauernhäuser und einige Häuser selbst sind aus dem Vulkanstein erbaut. Einige Familien erwirtschaften einen Nebenerwerb, indem sie Besuchern ihre Häuser zeigen oder sie mit einem sehr schmackhaften Mittagessen der Bauernküche (nach Vorbestellung) bewirten. Neu ist, dass man in einigen Häusern Fahrräder mieten und damit sehr bequem die verstreut liegenden Sehenswürdigkeiten des Dorfes erreichen kann.

Beerdigungsstupa im Chua Mia

Figuren und Schnitzereien in Tempeln und Gemeinschaftshäusern

Im 17. Jahrhundert hatte Vietnam seine Ausdehnung nach Süden weitgehend abgeschlossen, doch die Klans der Trinh und der Nguyen bekämpften sich zunächst und teilten dann die Macht untereinander auf. Die Trinh herrschten im Norden, die Nguyen im Süden. In dieser Zeit der schwachen Zentralmacht kehrten sich die weitgehend autonomen Dörfer des Nordens (›Lang‹ genannt) noch stärker nach innen, befestigten ihre Ansiedlungen durch dichte Bambushaine und stachelige Hecken und kümmerten sich wenig darum, was die fernen Machthaber sagten.

Um diese Autonomie nach außen zu verdeutlichen, wurden in zahlreichen Dörfern Dinh errichtet, hölzerne Versammlungshallen mit einem angebauten Tempel für den Schutzgeist des Ortes. Dieser konnte aus der animistischen Tradition stammen, aber auch eine historische Figur sein, die Bedeutung für das Land oder auch nur für das einzelne Dorf besaß. Die Figuren werden in der Regel in einem verschlossenen Raum des Dinh aufbewahrt und nur zu den Dorffesten gezeigt. Sehr gut sichtbar sind hingegen die diffizilen Schnitzereien an den Säulen und Dachbalken des Dinh, die oft Drachen, Wolken oder Rankwerk darstellen.

Im Mikrokosmos des Dorfes erwachte auch der Buddhismus zu neuem Leben, allerdings weniger das philosophische Gedankengebäude, das über die Jahrhunderte entstanden war, sondern mehr der Alltagsglaube an konkrete Hilfen von Bodhisattvas oder auch Gestalten aus anderen Religionen wie dem Daoismus und dem Konfuzianismus. Sie alle erlebten eine Vermischung von Figuren und Legenden, die den einfachen Dorfbewohnern das schwere Leben erleichtern sollte. Die neuen Tempel wurde sehr häufig von erfolgreichen und wohlhabenden Adligen, Mandarinen und Geschäftsleuten finanziert, die in vielen Fällen anderswo ihr Glück gefunden hatten, aber die Verbindung zu ihrem Heimatdorf nicht abreißen lassen wollten.

Zur Ausstattung von Tempeln gehören immer Figuren derjenigen, die dort verehrt werden. Zum Ende des 18. Jahrhunderts war jedoch eine große Vielfalt an Tempelfiguren entstanden, so dass nicht allein Buddhas und Bodhisattvas, sondern auch zahlreiche Heilige aus der daoistischen Götter- und Genienwelt und schließlich auch Diener, Knappen, Feen und Mägde dargestellt wurden, wie dies zum Beispiel im Chua Dau zu sehen ist.

Damit entstanden im 17. und 18. Jahrhundert die bedeutendsten Tempelfiguren Vietnams, und zwar alle im Norden. Die beliebtesten Figuren waren verschiedene Buddhas, die meist auf Lotosthronen sitzen und auf dem Hauptaltar aufgestellt sind, dann Statuen der Quan Am in mehreren Varianten, entweder ebenfalls auf einem Lotosthron sitzend oder mit einem Nimbus von 1000 Armen und 1000 Augen (was ihre große Mildtätigkeit symbolisiert) oder ein Kind tragend; solche Figuren können auf Haupt- oder Nebenaltären stehen. In der Vorhalle finden sich meist sehr große Statuen von Wächtern mit ausdrucksstarken Gesichtern und üppig verzierten und in Falten geworfenen Gewändern. Die meist in einer Gruppe von 16 oder 18 präsentierten La Han stehen für die besten Schüler des Buddhas und werden in der Regel individualisiert dargestellt, weil sie sich noch im Lernstadium befinden und anders als die Buddhas nicht verklärt ins Nirwana eingegangen sind. Sowohl im Volksbuddhismus als auch im Volksdaoismus gibt es sehr drastische Beschreibungen von Höllen, die in manchen Tempeln in Holzreliefs dargestellt werden; in anderen erinnern nur Figuren der zehn Höllenkönige an die Qualen, die Missetätern drohen können.

Ausgeführt wurden die Statuen von Werkstätten von Kunsthandwerkern unter der Leitung eines Meisters. Das religiöse Umfeld des Standorts und der gewöhnlich konservative Geschmack der Auftraggeber ließen meist keine großen künstlerischen Freiheiten, doch können Experten in der Regel Stil und ›Handschrift‹ eines Meisters erkennen und damit die Werke auch periodisieren. Nur in Ausnahmefällen (wie der Quan Am im Chua But Thap) ist allerdings der Name des Meisters auf dem Werk verzeichnet; die Namen der ausführenden Handwerker sind nie vermerkt. Wie groß die künstlerischen Möglichkeiten waren, hing auch von der dargestellten Figur ab: Buddhas wurden zunehmend stilisiert, während La Han zum Beispiel durch ihre Individualisierung oft originelle Züge tragen.

Für das 16. bis 19. Jahrhundert lassen sich zudem einige Tendenzen ausmachen, nach denen die Skulpturendarstellung sich entwickelte. Zum einen gibt es eine Tendenz zur Verweiblichung und Idealisierung. Es wurden immer mehr Statuen der Quan Am, der verehrten Mütter, von Königinnen, Prinzessinnen und Hofdamen aufgestellt. Sie stehen für ein Ideal der weiblichen Schönheit, für Mitleid und Wärme und haben wenig gemein mit sehr schlanken chinesischen Figuren oder den üppigen Formen weiblicher Tempelfiguren in Indien.

Gleichzeitig gibt es eine Tendenz zum Realismus, da bestimmte Prinzen, Konkubinen, Beamte, Generäle, Gründer von Handwerksgilden oder Sekten in den Figuren porträtiert werden. Oft sind sie die Stifter von Tempeln oder Figuren, die der Darstellung von Gottheiten ihr Gesicht leihen. So fand die vietnamesische Skulpturenkunst in dieser Zeit eine große Vielfalt und einen Reichtum, der später verloren ging. Wenn man die Kopien historischer Figuren (in den Museen, aber auch in neuen Tempeln) betrachtet, muss man feststellen, dass zudem die technischen Fertigkeiten der Kunsthandwerker und ihrer Meister beträchtlich an Qualität eingebüßt haben. Und so lohnt es sich immer wieder, die Pagoden außerhalb Hanois zu besuchen, um die Originale in situ zu sehen.

Schnitzereien an den Dachbalken des Dinh in Duong Lam

EXTRA

Chua Huong

Die Pagode Chua Hong (Parfümpagode) liegt 60 Kilometer südwestlich von Hanoi und ist nur per Boot zu erreichen. Sie wurde in den **Huong Tich Son**, den ›Berg der Wohlriechenden Spur‹, hineingebaut, von dem sie ihren Namen erhielt. Von Hanoi fährt man zum Dorf **Ben Duc** und mietet dort ein Ruderboot. Ohne Aufenthalt bei den am Ufer des Flusses Yen liegenden kleineren Tempeln dauert die Fahrt flussabwärts etwa eine Stunde, in umgekehrter Richtung anderthalb Stunden.

Viele der Tempel in dieser Landschaft sind mit einer Legende verbunden, die folgende Geschichte erzählt: Ein König hatte einst eine schöne Tochter. Doch welche Bewerber auch immer vorsprachen, sie wollte keinen von ihnen zum Ehemann nehmen, sondern sich ganz dem Buddha verschreiben. Also floh sie vom Königshof und versteckte sich in einem Tempel, und alle Bemühungen des Königs, sie durch Mönche umzustimmen, scheiterten. Da befahl der König seinen Soldaten, seine Tochter zu töten und den Tempel in Brand zu setzen. Doch ein weißer Tiger rettete die Prinzessin und führte sie in eine Höhle in den Bergen. Der König hingegen erkrankte an Lepra und verlor Augenlicht und Hände. Er ließ die Heilkundigen seines Reiches zusammenrufen, doch keiner konnte ihn retten. Nur ein buddhistischer Weiser sagte ihm, dass er geheilt werden könnte, wenn ein Untertan ihm seine Hände und Augen spendete. Doch keiner fand sich bereit. Die Prinzessin erfuhr schließlich vom Schicksal ihres Vaters und opferte ihm Hände und Augen. Nach seiner Heilung wollte der König den Spender besuchen und belohnen. Der Weise führte ihn zur Höhle seiner Tochter, die inzwischen zum Buddha geworden war und ihre Hände und Augen zurückerhalten hatte. Als der König die totgeglaubte Tochter sah, erkannte er seinen Fehler und folgte ab da auch dem Buddhismus.

Diese Legende ist in allen buddhistischen Ländern verbreitet und wird

Karte S. 186

Boote auf dem Weg zur Parfümpagode

In der Höhle Huong Tich

meistens auch bestimmten Gegenden zugeschrieben. Sie hat weniger einen historischen als einen moralischen Gehalt. Von daher sind alle historischen Berichte über bestimmte Tempel oder Höhlen in dieser Gegend mit großer Vorsicht zu genießen.

An der Bootsanlegestelle hat sich ein großer Markt für Wanderstöcke, Räucherstäbchen, Souvenirs und Erfrischungen gebildet. Im dahinter liegenden **Trinh-Tempel** bitten die Pilger um einen gefahrlosen Aufstieg. Der Weg besteht teilweise aus Treppen, teilweise aus dicken Felsen, die bei Feuchtigkeit sehr glatt sein können. Einige Steigungen sind recht anstrengend, aber die Aussicht über die umliegende Berg- und Reislandschaft verlockt dazu, immer höher zu steigen.

Der **Chua Thien Tru** soll aus dem 15. Jahrhundert stammen. Interessanter ist der Felsentempel **Tien Son**, in dem Stalaktiten skurrile Formen gebildet haben. Fünf bis sechs Meter lange Formationen hängen wie Gebetsfahnen von der Decke. Einige Kerzen erleuchten die Höhle nur schemenhaft und werfen große Schatten an die Wände.

Das Ziel des Wegs ist in der oberen **Höhle Huong Tich** erreicht. Wie ein großes Drachenmaul öffnet sie sich den Scharen der Pilger. Ein Angehöriger des Trinh-Klans hat die Inschrift ›Die schönste Grotte unter dem südlichen Himmel‹ in den Felsen meißeln lassen. Die Höhle wurde 1675 ausgebaut und mit mehreren Figuren bestückt. Eine bronzene Quan-Am-Statue raubten die Tay-Son-Rebellen 1786 und schmolzen sie ein; 1793 wurde dafür eine Steinstatue aufgestellt. Die Prinzessin aus der Legende wird hier als Inkarnation der Quan Am verehrt. Ansonsten gleicht die Höhle mehr einem Jahrmarkt als einem Tempel, da sich zahllose Andenkenstände in ihr befinden. Die Aussicht von hier oben ist allerdings hervorragend. Wer weniger gut zu Fuß ist, kann sich mit einer **Seilbahn** in die Höhe bringen lassen, verpasst dabei aber einiges.

Die Pilgerreise zur Parfümpagode hat in den letzten Jahren zunehmend an Beliebtheit gewonnen, so dass immer

Keramikherstellung in Bat Trang

mit Betrieb zu rechnen ist. Am beliebtesten ist die Zeit von der Mitte des ersten Mondmonats bis zum Ende des dritten Mondmonats, wobei die Tempelfeste in der Mitte des zweiten Mondmonats liegen.

Keramikdorf Bat Trang

Nur 13 Kilometer von Hanoi entfernt liegt Bat Trang am Ostufer des Roten Flusses. Seit dem 12. Jahrhundert soll hier Keramik aus dem hellen Lehmboden der Umgebung hergestellt worden sein. Inzwischen sind die Tonvorräte der Region erschöpft, so dass die tatsächliche Produktion in eine Gegend nördlich von Hanoi verlagert wurde. In Bat Trang wird Besuchern in einem Laden die Herstellung von geformter und gegossener Keramik vorgeführt, einige Läden bieten an, dass man sich selbst einmal an der Töpferscheibe versucht, und natürlich gibt es unzählige Läden, die ihre Ware verkaufen und Bestellungen aufnehmen wollen. Am günstigsten sind die Läden auf dem **Markt** von Bat Trang (Xom 1 Lang Co).

Vorführung: Bat Trang Conservation, Giang Cao, Tel. 090/4175170.

Chua But Thap

Etwa 30 Kilometer östlich von Hanoi liegt direkt hinter einem Deich und außerhalb des Dorfes **Dinh To** der Chua But Thap (Turmpagode). Er ist ein Neubau aus dem Jahr 1647 an der Stelle eines buddhistischen Turms aus dem 14. Jahrhundert. Zum Ende der Ming-Dynastie in China (1368–1644), als die Mandschuren in das Land eindrangen, flohen viele Mönche nach Süden, einige auch nach Vietnam. Zu ihnen gehörten Chuyet Chuyet und Minh Hanh, die sich in der alten Tempelanlage niederließen. Nach Chuyets Tod (1644) gewann Minh Hanh die Unterstützung der Königin, die den Bau einer neuen Pagode finanzierte. Ihre Grundstruktur folgt dem im 17. Jahrhundert ausgeprägten Tam-quan-Stil (→ S. 50). Ganz im Süden befindet sich ein **dreiflügliges Tor**, das früher wohl in die Umfassungsmauer integriert war. Ebenfalls auf der Zentralachse und außerhalb der heutigen Mauer steht der zweistöckige **Glockenturm**, der Figuren des Jadekaisers (unten) und eines Himmelskönigs (oben) sowie eine Glocke aus dem Jahr 1815 beherbergt, die eine Stiftung des Nguyen-Königs Gia Long sein soll.

■ Pagode

Innerhalb der von Galerien gesäumten Mauern befindet sich zunächst die Pagode in Form eines liegenden H, doch dahinter folgen noch weitere drei Gebäude. In der Vorhalle der Pagode stehen Statuen von zwei Wächtern, einem Drachengeist und des Buddha-Schülers Ananda. In der mittleren Halle gibt es keine Statuen, doch hier sind herausragende Schnitzereien an den Dachbalken

▲ Karte S. 186

zu sehen: Drachen und Phönixe, deren Formen durch feine Kolorierung betont werden. Die Giebel der Seitenwände laufen nicht wie sonst üblich spitz zu, sondern sind oben abgerundet. In den kleinen Innenhöfen stehen die Figuren der Höllenrichter.

Haupthalle

In der Haupthalle befindet sich das Pantheon. Die berühmteste Statue dieser Halle ist jedoch eine 1000-armige **Quan Am**, die in der hinteren rechten Ecke steht. Ungewöhnlich ist, dass im Sockel der 3,70 Meter hohen Statue der Name des Handwerksmeisters Truong Van Tho und das Entstehungsjahr 1656 eingraviert sind. Aus dem reich geschnitzten Podest ragt ein Meerungeheuer, das eine Lotosblüte trägt, auf der der Bodhisattva in Meditationshaltung ruht. Ein Paar Arme liegt im Schoß mit den Handflächen ineinander, ein weiteres ist vor der Brust gefaltet. 16 Armpaare in Normalgröße ragen aus dem Rücken und trugen früher die Attribute der Quan Am. Die anderen Arme, mit jeweils einem Auge in der Handfläche, fächern sich wie Federn in einem Nimbus hinter der Figur auf. Auf dem Kopf trägt Quan Am eine Krone aus Buddhaköpfen, überragt von einer kleinen Amitabha-Figur. Die Figur ist in Rot und Gold lackiert. Nachbildungen befinden sich im Historischen Museum und im Kunstmuseum in Hanoi, erreichen aber bei weitem nicht die Ausstrahlungskraft dieser Statue.

Links vom Altar steht eine weitere bemerkenswerte Skulptur unter den vielen, die hier aus dem 17. Jahrhundert stammen. Es ist ein 2,22 Meter hoher **Fastenbuddha**, Tuyet Son, der auf einem Lotosbett sitzt (1647). An den Seitenwänden reihen sich die Statuen der 18 La Han auf. Zahlreiche kleinere Statuen in der Pagode zeigen Dienerinnen, Kon-

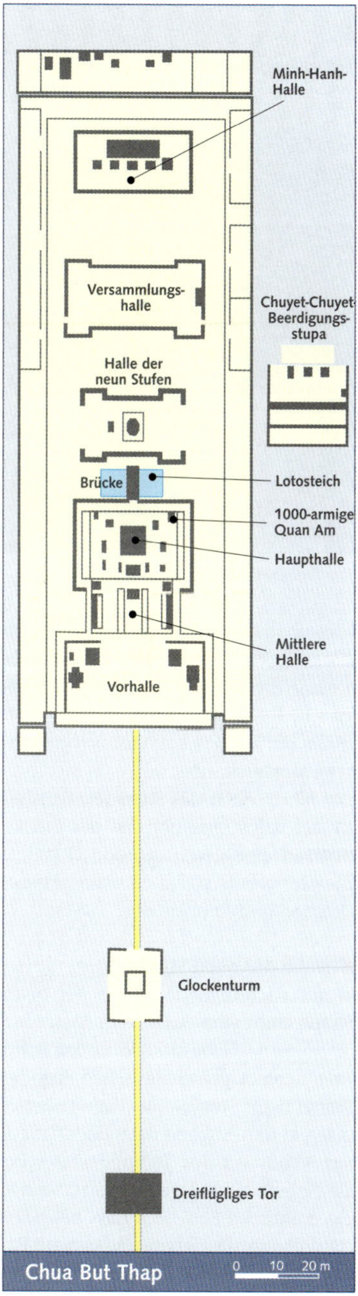

Die berühmte Quan Am mit 1000 Armen

kubinen und Knechte. Sie belegen die im 17. Jahrhundert einsetzende Tendenz zur ›Popularisierung‹ der Pagoden durch realistische Darstellung einfacher Menschen. Hinter der Pagode befindet sich ein kleiner **Lotosteich**, über den eine Steinbrücke führt. Auch die Steinmetzarbeiten an der Balustrade und auf der Brücke besitzen eine herausragende Qualität. Die Steinreliefs stellen Hirsche, Pferde, Drachen und Phönixe dar.

Halle der neun Stufen

In der nachfolgenden Halle der neun Stufen steht eine etwa sechs Meter hohe hölzerne Gebetsmühle in der Form einer achteckigen chinesischen Pagode. Sie hat neun Stockwerke, in den oberen sitzen in den Nischen noch Buddhafiguren. Während des Tempelfestes wird die Gebetsmühle inganggesetzt; sie hat die praktische Funktion, dass bei einer Umdrehung alle Gebete, die sich auf Papier aufgeschrieben in ihrem Innern befinden, als gesprochen gelten, was die umfangreichen religiösen Pflichten, die vor allem im tibetischen Buddhismus bestehen, der die Gebetsmühlen verbreitet hat, beträchtlich erleichtern kann.

Versammlungshalle und Steinpagode

Hinter dem zweistöckigen Gebäude für die Gebetsmühle liegt die **Versammlungshalle** für die Mönche, ein einfacher Raum. Dahinter befindet sich eine weitere Halle, in der der Neugründer der Pagode, Minh Hanh, verehrt wird. Außerdem gibt es einen einfachen Altar mit kleinen Statuen der daoistischen Mütter. Auf der rechten Seite außerhalb der Umfassungsmauer steht die fünfstöckige chinesische **Steinpagode**, nach der die Gesamtanlage benannt ist: ›pinselförmiger Turm‹. Dies ist der Beerdigungsstupa für den Mönch Chuyet Chuyet. In dem kleinen Gebäude davor befinden sich Statuen der Gründer und einige Steinstelen. Die Anlage wurde in den 1990er Jahren mit deutscher Hilfe renoviert, dann noch einmal im großen Stil im Winter 2015/16.

Dong Ho

Das Dorf befindet sich sieben Kilometer westlich des Chua But Thap, ebenfalls unmittelbar hinter dem Deich. Es ist im ganzen Norden als **Dorf der Neujahrsbilder** bekannt. Das Neujahrsfest (Tet) ist das wichtigste Familienfest, zu dem das ganze Haus von oben bis unten gereinigt wird, alle Geschäftsangelegenheiten des alten Jahres zu einem Abschluss gebracht und alle Schulden bezahlt werden. Das gereinigte Haus erhält dann eine neue Dekoration, die nicht nur aus speziellen Blumen zum Fest besteht, sondern auch aus Neujahrsbildern mit möglichst vielen Glückssymbolen. Dies sind rosige, wohlgenährte Kinder, dicke Schweine,

▲ Karte S. 197/186

Fische, die Wohlstand symbolisieren, stolze Hähne – aber auch Szenen aus Geschichte und Legenden.
Früher beschäftigte sich das ganze Dorf mit der Herstellung der Neujahrsbilder nach althergebrachten Techniken. Heute produzieren einige Familien auch andere Papierwaren, andere stellen Neujahrsbilder mit neuen Techniken und Farben her. Nach der traditionellen Methode wird das von Hand geschöpfte Papier zunächst mit einer Grundierungsfarbe aus zerstoßenen Muschelschalen bestrichen und in der Sonne getrocknet. Dann werden von handgeschnitzten Druckstöcken die Umrisse der Zeichnung in schwarzer Farbe aufgedruckt. Diese Umrisse werden dann in traditioneller Naturfarbe ausgemalt oder weiter bedruckt. Man kann die Werkstätten besuchen und bei der Arbeit zusehen. Nach dem Tet ruht allerdings die Arbeit für einige Wochen.

Chua Dau

Über den Chua Dau (Phap Van, Pagode des Maulbeerbaums), der fünf Kilometer südlich liegt, sind wenig Informationen verfügbar. Seine Entstehungszeit ist nicht bekannt, der **Glockenturm** im Innenhof stammt aber aus dem 17. Jahrhundert. Andere Gebäudeteile sind vermutlich älter. Der Name bezieht sich einerseits auf einen Maulbeerbaum (Dau), der nach Erzählungen eines Tages im Fluss angeschwemmt wurde. Danach wurde das Dorf immer reicher, was auf den Baum zurückgeführt wurde, so dass das Dorf eine Pagode für den Baum baute. Phap Van hingegen ist der Wolkengeist, der in dieser Pagode verehrt wird. Als weitere Naturgeister besitzen ein Regengeist, ein Donnergeist und ein Blitzgeist einige Bedeutung. Die Figur des Wolkengeistes befindet sich auf dem ersten Altar, flankiert vom Regengeist (rechts) und dem Donnergeist. Der Chua ist bekannt für einige Statuen aus dem 18. Jahrhundert, die die Entwicklung belegen, auch andere Figuren als Buddhas und Bodhisattvas darzustellen. Es gibt eine ›Rote Dame‹ und eine ›Weiße Dame‹, den ›Goldjungen‹ und das ›Perlmädchen‹. Das Pagodenfest findet am 8. Tag des 4. Mondmonats statt.

Co Loa

Co Loa liegt etwa 20 Kilometer nördlich von Hanoi. Hier befand sich die Hauptstadt des Reiches Au Lac, des ersten historisch belegten größeren Staatsverbandes im Delta des Roten Flusses (→ S. 65). Einzelne archäologische Funde reichen zurück bis ins 7. Jahrhundert vor Christus, doch der Bau der **Zitadelle** wird allgemein für das 3. Jahrhundert vor Christus angenommen. Im 10. Jahrhundert befand sich auch die Hauptstadt der Ngo-Dynastie in dieser Gegend, wofür es allerdings noch keine archäologischen Belege gibt.
Die Festung war von drei Wällen umgeben, die grob als oval bezeichnet werden können und sich der natürlichen Struk-

Handdruck von Neujahrsbildern in Dong Ho

tur der Landschaft anpassten. Der äußere maß etwa 7600, der innere 6100 Meter, der dritte legte sich eng um die Festungsgebäude. Diese mit Steinbrocken und Keramikplatten gesicherten Erdwälle waren am Fuß etwa 25, an der Krone etwa 10 Meter breit und 3 bis 4 Meter hoch. Auf ihnen patrouillierten mit Armbrüsten bewaffnete Soldaten, die wahrscheinlich in aufgesetzten Türmen Schutz fanden. In der Nähe der Wälle fand man bronzene Pfeilspitzen sowie steinerne und bronzene Streitäxte.

Von den **Wallanlagen** sind noch einige Abschnitte zu erahnen. Alle Gebäude sind allerdings wesentlich jüngeren Datums. Man gelangt zunächst zu einem gut erhaltenen Dorftor an einem Weiher, vermutlich aus dem späten 19. oder frühen 20. Jahrhundert. Nicht weit entfernt liegt der im 11. Jahrhundert gegründete **Den An Duong**. Er erinnert an den Gründungskönig des Reiches Au Lac und stellt symbolisch Pferde und Gewänder aus. Die Bronzestatue des Königs ist nur am Tempelfest ab dem 6. Tag des 1. Mondmonats zugänglich. Auf dem rechten hinteren Altar wird der Königin und

Erinnerung an König An Duong in Co Loa

▲ Karte S. 186

auf dem linken der Eltern des Königs gedacht. Außerhalb der Tempelanlage steht links in einem Pavillon eine Stele, auf der die Geschichte Co Loas festgehalten ist. Hundert Meter weiter rechts liegt innerhalb einer großen Umfassungsmauer der **Dinh Ngu**, eine offene Säulenhalle auf einer Plattform, an die hinten ein gemauerter Schutzgeisttempel angesetzt ist. Die in gleichförmigen Abständen stehenden Säulen tragen ein mächtiges, mit gebrannten Ziegeln gedecktes Dach. Ein Teil der Säulen und Dachbalken ist mit ausgeprägten Schnitzereien versehen. Im Schutzgeisttempel ist ein leerer Thronsitz zu sehen und hinten an der Wand ein Gemälde des wichtigsten Generals des Königs An Duong.

Links vom Dinh gelangt man in den winzigen **Den My Chau** zu Ehren der Prinzessin, die nach der Legende zwar ihr Reich verraten hat, aber zumindest im Tempel Gnade fand. Im Vorraum steht ein Altar mit Kerzen und Räucherstäbchen, hinten führt eine enge Tür in einen kleinen Raum auf dessen Altar sich ein Stein befindet, der die Prinzessin darstellen soll. Nach einer weiteren Legende soll ein kleiner Stein am Fluss angeschwemmt und im Den aufgestellt worden sein, wo er dann anfing zu wachsen und die jetzige Größe annahm. Der Stein stellt die Prinzessin ohne Kopf dar, weil ihr Vater sie enthauptete, als er von ihrem Verrat erfuhr.

Draußen vor dem Den wächst ein ›1000-jähriger‹ **Banyanbaum** in skurrilen Formen und bekommt seine Energie teilweise aus wieder im Boden festgewachsenen Luftwurzeln. Hinter der Anlage des Gemeinschaftshauses und des Tempels für die Prinzessin liegt, von einer eigenen Mauer umgeben, die buddhistische Pagode **Bao Son**. Sie hat interessante Statuen der 18 La Han und lokaler Helden aufzuweisen.

Dinh Bang

Unweit der Nationalstraße 1a Richtung Bac Ninh liegt das Dorf Dinh Bang. Es ist das Heimatdorf von Ly Thai To, des ersten Herrschers der Ly-Dynastie, für die am Ortsrand, idyllisch an einem See gelegen, ein Tempel restauriert wurde. Dieser **Den Co Phap** (ein alter Name des Dorfes) wurde im 11. Jahrhundert gegründet. Im Hauptgebäude sitzen auf acht Altären die überlebensgroßen Statuen der acht Ly-Könige, die von 1009 bis 1224 die erste stabile Dynastie nach dem Sieg über die Chinesen errichteten. Für jeden König steht zudem ein Pferd bereit, während zwei Spaßmacher des Hofes den Opferaltar flankieren.

Auf der anderen Seite des Dorfes steht auf einer freien Wiese der herausragend gut erhaltene **Dinh Dinh Bang**, der im Jahr 1736 gegründet und nach einer Bauzeit von 36 Jahren fertiggestellt wurde. Die gewaltigen Säulen wurden über eine Strecke von 150 Kilometern auf speziell dafür gegrabenen Kanälen herbeigeschafft. Der Eingangsbereich liegt auf dem Bodenniveau, während der Rest etwa 50 Zentimeter erhöht ist, um Tiere und Feuchtigkeit abzuhalten. Vor allem der Eingangsbereich ist mit zahlreichen Schnitzereien versehen, in denen unter anderem acht unterschiedlich dargestellte Pferde zu erkennen sind, die den Ly-Königen zugeschrieben werden. Im Schutzgeisttempel werden die Geister des Berges, des Flusses und des Bodens sowie ein General aus der Le-Dynastie verehrt, die durch Tafeln repräsentiert sind.

Im Hauptraum gibt es an der Seite auch einen kleinen Ho-Chi-Minh-Altar, der an die Funktion des Dinh in jüngerer Vergangenheit erinnert. Von 1939 bis 1945 hielten sich viele Kader der Kommunistischen Partei in diesem Dorf auf und führten hier im November 1940 den VII. Parteitag der Kommunistischen Partei Indochinas durch. Im März 1945 entschied man, den Kampf gegen die japanische Besatzungsmacht zu intensivieren, was gleichzeitig eine Entscheidung bedeutete, möglichst schnell die Macht zu übernehmen. In der Augustrevolution wurde dies umgesetzt. Nach der Unabhängigkeitserklärung hielt 1946 die neue Nationalversammlung in diesem Dinh ihre erste Sitzung ab.

Im Dinh Dinh Bang

Mehrtägige Ausflüge von Hanoi

Mit der Ha-Long-Bucht steht eine der meistbesuchten Destinationen Vietnams auf dem Programm. Ein Ausflug in die Insellandschaft kann gut mit einem Besuch der **Trockenen Ha-Long-Bucht** (→ S. 208) kombiniert werden. Die Fahrt von Hanoi nach Ha Long dauert je nach Verkehr zwei bis vier Stunden, dort lässt man für einige Stunden auf einem Schiff die Inselwelt an sich vorüberziehen und übernachtet in Bai Chay oder auf dem Schiff. Je nach Abreise am nächsten Tag hat man Zeit für **Hai Phong** (→ S. 207) und den **Chua Keo**, bevor abends **Ninh Binh** (→ S. 212) erreicht wird.

Wer alles genau anschauen will, kann bis mittags in Ha Long bleiben, danach Hai Phong erkunden und dort eine weitere Übernachtung einplanen. Wenn man morgens in Hai Phong losfährt, kann man sämtliche Pagoden unterwegs in Ruhe ansehen. In Ninh Binh bleibt man eine Nacht oder zwei Nächte, ganz nach Ausführlichkeit des Besichtigungsprogramms. Die Rückfahrt von Ninh Binh nach Hanoi dauert drei bis vier Stunden.

Ha-Long-Bucht

Die Ha-Long-Bucht mit ihren zahllosen Inseln gehört zu den bekanntesten Landschaften in Vietnam und ist Teil des UNESCO-Weltnaturerbes. Sie entstand vor 30 Millionen Jahren durch eine Gebirgsauffaltung und in einem zweiten Schritt in einer Eiszeit vor 40 000 Jahren durch die Absenkung dieser gebirgigen Kalkstein- und Dolomitplatte, von der jetzt nur noch die Bergspitzen aus dem Wasser ragen. Jahrtausendelange Einwirkungen von Wasser und Wind haben den bis zu 100 Meter hohen Inseln ihre skurrilen Formen beschert.

Die Erklärung der vietnamesischen Mythologie für die Entstehung der Landschaft ist natürlich viel unterhaltsamer: Vor langer, langer Zeit stieg ein Drache, der in den Bergen lebte, hinab, um das Land gegen Eindringlinge von außen zu schützen. Mit seinem mächtigen Schwanz furchte er tiefe Täler in die Landschaft, stürzte sich auf die Angreifer im Meer und verschwand mit ihnen. Durch seinen mächtigen Körper hob sich der Wasser-

Die Inselwelt in der Ha-Long-Bucht

▲ Karte S. 186

spiegel, und die gerade geschaffenen Täler wurden überflutet. Klar, dass die Bucht nach dem Heldentier benannt ist, denn ›ha long‹ bedeutet ›herabsteigender Drache‹.

Die Ha-Long-Bucht hat eine Fläche von 1553 Quadratkilometern mit 1969 Inseln. Das seit 1994 von der UNESCO geschützte Gebiet umfasst aber nur 434 Quadratkilometer und 775 Inseln. Es gibt eine Vielfalt an Pflanzen, darunter 28 Mangrovenarten, von denen viele akut gefährdet sind; 13 Pflanzenarten sind sehr selten. 22 Arten von Wirbeltieren und 76 Vogelarten haben hier ihre Heimat, dazu 315 Fischarten. Am auffälligsten sind die Seeadler, die über dem Wasser kreisen und nach Beute Ausschau halten.

Ha Long City

Von Hanoi kommend gelangt man in den sich an der Küste entlangziehenden Ort Bai Chay, der zusammen mit dem Nachbarort Hong Gai jetzt ganz modern Ha Long City genannt wird. Zahllose Hotels, Restaurants und andere Vergnügungsstätten reihen sich an der Straße auf, denn die Bucht gehört zu den beliebtesten Reisezielen Vietnams überhaupt. Zu sehen gibt es an Land nicht viel, denn man kommt vor allem hierher, um bei einer Bootsfahrt die Inselwelt zu genießen. Als künstliche Sehenswürdigkeit wurde ein **Amusement Park** mit Aquarien, Riesenrad und Seilbahn über die Bucht geschaffen.

Hong Gai, das durch eine gigantische Brücke mit Bai Chay verbunden ist, beschäftigt sich vor allem mit der Förderung von Steinkohle hervorragender Qualität, die nach Japan und China exportiert wird. Eine wichtige Rolle spielt die moderne, saubere und gut geordnete mehrstöckige Markthalle (Cho Ha Long 1), von der aus man über das Dach der nassen Abteilung, in der es vor allem Fisch, Muscheln und anderes Meeresgetier gibt, auf die ersten skurrilen Inselberge schauen kann.

Perlenfarm in der Ha-Long-Bucht

Direkt vor der schützenden Felswand des hinter Hong Gai aufragenden Berges liegt der 1941 erbaute **Chua Long Tien**, in dem der General Tran Hung Dao und eine Bergfee verehrt werden. Der Tempel hat aber eine viel längere Tradition, denn schon Vertreter der Familie Trinh, die im 18. Jahrhundert Nordvietnam beherrschten, kamen hierher, um zu beten. Auf dem Hauptgebäude sind in Reliefs Szenen aus der Geschichte des Affenkönigs Ton Ngo Khong zu sehen, der mit Mönchen nach Westen (Indien) zog, um von dort buddhistische Schriften zu erhalten.

Die Altäre im Innern zeigen rechts Tran Hung Dao, in der Mitte – flankiert von jeweils fünf Höllenkönigen als Figuren und Reliefs – Tich Ca, einen Liegenden Buddha, Quan Am und drei weitere Buddhas sowie auf dem linken Altar die Erdgöttin. Interessanter sind die oft verschlossenen hinteren Räume, in denen eine ganze Reihe von alten Buddhastatuen aufbewahrt werden.

Ausflugsschiffe in der Ha-Long-Bucht

Nördlich von Bai Chay liegt der Industriehafen **Cang Cai Lan**, der mit einer Autobahn und einer Eisenbahntrasse an Südchina angebunden werden soll. Durch alles dies ist die Ha-Long-Bucht leider ökologisch extrem belastet: Drei Millionen Touristen im Jahr, die auf hunderten Schiffen die Bucht befahren, und intensiver Kohleabbau sorgen für schmutziges Wasser und andere Umweltschäden. Erstaunlich ist, dass die UNESCO dies alles zulässt.

Noch in dem Spielfilm ›Indochine‹ mit Catherine Deneuve sieht man zahlreiche Dschunken mit roten, dunkelbraunen oder schwarzen Segeln über das grünliche Wasser gleiten. Heute sind die Holz- oder Stahlrumpfschiffe motorgetrieben und Segel nur noch Dekoration. Wenn beim Ausflug ein einheimischer Führer an Bord ist, wird er bald die Schildkröteninsel und die Büffelinsel, die Feeninsel und die Insel der schlafenden Jungfrau zeigen. Die kleine **Froschinsel** wurde zum Emblem der Bucht. Diese Welt der bizarren Formen kann man in aller Ruhe an sich vorbeigleiten lassen, aber auch einige Inseln mit ihren Höhlen und Grotten erkunden.

▲ Karte S. 186

Inseln

Die berühmteste Insel ist die **Hang Dau Go**, die Insel der Holzpfähle, die so genannt wird, weil Tran Hung Dao dort in einer Grotte die Pfähle gelagert haben soll, mit denen er die Mongolen im nahen Fluss Bach Dang festsetzte (→ S. 68). Die große Höhle ist über eine Treppe zu erreichen, und einige Stalagmiten und Stalaktiten sind zu bewundern.

Zu den beliebten Ausflugspunkten gehört die Insel **Ti Top**, die etwa 100 Meter aus dem Wasser ragt. Dort tummeln sich die Leute an einem kleinen Strand, doch sollte man vor allem die gut 400 Stufen hinauf zu einem Pavillon auf dem Gipfel steigen, um die herrliche Aussicht auf das Meer und die anderen Inseln zu genießen.

Auf der Insel **Hang Sung Sot** gilt der Besuch der ›Überraschungshöhle‹, die Anfang des 20. Jahrhunderts von zwei Französinnen per Zufall gefunden wurde, daher der Name. Diesmal steigt man etwa 100 Stufen hoch, um zum weiten Höhleneingang zu gelangen. Von einem befestigten Weg aus kann man in drei riesigen Höhlen skurril geformte Stalaktiten und Stalagmiten betrachten, die teilweise bunt ausgeleuchtet sind.

Cua Van

Zu den größten schwimmenden Dörfern in der Bucht gehört mit 130 Häusern und rund 600 Bewohnern Cua Van. Die meisten Einwohner gehen dem Fischfang nach oder züchten Meeresgetier in Unterwasserstationen bei ihren Häusern. Weil es relativ groß ist, unterhält das Dorf neben einem Tempel an Land sogar eine Schule mit drei Klassenzimmern auf dem Wasser.

Ha-Long-Bucht

Vorwahl: +84/33.

Halong Tourism, 1 Ha Long Rd., Bai Chay, Tel. 3846272, www.halong.vn. Staatliches Reisebüro, das auch Hotel- und Ausflugsbuchungen vornimmt. Die Website ist nicht immer aktuell.

Die neue Autobahn ist schon wieder überlastet, so dass man per **Auto/Bus** mit dreieinhalb bis vier Stunden Fahrzeit rechnen muss.

Wesentlich schneller (und wesentlich teurer) geht es natürlich per **Flugzeug** (45–60 Min. ab Hanoi oder Ninh Binh), von dem aus man außerdem einen hervorragenden Blick über die Inselwelt genießen kann. Da es in Halong City keinen Flughafen gibt, landet das Flugzeug auf dem Wasser.

Hai Au Aviation, Seaplanes, Hotline 0962/960689 (mobil), www.seaplanes.vn.

Novotel (**), 160 Ha Long Rd., Bai Chay, Tel. 3848108, Fax 3696808, www.novotelhalongbay.com. Schick designte Zimmer mit Balkon und Meerblick, Pool, Restaurants. Derzeit mit einigem Abstand das beste Vier-Sterne-Hotel an der Bucht.

Pearl (**), 162 Ha Long Rd., Bai Chay, Tel. 640888, Fax 640999, www.halongpearl.vn. Gilt als eines der besseren Standardhotels (160 Zimmer) an der Uferstraße.

Plaza (**), 8 Ha Long Rd., Bai Chay, Tel. 3845810, Fax 3846867, www.halongplaza.com. Direkt an der Uferstraße nahe der Brücke gelegenes Hotel mit 200 Zimmern, Pool und zwei Restaurants mit westlicher und asiatischer Küche.

Mithrin (**), Hoang Quoc Viet, Bai Chay, Tel. 3848090, Fax 3841770, www.mithrinhotelhalong.com.vn. Bei Gruppen beliebtes Standardhotel mit 88 Zimmern unter Schweizer Management am Rande der Stadt.

Es gibt zahlreiche Restaurants aller Preisklassen an der Uferstraße, in den Hotels und im Stadtzentrum.

An der Ha-Long-Bucht werden viele Perlen angeboten, die in den Gewässern weiter nördlich gezüchtet werden. Vor allem bei Straßenverkäufern handelt es sich aber oft um Plastikimitate oder billige Pressware aus China. Echte Perlen findet man bei:

Ha Long Pearl, Cai Dam, Bai Chay, Tel. 3515769.

Vor allem in der Hochsaison von September bis März empfiehlt es sich, den Ausflug zur Ha-Long-Bucht mit Anreise,

Bootsfahrt und gegebenenfalls Hotel im Paket in einem Reisebüro in Hanoi zu organisieren. Ansonsten kann man direkt am Ausflugspier Tagesfahrten von vier oder sechs Stunden auf zwei verschiedenen Routen buchen.
Eine komfortable Alternative sind kurze **Kreuzfahrten** auf etwas größeren Schiffen mit einer oder zwei Übernachtungen an Bord. Diese Schiffe legen in dem neu errichteten künstlichen Hafen auf der über eine Brücke erreichbaren Insel Tuan Chau etwa 15 Kilometer westlich von Bai Chay ab. Er hat einen langen Zufahrtskanal und ist durch Wälle vor Stürmen geschützt. Hier soll ein neues Bootszentrum entstehen, mit Läden, Hotels und Apartments mit direktem Blick aufs Wasser.
Die ›Kreuzfahrtschiffe‹ legen längere Strecken zurück als die Ausflugsboote, man kann mehrere Inseln und Höhlen besuchen und ankert abends in einer stillen Bucht, um an Deck mit einem Drink in der Hand vom Liegestuhl aus den Sonnenuntergang zu genießen. Das Programm aller Schiffe ist sehr ähnlich und beinhaltet Kajakausflüge, Kochdemonstrationen und Tai Chi auf Deck am frühen Morgen.
Bhaya Cruises, 47 Phan Chu Trinh, Hanoi, Tel. 04/39446777, Fax 39446776, www.bhayacruises.com. Die Gesellschaft verfügt über vier größere Schiffe mit 15 bis 20 Kabinen sowie drei kleinere mit drei bis sieben komfortabel ausgestatteten Kabinen.
Emeraude, 12 Ly Dao Thanh, Hanoi, Tel. 04/39351888, mobil 090/6237899, Fax 38255342, www.emeraude-cruises.com. Das Schiff Emeraude verbreitet einen echt nostalgischen Charme, denn es ist einem Raddampfer nachgebaut, der Anfang des 20. Jahrhunderts in der Ha-Long-Bucht kreuzte. Es hat 36 Kabinen.
Indochina Sails, 27, A6, Dam Trau, Hanoi, Tel. 04/39842362, Fax 39844150, www.indochinasails.com. Erfahrener Veranstalter mit sechs unterschiedlich großen Booten. Die Kabinen sind elegant und funktional eingerichtet, das Essen ist gut. Zu den Aktivitäten gehören Tai Chi, Kajak fahren und Angeln.
Oasis Bay, 68 Phu Vien, Tel. 04/39310290, www.oasisbaycruises.com. Das Holzboot hat einen anheimelnden Charme, kann jedoch auch mit einem prickelnden Jacuzzi auf dem Vorderdeck und einem großen Sonnendeck aufwarten.
Oriental Sails, 10 Hang Manh, Tel. 04/39264009, www.orientalsails.com. Alle drei Schiffe sind modern und elegant eingerichtet, haben große Fenster in den Kabinen und im Restaurant. Tai Chi und Kajaks gehören zum Programm.

Nationalpark Cat Ba

Südlich an die Ha-Long-Bucht grenzt der Archipel Cat Ba, der aus etwa 360 Inseln besteht und nach der größten Insel benannt ist, die rund 160 Quadratkilometer misst. Die Hälfte dieser Insel sowie angrenzende Wasserflächen wurden 1986 zum Nationalpark ernannt. In den Mangrovensümpfen an der Küste und den noch mit Primärregenwald bewachsenen Berghängen wurden bisher mehr als 800 Pflanzenarten und 32 Tierarten identifiziert, von denen einige vom Aussterben bedroht sind, etwa die Goldkopflanguren (Affen), verschiedene Schildkröten, Schnecken und Geckos. Vom Eingang des Nationalparks, der etwa 16 Kilometer nordwestlich der Stadt liegt, kann man eine schöne Wanderung auf den 215 Meter hohen **Ngu Lam** unternehmen.

▲ Karte S. 186

Von Hai Phong fahren Schnellboote viermal täglich in 45 Minuten nach Cat Ba. Eine Autofähre verbindet den neuen Hafen auf der Insel Tuan Chau bei Ha Long Bay in einer Stunde mit der Insel Cat Ba.

Nationalpark Cat Ba

Cat Ba Island Resort (**), Cat Co 1 Beach, Cat Ba, Tel. 031/3688686, Fax 3688989, www.catbaislandresort-spa.com. 165 sehr unterschiedlich, aber gut eingerichtete Zimmer, meist mit Meerblick; Pool, Spa, Restaurants.

Hai Phong

Die Hafenstadt ist ein typisches Produkt der französischen Kolonialzeit. 1874 drangen die Franzosen in die damals kleine und wenig bedeutende Stadt ein. Sie war zwar der wichtigste Hafen des Deltas, aber damals waren die Handelsschiffe klein, wodurch der entscheidende Nachteil der Stadt noch nicht zum Tragen kam: Sie liegt nämlich etwa 20 Kilometer vom Meer entfernt am rechten Ufer des Flusses Cam, der, wie die anderen Flüsse des Deltas, sehr viel Sediment mit sich trägt und den Hafen schnell versandet. Die französischen Ingenieure legten Entwässerungskanäle an, bauten den Hafen für seegängige Schiffe aus, errichteten Industrieanlagen wie etwa das größte Zementwerk des Landes, legten eine Eisenbahnverbindung nach Hanoi und schufen ein **europäisches Viertel** mit Kirchen, Kolonialhäusern, Banken und einer Oper. Und dann blühten Im- und Export von typisch kolonialem Charakter. Herein kamen Autos, Wein und Waffen, hinaus gingen Bodenschätze, Tropenholz und Kohle.

In den Kriegen litt die Stadt beträchtlich. Unter einem Vorwand bombardierte Frankreich sie im November 1946, um an die Macht zurückzukehren. Doch 1955 verließen die letzten Truppen von hier das Land. Für die Amerikaner war der Hafen ein wichtiges Kriegsziel, das sie zwischen 1965 und 1973 permanent bombardierten. Selbst 1972, als die Pariser Waffenstillstandsgespräche bereits liefen, ließ US-Präsident Nixon Hai Phong noch einmal verminen.

Heute ist der Hafen weiter geschäftig und versucht durch einen großen Ausbau und künstliche Inseln in der Flussmündung seinen Standortnachteil wettzumachen. Hai Phong ist zudem eine der vier Städte, die direkt der Zentralregierung unterstellt sind. Mehrere Brücken und neue Straßen haben die Infrastruktur verbessert. In der Innenstadt blieben einige **koloniale Bauten** und schattige Straßen erhalten. Auch die **Oper** wurde renoviert und erstrahlt wieder in kolonialem Gelb.

Chua Du Hang

Am Chua Du Hang, an einem See gelegen (121 Du Hang), kann man noch gut die Tempelarchitektur des 17. Jahrhunderts ablesen. Ein ungewöhnlich hohes, dreistöckiges **Torhaus** führt in einen Innenhof, hinter dem die mit sehr reich verzierten Säulen und Balken versehene **Pagode** liegt. In der ersten Halle finden sich die üblichen Wächterfiguren und die zehn Höllenrichter, rechts wird Ban Duc Ong verehrt, links Duc Thanh Hien, ein

Der Innenhof des Chua Du Hang

Halbbruder des Buddhaschülers Ananda. Dahinter steigt ein Pantheon mit einem Thich Ca mit neun großen Drachen vorne und zahlreichen Buddhas auf. Im linken Seitengebäude werden rechts die drei Begründer der buddhistischen Bambussekte aus dem 13. Jahrhundert verehrt, in der Mitte der Begründer der Pagode aus dem 11. Jahrhundert und rechts spätere Äbte.
Rechts der Gesamtanlage wurde ein ungewöhnlicher **La-Han-Garten** angelegt, in dessen Mitte sich ein Teich mit Schildkröten befindet. Auf der einen Seite ragt die Statue Sakyamunis auf, ihm gegenüber ein stehender Di Lac. Dazwischen ordnen sich rund um den Teich zehn lebensgroße Statuen der Buddhaschüler an.

■ Dinh Hang Kenh

Etwas abseits der Hang Kenh liegt der Dinh Hang Kenh aus dem 18. Jahrhundert. Er ist für seine etwa 500 geschnitzten Holzreliefs bekannt, die sich noch im Originalzustand befinden. Es sollen allein 308 Drachenköpfe an dem Bauwerk zu sehen sein. Im Schutzgeisttempel dieser Versammlungshalle wird Ngo Quyen verehrt, der General, der 938 im nahen Fluss Bach Dang die Chinesen besiegte, indem er angespitzte Pfähle in den Grund des Flusses rammen ließ, in denen die großen Kriegsdschunken hängen blieben, so dass die Vietnamesen sie mit kleinen, beweglichen Booten unschädlich machen konnten. Auf dem Altar wird der General durch Hut und Schuhe repräsentiert. Ebenfalls dargestellt werden seine Reittiere, ein weißes Pferd und ein schwarzer Elefant.

■ Den Nghe

Reiche Schnitzereien an Dächern und einem Steinaltar finden sich auch im Anfang des 20. Jahrhunderts erbauten Den Nghe (Ecke Le Chan/Me Linh). Er ist Le Chan gewidmet, einer Mitstreiterin der Trung-Schwestern, die im Jahr 38 einen Aufstand gegen die Chinesen anführten.

Hai Phong

Avani Harbour View (**), 12 Tran Phu, Tel. 031/3827827, Fax 031/3827828, www.avanihotels.com. Recht angenehmes Hotel mit leichten kolonialen Anklängen und 122 Zimmern am Rand der Innenstadt.

Trockene Ha-Long-Bucht

Die Nationalstraße 10 führt von der Ha-Long-Bucht über **Hai Phong** und **Nam Dinh** nach **Ninh Binh**, wo sie in die Nationalstraße 1 mündet. Von Ha Long oder Hai Phong aus kann man mit einigen Besichtigungen unterwegs abends Ninh Binh erreicht haben. Von dort stehen verschiedene Ausflüge in der Trockenen Ha-Long-Bucht auf dem Programm, bevor man nach Hanoi zurückkehrt.

■ Chua Keo

Die Pagode soll 1067 gegründet worden sein. Die heutigen Bauwerke stammen jedoch aus dem 17. Jahrhundert, nachdem die Pagode 1611 wegen ständiger Überschwemmungen auf die andere Flussseite verlegt und vergrößert wurde. Es dauerte 19 Jahre, bis die Bauvorbereitungen vollendet waren, so dass die Bauten von 1630 bis 1632 errichtet wurden. Man erkennt hier eine Vorstufe zum Tam-quan-Stil, bei der zwar schon der H-förmige Grundriss vorhanden ist, die einzelnen Gebäudeteile jedoch nicht verbunden sind.
Das große dreiflügelige **Tor** steht in ländlicher Umgebung kurz hinter dem Flussdeich etwas erhöht auf der zentralen Achse. Es folgen ein künstlicher **Teich**, der den Tempel von drei Seiten umgibt und dahinter die von einer Mauer gefasste Anlage, von der eine Stele unter dem Vordach des vorderen

▲ Karte S. 186

Glockenturm des Chua Keo

Masken im Chua Keo

Gebäudes berichtet, dass sie aus 128 Räumen besteht.

Im **mittleren Eingangstor** befinden sich Kopien der sehr fein mit Wolkenmotiven geschnitzten Türblätter aus dem 17. Jahrhundert, die einen Drachen (Symbol des Königs) zeigen, der hinter Dunst verborgen scheint. Tatsächlich ist dieser Dunst aber kein Nebel, sondern Rauch, was auf große Unruhen im Land zur Entstehungszeit hinweist.

Die **Vorhalle** wirkt wegen ihres extrem weit heruntergezogenen Daches sehr breit und flach. Sie birgt Statuen von Wächtern, den zehn Höllenkönigen und des Erdgotts. Die **mittlere Halle** ist fast quadratisch, die **Haupthalle** hingegen wieder sehr breit. Zu den historischen Figuren in ihrem Pantheon gehören der Bodhisattva Avalokiteshvara in der zweiten Reihe von oben aus dem 17. Jahrhundert und der Amitabha in der obersten Reihe aus dem 18. Jahrhundert. Ungewöhnlich ist die Darstellung des Eingangs des Buddhas ins Nirwana (Liegender Buddha) in seiner Beinhaltung und der Tatsache, dass er mit einer Glatze (also als Mönch) gezeigt wird und nicht mit einer Löckchenfrisur. Zu beachten sind weiterhin die La Han auf beiden Seiten des Pantheons.

Hinter dem Chua liegt, ebenfalls auf der zentralen Achse, der ähnlich konstruierte, aber kleinere **Den Minh Khong**, der dem Arzt und Mönch Duong Khong Lo (1066–1141) gewidmet ist. Er gilt als Gründer der Pagode und war in der Ly-Dynastie (1009–1225) oberster buddhistischer Mönch Vietnams. Sein Heiligtum im Innern wird nur zum Tempelfest geöffnet, das vom 13. bis 15. Tag des 9. Mondmonats stattfindet. Bei diesem Fest werden auch die **Masken** gezeigt, die im Vorraum aufbewahrt werden und um die sich eine Legende rankt: Die Frau eines Mandarins brachte statt eines Kindes einen großen Beutel zur Welt, in dem sich etwas bewegte. Sie dachte, es seien Gespenster und warf den Beutel in den Fluss. Der Mönch Lo ruderte gerade mit einem Boot über den Fluss und fischte den Beutel auf. In ihm befanden sich sechs Kinder, die der Mönch adoptierte. Die sechs Masken repräsentieren die Kinder, die Figur die Frau des Mandarins.

▲ Karte S. 186

Zu den weiteren interessanten Gegenständen in diesem Raum gehören neben dem Altar zwei **Fabelwesen** auf dem Rücken von Schildkröten. Die Fabelwesen symbolisieren die Freiheit, die Schildkröten langes Leben. An der gegenüberliegenden Wand ist ein Boot zu sehen, das 1136 von Bai Dinh in diesen Tempel gebracht wurde und auf dem sich der König mit einer Tigerbehaarung befindet. Die zugehörige Legende steht in Verbindung zum Chua Thay (→ S. 185) westlich von Hanoi, denn der dortige Mönch Tu Dao Hanh soll den König von dieser unnatürlichen Behaarung geheilt haben.

Abschließend liegt auf der Achse der dreistöckige **Glockenturm** mit mächtigen Dächern aus dem 18. Jahrhundert. Massive Säulen tragen das große Gewicht des Aufbaus. Beeindruckend sind aber vor allem die Schnitzereien auf den Säulen und Balken. Im unteren Geschoss hängt ein großer Klangstein, der wie die Glocken in den oberen Etagen bei Zeremonien von außen angeschlagen wurde.

■ Nam Dinh

Die Provinzstadt auf der anderen Seite des Roten Flusses ist mit 350 000 Einwohnern die drittgrößte Stadt des Nordens. Die Franzosen bauten sie in der Kolonialzeit zur Industriestadt aus, richteten Webereien und andere Textilfabriken ein. Amerikanische Bombenangriffe zerstörten Nam Dinh weitgehend, so dass die Stadt heute nicht nur sehr staubig, sondern mit ihren Betonneubauten auch wenig attraktiv wirkt. Doch auch auf dieser Flussseite wird intensiv Reis mit hohen Erträgen angebaut, was zahlreiche Menschen in die Gegend zieht.

■ Gedenktempel für Tran Hung Dao

Etwa drei Kilometer nordwestlich des Zentrums von Nam Dinh liegen im Feld zwei Sakralbauten, die mit der Tran-Dynastie in Verbindung stehen. Zuerst gelangt man an einen Gedenktempel für Tran Hung Dao, den Sieger über die Mongolen. Die gesamte Anlage, in der es einige schöne alte Banyanbäume gibt, besteht heute aus dem großen dreiflügeligen Tor an der Straße, hinter dem sich ein rechteckiger künstlicher Teich befindet. Dahinter folgen drei Tempel, rechts der **Den Ca Trach** (›Altes Haus‹), der Tran Hung Dao und seiner Heimat gewidmet ist. Der mittlere Tempel ist der wichtigste und älteste; er heißt **Den Thien Truong** und ist der gesamten Dynastie geweiht. Der linke Tempel, **Den Truong Hoa**, ist neu und widmet sich der Familie Tran Hung Daos. Er ist weitgehend eine Kopie des rechten Tempels.

Im **Den Ca Trach** stößt man auf dem ersten Altar auf die Ahnentafeln von drei Generälen, dahinter folgt ein aufrecht stehendes Schwert, das die Tran-Dynastie symbolisiert. Auf Wandpaneelen sind Boote zu erkennen, denn bevor die Familie der Tran Krieger und Könige wurden, waren sie Fischer. Der zweite Raum ist dem berühmten General Tran Hung Dao geweiht, der dritte erneut ihm und seiner Familie, die hier durch Ahnentafeln repräsentiert ist.

Im **Den Thien Truong** wird auf dem vordersten Altar der Mandarine gedacht, die der Dynastie treu gedient haben. Zu ihren Begleitern gehören auch ein weißes und ein rotes Pferd. Auf dem zweiten Altar stehen die Ahnentafeln von 14 Königen der Tran-Dynastie, dahinter erneut das Schwert, das die Dynastie versinnbildlicht. Im hinteren Raum, der eigentlich etwas stimmungsvoller ist, finden sich erneut Ahnentafeln für die 14 Könige. Auch die letzten Räume zeigen Ahnentafeln: in der Mitte die des Vaters des ersten Königs der Tran-Dynastie (Tran Thai Tong) und zwei seiner Onkel, rechts für die Konkubinen der Dynastie, links für die Königinnen.

Gedenktempel für Chua Pho Minh

Rund 500 Meter entfernt vom Gedenktempel für Tran Hung Dao befindet sich in einer weiteren ummauerten Anlage der Chua Pho Minh. Hinter dem Tor fällt der Blick zunächst auf zwei runde **Lotosteiche** mit einem Pavillon, hinter dem die Fundamente einer Säulenhalle zu erkennen sind, die im 15. Jahrhundert von den chinesischen Invasoren der Ming-Dynastie zerstört und nicht mehr aufgebaut wurde. Auf der Hauptachse erhebt sich der sehr schlanke und wohlgeformte 13-stöckige, 21 Meter hohe, quadratische **Thap Pho Minh**, der Beerdigungsstupa für den dritten Tran-König, Tran Nhan Tong (Regierungszeit 1279–1293). Als einer der wenigen Herrscher regierte er nicht bis zu seinem Tod, sondern dankte zugunsten seines Sohnes ab und begab sich in ein Kloster, wo er die auf strenge Meditation abzielende buddhistische Sekte des Bambuswalds (Truc Lam, → S. 311) gründete. Der Turm soll sieben Reliquien enthalten.

Zwei große und vier kleine Drachen schmücken den **Treppenaufgang** zum Chua. Die Körper der großen stammen aus dem 13. Jahrhundert, die Köpfe aus dem 20. Jahrhundert, denn sie mussten ersetzt werden, nachdem die Franzosen sie gestohlen und ins Museum Guimet in Paris gebracht hatten. Ebenfalls verloren hat der Chua seine schön geschnitzte Tür aus Eisenholz, von der sich nur eine Kopie hier befindet. Das Original ist im Historischen Museum in Hanoi zu besichtigen. Die Balken des Bauwerks zeigen ausgeprägte Schnitzereien. Unter den Figuren befinden sich diejenigen der drei Begründer der Bambuswaldsekte, König Tran Nhan Tong in der Mitte mit den Mönchen Phap Loa (1284–1330, rechts) und Huyen Quang (1254–1334).

▶ Karte S. 186

Chua Co Le

Gut 20 Kilometer südöstlich von Nam Dinh wurde in der Ly-Dynastie der Chua Co Le gegründet. Die Franzosen haben die Pagode mehrfach angegriffen, ihr starke Zerstörungen zugefügt und mehrere Bronzestatuen geraubt. Die späteren Restaurierungen waren nicht besonders erfolgreich.

Hinter einem mondsichelförmigen See ragt eine neunstöckige chinesische **Pagode** auf dem Rücken einer riesigen Schildkröte empor. An den Ecken befanden sich Elefanten als Dekoration. Auf einer Brücke steht eine etwa 2,50 Meter hohe Glocke, die neun Tonnen wiegen soll und 1945 gegossen wurde. Sie ist aber zu schwer, um aufgehängt zu werden.

Weiter hinten liegt ein etwas heruntergekommenes steinernes Tempelgebäude mit einem T-förmigen Grundriss. In der **Vorhalle** befinden sich Statuen von Wächtern und dem Erdgott sowie für den Arzt und Mönch Nguyen Minh Khong. Im hinteren Teil führen Treppen in das hohe **Pantheon**, das eine Buddhastatue aus Sandelholz birgt, die 800 Jahre alt sein soll.

Ninh Binh

Etwa 28 Kilometer von Nam Dinh entfernt liegt Ninh Binh, die Hauptstadt der gleichnamigen Provinz. Sie hat etwa 120 000 Einwohner, von denen zehn Prozent Katholiken sind, und ist leider keine Schönheit. Der Kalkstein der Region liefert gutes Material für die Zementindustrie, die ihre Umgebung gerne mit einem Staubschleier überzieht.Ninh Binh kann aber Ausgangspunkt für Exkursionen in die Umgebung sein. In der vollkommen flachen Küstenlandschaft wird viel Reis angebaut. Aus den Feldern ragen Kirchtürme im europäischen Stil auf und in einigen Gegenden skurril geformte Hügel wie in der Ha-Long-Bucht.

Ninh Binh

Vorwahl: +84/30.

Ninh Binh

Emeralda Resort (***), Van Long Nature Reserve, Gia Van, Ninh Binh, Tel. 030/3658333, Fax 3658223, www.emeraldaresort.com. Weitläufiges Resort ca. 8 km vom Stadtkern, dessen 172 komfortabel eingerichtete Zimmer in mehreren ›Dörfern‹ organisiert sind. Gutes vietnamesisch-französisches Restaurant sowie großer Pool.

Ninh Binh Legend (**), Tien Dong, Ninh Binh, Tel. 030/3899880, Fax 3888365, www.ninhbinhlegendhotel.com. Neueres Hotel mit 108 geräumigen Zimmern, das etwas außerhalb des Zentrums liegt und vor allem auf Gruppenreisende abzielt, den normalen Serviceerwartungen aber nicht unbedingt genügt.

Thuy Anh (*), 55 A Truong Han Sieu, Ninh Binh, Tel. 030/3871602, www.thuyanhhotel.com. Schlichtes Hotel mit 35 einfach eingerichteten Zimmern, Bar mit Ausblick im obersten Stock. Zentrumsnah.

Dom von Phat Diem

Westlich von Ninh Binh ist die Landschaft flach und sumpfig, ideal für den Reisanbau. In der ersten Hälfte des 20. Jahrhunderts lag hier aber auch ein Zentrum des Katholizismus, bis nach dem Genfer Vertrag von 1954 die meisten Katholiken in den Süden flohen. Praktisch in jedem Dorf erhebt sich, von weitem über den Reisfeldern sichtbar, ein Kirchturm. Viele der Kirchen wurden inzwischen wieder renoviert.

Die bekannteste Kirche der Region ist der Dom von Phat Diem, 28 Kilometer südöstlich von Ninh Binh und über gut ausgebaute Straßen leicht zu erreichen. Auf dem großen Kirchengelände versuchte Pfarrer Tran Luc eine Verbindung zwischen östlichen und westlichen Baustilen und Dekorationen zu erreichen. Tran Luc wurde 1825 geboren und 1860 zum Priester geweiht, 1865 übernahm er die Pfarrei von Phat Diem. Damals stand hier eine kleine **Steinkirche**, die ganz hinten links in der Anlage erhalten ist.

1891 begann Tran Luc, der besser als Pere Six bekannt war, mit dem Bau seiner ost-westlichen Kirche, die bei seinem Tod 1899 noch nicht fertiggestellt war. 1933 wurde hier der erste Bischof Vietnams geweiht.

Eine Straße führt auf die **Kirchengebäude** zu. Sie teilt sich vor einem See, in dem seit 1930 auf einer kleinen Insel eine **Jesusstatue** mit ausgebreiteten Armen steht.

Hinter dem See sollte auf einem jetzt freien Platz eigentlich ein 60 Meter hoher Turm aufragen, der jedoch nach dem Tod Tran Lucs nicht mehr gebaut wurde. Stattdessen rahmen zwei große Statuen des heiligen Petrus und des heiligen Paulus den Platz, 1991 von einer reichen Familie aus Saigon gestiftet.

Es folgt ein freistehender, 24 Meter breiter, 17 Meter tiefer und 25 Meter hoher dreistöckiger **Glockenturm** mit einer Trommel und einer Glocke. Er zeigt schon durch die beiden Klangkörper den Versuch, das Christentum mit einigen Symbolen des Buddhismus zu verbinden, äußerlich repräsentiert durch östliche Pagodendächer und andere Dekorationen, etwa Säulen in Form von Bambusstämmen. Von oben hat man einen schönen Blick auf die flache Landschaft, aus der zahlreiche weitere Kirchturmspitzen aufragen. Die zwei Tonnen schwere Glocke von 1,90 Meter Höhe und 1,10 Meter Durchmesser ist mit den chinesischen Schriftzeichen für die vier Jahreszeiten versehen. Um den Glockenturm herum stehen **Statuen der vier Evangelisten**,

Im Altarraum von Phat Diem

und im Erdgeschoss befindet sich das größte **Steinbett** Vietnams aus der Ho-Dynastie (Anfang 15. Jahrhundert), das 1898 hierher gebracht wurde. Der Stein misst 4,20 mal 3,20 Meter und ist 35 Zentimeter hoch.

Zwischen dem Glockenturm und der Kathedrale liegt das **Grab des Kirchenbauers Tran Luc**. Die fünfschiffige Kirchenfassade wird von den aufgesetzten Pagodentürmen dominiert. Zwei Engel blasen auf ihren Trompeten zum Jüngsten Gericht. Im Innern der Kirche fällt zunächst das Taufbecken rechts auf. Die Anordnung der 21 Meter breiten und 74 Meter langen Kirche entspricht der christlicher Kirchen im Westen, doch der Baustil und die Materialien folgen mehr östlichen Konventionen. Es gibt 52 beeindruckend dicke Holzsäulen, die aus einem Stamm hergestellt sind und das Dachgebälk tragen. Wie in einer vietnamesischen Pagode ruht die gesamte Last des Daches auf den Säulen, die seitlichen Holzwände können bei entsprechender Witterung herausgenommen werden. Die Dekoration ist eine Mischung aus östlichen Motiven und westlicher Malerei eines Kreuzweges. Ein weiterer Kreuzweg ist im Altarraum in Stein gemeißelt. Der **Hochaltar** an der Rückfront besteht aus Stein. Nach dem II. Vatikanischen Konzil (1962–1965) wurde auch hier ein neuer Altar gebaut, damit der Priester bei der Messe mit dem Gesicht zur Gemeinde stehen kann, und seitdem wird in der Kirche auch Vietnamesisch und nicht mehr Latein gesprochen. Vor dem neuen Altar befinden sich fünf Gräber verstorbener Bischöfe. Links steht als Bischofssitz ein traditioneller chinesischer Sessel in Hufeisenform. Über den Altarraum wacht oben ein Bild der von Engeln gerahmten Maria, darunter Christus, umgeben von sechs vietnamesischen Märtyrern, die ihr Leben ließen, als die Nguyen-Könige Minh Mang und Tu Duc Mitte des 19. Jahrhunderts den Katholizismus bekämpften. Weiter unten findet sich eine Statue von Maria mit Kind sowie Bilder weiterer Märtyrer. Die Decke über dem Altarraum zeigt mit der Darstellung von Mond, Sternen und Wolken vietnamesische Einflüsse.

Das Hauptgebäude wird von kleineren **Kapellen**, die jeweils anderen Heiligen geweiht sind, flankiert. Dahinter liegen drei Grotten mit **Gräbern von drei Märtyrern** und Marienstatuen. Hinter der linken Grotte folgt ein weiterer **Glockenturm**, der 1930 entstand. Er gehört jetzt zu der ursprünglichen Steinkirche, einer Kapelle für die Jungfrau Maria von Fatima, die als letztes Sakralbauwerk dahinter liegt. Sie umgeben schon die Gärten, in denen Blumen und Gemüse gepflanzt werden. Hinter einem breiten Weg folgen Seminar- und Wohngebäude der Priester, die hier zur Ausbildung weilen.

▲ Karte S. 186

Graham Greene: Der Dom von Phat Diem

Graham Greene beschreibt in seinem Roman ›Der stille Amerikaner‹ auch den Dom von Phat Diem zur Zeit der französischen Kolonialherrschaft:

»Der Bischof von Phat Diem hatte einmal Europa besucht und sich dort die Verehrung Unserer Lieben Frau von Fatima angeeignet – jene Vision der Heiligen Jungfrau, die nach der Überzeugung der Katholiken einer Gruppe von Kindern in Portugal erschienen war. Nach seiner Rückkehr ließ er ihr zu Ehren auf dem umfriedeten Domplatz eine Grotte errichten und beging ihren Festtag alljährlich mit einer feierlichen Prozession. Die Beziehungen zwischen dem Bischof und dem Oberst, der die französischen und vietnamesischen Streitkräfte in diesem Abschnitt befehligte, waren stets sehr gespannt gewesen, seit die Behörden die private Armee des Bischofs aufgelöst hatten. In diesem Jahr aber hatte der Oberst – den eine gewisse Sympathie mit dem Bischof verband, weil beiden ihr Land wichtiger erschien als die katholische Religion – eine Geste der Freundschaft gemacht und war mit den Offizieren seines Stabes an der Spitze der Prozession marschiert. Niemals zuvor hatte sich in Phat Diem eine größere Volksmenge versammelt, um Unserer Lieben Frau von Fatima ihre Verehrung darzubringen. Selbst viele Buddhisten – die rund die Hälfte der Bevölkerung ausmachten – wollten sich diesen Spaß nicht entgehen lassen, und jene, die weder an Gott noch an Buddha glaubten, dachten, daß irgendwie die vielen Banner und Weihrauchfässer und die goldene Monstranz den Krieg von ihrem Heim fernhalten würden. Das letzte Überbleibsel der bischöflichen Armee – die Musikkapelle – führte die Prozession an, ihr folgten die französischen Offiziere, die auf Befehl ihres Obersten mit frommer Miene gleich Chorknaben durch das große Tor auf den Domplatz zogen, vorüber an der weißen Statue des Heiligsten Herzens Jesu, die auf einer Insel in dem kleinen See vor dem Dom stand, unter dem Glockenturm mit seinen ausladenden, orientalisch geschwungenen Dächern vorbei [sic!] und in den mit Schnitzereien reich verzierten Holzbau des Doms, dessen gigantische Säulen aus je einem einzigen Baumstamm bestanden und dessen Altar, in scharlachroter Lackarbeit gehalten, eher buddhistisch als christlich wirkte. Aus allen Dörfern zwischen den Kanälen, aus jener holländisch anmutenden Landschaft, wo junge grüne Reissprößlinge und goldene Erntefelder den Platz der Tulpen einnehmen und Kirchen jenen der Windmühlen, strömte das Volk zusammen.«

Jesusfigur und Glockenturm am Dom von Phat Diem

EXTRA

Zwölf Höhlen (Trang An)

Die Karstberge der Trockenen Ha-Long-Bucht sind von zahlreichen Höhlen und unterirdischen Flüssen durchzogen. Durch geschickte Regulierung haben die Menschen schon seit langer Zeit weite Flächen geschaffen, auf denen das Wasser einen halben bis einen Meter hoch steht oder nur sehr langsam fließt, so dass ein Anbau von langstieligem Reis oder von Gräsern möglich ist. Auch Fische, Frösche und anderes Wassergetier werden hier gerne gefangen.

Etwa sechs Kilometer nordwestlich von Ninh Binh wurde eine Flussfahrt durch **zwölf Höhlen** (Muoi Hai Coc) geschaffen, teilweise durch Sprengungen, damit die Tour zum Ausgangpunkt zurückkehrt. Auf flachen Kähnen gleitet man durch die Wasserlandschaft, die von skurril geformten Bergen und Bergketten gesäumt wird. Die Höhlen sind teilweise mehrere hundert Meter lang und eng, doch beleuchtet. Einzelne interessante Stalaktiten sind auch effektvoll angestrahlt. An einigen Stellen kann man an Land gehen und kleine Tempel besuchen.

Parkplatz und Empfangshalle liegen beiderseits der Straße. Man kann Tickets für eine Tour von 2,5 Stunden (elf Höhlen) oder 3,5 Stunden Dauer kaufen, bei letzterer erklimmt man noch einen Tempel (Den Tran Hung Dao) auf einem Hügel. Die Ruderinnen haben sich in einer langen Schlange aufgereiht, und jedes Boot wird mit vier Personen gefüllt. Die meisten Touristen wollen 3,5 Stunden gerudert werden, so dass derjenige, der sich für die 2,5-Stunden-Variante entschieden hat, die eigentlich ausreicht, darauf achten sollte, in ein entsprechendes Boot verfrachtet zu werden. Gegend und Höhlen sind hier wesentlich schöner als bei den bekannteren Drei Höhlen (Tam Coc, → S. 219), und es gibt keine Nervereien mit Verkäuferinnen.

Bootsfahrt durch die Zwölf Höhlen

▲ Karte S. 186

Durch die Felsenlandschaft gleiten

Die pittoreske Kombination von Wasser und Bergen zieht zahllose einheimische und fremde Besucher an. Das verleitet natürlich immer mehr Dörfer dazu, Rudertouren anzubieten. Hier ist ein Überblick über Orte, Zeiten und Preise.

Trang An (Zwölf Höhlen), 3 km von Hoa Lu; 4 Pers. pro Boot, 150 000 VND/ Pers., 2,5 oder 3,5 Std. Von der UNESCO als Weltnaturerbe gewürdigt, elf oder zwölf Höhlen, kleine Tempel.

Tam Coc (Drei Höhlen), 20 km von Hoa Lu, 13 km mit dem Fahrrad durch Dörfer, 2 Pers. pro Boot, 390 000 VND pro Boot, 1,5 Std. Drei Höhlen, sehr touristisch.

Thung Nang (›Sonnenscheintal‹), 22 km von Hoa Lu, 13 km mit dem Fahrrad, unweit von Tam Coc; 2 Personen pro Boot, 200 000 VND pro Boot, knapp 2 Std. Ruhige Gegend, wenig kultivierte Landschaft.

Van Long (›Drache und Wolken‹), gut 10 km nördlich von Ninh Binh, Nähe Emeralda Resort; 60=000 VND pro Person, 1,5 Std. Noch wenig entwickelte Gegend.

Kenh Ga, 23 km nordwestlich von Ninh Binh. Motorboot, 2 Std.

Chua Bai Dinh

Rund zehn Kilometer von Ninh Binh und fünf Kilometer von Hoa Lu entfernt erstreckt sich eine gigantische Tempelanlage über einen flachen Abhang. Mit ihrem Bau wurde 2005 begonnen, 2015 wurde sie fertiggestellt. Als Erbauer gilt Xuan Truong, ein über die Jahre zu großem Reichtum gelangter Geschäftsmann mit besten Beziehungen in die Spitzen der Regierung und der Kommunistischen Partei. Und so durften die politischen Führungskader Bodhibäume pflanzen und der Steuerzahler einen kräftigen Zuschuss zu den Baukosten geben. Wie in der Wirtschaft zählt bei dieser Pagode nur eins: Größe und Menge.

Auf einer Achse reihen sich hintereinander auf: ein **Torhaus** mit einem dreistöckigen Dach, ein sechseckiger und dreistöckiger **Glockenturm**, eine **Quan-Am-Halle**, eine **Halle mit einem großen sitzenden Buddha** sowie die **Große Halle** mit drei gigantischen Buddhafiguren. In seitlichen Galerien, die vom Torhaus bis zur ersten Buddhahalle reichen, werden erstmals in Vietnam 500 La Han dargestellt. Normalerweise findet man nur 18 Buddhaschüler, doch als buddhistische Glückszahlen gelten auch 108 und eben 500. Die La Han werden in der Regel naturalistisch dargestellt, weil sie sich erst auf dem Weg zur Versenkung eines Buddhas befinden. Und so fotografierte man die 500 Buddhaschüler aus einem Tempel in China ab und meißelte sie dann in der näheren Umgebung des Chua in Stein. Das gelang nur bedingt, denn die Figuren sehen sich doch sehr ähnlich, und auch die Steinmetzkunst der Handwerker scheint unterschiedlich gut entwickelt. Zur Sicherheit hat man die chinesischen Namen der La Han ins Vietnamesische übersetzt und an jeder Figur eine Plakette angebracht.

Vom Tor aus gesehen rechts von der Hauptachse entsteht eine kürzere, auf höherem Terrain gelegene Nebenachse mit einem hohen Turm, weiteren Tempelhallen und einer frei stehenden Figur eines auf Wanderschaft gehenden Di Lac. Im **Trommelturm** hängt oben eine sechs Meter hohe und 36 Tonnen schwere Glocke, während darunter eine Bronzetrommel im Stil der Dong-Son-Kultur (→ S. 55) einen Durchmesser von fünf Metern erreicht. Über seitliche Treppen kann man den Turm erklimmen, um von oben geknüllte Geldscheine als Opfer auf die Trommel zu werfen.

Die **Quan Am** in der ersten Halle ist eine zwölf Meter hohe Kopie der berühmten

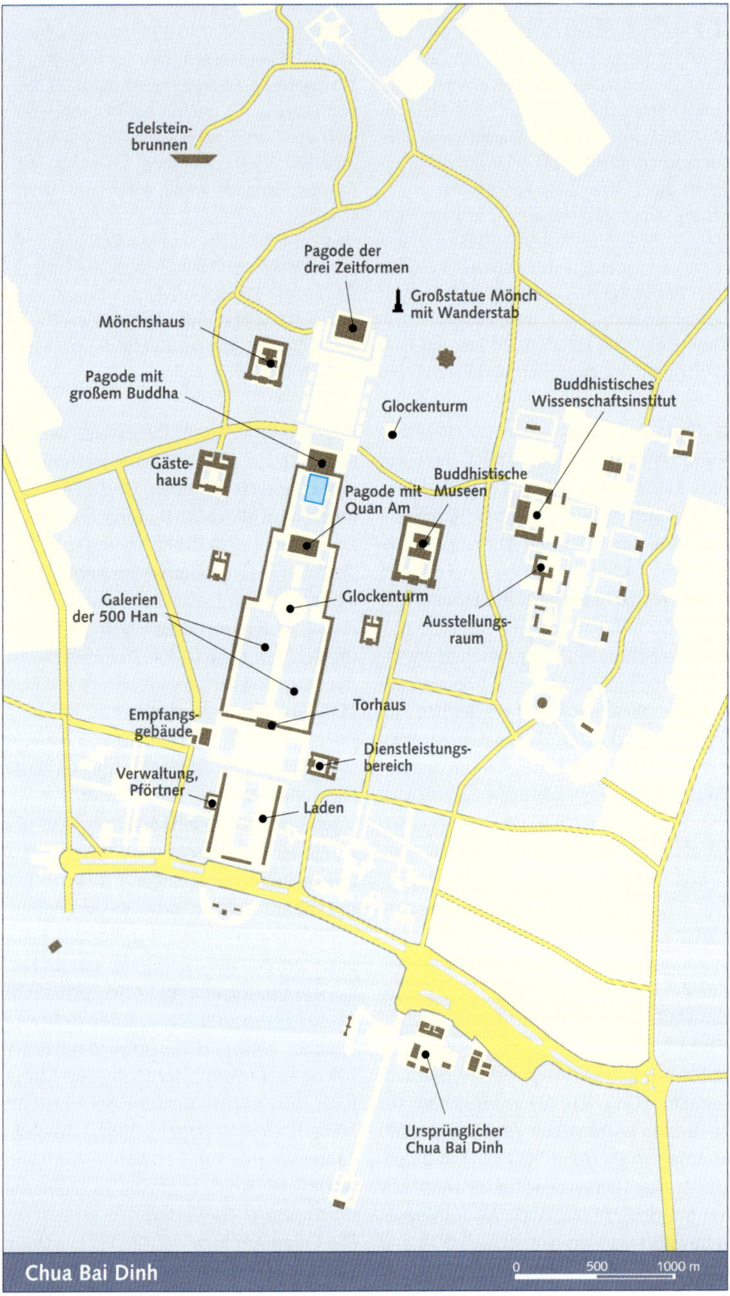

Chua Bai Dinh

Die große Halle des Chua Bai Dinh

Quan Am aus dem Chua But Thap (→ S. 196), besitzt aber bei weitem nicht deren Ausstrahlung. In der zweiten Halle erreicht der sitzende Buddha eine Höhe von acht Metern, flankiert von etwa sechs Meter großen stehenden Buddhas und vier Meter hohen Wächterfiguren. Die Wände sind über und über mit Nischen bedeckt, in die Spender kleine Buddhafiguren setzen lassen können. Die drei Bronzebuddhas in der dritten Halle sind vergoldet und werden von überdimensionalen Kranichen eingerahmt. Auch hier sind die Wände mit zahllosen Nischen für gespendete Buddhas bedeckt.

Der gigantische Tempelkomplex erfreut sich bei einheimischen Touristen beträchtlicher Beliebtheit. Doch offensichtlich hat die Betreibergesellschaft die Unterhaltskosten unterschätzt. Und da man für den Tempel keinen Eintritt nehmen darf, hat man sich eine andere Variante ausgedacht: Man hat die gesamte Anlage mit einem weiträumigen Zaun umgeben und zwei Kilometer vom Tempel entfernt eine Empfangshalle gebaut. Von dort müssen Besucher zu Fuß gehen oder sie können sich in einem Elektrowagen zum Tempel fahren lassen, für 20 000 VND pro Person. Natürlich muss man für die Rückfahrt erneut bezahlen. Entlang der Zufahrtsstraße haben zahlreiche Restaurants eröffnet. Eine Spezialität der Gegend ist Ziegenfleisch (*thit de*).

Drei Höhlen (Tam Coc)

Zu einem weiteren Ausflug von Ninh Binh fährt man vier Kilometer Richtung Thanh Hoa und biegt dann über eine schmale Straße in die Gegend ein, die ›Trockene Ha-Long-Bucht‹ genannt wird. Tatsächlich entstanden die zwischen 40 und 80 Meter hohen Kalkfelsen durch den Abfluss des Meeres aus dieser einstigen Bucht, in der heute auf weiten, grünen Feldern Reis angebaut wird. Vom Dorf **Ninh Hai** aus kann man sich in einem etwa zweistündigen Ausflug zu drei Höhlen rudern lassen, durch die der Strom fließt. Nach einer halben Stunde ist die erste Grotte erreicht. Sie ist etwa 100 Meter lang und rund zwei Meter hoch. In der nächsten, nur 40 Meter langen Grotte ist es etwas heller, so dass man in Ruhe die Felsformationen betrachten kann, während das Boot hindurch glei-

Auf dem Tempelfest in Hoa Lu

tet. Die dritte Höhle folgt kurz dahinter und ist sehr flach. Danach fährt man auf demselben Weg zurück.
Leider wird die Freude am beschaulichen Gleiten durch die Landschaft durch zahllose äußerst penetrante Andenkenverkäuferinnen erheblich getrübt. Auch an der Anlegestelle herrscht ein Riesentrubel mit Restaurants, Läden und Fahrradverleihen. Die Tour ist beliebt, weil sie relativ kurz ist und weil viele Leute scheinbar keinen Widerspruch zwischen Trubel und stiller Landschaft sehen.

Chua Bich Dong

Nur zwei Kilometer vom Dorf Ninh Hai erreicht man den kleinen Felsentempel Chua Bich Dong. Zwei **Tempelhallen** sind in unterschiedlicher Höhe in den Berg hineingebaut und bergen einige ansprechende Buddhastatuen. Die Anlage soll ursprünglich aus dem 13. Jahrhundert stammen, sie wurde jedoch zwischen 1705 und 1747 neu errichtet.
Wenn man rechts neben dem oberen Tempel weiter hochsteigt, gelangt man in einige **Höhlen** (Taschenlampe erforderlich), in denen sich weitere Buddha- und Quan-Am-Statuen befinden. Von der Spitze des Berges hat man einen herrlichen Ausblick über diese Landschaft, die zu den schönsten in Vietnam gehört.

Hoa Lu

Etwa zwölf Kilometer nördlich von Ninh Binh liegt Hoa Lu. Nach der Vertreibung der Chinesen durch Ngo Quyen im Jahr 939 brach das Reich bald in zwölf Militärfürstentümer auseinander. Erst der Fürst Dinh Bo Linh konnte 968 wieder für einen stärkeren Zusammenhalt sorgen, als er andere Fürstentümer unterwarf, sich zum König Dinh Tien Hoang erklärte und die Hauptstadt von Co Loa (→ S. 199) in seine Heimat Hoa Lu verlegte, wo er sich vor Übergriffen der Chinesen sicherer fühlte. Doch auch seine Gewaltherrschaft dauerte nicht lange. Er und sein ältester Sohn fielen 979 einem Attentat zum Opfer. Sein oberster General riss die Macht an sich, indem er den jüngsten, sechsjährigen Königssohn auf den Thron setzte, dann dessen Mutter, die Königin, heiratete und sich selbst zum König Le Dai Hanh ausrief. Seine Dynastie hielt nur 30 Jahre, bis mit der Ly-Dynastie sich die erste gefestigte Zentralmacht in der neuen Hauptstadt Thang Long (Hanoi) etablierte. In den beiden Königstempeln werden die Intrigen um die Macht natürlich wesentlich harmonischer dargestellt.
Am Ende des Dorfes steht der aus dem 17. Jahrhundert stammende, relativ einfache **Den Le Hoang**. Durch Vorhöfe gelangt man zur Haupthalle, die auf einem niedrigen Podest steht. Über der Eingangstür kann man zwei Elefantenzähne erkennen, die einen Hinweis auf das Reittier des Generals und späteren Königs geben. Die Mitte des Vorraums nimmt ein kleinerer Altar für die Mandarine der Dynastie ein, unter dem die Figuren von zwei knienden Cham zu sehen sind. Nach einem Sieg über das Königreich im heutigen Mittelvietnam sandten die Cham zwei Botschafter an den Hof der Viet, die hier in demütiger Haltung dargestellt werden.
In der hinteren Halle steht in der Mitte die Statue des Generals und Königs Le Dai Hanh. Die linke Statue zeigt seinen Sohn Le Ngoa Trieu, der aber nicht von der Königin, sondern von einer Konkubine stammt. Er wurde 1005 von seinem Vater noch zu dessen Lebzeiten als Nachfolger eingesetzt, war aber ein schlechter Herrscher und starb bereits im Alter von 24 Jahren. Rechts ist die zweifache Königin Duong Van Nga zu sehen. Ihre Statue wurde erst im 18. Jahrhundert aus dem Den Dinh, der ihrem ersten

Ehemann geweiht ist und auf den sie bis heute blickt, hierher gebracht. Auch die sehr schönen Schnitzereien unter dem Dach des Tempels weisen darauf hin, dass der vom General zum König Aufgestiegene von der Nachwelt nicht anerkannt wird, denn kein einziger Drache als Symbol des Königs ist zu sehen. Hundert Meter vom Tempel entfernt befindet sich eine Halle, die die Ausgrabungen des Königspalasts schützt, der angeblich nach dem Sturz der Dynastie zerstört wurde. Bisher hat man wenig mehr als einige Bodenplatten freigelegt.

Am Fuß des Berges liegt der **Den Dinh** für den König Dinh Tien Hoang. Durch einen Vorhof mit Teichen gelangt man durch ein Torgebäude in einen kleinen Innenhof, hinter dem sich das flache Bauwerk auf einer 60 Zentimeter hohen Plattform erstreckt. Es ist schöner ausgestaltet und mit mehr Schnitzereien versehen als der Tempel des Okkupators. Die Figuren im hinteren Raum stellen den König in der Mitte dar, seinen ältesten Sohn Dinh Lien rechts und die beiden jüngeren Söhne Hang Lang und Dinh Tue links. Dinh Tue wurde von General Le Hoan als Kind auf den Thron gesetzt.

Das **symbolische Grab für Le Dai Hanh** liegt am Fuß des Hügels, das für **Dinh Tien Hoang** auf der Kuppe des Hügels Ma Yen - auch dies verdeutlicht die unterschiedliche Wertschätzung. Vom Hügel hat man einen schönen Blick über die von kleinen Deichen durchzogene Landschaft.

Das lebhafte und farbenfrohe Tempelfest findet am 8. Tag des 3. Mondmonats statt.

▶ Karte S. 186/223

■ Nationalpark Cuc Phuong

Etwa neun Kilometer nördlich von Ninh Binh führt links von der N1 eine Straße über 35 Kilometer in das 225 Quadratkilometer große Urwaldgelände. Mancher Führer mag gelegentlich Tiger und Bären versprechen, doch man sollte lieber nach Affen, Vögeln und Schmetterlingen Ausschau halten. Einige bis zu 1000-jährige Bäume lassen erahnen, wie weite Flächen Vietnams aussehen könnten, wenn nicht tausende Tonnen Gift auf das Land herabgeregnet wären.

Man kann in Begleitung eines Rangers durch den Park wandern oder mit dem Fahrrad fahren, Vögel beobachten, in einem Dorf übernachten und am späten Abend auf die Suche nach nachtaktiven Tieren gehen.

Nicht versäumen sollte man einen Besuch der **Aufzuchtstationen für Affen und für Schildkröten**. In einem von verschiedenen Zoos aus der ganzen Welt unterstützten Programm werden teilweise vom Aussterben bedrohte Lemurenarten in großen Käfigen aufgepäppelt, dann in der Nähe der Station freigelassen und damit teilausgewildert, bis sie nach einiger Zeit ganz auf sich selbst gestellt sind und sich von der Umgebung der Station entfernen.

Nationalpark Cuc Phuong, Tel. 030/3848065, www.cucphuongtourism.com; Aufzuchtstationen tägl. 9–11 und 13.15–16 Uhr. Wanderungen zwischen drei und 25 Kilometern, Fahrradverleih, einfaches Restaurant (nur mittags und nach Vorbestellung).

Sa Pa

Die Franzosen gründeten in der Umgebung der größeren Städte in höheren Regionen gelegene Orte, um der sommerlichen Hitze des Tieflandes zu entfliehen. Dazu gehört auch das zwischen 1500 und 1600 Meter hochgelegene Sa Pa, das ab 1922 ausgebaut wurde. 1979 war es durch die chinesische Strafexpedition (→ S. 96) weitgehend zerstört, doch Ende der 1990er Jahre begann der Berg- und Minderheitentourismus, der heute

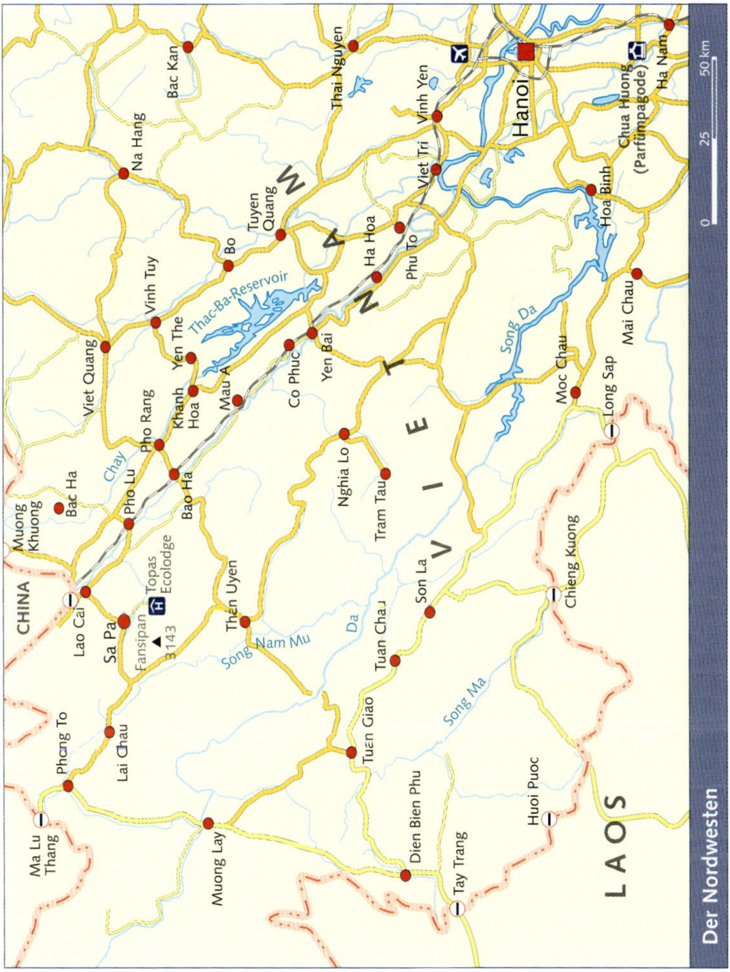

den Ort weitgehend bestimmt. Überall schießen neue Hotels, Restaurants, Cafés und Läden aus dem Boden, der Ort hat seinen Charakter als Marktflecken für die Bergvölker der Umgebung längst aufgegeben. Samstags findet zwar noch der große Markt statt, zu dem Hmong und Rote Dao in ihrer traditionellen Kleidung aus den Dörfern der Umgebung in die Kleinstadt kommen, das Hauptgeschäft findet jedoch mit den Touristen statt, denen die Verkäuferinnen stundenlang hartnäckig folgen können.

Die Umgebung von Sa Pa eignet sich vor allem zum Wandern und Mountainbikefahren. Touren von einem halben Tag bis zu drei, vier Tagen mit Übernachtungen in Dörfern oder Zelten können vor Ort oder vorher per E-Mail organisiert werden. Man sollte allerdings nie ohne erfahrenen Guide aufbrechen, der sich mit Wegen und Wetter auskennt. Es gibt kei-

Auf dem Markt in Sa Pa

ne Wegkennzeichnung, und die Wetterumschwünge können innerhalb weniger Minuten erfolgen. Für längere Touren, vor allem zum höchsten Berg des Landes, dem Fansipan (3143 Meter), und steile Strecken sind eine hervorragende Kondition und erstklassige Ausrüstung, vor allem feste Wanderschuhe, unabdingbar.

Sa Pa

Vorwahl: +84/20.

Die einfachste und beste Anreise erfolgt von Hanoi aus **per Zug nach Lao Cai** an der Grenze zu China. Am bequemsten fährt man über Nacht: Am späten Abend verlassen mehrere Züge den Bahnhof von Hanoi in der 120 Le Duan und erreichen am frühen Morgen die Grenzstadt. Dort kann man in Minibusse umsteigen, oder man hat bereits mit der Buchung des Hotels einen Transfer vereinbart. Die Fahrt über die kurvenreiche Straße nach Sa Pa (ca. 40 Kilometer) dauert eine knappe Stunde. Die Rückreise nach Hanoi ist von der Dauer und den Fahrzeiten ähnlich.

Mehrere Privatfirmen bieten bequemere Abteile in Wagen an, die an die staatlichen Züge angehängt werden. Am besten ist der Victoria Express: http://victoriahotels.asia/en/victoria-express-train.

Victoria Sapa Resort & Spa (***), Xuan Vien, Tel. 3871522, Fax 3871539, www.victoriahotels.asia. Das in einem alpenländischen Chaletstil errichtete Resort liegt auf einem kleinen Hügel am Ortsrand, einige der 77 Zimmer haben einen guten Blick über die Stadt. Der Garten, Terrassen, das Restaurant und die Bar, dazu ein großes Hallenbad und der Spa-Bereich bieten vielfältige Entspannungsmöglichkeiten. Das Victoria Sapa Resort ist mit Abstand das beste Hotel in Sa Pa.

Topas Ecolodge (**), beim Dorf Ban Ho, rund 18 km von Sa Pa, Tel. 3872404, Fax 3872405, www.topasecolodge.com (Buchung auch über Topas Travel, 1B, Alley 12/2/5 Dang Thai Mai, Tay Ho, Hanoi, Tel. 04/37151005, Fax 04/37151007, www.topastravel.vn). Auf einem Hügel außerhalb des Dorfs wurden 2005 die 25 Steinhäuser der Ecolodge nach ökologischen Kriterien errichtet. Es

▶ Karte S. 223

gibt keine Klimaanlage, keinen Fernseher und keine Minibar; Strom und warmes Wasser werden durch Solarpaneele erzeugt, das Wasser kommt aus Bergbächen und wird geklärt, bevor es in die Umwelt zurückfließt. Die Lodge bietet herrliche Blicke über Berg und Tal, Wanderungen und Mountainbike-Ausflüge können direkt vor der Haustür beginnen (werden auch von der Lodge angeboten).

Chau Long (**), 24 Dong Loi, Tel. 3871245, Fax 3871844, www.chaulonghotel.com. Ordentliches Standardhotel mit großem Restaurant. Von vielen Zimmern im Neubau hat man einen guten Blick über das Tal auf die Bergkette des Fansipan.

Bamboo (*), 18 Muong Hoa, Tel. 3871075, Fax 3871945, www.bamboosapahotel.com.vn. Von den Standardzimmern in den unteren Etagen und den neuen luxuriösen Zimmern in den oberen Etagen hat man einen hervorragenden Blick über Berg und Tal. An manchen Abenden gibt es in der Bar Aufführungen mit Liedern und Tänzen der Minderheiten.

Holiday (*), 16 Muong Hoa, Tel. 3873874, Fax 3872788, www.holidaysapa.com. Die Hotelbesitzerin, Frau Hong, war die erste Reiseleiterin in Sa Pa und kennt sich im Ort und der Umgebung gut aus. Die 45 Zimmer des Hotels sind gut und großzügig eingerichtet, von vielen hat man einen tollen Blick über das Tal auf die Berge.

Red Dao House, 4B Thac Bac, Tel. 3872927. In einem Holzhaus im Stil der Roten Dao wird auf zwei Stockwerken vietnamesische Küche mit westlichem Einfluss serviert.

Wild Orchid, 14 Cau May, Tel. 3872665. Mit bestickten Textilien ansprechend dekoriertes Lokal, in dem der in Singapur und Frankreich ausgebildete Koch vietnamesische und westliche Küche auf den Tisch bringt.

Die lokalen Reisebüros in Sa Pa bieten alle ein breites Spektrum von Aktivitäten an: von Spaziergängen über Wanderungen bis zu mehrtägigen Trekkingtouren und Ausflügen auf Mountainbikes.

Die hier aufgeführten Veranstalter sind nicht die preiswertesten, sondern die zuverlässigsten und mit dem besten Material ausgestatteten.

Duc Minh, 10 Cau May, Tel. 3871881, www.ducminhtravel.com.

Green Sapa Tour, 37 Fansipan, Tel. 3872644, www.greensapatours.com.

Topas Travel, 21 Muong Hoa, Tel. 3871331, www.topastravel.vn.

Kleidung der Minderheiten auf dem Markt in Sa Pa

Hanoi und der Norden

Dien Bien Phu und der Nordwesten

Der Ort, an dem die Franzosen im Mai 1954 eine Schlacht verloren, die das Ende hrer Kolonialherrschaft in Südostasien einläutete, liegt auf einem 20 Kilometer langen und 6 Kilometer breiten Hochplateau unweit der Grenze zu Laos. In mancher Hinsicht ist der Weg das Ziel, der je nach Wetter und Anzahl der Ausflüge in die Regionen der Bergvölker mehrere Tage dauert. Es gibt aber auch eine tägliche Flugverbindung zwischen Hanoi und Dien Bien Phu.

Die Menschen im Hochland lebten traditionell vom Ackerbau durch Brandrodung, die inzwischen verboten, aber nicht abgeschafft ist, und von der Ausbeutung von Edel- und Harthölzern, die meist exportiert werden. In den 1970er Jahren wurden in dieser Region mehrere ›Neue Ökonomische Zonen‹ geschaffen, mit dem Ziel, die Viehzucht zu intensivieren, weshalb man gelegentlich schwarzweiß gefleckte Milchkühe entdeckt. Insgesamt war diese Wirtschaftsphase, die auch mit Zwangsumsiedlungen einherging, wenig erfolgreich und wurde Mitte der 1980er Jahre eingestellt. Die meisten Familien der Bergvölker halten sich durch eine Kombination aus Reis- und Gemüseanbau, Haltung von Schweinen und Hühnern und manchmal einer Fischzucht über Wasser.

In den letzten Jahren wurden in dem regenreichen Gebiet zahlreiche Staudämme gebaut, die der Bewässerung, vor allem aber der Stromerzeugung dienen. Dabei mussten viele Familien, manchmal ganze Dörfer, umgesiedelt werden. Die Versorgung der Dörfer mit Waren oder die Schulsituation haben sich dadurch auch nicht verbessert. Zwar gibt es in der Bergregion jetzt in mehr Dörfern Strom, der größte Teil der Elektrizität wird jedoch exportiert.

▲ Karte S. 223

Hoa Binh

Etwa 75 Kilometer südwestlich von Hanoi liegt die Provinzhauptstadt Hoa Binh. In ihrer Umgebung kann man auf dem **Stausee des Song Da** (Schwarzer Fluss) Bootsausflüge unternehmen.

In der Gegend leben vor allem Muong und Dau. 40 Kilometer südwestlich, in rund 300 Metern Höhe, ist das **Tal von Mai Chau** die Lebenswelt der Weißen Tai, die ihre Holzhäuser auf Stelzen errichten. Durch Decken und Vorhänge ist das Innere des einzigen Raumes in einen Wohn-, einen Schlaf- und einen Kochbereich geteilt.

Moc Chau

Der nächste größere Ort ist Moc Chau, eine 150 Kilometer westlich von Hoa Binh (und in etwa vier Stunden Fahrt zu erreichende) auf rund 1500 Metern Höhe gelegene Marktstadt. Hier siedeln Grüne Hmong, Muong, Tai und Dao und arbeiten auf Tee- und Maulbeerplantagen. Auch von hier sind Wanderungen möglich.

Son La

Für die 120 Kilometer von Moc Chau nach Son La benötigt man etwa drei bis vier Stunden. Während der Kolonialzeit gab es hier eine berüchtigte Strafkolonie, von der noch ein **Gefängnis** erhalten ist. In rekonstruierten Zellen wird vor allem das Schicksal der späteren kommunistischen Kader Le Duan und Truong Trinh dargestellt. Wenn man keine größeren Wanderungen unternehmen will, bietet sich Son La als erste Übernachtungsstation an.

Dien Bien Phu

Von Son La bis nach Dien Bien Phu sind noch knapp 160 Kilometer zurückzulegen, was rund sechs Stunden dauert. Die französische Garnison in Dien Bien

Phu sollte vor allem den Zugang nach Laos und Südchina kontrollieren, weniger das Delta des Roten Flusses von den Bergen aus aufrollen. Doch 1953 hielten beide Seiten den abgelegenen Stützpunkt für den geeigneten Ort für ein entscheidendes Gefecht.

Die Franzosen fühlten sich in der gebirgigen Umgebung mit ihren Flugzeugen sicher und wollten die Vietnamesen aus dem unwegsamen Delta locken. Doch in einer beispiellosen taktischen und logistischen Leistung schafften die Vietnamesen auf Fahrrädern, Karren und ihren Schultern Artillerie- und Flakgeschütze in die umliegenden Berge, mit denen sie einen Belagerungsring schlossen und das Vorrücken der eigenen Infanterie schützten. Am 13. März 1954 intensivierten sich die Kämpfe in verschiedenen Phasen, wobei sich der Ring um die französischen Stellungen immer enger schloss. Die dritte Welle vom 1. bis 7. Mai endete mit der Eroberung des strategischen Hügels A1 und der Gefangennahme sämtlicher französischer Soldaten und vietnamesischer Legionäre. De facto leitete diese Schlacht auch das Ende des französischen Indochinakriegs ein, das im Juli 1954 auf der Genfer Konferenz besiegelt wurde. Und in Vietnam war ein neuer Held geboren: der schon legendäre General Vo Nguyen Giap (1911–2013), dem als Oberbefehlshaber dieser Sieg zugeschrieben wird.

Ein kleines **Museum** erinnert anhand von Fotos, Karten und einigen Ausstellungsgegenständen an die kriegsentscheidende Schlacht. Auch der strategische **Hügel A1** mit einem rekonstruierten Bunker kann besichtigt werden.

Auf einem Friedhof steht ein **Denkmal für die zahlreichen Gefallenen**, man schätzt 10 000 auf französischer und die vierfache Zahl auf vietnamesischer Seite. Rekonstruiert wurde zudem der **Bunker** des französischen Befehlshabers, Oberst Christian Marie de Castries, der trotz Befehls aus Hanoi, bis zum letzten Mann zu kämpfen, am Spätnachmittag des 7. Mai 1954 kapitulierte.

Dien Bien Phu

Muong Thanh (*), 25 Him Lam, Tel. 0230/3810043, Fax 3810713. Einfaches Standardhotel, das sogar einen Swimmingpool aufweist, dafür aber auch eine Karaoke-Bar.

Dien Bien Phu Hanoi (**), 849, 7 Thang 5, Tel. 0230/3825103, Fax 3826290. Großes pinkfarbenes Gebäude, auch die Einrichtung lässt geschmacklich zu wünschen übrig, aber alles funktioniert, und das Personal ist sehr bemüht.

Lai Chau

Man kann über Lai Chau weiter nach Sa Pa und Lao Cai an der chinesischen Grenze fahren. Die Straße führt durch gebirgiges Gelände und ist nicht gut ausgebaut. Wer vor allem zum Wandern nach Sa Pa will, nimmt besser den direkten Weg von Hanoi (→ S. 178). In der Gegend um Lai Chau wohnen zahlreiche Meo, deren Frauen an ihren kürzeren, dunklen Röcken mit einem roten Schal als Gürtel, den Gamaschen und langen, um den Kopf gewundenen Haaren zu erkennen sind. Ihre Häuser stehen direkt auf dem Boden. Zwischen einem stabilen Gerüst aus dicken Baumstämmen sind Bambusmatten oder Bretter angebracht, die Dächer sind mit Stroh gedeckt. Die Meo wohnen in höheren Regionen und betreiben bis heute eine (eigentlich verbotene) Brandrodung, um auf den so ›gedüngten‹ Feldern Trockenreis mit mäßigem Ertrag anzubauen. Gelegentliche Umsiedlungsaktionen in Talregionen führten zu keinen Erfolgen.

Der Königspalast von Hue und das Tempeltal der Cham mit Bauten vor allem aus dem 10. und 11. Jahrhundert stellen die Eckpunkte dieser kulturell interessanten Region dar. Dazwischen liegt der Wolkenpass, die kulturelle und meteorologische Grenze zwischen dem Norden und dem Süden. Entspannt kann man durch die chinesisch geprägte Hafenstadt Hoi An bummeln und ein paar Tage am 30 Kilometer langen Strand verbringen.

MITTELVIETNAM

Abend in Hoi An

Hue

Die ehemalige Hauptstadt (1802–1945) ist eine großzügig angelegte, verhältnismäßig stille Provinzstadt mit heute 400 000 Einwohnern in Vierteln von unterschiedlichem Charakter. Sie liegt an beiden Ufern des Huong Giang, meist poetisch als ›Fluss der Wohlgerüche‹ oder ›Parfümfluss‹ übersetzt. Der nur 80 Kilometer lange Fluss entspringt in Laos und erhielt seinen Namen vermutlich wegen der auf ihm treibenden duftenden Blüten.

Im Norden und Westen der Stadt zeichnen sich sanfte Hügel ab, während sich der Süden in eine Ebene und der Osten zum Meer öffnen.

Südlich des Flusses liegt die **›neue Stadt‹** aus Villen und großen Gebäuden an breiten Chausseen. Vier Brücken führen im Stadtgebiet über den Huong Giang, im Westen eine Eisenbahnbrücke zu dem nur wenig südlich vom Fluss gelegenen Bahnhof aus der Kolonialzeit, direkt daneben eine neue vierspurige Autobrücke mit Pagodentürmchen, in denen man den Blick auf den Fluss und eine leichte Brise genießen kann.

Im Stadtzentrum liegt ein wenig östlich der Zitadelle die 1971 errichtete **Phu-Xuan-Brücke**, die die Hauptverkehrslast trägt, und weiter östlich die **Trang-Tien-Brücke**, die, ursprünglich 1897 von den Franzosen gebaut, 1968 zerstört und 1971 wieder aufgebaut wurde.

Das nördliche Ufer des Huong Giang wird von der **Zitadelle** dominiert, deren Südmauer sich der leichten Biegung des Flusses anpasst.

An der Südostecke der Zitadelle gibt es genug Raum für einen überdachten **Markt** am Flussufer, äußerlich etwas unansehnlich, doch innen voller Leben und mit breitem Angebot an Lebensmitteln und Haushaltswaren.

Die Zitadelle selbst war im letzten Jahrhundert den Beamten und Hofangestellten als Arbeits- und Wohnsitz vorbehalten. Heute jedoch ist sie selbstverständlicher Teil des Lebens und Wohnens in Hue, durchzogen von schnurgeraden, rechtwinklig zueinander liegenden Straßen, von Kanälen und kleinen Seen und begrünt mit Gärten und Bäumen.

Boote für Ausflüge auf dem Huong Giang

Karte S. 232

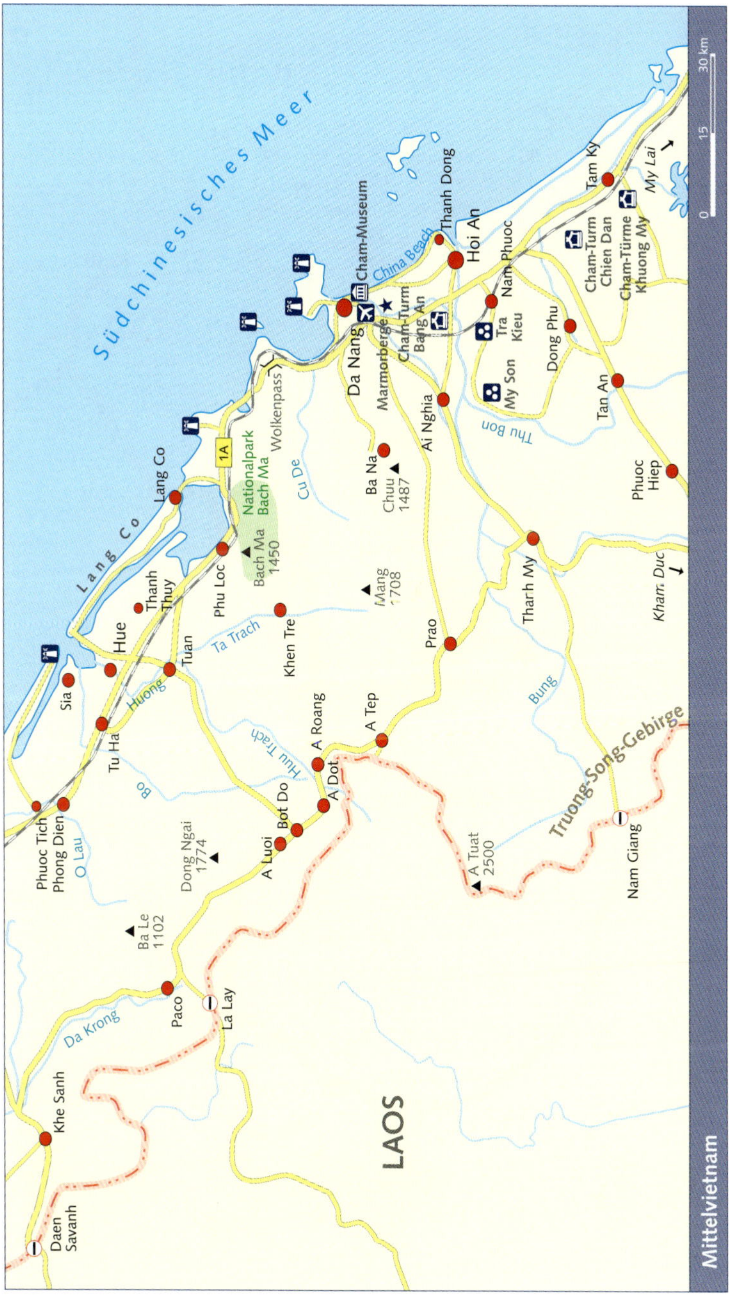
Südchinesisches Meer
Lang Co
Lang Co
Hue
Sia
Thanh Thuy
Phu Loc
Tuan
Huong
Tu Ha
Bo
Phuoc Tich
Phong Dien
O Lau
Ba Le 1102
Dong Ngai 1774
A Luoi
Bot Do
A Dot
A Roang
Huu Trach
Ta Trach
Khen Tre
Nationalpark Bach Ma
Bach Ma 1450
1A
Wolkenpass
Cu De
Da Nang
Cham-Museum
China Beach
Thanh Dong
Hoi An
Marmorberge
Cham-Turm Bang An
Ba Na
Chuu 1487
Mang 1708
Ai Nghia
Tra Kieu
My Son
Nam Phuoc
Dong Phu
Thu Bon
Tan An
Cham-Turm Chien Dan
Cham-Türme Khuong My
Tam Ky
My Lai
Phuoc Hiep
Tharh My
Kham Duc
Prao
A Tep
Bung
Truong-Song-Gebirge
A Tuat 2500
Nam Giang
Paco
La Lay
Da Krong
Khe Sanh
Daen Savanh
LAOS
0 15 30 km
Mittelvietnam

Y Thao Garden
Royal Park
Thai Phien
Zitadelle
Le Duan
Königs-
palast
S. 261
Morin
Indochine
Palace
Le Loi
Le Duan
La
Résidence
Maria-Hilf-
Kathedrale
Hung Vuong
Residenz
An Dinh
Chua
Thien Mu
Kim Long
Huong Giang
Le Loi
Chua
Bao Quoc
Chua
Tu Tam
Grabanlage
Lang An
Busbahnhof
(500 m)
Dien Bien Phu
Moc Vien
Nguyen Tran Cong Chua
Hoai Thanh
Le Ngo Cat
Altar
für Himmel und Erde
Pavillon mit
Ausstellung
Grab
Tu Ducs
S. 252
Grab
Lang Tu
Pilgrimage
Village
Den
Hon Chen
Dong Ha
Khai Dinh
Biet Phu
Thao Nhi
Grab
Thieu Tris
Huong Giang
Grab
Khai Dinhs
Da Nang
Grab
Minh Mangs
S. 250
Grab
Gia Longs
Hue
0
1000
2000 m

Geschichte

Kleinere Siedlungen am Fluss gab es in dieser Gegend wohl schon seit hunderten von Jahren, als die Region noch zu Champa gehörte, doch erst mit dem Bau einer Zitadelle im Jahr 1687 gewann das damalige Phu Xuan an Bedeutung. Die Adelsfamilie der Nguyen, die unter der Le-Dynastie den Süden beherrschte, stammt aus dieser Gegend und hatte ab 1636 Kim Long, heute ein Dorf einige Kilometer westlich der Stadt, als Wohnort gewählt. Ab 1687 nutzten die Nguyen die Zitadelle zeitweise als Verwaltungssitz. Während des Tay-Son-Aufstandes zerstörten die rivalisierenden Trinh aus dem Norden Phu Xuan, das von den Aufständischen später (1779–1801) jedoch wieder als regionale Hauptstadt genutzt wurde. Bei der Rückeroberung des Landes von Süden erreichte Nguyen Anh die Heimat seiner Vorfahren im Jahr 1801 und proklamierte sich dort im Jahr darauf, nach der Eroberung Hanois, zum König Gia Long, womit er die letzte vietnamesische Königsdynastie, die Nguyen-Dynastie, begründete. Nach der Anerkennung durch die Qing-Kaiser in China machte Gia Long Hue zur Hauptstadt und ordnete den Bau einer großen Zitadelle mit Königspalast nach Pekinger Vorbild an.

Hue wuchs zur Beamten- und Gelehrtenstadt heran, da der Königshof sich immer tiefer in die Rückwärtsgewandtheit des Konfuzianismus und die Kopie des chinesischen Kaisertums vergrub. 1807 entstanden eine konfuzianische Nationalakademie, Vorläuferin der Universität, und ein Konfuzius-Tempel. Hue mochte zwar in der Mitte des Landes als Hauptstadt geeignet erscheinen, doch tatsächlich entrückten die Könige nicht nur geistig häufig der Realität, sondern sahen sich auch räumlich von den Zentren des Geschehens im Delta des Roten Flusses und im Mekongdelta immer weiter entfernt. Nach ihrer Abdankung im Jahr 1945 konzentrierte sich das politische Geschehen wieder sehr schnell in Hanoi und Saigon, und auch heute scheint die rasche Entwicklung dieser beiden Städte Hue zurückzulassen.

Zwei Ereignisse in den 1960er Jahren lenkten noch einmal die Augen der Welt auf die Stadt am Parfümfluss. 1963 waren die Spannungen zwischen dem von den USA inthronisierten katholischen Präsidenten Diem und dem buddhistischen Klerus auf dem Höhepunkt angelangt. Diem beschnitt die Rechte der Buddhisten und setzte Polizei und Militär ein, als Mönche und Nonnen gegen ihn protestierten. Ein Zentrum des landesweiten Widerstandes war die Dieu-De-Pagode in Hue, in der sich Buddhisten tagelang gegen die Belagerung durch Soldaten verbarrikadierten.

Während der Tet-Offensive am 30. Januar 1968 eroberten die Truppen der Befreiungsfront auch die Zitadelle in Hue und ließen ihre Fahne über der Stadt flattern. Dabei musste Hue mehr als andere Städte leiden. Lokale Agenten

Ausstellung von Möbeln aus dem Palast im Palastmuseum

hatten offensichtlich Listen von Leuten erstellt, die für die südvietnamesische Regierung oder die Amerikaner arbeiteten. Etwa 3000 Menschen wurden bei einer Suchaktion von Haus zu Haus verhaftet, aus der Stadt geführt und dort erschossen, erschlagen oder lebendig begraben. Die vietnamesische Regierung hat dieses Massaker bis heute nicht zugegeben, doch nach Zeugenaussagen wurden bereits einige Massengräber gefunden, die nicht den Eindruck erweckten, dort habe sich ›die spontane Wut der Bevölkerung gegen die Kollaborateure mit dem Feind‹, so die gerne zitierte Standardformel, ausgetobt.

Doch auch die Gegenseite ging mit gnadenloser Gewalt vor. Da die FNL-Truppen die Stadt länger als andere halten konnten, machten sich die Amerikaner selbst an die ›Befreiung‹. Sie bombardierten Hue und vor allem die Zitadelle, in der sich die Kämpfer verschanzt hatten, ohne Rücksicht auf zivile Opfer. Nach 25 Tagen und zähen Straßenkämpfen war vom Palast nur noch ein Trümmerhaufen übrig geblieben, aus dem sich die Stadtbewohner mit Baumaterial eindeckten. Als die nordvietnamesische Armee das nächste Mal auftauchte, gab es keinen Widerstand und keine Rache mehr: Am 23. März 1975, gut einen Monat vor der Eroberung Saigons, ergab sich Hue kampflos.

Die Zitadelle

Die Zitadelle ist eine quadratische Anlage von zehn Kilometer Umfang, die von einem Wassergraben und einer Mauer umgeben ist. Die Befestigungsanlagen bestanden zur Zeit des Königs Gia Long zunächst aus Erdwällen und erst später, im Jahr 1818, wurden die südliche und westliche Mauer, dann die nördliche errichtet. Gia Longs Sohn und Nachfolger, Minh Mang, ließ 1821 die östliche Mauer fertigstellen. Die Mauern sind 6 Meter hoch und 20 Meter dick und von einem 23 Meter breiten und 4 Meter tiefen Wassergraben umgeben.

An der Nordostecke schließt sich ein unregelmäßig sechseckiges Fort an, das ursprünglich ebenfalls aus Erde bestand und von Minh Mang neu errichtet wurde. Es heißt **Tran Binh** (Bastion zur Überwachung des Friedens) und diente der militärischen Verteidigung des Palastes. Wegen seiner Form wird es im Volksmund gerne ›Fischschuppen-Fort‹ (Mang Ca) genannt.

Der Wassergraben und ein Nebentor der Zitadelle

Karte S. 232

Die Zitadelle besitzt zehn befestigte **Tore**, vier im Süden und jeweils zwei in den anderen Himmelsrichtungen. Innerhalb der Mauern befanden sich die Wohn- und Arbeitsquartiere der Beamten, die Unterkünfte der Wachsoldaten, Kanäle und Seen. Eine weitere Mauer umgibt den Palastbezirk mit Empfangshallen und Tempeln der Herrscher, deren Wohn- und Arbeitsräume, durch eine dritte Mauer gesichert, in der ›verbotenen purpurnen Stadt‹ lagen. Die beiden inneren Bezirke wurden auch **Dai Noi**, das ›Große Innere‹, genannt.

Die Nguyen-Dynastie sah das chinesische Kaiserreich als leuchtendes Vorbild an und orientierte sich an der chinesischen Staatsdoktrin, dem Konfuzianismus. Doch auch Anlage, Symbolik und zahlreiche Details ihres Palastes folgten in verkleinertem Format dem chinesischen Vorbild, so wie es von der Ming-Dynastie Anfang des 15. Jahrhunderts geradezu klassisch in Peking errichtet worden war. Diese Palastarchitektur zeichnet sich, anders als die europäische, nicht durch Höhe der Bauwerke aus, sondern durch eine möglichst günstige, zentrale Lage und eine flächenmäßig große Ausdehnung. Die äußere Form ist ein Rechteck, möglichst ein Quadrat (was in Hue beinahe perfekt erfüllt ist), denn die Erde wurde traditionell als quadratische Scheibe angesehen, und der Palast verkörpert die Herrschaft des Königs/Kaisers auf der Erde. Alle Gebäude wenden sich mit ihrer Eingangsseite nach Süden, nicht nur aus praktischen Gründen wie Licht- und Wärmezufuhr, sondern weil der Süden dem Yang zugeordnet ist, dem männlichen Element, das auch für Wärme, Trockenheit, Helligkeit, Macht und Sicherheit steht. Der Norden hingegen gehört zum Yin, dem weiblichen Element, das sich mit Kälte, Nässe und Dunkelheit verbindet, gegen die ein Schutz nötig ist, möglichst in Form von hohen Bergen, was in Peking wie in Hue gegeben ist. Während die Berge dem Palast also sozusagen den Rücken freihalten, wendet sich der Blick nach Süden frei in eine Ebene, durch die ein Fluss fließt. Wasser im Süden gilt als besonders gutes Zeichen, so dass die Lage des Palastes in Hue nach geomantischen Gesichtspunkten als nahezu ideal bezeichnet werden kann.

Da alles, was mit der Herrschaft auf der Erde in Zusammenhang stand, möglichst rechteckig sein sollte, ergeben sich als Ordnungsprinzipien der Lage der Gebäude zueinander die Axialität und der rechte Winkel praktisch von alleine. Die wichtigsten Gebäude reihen sich auf einer zentralen Nord-Süd-Achse hintereinander. An den Seiten existieren Nebenachsen, während Seitengebäude in der Regel paarweise im rechten Winkel zur Achse angeordnet sind. Selten steht ein einzelnes Gebäude im Mittelpunkt, vielmehr verleiht die korrekte Anordnung eines Gebäudeensembles diesem Bedeutung und Prestige. In Hue verläuft die Achse des Palasts nicht genau in Nord-Süd-Richtung, sondern mehr von Nordwesten nach Südosten, doch sie passt sich vorteilhaft dem Verlauf des Flusses an und richtet sich nach einem einzelnen Berg im Süden, dem **Ngu Binh** (›königlicher Paravent‹). Auf dem drei Kilometer südlich der Zitadelle gelegenen, 100 Meter hohen Berg musste seit Beginn der Dynastie jeder Mandarin einen Baum pflanzen.

Drei Elemente kennzeichnen die klassische Palastarchitektur: Plattformen, Säulen und Dächer. Herausragende Gebäude zeichnen sich durch die Höhe und Anzahl der Plattformen aus, auf denen sie stehen. In der Regel ist es eine ungerade und damit männliche Zahl, wobei im Palast von Hue eine einfache Plattform meist genügen musste. In der Praxis sind die Plattformen auch die Fundamente für die Säulen, denen sie Standfestigkeit verleihen und die sie vor Feuchtigkeit schützen. Optisch können sie bei entsprechender Größe ein Gegengewicht zum Dach bilden, denn auf den Säulen ruht die gesamte Last des oft sehr großen Daches. Die Wände hingegen werden nachträglich zwischen die Säulen gesetzt und tragen kein Gewicht. Die Dächer mit ihren großen Flächen sind das augenfälligste Element der Palastarchitektur. Meist werden ein- oder zweistufige Walmdächer aufgesetzt, bei besonders wichtigen Gebäuden auch Fußwalmdächer. Gedeckt sind die Dächer des Adels mit gebrannten und glasierten Ziegeln, was ihnen ein extrem hohes Gewicht verleiht, das durch ein kompliziertes System von Stützbalken aufgefangen werden muss. Im Palast von Hue folgten die Baumeister den meisten dieser Vorgaben, doch gab es im Laufe der Zeit zahlreiche Änderungen von späteren Königen, die mehr von französischem Baustil und Geschmack beeinflusst waren.

Die zentrale Achse

Direkt am Ufer des Flusses liegt der **Pavillon der Frischen Luft** (Nghinh Luong), der auch Anlegestelle der königlichen

Der Pavillon der Edikte

▲ Karte S. 232

Barken war, und auf derselben Achse direkt vor dem Flaggenturm der **Pavillon der Edikte** (Phu Van Lau). Hierhin wurden die Schriftstücke mit den Erlassen des Königs getragen und dann öffentlich verlesen, womit sie als verkündet galten. Ab 1821 wurden hier auch die Listen mit den erfolgreichen Kandidaten der Beamtenexamen angeschlagen. Zwei kleine Steinstelen neben dem Pavillon erinnerten Passanten daran, dass sie Kopfbedeckungen abzunehmen hatten sowie von Pferden und aus Sänften steigen mussten, bevor sie am Pavillon vorbeigingen. 1904 fiel der alte Pavillon einem Taifun zum Opfer, ein neuer wurde später von König Thanh Thai errichtet. Die frühen Könige nutzten das Freigelände zwischen Flaggenturm und Fluss für allerlei Freizeitaktivitäten, zum Beispiel an ihren Geburtstagen. Zur Unterhaltung von Minh Mang sollen 1829 sogar Kämpfe zwischen Tigern und Elefanten ausgetragen worden sein.

Auch der **Flaggenturm** liegt auf der zentralen Achse. Er wurde ursprünglich 1807 von Gia Long errichtet und später von Minh Mang befestigt. Der Unterbau besteht aus drei Terrassen von 5,60 Meter, 5,80 Meter und 6,0 Meter Höhe. Auf der obersten Terrasse befanden sich acht Unterstände für jeweils eine Kanone. Der Fahnenmast war anfangs 29,52 Meter hoch und bestand aus Holz, später aus Gusseisen; seit 1948 ist er 21 Meter hoch und aus Beton. Während der Monarchie flatterte an ihm die gelbe Herrscherfahne, die an Feiertagen durch eine 4 mal 3,60 Meter große Samtfahne mit aufgesticktem Drachen ersetzt wurde.

An den Zufahrtswegen stehen unter Wellblechdächern rechts vier und links fünf der neun **heiligen Kanonen**. Sie waren nie für ein Gefecht gedacht, sondern sollten nur die Abrechnung mit

Rekonstruierte Anlegestelle der königlichen Dschunke

den besiegten Tay-Son-Rebellen dokumentieren. Am 1. Januar 1803 ordnete Gia Long an, alle Bronzegegenstände der Tay Son zu sammeln und zu den Kanonen umzuschmelzen. Jede wiegt mehr als zehn Tonnen und ist 5,10 Meter lang. Die Vierergruppe ist nach den Jahreszeiten benannt, die Fünfergruppe nach den fünf grundlegenden Elementen: Erde, Wasser, Luft, Feuer und Metall. Anfangs standen sie nebeneinander vor dem Mittagstor, wurden dann aber von König Khai Dinh an ihre gegenwärtigen Standorte verbannt.

Der Palast

Auch der eigentliche Palast (Hoang Thanh) ist fast quadratisch, Nord- und Südseite sind 606 Meter lang, Ost- und Westseite 622 Meter. Auf jeder Seite befindet sich ein Tor, im Süden das **Mittagstor** (Ngo Mon), im Osten das **Tor der Menschlichkeit** (Hien Nhon), im Westen das **Tor der Tugend** (Chuong Duc) und im Norden das **Friedenstor** (Hoa Binh). Ein (wie in Peking) ›Goldwasser‹ genannter Kanal umgibt die Mauern, der vor den Seitentoren über eine Brükke überquert werden kann.

Vor dem **Mittagstor** (Ngo Mon) gibt es drei Brücken, was schon darauf hinweist, dass dieses Tor das zeremonielle Haupteingangstor war. Die mittlere Brücke war dem König vorbehalten, wie auch der mittlere Toreingang, während die Mandarine, getrennt nach militärischen und zivilen, über die seitlichen Brücken und durch die seitlichen Eingänge schritten. Das Mittagstor hat in seinen Seitenteilen noch zwei weitere Durchgänge, die von Soldaten, Elefanten und Pferden benutzt wurden. Das Mittagstor, dessen Name in zwei chinesischen Schriftzeichen über dem mittleren Eingang angeschlagen steht, ist eine zur Herrschaftszeit Minh Mangs (1820–1841) entstandene, beträchtlich verkleinerte Kopie des gleichnamigen Zugangs zum Kaiserpalast in Peking. Es besteht aus einer U-förmig gemauerten Plattform, die Teil der Außenmauer ist und auf der sich miteinander verbundene, auf Säulen errichtete Pavillons erheben. Der mittlere heißt **Pavillon der Fünf Phönixe** (Ngu Phung) und wird von zwei gleichförmigen, nach vorne strebenden Flügeln flankiert. Im mittleren Teil ist auch das untere Geschoss geschlossen, und nur dieser Teil

Hue, Königspalast

war mit glasierten Dachziegeln in königlichem Gelb gedeckt, die Seitenteile mit dem weiteren Adel zustehenden grün glasierten Ziegeln. Die Dachfirste sind reich geschmückt mit chinesischen Schriftzeichen und Glückssymbolen aus Porzellanscherben, zu sehen sind Drachen, Fledermäuse, Goldmünzen, Orchideen, Chrysanthemen und Bambus. Von der unteren Ebene des Pavillons aus beobachtete der König verschiedene Paraden und Zeremonien, wie etwa das Verlesen der Namen der erfolgreichen Kandidaten bei den Beamtenexamen, und dort verkündete er jedes Jahr den neuen Mondkalender. Im oberen Stockwerk des Pavillons verfolgten die Hauptfrauen und, falls noch lebend, die Königinmutter das Geschehen vor dem Tor. Sie konnten durch die Paneele der Türen nach unten schauen, ohne selbst gesehen zu werden. Eine Glocke und eine Trommel kündigten das Erscheinen des Herrschers an, begleiteten ihn, wenn er den Palast verließ oder zurückkehrte und galten als Signal für die Schließung des Palasts für Besucher. Für Könige geschlossen wurde der Palast am 24. August 1945, als Bao Dai am Mittagstor seine Herrschaftsinsignien und die Abdankungserklärung den Gesandten Ho Chi Minhs überreichte.

Hinter dem Tor folgt auf der Zentralachse je ein **Ehrenbogen** zu Beginn und am Ende des künstlich angelegten Sees, den der König über einen breiten Weg überqueren konnte. Alle anderen mussten seitlich vorbeigehen. So gelangt man zum breiten, zweistufigen **Hof der Riten**, auf dem die Mandarine nach ihrer neunstufigen Rangordnung und unterschieden in Zivilisten und Militärs bei offiziellen

Blick auf den Hof der Riten und die Halle der Höchsten Harmonie

Audienzen des Königs sowie zu Geburtstagen und anderen offiziellen Feiertagen Aufstellung nahmen. Seitlich standen kleine Steinstelen, nach denen sie sich in Reih und Glied ausrichteten.

Der Hof grenzt direkt an die **Halle der Höchsten Harmonie** (Dien Thai Hoa), in der der König Audienzen gewährte. Auch diese Halle ahmt im Baustil und bis in den Namen die große Audienzhalle des chinesischen Kaisers nach, ohne allerdings deren Majestät und Dominanz zu erreichen. Die Audienzhalle wurde ursprünglich 1805 von Gia Long gebaut und im folgenden Jahr für seine Thronbesteigung benutzt. Sie stand damals aber noch etwa 50 Meter weiter zurück und wurde erst 1833 von Minh Mang auf einer 2,33 Meter hohen Plattform neu errichtet. Sie ist 44 Meter breit, 30,5 Meter tief und 11,8 Meter hoch. Das von verzierten Steinsäulen getragene Vordach wurde später angefügt. Wie am Königshof üblich, sind die inneren Säulen rot in der Farbe des Südens, des Reichtums und des Glücks lackiert. Die zentralen Säulen sind zudem in Gold, der Farbe des Königs und der Mitte, und mit dem Symbol für den Herrscher, dem Drachen, verziert. Vor der Rückwand stand auf einem Podest ein relativ einfacher Thronsessel, auf dem der König Platz nahm. Alle anderen Anwesenden, und dies waren nur die ranghöchsten Prinzen und Minister, mussten stehen. Auch früher schon wird die Halle bis auf einige dekorative Vasen und Möbelstükke relativ leer gewesen sein.

Die rückwärtigen Räume der Thronhalle werden für **Ausstellungen** genutzt. Zu sehen sind zwei informative Modelle der Anordnung der Bauwerke vom Flussufer bis zum Flaggenturm sowie vom Palast selbst mit allen seinen Gebäuden. Ein Video zeigt die Baugeschichte auf, und in kleineren seitlichen Zimmern gibt es historische Fotos und eine Wechselausstellung.

Hinter der Thronhalle gelangt man in einen kleinen Hof, in dem noch die Fundamente eines weiteren Gebäudes zu sehen sind. Dort stand einst das Große Palasttor (Dai Cung Mon), auch Großes Goldenes Tor genannt, das den offiziellen Palastbereich vom Wohn- und Arbeitsbereich des Königs, der ›verbotenen purpurnen Stadt‹, abtrennte. Mit

In den hinteren Höfen geht es geruhsam zu

Prächtiges Tor in einer Trennmauer zwischen zwei Höfen im Palast von Hue

seinen weit geschwungenen Dächern und Schnitzereien war es das prachtvollste Tor des Palasts, das jedoch im Krieg gegen die Franzosen 1947 vollständig zerstört wurde.

Dahinter stehen im rechten Winkel zur Achse zwei kleinere Gebäude, die den hohen Mandarinen zum Ankleiden und zur Vorbereitung auf die Zeremonien dienten. Sie erscheinen von der Baustruktur sehr gleichmäßig, wurden jedoch mehrfach umdekoriert. Im rechten ist eine interessante **Ausstellung** mit historischen Fotos und Gegenständen aus dem Palast zu sehen.

Die beiden großen Bronzegefäße stammen aus der ersten Hälfte des 17. Jahrhunderts. Mit Unterstützung von europäischen Spezialisten begann die den Süden beherrschende Adelsfamilie der Nguyen damals mit dem Gießen von Kanonen aus Bronze. Aus Anlass der Siege über den rivalisierenden Klan der Trinh und gegen die Siamesen ließen sie solche dekorativen Gefäße erstellen. Nach der Machtübernahme in ganz Vietnam wurden mehrere dieser Gefäße dann im Palast aufgestellt.

Am Ende des Hofes befand sich, nun ebenfalls nur noch an Fundamenten zu erkennen, der Arbeitspalast der Könige, **Halle der Audienzen** (Dien Can Chanh) genannt. Der Name bezog sich nicht auf die feierlichen Audienzen, sondern auf die alltäglichen, die zur Verwaltung des Landes zwischen Herrscher und Beamten stattfanden. Es handelte sich um ein großes Gebäude im selben Hallenstil wie bei der vorderen Audienzhalle, das auf einer 92 Zentimeter hohen Plattform stand und etwa alle 20 Jahre umgebaut wurde. Wichtigstes Möbelstück war eine große, mit einem Bett vergleichbare Holzplattform, auf der der König lag, saß, auf Armstützen lehnte oder an einem niedrigen Tisch arbeitete. Er las dann Bücher oder die Berichte seiner Verwaltung, schrieb, kalligraphierte oder siegelte seine Edikte, verfasste Gedichte oder malte. An den Wänden hingen große Landkarten, und wertvolle Antiquitäten aus dem Familienbesitz standen auf Tischen oder in Schränken. Während der Auseinandersetzungen mit den Franzosen im Juli 1885 wurden von diesen zahlreiche Wertgegenstände abtransportiert. Das Gebäude wurde ebenfalls 1947 vollständig zerstört.

Auf der zentralen Achse folgten dann umbaute **Innenhöfe** und die **Wohnpaläste** der Herrscher. Von ihnen sind nach den Kämpfen gegen die Franzosen 1947 und den amerikanischen Bombardements nach der Tet-Offensive 1968 nicht einmal mehr die Fundamente zu erkennen.

Ganz am Ende der Achse befand sich in Minh Mangs Zeiten ein dreistöckiger Pavillon von 10,8 Meter Höhe. Er hieß Pavillon der Klaren Sicht (Minh Vien), denn von dort konnten die Könige über die Mauer schauen und die ruhige Landschaft der Umgebung genießen. Im Jahr 1916/17 ließ Khai Dinh dort einen großen Palastbau errichten, bei dem asiatische und europäische Baustile gemischt wurden. Doch auch dieses Bauwerk überstand die kriegerischen Auseinandersetzungen nicht.

Östliche Achse

Seitlich der auf der Hauptachse hintereinander liegenden Paläste befanden sich weitere Gebäude und Anlagen, Gärten und Seen. Dort wohnten die Frauen und Konkubinen des Königs, oder sie dienten der Freizeitbeschäftigung des Hofes. Es gab ein 1826 von Minh Mang nach chinesischem Vorbild errichtetes Theater, das heute eine **Musikhalle** ist und die rechte Seitenachse eröffnet. Mehrfach am Tag finden Vorstellungen der Hofmusik für Besucher statt.

Die auf derselben Achse weiter nördlich gelegene **Bibliothek** wurde 1821 fertiggestellt und Haus des Geistes und der Gnade (Tri Nhan Duong) genannt. Der Eingang zu dem zweistöckigen Gebäude befindet sich im Osten. Es wirkt in seiner Dekoration überladen mit mythologischen Tieren, die aus bunten Porzellanscherben geformt sind, doch vor allem die umlaufende Galerie verschafft ihm im Innern Leichtigkeit und Helligkeit, die es zu einem anregenden Ort für das Literaturstudium machten.

Über neu errichtete überdachte Wandelgänge gelangt man zu verschiedenen Pavillons. Bald soll auch der in der Nordostecke gelegene Paradiesgarten in neuer Form wieder erstehen.

Ursprünglich standen auf der Ostachse von Süden nach Norden noch der Thai-Tempel (Thai Mieu), 1804 von Gia Long erbaut und seinen Vorfahren geweiht, dahinter der Trieu-Tempel (Trieu Mieu), ebenfalls 1804 errichtet und dem Ahnherrn der Nguyen-Sippe, Trieu To, und seiner Frau gewidmet. Dann folgten Verwaltungsgebäude. Die ursprünglichen Gebäude wurden zerstört, und es gab einige wenig gelungene Restaurierungsversuche.

Westliche Achse

Sehenswert sind hingegen die restaurierten Tempel im Süden der westlichen Seitenachse. Man gelangt zu ihnen auf einem zwischen dem Thai-Hoa-Palast und den Umkleidepavillons für die Mandarine nach Westen führenden Weg, der zu den nördlichen Hinterausgängen führt. Doch auch diese Anlage sollte man wieder von Süden nach Norden betrachten. Wiederum ist der Tempelkomplex von einer Innenmauer umgeben, während weitere Mauern die einzelnen Tempel voneinander trennen. In der Südmauer befindet sich ein prächtiges dreiflügliges Tor, das speziell als Eingang zu den Tempeln errichtet wurde. Seine Bedeutung wird durch die vielfach gestuften Dächer hervorgehoben. Es führt in einen schmalen Innenhof mit zwei (verfallenen) Seitengebäuden.

Die neun dynastischen Urnen

▲ Karte S. 238

Über den Hof geht man auf den **Pavillon der Glorreichen Ankunft** (Hien Lam Cac) zu, der gleichzeitig als Tor zum nächsten Innenhof dient. Er steht auf einer Plattform und ist 21 Meter breit, 13 Meter tief und als einziges Gebäude im Palast drei Stockwerke hoch. Der Pavillon wird meist dem Andenken an diejenigen zugeschrieben, die für die Errichtung der Nguyen-Dynastie ihr Leben ließen. Außer durch den Pavillon kann man auch durch zwei dreiflüglige Tore in den nächsten Hof gelangen, die gleichzeitig als Glokken- und Trommelturm für den dahinter liegenden Tempel dienten.

Zunächst fallen jedoch die in ganz Vietnam bekannten **Neun Dynastischen Urnen** (Cuu Dinh) ins Auge. Sie entstanden zwischen 1835 und 1837 zur Regierungszeit Minh Mangs und weisen große Ähnlichkeiten auf, unterscheiden sich jedoch in Gewicht (je ca. 2,5 Tonnen), Größe (Höhe 1,90 bis 2,05 Meter, Durchmesser ca. 1,25 Meter) und Dekoration. Auf jedem Gefäß befinden sich jeweils 17 bekannte Flüsse, Berge, Meere, Tiere, mythische Wesen und Pflanzen aus Vietnam, insgesamt also 153 Darstellungen, die die Einheit, den Wohlstand und die Stabilität des Landes unter der Nguyen-Dynastie versinnbildlichen sollten. Sieben der neun Gefäße wurden später nach den Memorialnamen der verstorbenen Könige benannt. Auch dies ist wieder dem chinesischen Vorbild entlehnt, denn solche Namen erhielten die chinesischen Kaiser nach ihrem Ableben, da ihre persönlichen Namen tabuisiert waren und sie zu ihrer Regierungszeit mit ihrem selbstgewählten Regierungsmotto bezeichnet wurden, das jedoch mit der Machtübernahme ihres Nachfolgers wechselte. Die etwas vorstehende Cao-Urne erhielt also ihren Namen von The To Cao, wie der Gründerkönig der Dynastie, Gia Long, nach seinem Tod genannt wurde. Namen und Anordnung der Gefäße korrespondierten bis 1958 mit den Ahnenaltären im dahinter liegenden The-Tempel, die jedoch später umorganisiert wurden.

Der **The-Tempel** (The Mieu) ist heute dem Andenken an die Herrscher der Nguyen-Dynastie geweiht. Er wurde ursprünglich 1821 von Minh Mang in der klassischen Hallenbauweise errichtet. Der vordere Bereich hat elf Abteilungen (Räume zwischen zwei Säulen), der hintere neun. Rechts und links ist jeweils eine aus Stein gemauerte Abteilung angesetzt. Die Anzahl der Abteilungen wird immer ungerade (männliche Zahl) sein. Bis 1958 befanden sich sieben Altäre in der Halle mit den Ahnentafeln der offiziell anerkannten sieben Könige und deren Hauptfrauen. Auf Bitte der königlichen Familie wurden in einer großen Zeremonie am 25. Januar 1959 drei weitere Altäre für die von den Franzosen exilierten Könige Ham Nghi, Thanh Thai und Duy Tan eingeweiht. Nun wird also zehn der 13 Nguyen-Könige hier gedacht. Der letzte König, Bao Dai, lebte lange in Südfrankreich im Exil, wo er auch verstarb; auch die nur kurzzeitig regierenden und dann abgesetzten Duc Duc und Hiep Hoa fanden noch keine offizielle Anerkennung.

Im nächsten Hof Richtung Norden steht der **Hung-Tempel** (Hung To Mieu), der dem Andenken an die Eltern Gia Longs, vor allem an seinen Vater, Nguyen Phuc Luan, geweiht ist. Er wurde 1947 beschädigt und später mehrfach restauriert. Heute zeigt er sich in guter Verfassung und birgt die Ahnentafeln der königlichen Eltern.

Auch der **Palast der Ewigkeit und des Langen Lebens** (Cung Dien Tho), eine mauerumgebene Wohnanlage mit mehreren Pavillons und kleineren Tempeln, wurde in den letzten Jahren restauriert.

Hier wohnte in der Regel die Mutter des jeweiligen Königs. Weil die Prinzen oft mit wesentlich jüngeren Mädchen verheiratet wurden, überlebten die Königinnen ihre Ehemänner sehr häufig und genossen dann, in der Herrschaftszeit ihres Sohnes, hohes Ansehen und großen Einfluss am Hof.

Die weiter nördlich gelegenen Gebäudegruppen bestehen zunächst aus dem **Phung-Tien-Tempel** (Dien Phung Tien), einer genauen Kopie des The-Tempels. Die Frauen des königlichen Haushalts durften den The-Tempel nicht besuchen, sondern verehrten die Vorfahren der Dynastie in ihrem eigenen Tempel.

Ganz in der nordwestlichen Ecke liegt der **Palast des Langen Lebens** (Cung Truong Sinh), 1822 von Minh Mang als Freizeitgarten angelegt. König Thieu Tri ließ die Anlage 1843 umbauen, als sein erster Enkel geboren wurde. Er ordnete den Bau des Hauses der Fünf Generationen an, weil zu diesem Zeitpunkt seine eigene Großmutter noch lebte. Vor diesem Haus lag ein halbmondförmiger See und dahinter die Halle des Langen Lebens und der Guten Gesundheit (Dien Tho Khuong) sowie der Pavillon der Zehntausend Segenswünsche (Lau Van Phuoc), alle verbunden durch überdachte Wandelgänge. Der größte Teil dieser Anlage fiel jedoch Modernisierungen zum Opfer, 1907 durch Duy Tan und später durch Khai Dinh.

Rikscha, die von einem Läufer gezogen wurde

▲ Karte S. 238

Für den Palast und das Palastmuseum gibt es ein zwei Tage gültiges Kombiticket mit den Mausoleen von Minh Mang und Khai Dinh für 280 000 Dong pro Person.

■ Palastmuseum

Außerhalb des Palastes, an der südöstlichen Ecke, liegt der **Long-An-Palast**, in dem das Palastmuseum (Royal Antiquities Museum) untergebracht ist. Es wurde jüngst von Grund auf renoviert und zeigt jetzt in zahlreichen Vitrinen Originale und Kopien von Alltagsgegenständen aus dem Palast. So sind dort Möbel zu sehen, Porzellan und Vasen, Dekorationsgegenstände, Schmuck, Spiele und nachgemachte Kleidungsstücke. Interessant sind auch als Kontrast dazu Gegenstände aus Europa, zum Beispiel große Uhren, die den Königen als Geschenke überreicht wurden.

Das Palastgebäude entstand 1845 in der Regierungszeit von Thieu Tri und wurde nach seinem Tod als Gedenktempel für die verstorbenen Könige benutzt, in dem schon damals viele Manuskripte und Erinnerungsgegenstände aufbewahrt wurden. Nach der Besetzung der Stadt durch die Franzosen 1885 wurde der Tempel geschlossen. König Duy Tan ließ ihn schließlich 1909 ab- und an der jetzigen Stelle als ›Neue Bibliothek‹ wieder aufbauen. 1923, in der Herrschaftszeit von Khai Dinh, wurde das Gebäude zum Museum umgewidmet. Es gehört architektonisch zu den schönsten in Hue. Sein Rahmen besteht aus massiven Balken des sehr harten Eisenholzes, das Dach reicht weit herunter und ruht auf Säulen, die eine vorgesetzte Veranda abgrenzen. Zahlreiche Schnitzereien verzieren Türen, Fenster und Balken, darunter 35 Gedichte und Prosatexte.

In der Nähe des Museums gibt es zahlreiche kleine Cafés.

Palastmuseum, 3 Le Truc; tägl. 7–18, im Winter bis 17 Uhr. Der Eintritt für das Museum ist im Kombiticket für den Palast und die Mausoleen enthalten, es gibt kein separates Ticket.

Die Residenz An Dinh

Residenz An Dinh

Nicht alle Prinzen und sonstigen zahlreichen Verwandten des Königshofes wohnten im Palast, und so gab es einst eine ganze Reihe von stattlichen Villen und Wohnhäusern, die früher Angehörigen der Königsfamilie gehörten und nach 1945 beschlagnahmt wurden. Derart erging es auch der Residenz An Dinh, die 1917/18 an Stelle eines älteren Hauses in einem neuen französischen Stil von König Khai Dinh erbaut wurde. Als sein Sohn Vinh Thuy 1920 Kronprinz wurde (später König Bao Dai), erhielt er das Haus als Geschenk. Am 28. April 1922 setzte sich eine Prozession vom Palast zum Haus in Bewegung, und der Prinz zog in das moderne Gebäude. Bis 1955 wohnten verschiedene Verwandte des letzten Königs in der Villa, dann wurde sie konfisziert und 1975, wie man so schön sagte, der sozialistischen Regierung ›gespendet‹, die hier verschiedene Behörden unterbrachte und das Haus ziemlich verkommen ließ.

Die Dekoration im Eingangsbereich erscheint etwas morbide, denn auf großen Wandgemälden, die von auf die Wand gesetzten Holzrahmen eingegrenzt werden, sind Szenen aus den Königsmausoleen zu sehen. In vorbildlicher Arbeit haben deutsche Restauratoren die Gemälde wieder freigelegt und in den anderen Räumen Schicht um Schicht später aufgebrachter Wandfarben entfernt. Einige Räume sind möbliert, ohne dass klar wird, ob die Möbel wirklich original sind; sie stellen eine Mischung aus französischem und asiatischem Stil dar. In anderen Räumen wurden historische Fotos der Familie des letzten Königs aufgehängt, die über Jahre im sozialistischen Vietnam völlig tabu war. So erfährt man hier einiges über Bao Dais Mutter, Tu Cung, die aus einer einflussreichen und hochgestellten Familie stammte und in schwerer Zeit hinter den Kulissen durchaus politischen Einfluss nahm.

Residenz An Dinh, Cung An Dinh, 179B Phan Dinh Phung; Sommer 6.30–17.30, Winter 7–17 Uhr.

EXTRA

Spiele

Auch die königlichen Beamten Hues genossen viel Freizeit. Außer Gesangs-, Dicht- und Rezitierwettbewerben organisierten sie gerne Spieltreffen. Ein beliebtes Spiel war das aus China importierte ›Dau ho. ›Dau‹ bedeutet ›werfen‹ und ›ho‹ ›Topf‹, und in den Topf katapultiert wurden etwa 40 Zentimeter lange Pfeile aus dem Holz des Apfel- oder Maulbeerbaumes mit einer spitzen und einer flachen Seite. Zwei verschiedene hölzerne ›Töpfe‹ fanden Verwendung. Einer war mit seinem engen Hals einem Weinkrug der damaligen Zeit nachempfunden. Er wurde mit Erbsen gefüllt, damit Pfeile, die das Ziel getroffen hatten, nicht wieder hinausfielen. Die andere Sorte ›Topf‹ war komplizierter: Der mittlere, größere Behälter war etwa 60 Zentimeter hoch, an den Seiten hingen zwei kleinere Behälter. Im unteren Teil der Behälter befanden sich Trommeln, und ein Spieler bekam einen Punkt, wenn er mit seinem Pfeil die Trommel traf. Doch ganz so einfach, wie es sich anhört, war das Spiel nicht, denn die Pfeile wurden nicht einfach in die ›Töpfe‹ geworfen oder geschossen. Vielmehr breitete der Gastgeber eine Strohmatte auf dem Boden aus, der Spieler nahm in etwa fünf Meter Abstand vom ›Topf‹ Aufstellung. Vor dem ›Topf‹ lag ein Holzbrett auf der Matte, ›Pferd‹ genannt. Der Spieler stellte nun den Pfeil mit dem flachen Ende auf seine Handfläche, bewegte den Wurfarm zum Zielen etwas hin und her und schleuderte den Pfeil so nach vorne, dass er sich in der Luft drehte, auf das ›Pferd‹ traf und von dort in den ›Topf‹ sprang. Wenn dies gelang, erhielt er eine Karte. In der festgelegten Reihenfolge warf jeder Spieler einen Pfeil. Nach vier Runden wurde der Sieger ermittelt. Dieser gewann das Recht, seinen Mitspielern einen Becher Wein auszugeben. Nach einem zeitgenössischen Bericht kniete der Verlierer nieder und nahm den Becher mit einer Danksagung entgegen. Der Sieger sagte: »Ich gebe Ihnen das Getränk, um Sie zu stärken.« Dann half er dem Verlierer auf.

Das einfache Volk vergnügte sich in seiner von den Jahreszeiten und den landwirtschaftlichen Tätigkeiten abhängigen Freizeit auf einfache Art. Vor allem im Norden organisierten die Dörfer Feste, bei denen sich die Jugendlichen spielerisch nahe kommen sollten. Es gab Tauziehen und Blindekuh, Ringerwettbewerbe und tänzerische Bewegungsspiele. Bis heute sehr beliebt ist Federfußball, bei dem ein meist selbst hergestelltes Säckchen mit Feder durch akrobatische Tritte mit Fuß, Knie und Oberschenkel, manchmal auch mit Schlägen der offenen Handfläche von fünf, sechs Spielern in der Luft gehalten wird. Kinder ließen auch gerne Drachen steigen, was mit modernen Plastikdrachen an windigen Tagen vielerorts zu sehen ist. Ältere Leute neigen zum asiatischen Schach oder zum Kartenspiel, wobei die traditionellen vietnamesischen Spielkarten sehr schmal und hoch sind.

Beim Kartenspiel

Maria-Hilf-Kathedrale

Im Südteil der Stadt steht die Maria-Hilf-Kathedrale. Mit dem Bau wurde im März 1959 begonnen, am 12. August 1962 wurde sie geweiht. Das Schiff ist 70 Meter lang, 37 Meter breit und 32 Meter hoch, der Turm erreicht eine Höhe von 53 Metern. Der Altar besteht aus in den Marmorbergen bei Da Nang gewonnenem Marmor, wobei die Abdeckung ein einziges, 3,60 mal 1,20 Meter großes und 29 Zentimeter dickes Stück ist. Der Stil, vor allem der Fenster, ist typisch für die westliche Moderne der 1950er und 1960er Jahre, mit hellem Rautenmuster und bunten Farbzusammenstellungen. Extrem westlich ist auch das Baumaterial: Stahlbeton, der die Verwendung von Säulen überflüssig macht, und Eisenträger, die von der Firma Eiffel aus Paris geliefert wurden. Samstags abends und sonntags stehen die Türen weit offen, und eine beträchtliche Gemeinde von Christen versammelt sich zum Gottesdienst.

Altar für Himmel und Erde

Rund drei Kilometer südlich des Flusses liegt am Ende der Dien Bien Phu ein dreistufiger Altar, auf dem die Könige dem Himmel und der Erde Opfer brachten (Nam Giao). Der Altar wurde 1806 unter der Herrschaft Gia Longs errichtet und war zu dieser Zeit von einer Mauer umgeben, deren Tore in jeder Himmelsrichtung von Geisterwänden geschützt wurden. Schon an der schnurgeraden Zufahrtsstraße befanden sich Altäre, und außerhalb der Mauer gab es Pavillons und Häuser zur Aufbewahrung von Zeremonialgegenständen, zum Schlachten der Opfertiere und zur Vorbereitung auf die Zeremonien. Die unterste Ebene des Altars ist heute kaum noch zu erkennen: Sie war quadratisch (165 Meter lang und breit und 85 Zentimeter hoch), denn sie repräsentierte die Erde. Die mittlere Plattform stand für die Menschen auf der Erde und war somit auch quadratisch (83 Meter breit, einen Meter hoch); ihre Einfassung ist noch gut sichtbar. Die oberste Plattform war rund mit einem Durchmesser von 40,5 Meter und einer Höhe von 2,8 Meter. Sie symbolisierte den Himmel.

Auf ihr opferte der König zur Sommer- und zur Wintersonnenwende, rechtfertigte seine Herrschaft vor dem Himmel, den er nach der chinesischen Philosophie auf der Erde vertrat, und erflehte gutes Wetter und damit eine gute Ernte. Sandelholz wurde verbrannt, Opfertiere wurden geschlachtet, Wein und andere Geschenke dargebracht. Die Zeremonien erwiesen sich Ende des 19. Jahrhunderts als zu teuer für das Herrscherhaus, so dass sie von Thanh Thai nur noch alle drei Jahre ausgeführt wurden.

In der südwestlichen Ecke des jetzt von einem Park umgebenen Altars ist eines der Seitengebäude restauriert. Es zeigt eine kleine **Ausstellung** mit historischen Fotos und Modellen zu den Prozessionen, die vom Palast hierher führten.

Die Königsgräber

Zu Beginn der Nguyen-Dynastie folgten die vietnamesischen Könige auch in der Philosophie und der daraus abgeleiteten Mystik und Symbolik von Leben und Tod ihrem Vorbild aus der chinesischen Ming-Dynastie. Dies lässt sich an einigen der Königsgräber südlich der Stadt gut beobachten. In der Dekoration und in einigen Prinzipien weichen die späteren Gräber jedoch vom chinesischen Ideal ab und geben stärker neuen Gestaltungsideen und dem europäisch-französischen Vorbild nach. Im Vergleich zum Palast verwundert dies nicht weiter, denn dort war mit der Gestaltung zur Zeit Gia Longs die Struktur der Anlage vorgegeben, was

Brücke über den Neumond-See zum Grabhügel beim Grab Minh Mangs

den späteren Königen, auch angesichts steigender Kosten, lediglich Gelegenheit ließ, einzelne Gebäude oder Dekorationen zu verändern. Die Grabanlage hingegen plante jeder Herrscher schon zu Lebzeiten selbst und beaufsichtigte die Bauausführung, wodurch er ihr eine persönlichere Prägung geben konnte.

Nach chinesischer Vorstellung war der Kaiser Vermittler zwischen Himmel und Erde, wobei der Himmel weder als Person (Gott) noch als konkreter Ort gesehen werden darf, sondern eher als eine Art Zustand, als Begriff für ein abstraktes Konzept höchster Autorität. Demnach befanden sich die Seelen der Verstorbenen auch nicht an einem bestimmten Ort, sondern schwirrten umher. Daraus folgt einerseits, dass sie weiter Einfluss auf ihre Nachkommen nehmen konnten, man ihnen also opfern musste, um sie nachsichtig zu stimmen, und andererseits, dass die Seelen einen Lebensraum und Gegenstände wie im irdischen Leben benötigten. Als Vorsorge für das spätere Leben ihrer Seelen bauten die Kaiser der chinesischen Ming-Dynastie in einem Tal nördlich von Peking große Grabanlagen mit Hallen nach den architektonischen Prinzipien des Kaiserpalastes. Die frühen Könige der Nguyen-Dynastie, vor allem Minh Mang, versuchten diese Prinzipien an die geographischen Gegebenheiten des in dieser Hinsicht nicht idealen Hue anzupassen. Und selbst im stark französisch inspirierten Grab von Khai Dinh sind manche grundlegenden Strukturen noch zu erkennen.

Das oberste Prinzip war wieder die Lage: Ideal waren Berge als Schutz im Norden, möglichst auch im Osten und Westen, und eine Öffnung nach Süden, wo sich Wasser befinden sollte. Deshalb liegen die ersten beiden Gräber bei Hue am linken Flussufer. Wie der Palast sind die Gräber in der Regel von einer Mauer umgeben. Die vorderen Höfe sind rechteckig, denn sie symbolisieren die Erde und das Leben. Hier findet die Seele vertraute Gebäude und Personen wieder, also Hallen, die denen im Palast gleichen, Tiere, Beamte und Generäle in Form von Steinskulpturen. Wieder reihen sich alle wichtigen Gebäude auf einer Achse auf, Seitengebäude stehen paarweise im rechten Winkel dazu. Die Haupthalle hat einen oder mehrere Gedenkaltäre mit Ahnentafeln (die natürlich erst nach

▲ Karte S. 232

dem Ableben aufgestellt wurden) für den verstorbenen König und die mit ihm bestatteten Hauptfrauen. Ebenfalls auf der Achse steht ein Pavillon mit einer großen Steinstele, die über das Leben und die Taten des Königs berichtet. Diesen Text verfasste der Nachfolger mit seinen Beratern (außer bei Tu Duc, der seine eigene Geschichte schrieb), was der Legendenbildung reichlich Nahrung gab.

Dahinter lag dann die eigentliche Grabstätte, idealerweise ein halbkugelförmiger Hügel, da dies der angenommenen Form des Himmels entsprach. Dekorationen waren karg und schlicht. Graue Natursteine sollten vorherrschen, und der Grabhügel sollte mit Bäumen bewachsen sein.

Südlich der Stadt Hue liegen sieben Königsgräber. Aufgrund der politischen Wirren zur Zeit der Dynastie und aus anderen Gründen konnte nicht jeder König eine Grabanlage in Auftrag geben. Der heutige Zustand der Gräber ist sehr unterschiedlich: Einige sind gut erhalten oder restauriert, andere hingegen sind weitgehend verfallen. Der Besuch von drei Gräbern verschafft einen guten Überblick über die traditionelle Gestaltung und ihre Weiterentwicklung in der späteren Zeit der Dynastie. Das **Grab Minh Mangs** verdeutlicht die traditionelle Anordnung, **Tu Duc** variierte diese leicht, ohne sie aufzugeben, und schuf dabei eine sehr schöne Parkanlage, während **Khai Dinh** eher ein Rokokoschloss aus Beton entstehen ließ. Ursprünglich erhielten die Gräber eigene Ehrennamen, sie sind aber heute auch unter dem Regierungsnamen des Königs, also zum Beispiel Lang Minh Mang, bekannt.

Grab Minh Mangs

Das Lang Hieu genannte Grab des zweiten Königs der Dynastie befindet sich 500 Meter entfernt vom westlichen Ufer des Parfüm-Flusses. Minh Mang (1791–1841) begann 1840 mit dem Bau der Anlage, der nach seinem plötzlichen Tod im Jahr darauf von Thieu Tri weitergeführt wurde.

Das große Eingangstor auf der zentralen Achse, **Großes Rotes Tor** genannt, wird von einer wieder errichteten Geistermauer beschützt, doch es ist heute verschlossen, so dass man durch eines der Seitentore in das von einer Mauer umschlossene Gelände tritt und den ersten, von steinernen Wächterfiguren gesäumten Hof erreicht. Elefanten und Pferde waren die wichtigsten Transportmittel der Zeit, während die militärischen und zivilen Mandarine die Verwaltung aufrechterhielten.

Der **Stelenpavillon** steht auf einer recht hohen, quadratischen und zweistufigen Plattform, von der aus die Stele über das Wirken des verstorbenen Königs berichtet. Hinter dem Pavillon führen drei ausgedehnte Plattformen würdevoll zu einem Tor (Hien Duc), das den Innenhof begrenzt, an dem der **Sung-An-Tempel** liegt. Der in der klassischen Palastar-

Blick auf den Pavillon der Klarheit

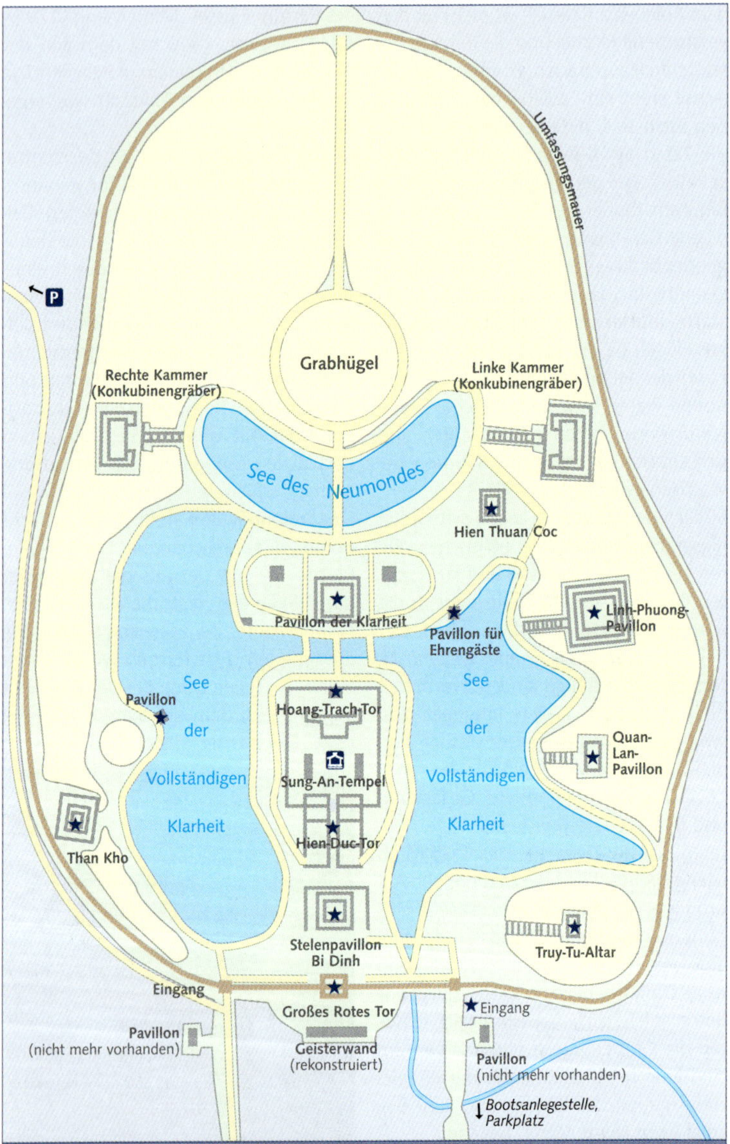

Das Grab des Minh Mang

chitektur errichtete Tempel diente den Opferzeremonien und der Verehrung des Königspaares, dessen Ahnentafeln dort aufbewahrt wurden. Sie standen auf dem hinteren Altar, während der vordere als Ablage für Opfergaben gedacht war. Nach der Tradition mussten die Nachfahren, vor allem der älteste Sohn und dessen ältester Sohn, hier am Geburts- und Todestag sowie an religiösen Feiertagen Opfer darbringen und sich vor den Tafeln verneigen.

Durch einen kleinen Innenhof auf der linken Seite, von dem eine Treppe zum See führt, gelangt man in den Hof hinter dem Haupttempel. Das einfache **Hoang-Trach-Tor** begrenzt diesen Tempelkomplex und führt wieder auf die Ebene des Sees hinunter. Die Treppe erweckt den Eindruck, als stünde der Tempel auf einer dreistufigen Plattform. Drei Brücken überqueren den künstlich angelegten **See der Vollständigen Klarheit** (Truong Minh), hinter dem eine steile Treppe zum **Pavillon der Klarheit** hinaufführt. Er ist ein überaus harmonisches, zweistöckiges Gebäude, von dem aus sich die umliegende, künstlich angelegte Parklandschaft gut betrachten lässt. Weiter auf der zentralen Achse führt nun nur noch eine Brücke, denn diesen Weg wurde nur der Sarg des verstorbenen Königs getragen, über den **See des Neumondes** zum halbkugelförmigen Grabhügel, unter dem Minh Mang ruht. Der **Grabhügel** ist von einer runden Mauer, Symbol des Himmels, umgeben und nicht zugänglich.

Die Gebäude auf der Hauptachse wurden restauriert, der See entschlammt. Früher befanden sich außen, zwischen See und Umfassungsmauer, weitere Altäre und Pavillons, die nicht erhalten sind. Dennoch strahlt die gesamte Anlage eine sonst selten anzutreffende Würde und Friedlichkeit aus.

Grab Tu Ducs

Tu Duc (1829–1883) usurpierte 1847 den Thron, der eigentlich seinem ältesten Bruder zugestanden hätte. Zu den daraus resultierenden familiären Streitigkeiten gesellten sich noch die zunehmenden Auseinandersetzungen mit den Franzosen, die die Herrschaft der Dynastie bedrohten. Tu Duc war solchen Auseinandersetzungen nicht gewachsen. Weniger weil er klein von Gestalt war, sondern weil er sich eher als konfuzianischer Gelehrter und Dichter denn als handelnder Politiker sah. Obwohl mehr als hundert Frauen zu seinem Harem gehörten, gelang es ihm nicht, ein Kind und damit einen Nachfolger zu zeugen. Vor allen diesen widrigen Umständen versuchte er sich in einem Refugium außerhalb des Palastes zu verstecken, das später auch seine Grabstätte werden sollte, die Lang Khiem heißt.

Von 1864 bis 1867 ließ er in einem von einer hohen Mauer umgebenen, 225 Hektar großen Gelände einen in die Landschaft eingepassten, aber dennoch vollkommen von Menschenhand geschaffenen Park anlegen – fast einen Sommerpalast. Er hielt sich häufig dort auf, saß in einem der Pavillons am See und schrieb seine Gedichte oder jagte Hasen und Vögel auf der Insel. Die Gebäude richten sich nach zwei parallel verlaufenden Achsen aus, wobei eine Gruppe die Wohngebäude umfasst, die andere die Grabanlage. Die Achse verläuft nicht in Nord-Süd-Richtung, sondern passt sich harmonisch dem Gelände in Ost-West-Richtung an. Am Fuß der Gebäudegruppe erstreckt sich der See, der durch einen Kanal bis zur Grabanlage verlängert ist.

Man betritt die Anlage durch das **Südtor** (Vu Khiem). Auf der linken Seite liegt der **Chi-Khiem-Tempel**, der den Konkubinen Tu Ducs geweiht ist. Der Innenhof ist von drei Seiten von kleinen Hallen umgeben, in denen sich kaum erhaltene Altäre für die Ahnentafeln und Opfergaben befinden. Weiter hinten lagen die Räume zum Schlachten und Zubereiten der Opfertiere.

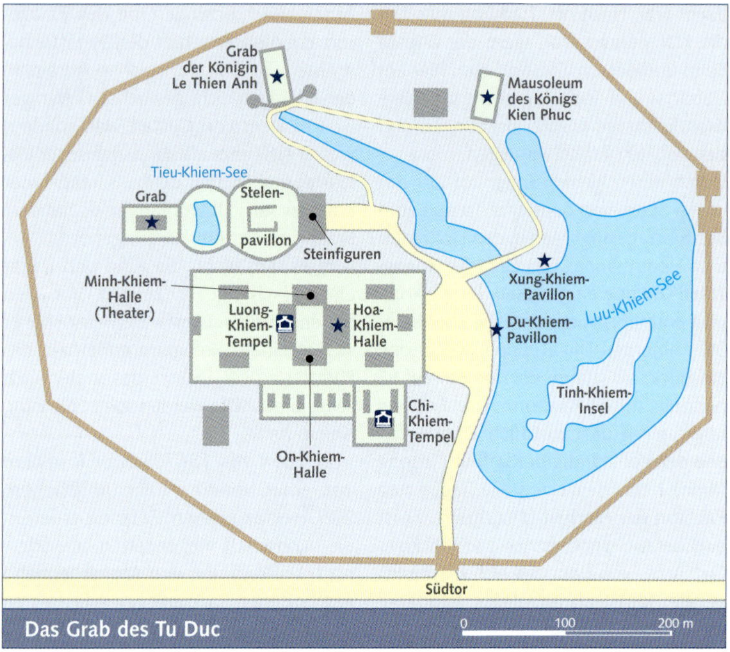

Das Grab des Tu Duc

Geht man die Stufen wieder hinunter, dann wird der Blick sofort auf den **künstlichen See** mit seiner Insel gelenkt. Der **Du-Khiem-Pavillon** am Seeufer liegt genau auf der Achse durch die Gebäudegruppe, die Tu Duc zu Lebzeiten als Wohnquartier benutzte. Über eine Brücke ist der größere **Xung-Khiem-Pavillon** zu erreichen, in dem der König mit seinen Konkubinen saß und dichtete.

Eine breite Treppe führt zum dreiflügligen Tor hinauf, das den Innenhof des Wohnpalastes abgrenzt. Die Seitengebäude dienten den militärischen und zivilen Mandarinen. Die **Hoa-Khiem-Halle** nutzte Tu Duc als Arbeits- und Empfangsraum. Sie ist heute Ahnentempel für den König und seine Königin, Le Thien Anh, deren Ahnentafeln auf dem hinteren Altar stehen. Ansonsten werden hier einige Einrichtungsgegenstände, Kleidungsstücke und Geschenke an den König aufbewahrt. Durch die Seitengebäude gelangt man in einen vollständig von Gebäuden umschlossenen Innenhof hinter der Hoa-Khiem-Halle. Die **Minh-Khiem-Halle** auf der Nordseite des Hofes diente als Theaterbühne, wurde 1866 errichtet und soll damit das älteste in Vietnam erhaltene Theater sein. Hier ließ Tu Duc zu seiner Unterhaltung Stücke aufführen, die bis zu 100 Tage gedauert haben sollen. Der **Luong-Khiem-Tempel** war früher der Wohnraum des Königs und wurde nach seinem Tod zur Gedenkstätte an seine Mutter, Tu Du, umgewidmet. Beide Haupthallen sind im klassischen Palaststil errichtet und zeigen ähnliche Dekorationen und Einrichtungen.

Am See entlang gelangt man zum eigentlichen **Mausoleum**. Auf der ersten Plattform stehen als Wächterfiguren paarweise Elefanten, Pferde, militärische und zivile Mandarine, letztere vermutlich in

Tu Ducs Lebensgröße. Der Weg führt dann hinauf zum **Stelenpavillon**. Tu Ducs **Grabstele** ist die größte Steinstele in Vietnam. Mit 5400 Zeichen beschrieb der König selbst sein Leben und verwendete als Charakterisierung seiner Herrschaft und seiner selbst häufig den Begriff ›khiem‹, was mit ›gemäßigt‹, aber auch als ›mittelmäßig‹ übersetzt werden kann. Die gesamte Grabanlage und fast alle Gebäude tragen dieses Wort in ihrem Namen. Tu Duc verstand es wohl als vornehmes Understatement, doch aus heutiger Sicht scheint auch die zweite Übersetzung angesichts der Entwicklung seines Landes durchaus zutreffend. Mehr noch als der massige Stelenpavillon deuten zwei hohe, kachelverkleidete **Obelisken** die Abwendung des Baustils vom chinesischen Vorbild an, die nach Tu Ducs Tod einsetzte. Man umgeht seitlich den mondsichelförmigen **Tieu-Khiem-See** und gelangt so zum eigentlichen Grab, dessen massive Eisentür früher hinter einer Säulenhalle lag. Diese Tür wurde nur am Jahrestag des Todes von Tu Duc geöffnet, damit seine Nachfolger oder von ihnen beauftragte hohe Beamte auf einem kleinen Altar im Innenraum Opfer darbringen konnten. Selbst hinter der Tür ist der Blick noch einmal durch eine Geisterwand verstellt. Eine Entsprechung findet sich auch in erhöhten Teilen der Rückwand, die durch Drachen verziert sind. Die runde Himmelssymbolik ist hier jedoch kaum noch zu erkennen, höchstens an den abgerundeten Ecken der Mauern. Es gibt auch keinen Grabhügel mehr, sondern einen steinernen Sarkophag, der jedoch nicht die königliche Leiche enthält. Vielmehr sollen von Angehörigen von Minderheitenvölkern elf Tunnel gegraben worden sein. Acht Mandarine sollen dann den Sarg in einen der Tunnel geschoben haben und dort neben ihrem König verharrt haben, um mit ihm vergraben zu werden. Alle Arbeiter, die Tunnel gegraben und wieder zugeschüttet haben, sollen anschließend umgebracht worden sein. Ein Angehöriger früherer Mandarine am Hof berichtete hingegen, es gebe nur einen etwa 50 Meter langen Tunnel, der genau unter dem Altar im Luong-Khiem-Tempel endet, und genau dort soll sich der Sarg des Königs befinden.

Die **Königin** wurde nicht zusammen mit ihrem Gatten bestattet, sondern erhielt

Xung-Khiem-Pavillon am Grab Tu Ducs

Mittelvietnam

am Ende des Kanals ein eigenes, wesentlich bescheideneres **Grab**. Die Innenhöfe sind von der Anlage gleich, nur wesentlich kleiner als bei Tu Duc. Das Grab wurde bisher nur in seinen Grundzügen restauriert. Das gilt auch für das **Mausoleum des Königs Kien Phuc**, das sich im Norden der Anlage befindet. Er war ein Adoptivsohn Tu Ducs und herrschte 1883/84 für sieben Monate, bevor er einer Palastintrige zum Opfer fiel und vermutlich vergiftet wurde.

Unweit der Grabanlage Tu Ducs wird Touristen in der Straße Nguyen Tran Cong Chua gezeigt, wie die traditionellen konischen Hüte, von denen die besten in Hue hergestellt werden sollen, sowie Räucherstäbchen in Handarbeit produziert werden.

Grab Khai Dinhs

Der Gegensatz zwischen den Grabanlagen Tu Ducs und Khai Dinhs (Regierungszeit 1916–25) könnte kaum größer sein. Zwar richtet sich auch Khai Dinhs Anlage, Lang Ung genannt, nach einer zentralen Achse (in nordöstlich-südwestlicher Richtung) und einem kleinen Bach am Fuße aus, doch strebt sie, am Abhang eines Hügels gelegen, vor allem in die Höhe statt in die Fläche. Auch die Baumaterialien verletzten alle traditionellen Gepflogenheiten: Statt Holz und Stein dominieren hier dunkelgrauer Beton sowie Porzellan- und Glasscherben in der Dekoration. Khai Dinh selbst begann 1921 mit den Bauarbeiten, die 1931 von seinem Sohn Bao Dai beendet wurden. Eine breite Treppenfront, von Betondrachen geteilt, strebt mit mehreren Absätzen bis zur obersten Plattform. Säulen und Tore sind schon durch eine Mischung von Dekorationen aus den unterschiedlichsten Quellen überladen. Auf der zweiten Ebene finden sich die traditionellen Wächterfiguren in zwei Reihen hintereinander angeordnet. Die **Grabstele** in einem achteckigen Pavillon ist verhältnismäßig klein und nur einseitig beschrieben. Über zwei weitere Treppen gelangt man zum **Vorhof** des Mausoleums, von dem aus man einen weiten Blick über

Treppen zum Mausoleum Khai Dinhs

Karte S. 232

die Landschaft der Umgebung genießen kann. Im Hintergrund wird die Grabanlage durch eine etwa vier Meter hohe Mauer aus massiven Steinquadern abgeschlossen.
Durch die rechte Seitenhalle wird das Innere des ›Tempels‹ betreten. Schon der **Altarraum** ist durch bunte Dekoration aus Porzellanscherben, die mosaikartig Jagdszenen, Blumen und andere Bilder ergeben, bestimmt. Die unterschiedlichsten Elemente fügen sich dabei willkürlich aneinander. Im Grabraum befindet sich eine vergoldete Bronzestatue des Königs unter einem Baldachin und mit einem strahlenförmigen Relief als Hintergrund. In den Nebenräumen werden Gegenstände aus dem Besitz Khai Dinhs ausgestellt sowie Fotos, die den König bei verschiedenen öffentlichen Auftritten zeigen. Auch dieses Grab spiegelt den Zustand der vietnamesischen Monarchie zu seiner Entstehungszeit wider.

Statue des Königs Khai Dinh in seinem Mausoleum

Die weiteren Gräber

Das **Grab des Dynastiegründers Gia Long** (Lang Thien Tho) liegt am weitesten von Hue entfernt, zwei Kilometer westlich des Flusses und des Dorfes Dinh Mon. Die Anlage war ursprünglich über 2000 Hektar groß und umfasste nicht nur das Königsgrab und mehrere Tempel, sondern auch die Gräber von Gia Longs Mutter, mehrerer Konkubinen, Geschwister und anderer Verwandter. Gia Long begann 1814 damit, die Familiengrabstätte in dem hügligen Terrain anzulegen, doch viele Gebäude wurden später errichtet oder umgebaut. Die weitläufige Anlage ist heute durch Kriegsfolgen, Diebstahl und Erosion so stark verfallen, dass eine kohärente Struktur kaum zu erkennen ist. Man kann jedoch die herrliche Landschaft genießen und inmitten von Büschen und Ruinen interessante Perspektiven entdecken.

Thieu Tri (Lang Xuong) war der dritte König der Dynastie, der allerdings nur sieben Jahre (1841–1847) regierte und bei seinem Tod noch nicht mit dem Bau eines Mausoleums begonnen hatte. Sein Leichnam wurde deshalb acht Monate im Palast aufgebahrt, während sein Nachfolger, Tu Duc, eilig eine Grabanlage bauen ließ. Sie folgt von der Struktur dem Vorbild Minh Mangs, ist allerdings etwas kleiner. Auf einer Achse liegen ein mondsichelförmiger See, ein Ehrenhof, der Stelenpavillon, flankiert von zwei Bronzelöwen, ein Ruhepavillon und ein weiterer mondsichelförmiger See mit drei Brücken, die zum Grabhügel führen. Der Opfertempel fand auf dieser Achse keinen Platz, so dass parallel dazu eine zweite Anlage gebaut wurde. Sie beginnt mit einem weiteren See, von wo der Weg stufenweise zu einem Tor führt, das den Innenhof mit dem Ahnentempel begrenzt. Diese Anlage hat als einzige keine Umfassungsmauer. Ganz in der Nähe liegt die kleine Grabanlage für Thieu Tris Frau, Tu Du, die Mutter Tu Ducs.

Die beiden anderen **Mausoleen Lang An** und **Lang Tu** sind weniger architektonisch als historisch interessant. Tu Duc konnte mit seiner Politik der Kompromisse mit den Franzosen zumindest den Anschein einer Regierung aufrechterhalten. Doch da sich bei seinem Tod 1883 die Ereignisse zuspitzten und er zudem keinen direkten Erben besaß, brachen innerhalb des Nguyen-Klans Streitigkeiten über die Erbfolge und die Politik gegenüber der Kolonialmacht aus. Tu Duc hatte drei Adoptivsöhne aus seinen Neffen ausgewählt. Doch der erste konnte sich als König Duc Duc nur drei Tage an der Macht halten, bevor er ins Gefängnis geworfen wurde, wo er zwei Monate später starb. Man berichtet, dass seine Leiche in eine Matte gewickelt und von zwei Helfern aus der Stadt geschafft wurde. Im Dorf Tu Tay rissen die Stricke, woraufhin der Tote an Ort und Stelle begraben wurde. An dieser Stelle steht heute das **An-Mausoleum**, das jedoch erst später erbaut wurde.

Im selben Jahr kamen noch zwei weitere Könige auf den Thron, die sich aber ebenfalls nicht lange halten konnten. Dazu gehörte auch Tu Ducs zweiter Adoptivsohn, König Kien Phuc, der eigentlich ein Sohn des 26. Bruders von Tu Duc war. Auf diese Familie konzentrierte sich nun das Geschehen, denn Kien Phucs Bruder folgte ihm als König Ham Nghi. Da er das Volk zum Widerstand gegen die Franzosen aufrief, musste er in die Berge fliehen, während sich ein anderer seiner Brüder (der dritte Adoptivsohn Tu Ducs) den Franzosen als williger Vollstrecker anbot und von den Kolonialherren als König Dong Khanh eingesetzt wurde. Als er am 28. Januar 1889 im Alter von nur 24 Jahren starb, war sein Sohn noch zu jung für die Thronfolge, so dass der Sohn Duc Ducs als König Thanh Thai zum Zuge kam.

▲ Karte S. 232

Thanh Thai sah den Klan in großen finanziellen Schwierigkeiten, die die Errichtung von Mausoleen nicht gestatteten. Für die Beerdigung seines Vorgängers und Onkels benutzte er also den Tu-Tempel, den dieser für das Andenken seines Vaters gebaut hatte. Schließlich wollte Thanh Thai auch seinen eigenen Vater rehabilitieren und errichtete am Ort seines Grabes 1890 das An-Mausoleum. Wegen seiner antifranzösischen Haltung wurde er nach 18 Jahren Regierungszeit (1907) nach Réunion exiliert, von wo er 1953 zurückkehrte und später in Vung Tau bei Saigon starb. Er ist ebenfalls im An-Mausoleum beigesetzt.

Ihm folgte als König sein fünfter Sohn unter dem Herrschaftsnamen Duy Tan. Dieser wurde nach acht Jahren ebenfalls nach Réunion exiliert und kam 1945 bei einem Unfall ums Leben. Erst 1987 konnte er neben seinem Vater beigesetzt werden. Die drei im An-Mausoleum bestatteten Könige werden heute wegen ihrer antifranzösischen Haltung als Patrioten verehrt.

Pagoden am Stadtrand

Der **Chua Bao Quoc** (Dien Bien Phu, kurz hinter dem Bahnübergang) wurde 1674 gegründet, 1747 restauriert und 1808 vollständig neu erbaut. 1824 erhielt er von Minh Mang den Titel einer ›nationalen Pagode‹, und 1948 entstand hier eine Schule zur Erneuerung des Buddhismus. In den 1960er Jahren gehörte sie zu den Zentren des buddhistischen Widerstands gegen Präsident Diem. Auf dem Altar findet sich die typische Mischung aus buddhistischen und daoistischen Figuren, mit den Buddhas der Vergangenheit, Gegenwart und Zukunft und dem Jade-

Der Phuoc-Duyen-Turm in der Thien-Mu-Pagode

kaiser. Im hinteren Raum sind die Statuen bedeutender Äbte aufgestellt. Die traditionelle Anlage liegt in einer friedlichen Umgebung mit einem Orchideengarten. Einige hundert Meter weiter südlich, auf der linken Seite der Straße, liegt der **Chua Tu Tam**, 1683 von einem chinesischen Mönch gegründet. Die heutigen Gebäude stammen aus dem Jahr 1936. 1951 wurde hier die buddhistische Vereinigung des Landes etabliert, die ihren Sitz inzwischen jedoch in Hanoi hat. Im August 1963 verbrannte sich ein Mönch an der Stelle, an der sich heute der Lotosteich befindet.

Thien-Mu-Pagode

Über die nördlich des Flusses verlaufende Straße oder, wesentlich beschaulicher, per Boot lässt sich eine weitere bedeutende Sehenswürdigkeit Hues erreichen: die Thien-Mu-Pagode. Der Hügel kurz vor der scharfen Biegung des Flusses gilt schon seit Jahrhunderten als günstiger Ort für religiöse Bauwerke. Nach einer Legende soll Anfang des 17. Jahrhunderts dem Gouverneur der Südprovinz aus der Familie der Nguyen die Himmelskönigin erschienen sein, um ihm die Stelle für den Tempel und die zukünftige Hauptstadt zu zeigen. Seitdem befanden sich wohl verschiedene Bauten dort, belegt ist jedenfalls eine Pagode, deren Bau König Tu Duc 1858 anordnete. Doch auch diese Bauwerke wurden nach Verwüstungen durch Taifune immer wieder umgebaut. Vom Fluss aus führt eine Treppe zunächst zur Straße hinauf, dann durch den Ehrenbogen in das von einer niedrigen Mauer umgebene Gelände. Wie gewohnt stehen alle wichtigen Gebäude auf einer zentralen Achse, während andere sich paarweise seitlich anordnen. Auf der ersten Steinplattform stand bis zu einem Taifun 1904 ein Tempel; seitlich befinden sich zwei kleine quadratische Stelenpavillons. Dahinter folgt auf der Achse der 1844 errichtete **Phuoc-Duyen-Turm**, der oft als Wahrzeichen Hues Verwendung findet. Der achteckige Turm symbolisiert mit seinen sieben Stockwerken die sieben Inkarnationen des Buddhas. Rechts vom Turm steht ein sechseckiger **Stelenpavillon** mit einer in einer Schildkröte ruhenden Marmorstele aus dem Jahr 1714, auf der die Gründungsgeschichte der Anlage festgehalten wurde. Auf der linken Seite befindet sich in einem ähnlichen Pavillon eine zwei Tonnen schwere und 2,50 Meter hohe Glocke aus dem Jahr 1710. Der eigentliche **Chua** ist von einer hohen Mauer umgeben. Den dreiflügeligen Torbau zieren sechs Reliefs von Wächtern, während innen zwei Pavillons jeweils drei Wächterfiguren beherbergen. Zwei weitere Pavillons in der Mauer bieten einer Glocke und einer Trommel Schutz. Auf einer Plattform erhebt sich die breite **Haupthalle**, die von drei blitzenden Messingfiguren beherrscht wird: Thich Ca (Sakyamuni) in der Mitte, rechts Van Thu (Manjushri) und links Pho Hien (Samantabhadra).

Links von der Halle folgt ein flacher Komplex mit Empfangsräumen und Büros, der jedoch mit einer Garage beginnt. In ihr steht ein alter **Austin** aufgebockt, der auch auf einem berühmten Foto an der Wand zu erkennen ist. Es zeigt die erste Selbstverbrennung eines Mönches aus Protest gegen das Diem-Regime am 11. Juni 1963 in Saigon. Der Bonze Thich Quang Duc war nach Saigon gereist, fuhr dann mit dem Austin zu einer belebten Kreuzung, ließ sich in Meditationshaltung nieder und wurde von Begleitern mit Benzin übergossen und angezündet. Da buddhistische Aktivisten einen ap-Fotografen benachrichtigt hatten, prangte das Foto am nächsten Tag auf den Titelseiten der amerikanischen Tageszeitungen, was sicherlich dazu beitrug, dass die USA Diem vier Monate später fallenließen.

▸ Karte S. 232

Dass sich die buddhistischen Mönche in Vietnam gegen jede Art von autoritärem System wenden, zeigt ganz im Norden der Anlage ein neuer **Grabstupa** für den Abt Thich Don Hau, der 1992 einen kleineren Aufstand gegen das kommunistische Regime anführte. Bei seiner Totenfeier 1993 kam es wiederum zu Demonstrationen gegen die Machthaber in Hanoi. Heute leben etwa 40 Mönche in der Tempelanlage.

Den Hon Chen

Von der Pagode kann man weiter zu dem etwa fünf Kilometer flussaufwärts gelegenen Den Hon Chen fahren. Er ragt unmittelbar an einem Steilufer auf und ist über Land schwer zu erreichen. Der 1832 erbaute Tempel ist Lieu Hanh, einer Tochter des daoistischen Jadekaisers, gewidmet, die aber auch mit Thien Hau (der chinesischen Himmels- und Meeresgöttin), Quan Am (der buddhistischen Göttin der Barmherzigkeit) und einer Cham-Göttin in Verbindung gebracht wird. Hier zeigt sich die Verschmelzung der verschiedenen Populärformen ostasiatischer Glaubensrichtungen bis hin zur völligen Austauschbarkeit.

Das Zentrum des von zahlreichen Gebetsfahnen geschmückten Raums bildet ein hoch aufragender neunstufiger Altar. Ausgestellt werden auch Sänften, in denen Frauen liegend getragen wurden, sowie mehrere Tragstühle für Heiligenfiguren, die beim Tempelfest am 15. Tag des 7. Mondmonats in einer Prozession mitgeführt werden.

Rechts neben dem Tempel befindet sich der **Dinh Ngu Hanh**, der den Göttern der Fünf Elemente geweiht ist. Metall, Holz, Wasser, Feuer und Erde sind hier durch Tafeln auf dem Altar repräsentiert. Auch im weiteren Gelände belegen die zahlreichen Räucherstäbchen vor Bäumen und Steinen den anhaltenden Glauben an animistische Götter.

Auf der linken Seite der Aufgangstreppe steht der kleine, den Frauen geweihte **Den Trinh Cat**. Weiter links folgt der **Den Bac De**, in dem General Quan Cong und sein Pferd verehrt werden.

Hue

Vorwahl: +84/54.

Bus- und Bahnverbindungen nach Da Nang, Hanoi, Ho-Chi-Minh-Stadt.

Bahnhof, 2 Phan Chu Trinh.

Flughafen Phu Bai (HUI), 16 km südöstlich der Stadt. Vietnam Airlines fliegt nach Hanoi und Ho-Chi-Minh-Stadt, private Fluggesellschaften auch in kleinere Städte.

Indochine Palace (***), 105 Hung Vuong, Tel. 3936666, Fax 3936555, www.bwp-indochinepalace.com. Luxushotel mit 222 Zimmern und Suiten in einem amerikanisch-asiatischen Stil. Management durch die amerikanische Best-Western-Gruppe. Karte S. 261.

Imperial (***), 8 Hung Vuong, Tel. 3882222, Fax 3882244, twww.imperial-hotel.com.vn. 5-Sterne-Hotel mit 193 Zimmern, Pool, Fitnesszentrum und Spa. Von den oberen Etagen und der Bar schöner Blick über die Stadt. Karte S. 261.

La Résidence (***), 5 Le Loi, Tel. 3837475, Fax 3837476, www.la-residence-hue.com. Der historische Teil dieses Boutiquehotels mit 122 Zimmern war die Residenz des französischen Gouverneurs von Annam. Vor allem die öffentlichen Räume und die eindrucksvollen Suiten wurden im Art-deco-Stil neu geschaffen. Von vielen Zimmern hat man einen schönen Blick über den grünen Garten auf den Fluss. Karte S. 232.

Festival Hotel, Tel. 3828355, www.festivalhuehotel.com.vn. Standardmäßiges Drei-Sterne-Hotel mit kleinem Pool in günstiger Stadtlage. Karte S. 261.

Êmm (**), 15 Ly Thuong Kiet, Tel. 3828355, www.emm-hotel-hue.net. Karte S. 261.

Morin (**), 30 Le Loi, Tel. 3823526, Fax 3825155, www.morinhotel.com.vn. Das älteste Hotel der Stadt wurde 1901 an verkehrsgünstiger Stelle eröffnet und vor wenigen Jahren aufwendig der Moderne angepasst. Im weiträumigen Innenhof finden sich Pool und Restaurant. Karte S. 261.

Pilgrimage Village (**), 130 Minh Mang, Tel. 3885461, Fax 3887057, www.pilgrimagevillage.com. Eine Alternative zum Wohnen in der Stadt: Unweit des Minh-Mang-Mausoleums verlieren sich insgesamt 99 Zimmer, Suiten und Bungalows in üppig grüner Umgebung. Man legt Wert auf das Wohlbefinden des Gastes und bietet zum Beispiel Tai Chi und Spa-Behandlungen an. Sehr freundliches und kompetentes Personal. Karte S. 232.

An Dinh Vien, 7 Pham Hong Thai, Tel. 3824076. In mehreren Räumen ziehen Reisegruppen in bunten Hofkostümen ein und werden von ebenfalls kostümierten Pagen bedient. Aber auch Einzelgäste sind zu den königlichen Menüs willkommen. Karte S. 261.

Hoa Vien, 4 Vo Thi Sau, Tel. 3849300. Großes, etwas saalartig geratenes Restaurant über zwei Stockwerke mit recht langer Speisekarte. Karte S. 261.

Biet Phu Thao Nhi, Thuy Bang, Cu Chanh, Tel. 3855037, www.bietphuthaonhi.com. Sehr großes, stark touristisch ausgerichtetes Gartenrestaurant zwischen Pilgrimage Village Resort und dem Mausoleum Minh Mangs. Eignet sich zum Mittagessen, falls man in der Gegend zu Besichtigungen unterwegs ist und nicht extra in die Stadt zurückfahren möchte. Karte S. 232.

Mandarin Café, 24 Tran Cao Van, Tel. 3821281, www.mrcumandarin.com. Mr. Cu bewegt sich lebhaft zwischen den Welten des Essens und des Fotografierens. Sein Restaurant bietet eine lange Speisekarte mit den beliebten vietnamesischen Klassikern und ist zudem eine Nachrichtenbörse. Karte S. 261.

Moc Vien, 2E Hoai Thanh, Tel. 3932090. Das außerhalb der Stadt in der Nähe des Mausoleums des Tu Duc gelegene Restaurant befindet sich in einem schönen großen Garten mit viel kühlendem Wasser. Zum Mittag wird ein Menü angeboten, das einige der Spezialitäten Hues enthält. Das Essen ist gut, aber etwas ereignislos. Karte S. 232.

Red Chilli, 12 Chu Van An, Tel. 3823572. Große Auswahl an wohlschmeckenden vegetarischen Gerichten. Die Schärfe ist auch für Ungeübte kein Problem und kann individuell verändert werden. Karte S. 261.

Temple Restaurant, 5 Chu Van An, Tel. 3830716. Hier wird die royale Küche in der Tradition Hues serviert. Reisegruppen verkleiden sich mit bunten Gewändern und bekommen Palastmusik geboten. Karte S. 261.

Royal Park, 3 Nguyen Sinh Sac, Tel. 3897202. Auch nördlich des Flusses kann man in alte Gewänder schlüpfen und sich wie bei Königs fühlen, beim ›Royal Meal‹. Karte S. 232.

Tropical Garden, 27 Chu Van An, Tel. 3847143. Gartenrestaurant, in dem häufig von 19 bis 21 Uhr traditionelle Volksmusik erklingt. Karte S. 261.

Y Thao Garden, 3 Thach Han, Tel. 3523018. In einem Gartenhaus im Nordwesten der Zitadelle wird die königliche Küche in guter Qualität serviert. Karte S. 232.

Chillout, 11 Vo Thi Sau. Backpacker-Kneipe mit westlicher und vietnamesischer Küche. Karte S. 261

DMZ, 60 Le Loi. Laute Mischung aus Kneipe, Biergarten und Bar. Karte S. 261.

Le's Garden, 14 Pham Ngu Lao. Auf westliches Publikum abgestellte Garten-

▶ Karte S. 232

kneipe mit westlichem Essen und westlicher Musik. Karte S. 261.

Dinh Quy, 18 Chu Van An. Vor dem Eingang des Ladens sitzt einer der Kunsthandwerker auf dem Boden und produziert Holzgegenstände, die drinnen verkauft werden, vor allem Statuen. Karte S. 261.

PA Gallery, 2B Vo Thi Sau. Schwarzweiß- und Farbfotos, sozialistisch-realistische Propagandaplakate sowie Lackbilder sind hier im Angebot. Karte S. 261.

Tinh Hoa, 6 Vo Thi Sau. In dem bunten Laden gibt es Papierdrachen, aus Papier gefaltete Lotosblüten und andere Deko sowie handgearbeitetes Porzellan. Karte S. 261.

Von der Bootsanlegestelle in der Stadt (Toa Kham) kann man mit einem Motorboot, das ca. sechs Personen aufnehmen kann, für rund 150000 Dong in 45 Minuten bis zur **Thien-Mu-Pagode** fahren. In der Hochsaison empfiehlt sich die Vorausbuchung, z.B. über das Hotel.

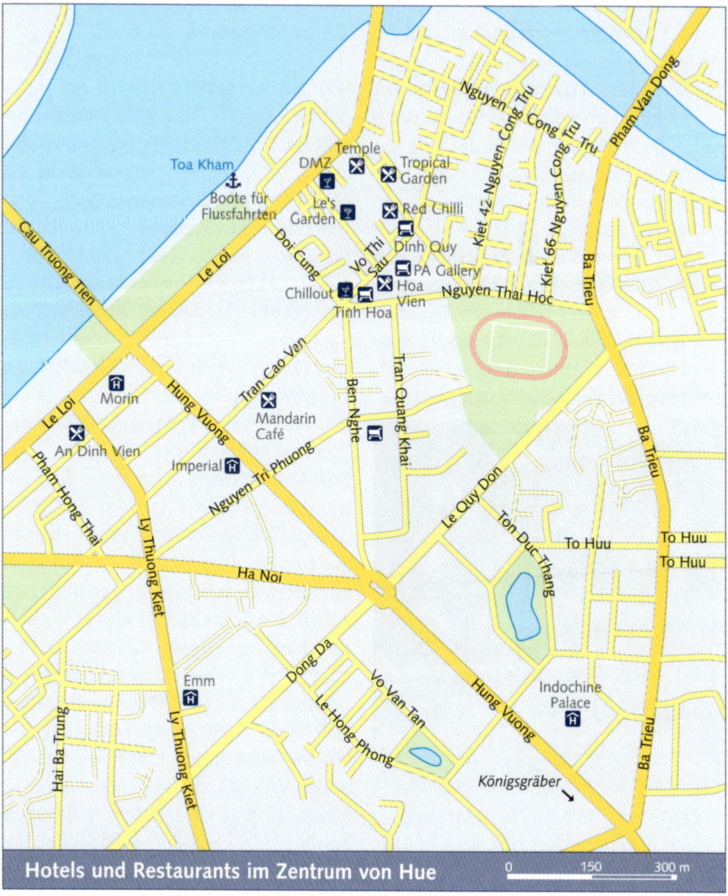

Hotels und Restaurants im Zentrum von Hue

Ausflüge von Hue

Von Hue aus kann man ans Meer fahren, zum Beispiel auf die Halbinsel **Lang Co**, oder Richtung Nordwesten in die **Entmilitarisierte Zone** (DMZ), in der viele Amerikaner ihre Kriegserlebnisse aufwärmen. Wirklich etwas zu sehen gibt es dort aber nicht.

■ Phuoc Tich

Rund 40 Kilometer nördlich von Hue und über die Nationalstraße 1 gut zu erreichen liegt das Dorf Phuoc Tich. Es wurde im 15. Jahrhundert nach der Hochzeit einer vietnamesischen Prinzessin mit einem Cham-Adeligen gegründet. Solche Siedlungsaktionen waren Teil der Strategie, von Norden nach Süden Territorien zu gewinnen und die Cham zu verdrängen. Und so ließen sich in der zweiten Hälfte des 15. Jahrhunderts zahlreiche Siedler aus der heutigen Provinz Nghe An in diesem strategisch und nach Handelskriterien günstig in einer Schleife des Flusses O Lau gelegenen Dorf nieder.
Schon bald darauf blühte die Keramikindustrie auf, denn sowohl das Rohmaterial Ton als auch die fertigen Waren, meist unglasierte Gebrauchsgegenstände, konnten auf flachen Kähnen gut transportiert werden. Als zweite Industrie gesellte sich die Holzschnitzerei hinzu. Bis in die 1980er Jahre funktionierte die Keramikindustrie noch einigermaßen, dann gewannen Plastikprodukte endgültig die Oberhand. Heute versucht ein Projekt, höherwertige Gegenstände vor Ort zu fertigen und landesweit zu vertreiben. Viele Vasen und andere Dekorationsgegenstände stehen in den Regalen der **Töpferwerkstatt**, und erneut ist das unglasierte Finish das Markenzeichen der Töpfer von Phuoc Tich.

Das Dorf Phuoc Tich lebte früher von der Keramikherstellung

Im Dorf Phuoc Tich bei Hue wird der Erdgott seit hunderten von Jahren im Cay Thi Mieu verehrt

Das Dorf hat einige traditionelle Züge bewahrt oder wieder eingeführt. Fast jedes Grundstück ist von halbhohen Hecken aus Bambus oder Nesselblatt (Acalypha siamensis, auch wilder Tee genannt) umgeben. Die Grundstücke sind groß, werden durch zahlreiche Obstbäume beschattet und haben ausgedehnte (heute betonierte oder geflieste) Arbeitsflächen und häufig einen eigenen Brunnen. Die Häuser selbst zeigen ebenfalls einen gewissen Wohlstand, liegen meist quer zur Straße, sind aus Ziegelstein und haben heruntergezogene Fußwalmdächer. Innen dominiert ein zentraler Raum als

▲ Karte S. 231

Ess- und Wohnzimmer, dem sich hinten der Ahnenalter anschließt. Auch seitlich reihen sich kleine Räume aneinander, Schlaf- und Kinderzimmer, auf einer Seite die Küche. Über den inneren Balken sind Böden eingezogen, so dass unter dem Dach Vorräte gelagert werden können. Eine ganze Reihe von Tempeln zieren das Dorf, viele neueren Datums, aus der Zeit, als sich hier Beamte zur Ruhe setzten; sie reihen sich etwas außerhalb am Fluss auf. Einige Tempel wurden jedoch schon zur Gründerzeit errichtet, wie etwa der **Cay Thi Mieu** für den Erdgott, neben dem ein mehr als 500 Jahre alter Baum aufragt. In der Nähe der Töpferwerkstatt steht der **Quang Te Mieu**, in dessen Umgebung ein hinduistisches Lingam mit Yoni gefunden wurde, so dass man davon ausgeht, dass er Wurzeln aus der Zeit der Cham hat.

Das sehr ruhige Dorf ist mit dem Auto in einer Stunde zu erreichen und liegt nur zwei Kilometer abseits der Nationalstraße. Es empfiehlt sich jedoch, einen ortskundigen Führer mitzunehmen, da viele sehenswerte Orte sehr versteckt liegen und man nur so mit den Bewohnern ins Gespräch kommen kann.

Brücke Thanh Toan

Etwa sechs Kilometer östlich von Hue liegt eine als nationales Erbe ausgezeichnete überdachte Brücke im Dorf **Thanh Thuy.** Man sagt, sie sei im Jahr 1776 von Frau Tran Thi Dao, der Ehefrau eines königlichen Mandarins, dem Dorf gespendet worden, weil diese keine Kinder hatte und so einen Teil ihres Vermögens für einen guten Zweck abgeben wollte.

Im 18. Jahrhundert waren diese überdachten Brücken äußerst beliebt, denn sie ermöglichten nicht nur die Überquerung eines Flusses mit trockenem Fuß, sondern boten bei Regen wie auch Sonnenschein Schutz für die Dorfbewohner oder durchreisende Händler. Bis heute finden sich zur Mittagszeit zahlreiche Dorfbewohner ein, die sich ein wenig im Schatten ausruhen wollen.

Überquert man vom Dorf aus die Brücke, so ist links eine große Scheune zu erkennen, in der sich ein privates **Landwirtschaftsmuseum** befindet. Gegen eine kleine Spende ist ein Familienmitglied gerne bereit, die verschiedenen Gerätschaften, die meist der Reisbearbeitung dienten, vorzuführen.

Die überdachte Brücke Thanh Toan

Im privaten Landwirtschaftsmuseum führt eine ältere Dame die Gerätschaften vor

■ **Nationalpark Phong Nha**

Vor 400 Millionen Jahren entstand eine Karstformation mit einem gigantischen System von unterirdischen Flüssen, Höhlen und Grotten. Das seit 2003 in der Welterbeliste der UNESCO verzeichnete Gebiet zeichnet sich in seiner Abgelegenheit an der laotischen Grenze durch eine hohe Artenvielfalt in Flora und Fauna aus, vor allem Affen, Antilopen und Amphibien sowie Bäume und Orchideen werden von der Uni Hanoi in Kooperation mit dem Kölner Zoo erforscht. Besucher können in dem 86 000 Hektar großen Park Wanderungen unternehmen und **Höhlen** mit ausladenden Formationen von Stalaktiten und Stalagmiten bewundern. In flachen Ruderbooten gleiten sie durch die skurrile Felsenlandschaft.

Fahrt von Hue nach Da Nang

Ob mit dem Zug oder mit dem Auto – die Fahrt von Hue nach Da Nang ist auf jeden Fall spektakulär. Auch wenn man nicht immer viel sehen kann, weil der Wolkenpass wieder einmal seinem Namen alle Ehre macht.

■ **Nationalpark Bach Ma**

Etwa 40 Kilometer südöstlich von Hue biegt man von der Hauptstraße zum 1991 eröffneten Nationalpark ab, der nach einem 1450 Meter hohen Berg Bach Ma (›Weißes Pferd‹) benannt ist. Der mehr als 37 000 Hektar große Park bildet einen Grenzstreifen zwischen der flachen Küstenlandschaft und dem Truong-Son-Gebirge, das die Grenze zu Laos darstellt. Bereits die Franzosen nutzten die Gegend in ihrer Freizeit, so dass gut erkundete Wanderwege und Villen für Übernachtungen in begrenzter Zahl zur Verfügung stehen. Das **Besucherzentrum** informiert über Flora und Fauna und erteilt die Besuchsgenehmigungen. Manche Ausgangspunkte für Wanderungen sind recht abgelegen und müssen mit dem Auto angefahren werden.

Nationalpark Bach Ma

Nationalparkzentrum, Tel. +84/54/871330, bachmaeco@gmail.com, www.bachma.vnn.vn.

Morin Bach Ma (*), km 19, Tel. +84/54/871199, Bach Ma National Park, Phu Loc, Thua Thien Hue, hgtourist@dng.vnn.vn. Zwei Häuser mit insgesamt zwölf Zimmern, Restaurant und Bar.

■ **Halbinsel Lang Co**

Kurz vor dem Wolkenpass öffnet sich auf der linken Seite eine von der Halbinsel Lang Co gerahmte große Lagune mit strahlend weißen Sandstränden. Kokospalmen säumen den Strand, malerisch liegen Fischerboote am Ufer. Es gibt mehrere Hotels direkt am Strand, sonst aber außer einer kleinen, 1954 von katholischen Flüchtlingen aus dem Norden gegründeten Stadt mit einer Kirche kaum etwas zu sehen, so dass die Halbinsel trotz ihrer Schönheit höchstens von Einheimischen am Wochenende besucht wird.

▲ Karte S. 231

Wolkenpass

In 496 Meter Höhe überwindet die Passstraße einen Ausläufer des Truong-Son-Gebirges. Hier liegt nicht nur eine Wetterscheide zwischen dem subtropischen Norden und dem tropischen Süden, sondern auch eine kulturelle Grenze zwischen dem Reich der Viet und dem der Cham. Nach der Errichtung der Nguyen-Dynastie ließen die Könige eine ›Straße der Mandarine‹ anlegen, die jedoch nur per Pferd zu bereisen war, für Kraftfahrzeuge wurde sie erst 1888 von den Franzosen befestigt, zu Kriegszwecken später zweispurig ausgebaut und mit Bunkern und anderen **Wehranlagen** bestückt, deren Ruinen bis heute auf der Passhöhe (Deo Van Hai) zu sehen sind.

Dort halten fast alle Reisenden, um die herrliche Aussicht auf Berge und Meer zu genießen (es sei denn, der Pass liegt im Nebel) und in zwei kleinen Tempeln dem Berggott zu opfern und für eine gute Reise zu beten. Die ist sehr entspannend geworden, seit ein 6,7 Kilometer langer Tunnel das Gebirge durchzieht, der den gesamten Lastwagenverkehr, der sich früher mühsam über die Passstraße quälte, aufgenommen hat.

Da Nang

Mit etwa 880 000 Einwohnern ist Da Nang heute die viertgrößte Stadt des Landes und untersteht direkt der Zentralregierung in Hanoi. Im Jahr 1955 lebten dort nur 55 000 Menschen, Ende der 1960er Jahre, als die Stadt eine der größten Militärbasen der USA war, waren es ungefähr 800 000, von denen viele vor den Kommunisten flohen, andere später auf das Land zurückgesiedelt wurden.

Vom 4. bis zum 14. Jahrhundert gehörte die Gegend zum Königreich der Cham, erst zum Ende des 15. Jahrhunderts errichteten die Vietnamesen hier eine Siedlung. Die Hafenstadt am Fluss Han entwickelte sich später zum beliebten Einfallsort für Invasoren, von den europäischen Missionaren im Jahr 1535 über französische Bombardements und Landungen Mitte des 19. Jahrhunderts (die Franzosen nannten die Stadt Tourane) bis

Fischerehepaar am Strand von Da Nang

Rekonstruktion eines Altars im Cham-Museum

zu den amerikanischen Geheimdienstleuten, die nach dem französischen Abzug 1954 den Krieg vorbereiteten, und den ersten Truppenlandungen am 7. März 1965. Von 1967 bis 1972 ankerte das deutsche Lazarettschiff ›Helgoland‹ in Da Nang und versorgte trotz ständiger amerikanischer Proteste Verwundete aller Kriegsparteien. Im März 1975 flohen etwa 100 000 südvietnamesische Soldaten überstürzt aus der Stadt, so dass die FNL mit zwei LKW-Ladungen Soldaten anrückte und die Stadt für ›befreit‹ erklärte.

Da Nang ist heute eine etwas unwirtliche Industrie- und Hafenstadt ohne wirkliche Sehenswürdigkeiten. Das nördliche Ende der Lagune dominiert eine große weiße **Statue der Quan Am**, die vor einem neuen, ausgedehnten **Tempel** steht. Von hier hat man einen schönen Blick über die Lagune auf die Stadt Da Nang, in der zunehmend die Hochhäuser in den Himmel wachsen.

▲ Karte S. 231

In der Stadt selbst kann man einen Spaziergang über den breiten **Hung-Vuong-Boulevard** machen, um sich die Geschäfte anzusehen. Er führt hinunter zum Han-Fluss, an dem sich rechts der **Markt** in einem neuen Gebäude befindet. Nicht weit entfernt vom Markt steht die **Kathedrale** (156 Tran Phu), 1923 von den Franzosen gebaut. Nördlich des Sportstadions und der breiten Le Duan liegt in der Hai Phong ein im Jahr 1956 erbauter **Caodai-Tempel**, der seinen Vorbildern im Süden (→ S. 349, Tay Ninh) gleicht. Nicht verpassen sollte man in Da Nang das am südlichen Stadtrand gelegene **Cham-Museum**, das man auf der Durchfahrt, aber auch als Ausflug von Hoi An ins Programm nehmen kann. Über rund 30 Kilometer zieht sich der **China Beach** von Da Nang Richtung Süden bis nach Hoi An. Er wurde so von den amerikanischen Soldaten benannt, die sich hier vom Krieg erholten. Seit einigen Jahren entsteht hier eine einzige Kette von Hotels und Villensiedlungen. Eine Übernachtung in der Stadt empfiehlt sich kaum, wenn man in Da Nang bleiben möchte, dann hier am Strand, in einem der bereits fertiggestellten Hotels. Die Alternative wäre Hoi An, von beiden Orten kann man die weiteren Sehenswürdigkeiten der Umgebung auf Ausflügen gut erreichen.

Cham-Museum

Zu Beginn des 20. Jahrhunderts sammelte man die aufgefundenen und ausgegrabenen Statuen und Altäre der Cham-Monumente der Umgebung lediglich in einem Garten auf einem Erdhügel. Erst 1915 begann die École Française de l'Extrême Orient mit dem Bau eines Museums, das nach den zahlreichen Funden der 1930er Jahre erweitert werden musste und erst 1939 offiziell eröffnet wurde. In den letzten Jahren wurde es modernisiert und vergrößert. Das ursprüngliche, gelb gestrichene, luftige Bauwerk, in dem die Figuren zur Verhinderung von Diebstählen mit den Podesten vermauert sind, wurde durch einen Zwischenbau mit der hinteren, auch schon früher errichteten dreistöckigen Halle verbunden. In diesem Neubau steht moderne Museumstechnik zur Verfügung: Die Ausstellungsstücke stehen frei auf Podesten oder größeren Plattformen und sind effektvoll ausgeleuchtet. Sie haben dadurch nochmals beträchtlich an Ausstrahlungskraft gewonnen, denn in diesem Museum befinden sich mehr als 300 Originale, womit hier die bedeutendste Sammlung von Zeugnissen der Cham-Kultur überhaupt zu sehen ist. Die Anordnung der Ausstellungsstücke geschieht in einer Mischung aus chronologischen und geographischen Kriterien. Die folgende Beschreibung folgt der historischen Abfolge der Stile und erwähnt die wichtigsten Ausstellungsstücke jeder Periode.

Cham-Museum, am südlichen Ende der Tran Phu (2 Thang 9), www.chammuseum.danang.vn; tägl. 7–17.30 Uhr.

Tra Kieu

Rund 40 Kilometer südwestlich des heutigen Da Nang lag Sinhapura (›Löwenzitadelle‹, → S. 285), die erste Hauptstadt aus dem 4. Jahrhundert, von der nur noch Gräben und wenige Fundamente erhalten sind. Die Umrisse der Gräben und die Menge der gefundenen Figuren belegen jedoch die erheblichen Ausmaße und die Pracht des frühen Reiches. Der Stil war realistisch, sehr lebhaft und vielfältig. Besonders sehenswert ist der große **Altar von Tra Kieu** aus dem 7. Jahrhundert (Raum 5). Auf dem Altartisch befindet sich ein Aufsatz mit Schnitzereien von Lotosblättern, darüber ragt in umgekehrter Formgebung ein Yoni auf, aus dem sich ein Mukha-Lingam (Lingam mit Gesicht) erhebt. Bekannt wurde dieser Altar jedoch durch das umlaufende Relief an den Seiten der Altarplatte, das

Vishnu meditiert auf den Körpern von 13 Schlangen, Fundstück aus Tra Kieu

Mittelvietnam

Szenen aus dem indischen Epos Ramayana darstellt. Es beginnt auf der Ostseite und geht dann im Uhrzeigersinn weiter. Die erste Szene zeigt Prinz Rama, wie er den heiligen Bogen bricht und damit das Recht erwirbt, Prinzessin Sita, die Tochter des Königs Janak, zu heiraten. In der zweiten Szene sendet der König Botschafter mit Geschenken zu Prinz Ramas Vater. Die dritte Szene zeigt die Hochzeit, zu der in der vierten Szene Apsara (himmlische Tänzerinnen) tanzen und Blumen darbringen. Dazu spielen zwei Ghandarva-Musikanten, die sich am Rand der ersten Szene befinden und so das Relief zu einem endlosen Band machen.

Die großen **Statuen** im Raum stellen vermutlich den Gott Shiva in einer nicht stilisierten, sondern in einer mehr naturalistischen Form dar. Auch die Figuren des Stiergottes Nandi und von Elefanten und Löwen belegen die Realitätsnähe der frühen Cham-Kunst.

An My

In den letzten Jahren wurden in An My, etwa 30 Kilometer südlich von Tra Kieu, mehrere **Statuen aus den ersten Dekaden des 8. Jahrhunderts** gefunden, die eine Übergangsphase zwischen der Kopie indischer Stile und der Ausprägung eines lokalen Stils darstellen. Die in menschlicher Form dargestellten Götter tragen offene Haare, mandelförmige Ohrringe und dicke Halsketten, haben große Augen, lange und gerade Nasen und dicke Lippen (Raum 4).

My Son

Der Zusammenschluss der Cham-Königreiche in der ersten Hälfte des 8. Jahrhunderts leitete eine Periode der künstlerischen Blüte ein, in der direkter indischer Einfluss zurückging und die Stile des Nordens (Königreich Amaravati) und des Südens (Königreich Panduranga) sich mischten, wobei der südliche, vom Handel und der Seefahrt mitgeprägte Stil sich stärker durchsetzte. Außerhalb der Hauptstadt legte man das Tempeltal My Son (→ S. 285) an, in dem dann über Jahrhunderte Bauwerke verschiedener Zweckbestimmung und Stilrichtung gebaut wurden. Die Figuren wirken jetzt schlanker und graziöser, das Haar ist formell zu einer spitzen Frisur aufgesteckt. Auch hier steht wieder ein **Altar** im Mittelpunkt (neuer Verbindungsbau). Er stammt aus dem Kalan des Tempels E1 und wirkt gerade wegen seiner geringen Größe so beeindruckend. Die Reliefs stellen Priester bei hinduistischen Zeremonien dar, man findet Eremiten bei der Meditation im Wald, Prediger, Sänger und Tänzerinnen, die Heilung von Kranken durch Massage und das Drehen der Pille der Unsterblichkeit.

Ein **unvollendeter Giebel** (rechte Wand) zeigt die Geburt Brahmas (in seiner typischen Meditationshaltung) aus dem Nabel des unten entspannt auf der Seite liegenden Vishnu. Daneben porträtiert ein weiteres Relief das Alltagsleben am Königshof. An der gegenüberliegenden Wand findet sich eine ungewöhnliche Darstellung von sieben Lingams auf einem Querbalken. Sehr realistisch sind **Shiva-Figuren**, eine Darstellung des elefantenköpfigen Gottes Ganesh, der als Sohn Shivas gilt, sowie die Darstellung des Kriegsgottes Skanda.

Eine große Anzahl von **Einzelstatuen** und **Reliefs** aus My Son findet sich (nicht besonders gut beleuchtet und eher etwas zufällig angeordnet) im unteren Geschoss des hinteren Gebäudes.

Dong Duong

Am Ende des 9. Jahrhunderts begann mit der Ära des Königs Indravarman II., der die Hauptstadt wieder in den Nor-

▲ Karte S. 231

Brahmas Geburt aus dem Nabel Vishnus, Fund aus My Son

den verlegte und sie Indrapura nannte, eine Hinwendung zum Buddhismus, die ihren stärksten Ausdruck in der Gründung des großen Klosters Laksmindra-Lokeshvara fand.

Im mittleren Stockwerk des hinteren Gebäudes fällt zunächst eine etwa lebensgroße **bronzene Tara** aus dem 9./10. Jahrhundert ins Auge. Ihr gegenüber wachen kräftige **Dvarapala** (Wächterfiguren) aus Stein über das Geschehen. An den Außenseiten des Raums sind aus mehreren Teilen bestehende große **Altäre** aus dieser Zeit wieder aufgebaut, in die eine Vielzahl von Einzelstatuen platziert ist. Altarreliefs zeigen Szenen aus dem Leben des Buddhas, seine Geburt als indischer Prinz, einen Bogenschießwettbewerb, das Glattrasieren seines Kopfes. Auch die Wächterfiguren belegen die monumentalen Ausmaße, die die Klosteranlagen erreicht haben müssen.

Khuong My

Nach der buddhistischen Phase suchte man im 10. Jahrhundert wieder Anregungen für hinduistische Darstellungen. Man fand sie in der Wiederaufnahme von Elementen aus dem frühen Tra-Kieu-Stil und vor allem in der Übernahme von Stilen der Khmer. Die Figuren tragen kompliziert hochgesteckte, formelle Frisuren, die männlichen oft Schnauzbärte. Insgesamt sind die Darstellungen aber einfacher gearbeitet.

Später Tra-Kieu-Stil

Im späten 10. Jahrhundert verbesserte der Cham-Hof die Beziehungen mit Java und belebte gleichzeitig die eigenen Traditionen weiter. Gesichter sind wieder durch mandelförmige Augen ohne Augapfel, kleine, zierliche Nasen und lächelnde Münder gekennzeichnet. Als Höhepunkt der Schnitzkunst dieser Zeit gilt eine **Tänzerin** mit graziös gebogenem Körper, die fast rund gearbeitet ist und sich damit fast vollständig aus dem Relief löst. Auch **Tierdarstellungen** (alter Bau, rechte Seite) erreichen eine hohe Kunstfertigkeit, die später nicht mehr zu beobachten ist.

Chanh Lo

Ab dem 11. Jahrhundert zerfiel das Cham-Reich zunehmend durch kriegerische Auseinandersetzungen mit den Nachbarn. Der Einfluss Javas schwand, und man kehrte zu traditionelleren Darstellungen zurück. Die Figuren haben flache Nasen und dicke Lippen und wirken weniger elegant. Herausragend ist ein fächerförmiges **Giebelrelief**, das eine vierarmige Uma (die Urmutter der Cham) mit zwei Dienerinnen zeigt (Raum 2).

Thap Mam

Unter dem Druck der sich nach Süden ausdehnenden Viet verlagerten die Cham ihre Hauptstadt erneut nach Süden. Die Figuren (vordere Räume rechts) sind größer, aber weniger graziös und nicht mehr so detailliert ausgearbeitet, oft werden Stützen benötigt. Es entstanden monumentale **Tierstatuen** von mythischen Wesen wie dem Gajasinha, einer Mischung aus Löwe und Elefant, und dem Vogelgott Garuda. Besonders auffällig ist auch die verstärkte Verwendung sehr alter symbolischer Darstellungen, vor allem der weiblichen Brust, die die Ursprungsgöttin der Cham, Uruja (das Cham-Wort für die weibliche Brust), repräsentiert. Zum Ende des 14. Jahrhunderts deutet sich der Niedergang der Cham-Kunst an.

Yang Mum

Am Ende des 14. Jahrhunderts waren die Cham von den Viet in Randgebiete verdrängt worden. In der Nähe von Kon Tum im zentralen Hochland wurden Skulpturen mit einem ganz eigenen Stil entdeckt (Raum 6). Die dargestellten Menschen haben ihre Beine untergeschlagen und durch die Kleidung verdeckt. Dadurch entsteht eine Dreieckform, die vorher in der Cham-Kunst unbekannt war. Man vermutet starken Khmer-Einfluss aus der Periode nach der Errichtung des Bayon in Angkor, als sich auch die Khmer-Kunst schon im Niedergang befand.

i Da Nang

Vorwahl: +84/511.

Da Nang International Airport (DAD), 2 km westlich des Zentrums, www.danangairportonline.com. Der Flughafen wird von einigen Linien der Region angeflogen und hat direkte Verbindungen nach Singapur, Seoul und in verschiedene chinesische Städte. Vietnam Airlines bietet täglich mehrere Flüge nach Hanoi und Saigon sowie einzelne zu anderen inländischen Destinationen.

Furama Resort (***), 68 Vo Nguyen Giap, Bac My An Beach, Tel. 3847888, Fax 3847666, www.furamavietnam.com. 198 Zimmer und Suiten in vierstöckigen, bis zur Höhe der Palmwipfel reichenden Häusern, die sich entlang des Sandstrandes und um eine künstliche Lagune aufreihen. Mehrere Restaurants und Bars, zwei Pools sowie das Wassersport- und Spa-Angebot runden den Aufenthalt ab.

Pullman Danang Beach Resort (***), Vo Nguyen Giap, Bac My An Beach, Tel. 3958888, www.accorhotels.com/de/hotel-8838-pullman-danang-beach-resort/index.shtml. In zwei vierstöckigen Häusern und einigen Villen sind die 186 Zimmer und Suiten des direkt am China Beach gelegenen Resorts verteilt. Großer Pool, Restaurants und Bars.

Apsara, 222 Tran Phu, Da Nang, Tel. 3561409. Vom Cham-Museum hat man zu Fuß das Restaurant in fünf Minuten erreicht und erkennt schon im Hof, dass die Dekoration mit dem Thema der Cham-Kultur spielt. Die Speisekarte weist keine Überraschungen auf, bietet aber solide Kost.

► Karte S. 231

Danang Golf Club, Song Tra, Tel. 3958111, www.danangolfclub.com. Mit Greg Norman hat man einen der bekanntesten Golfer und Platzdesigner geholt, um den damals ersten Links-Platz Südostasiens zu erstellen: 7160 Yards, Par 72.

Montgomerie Links, Dien Ngoc, Tel. 3941942, www.montgomerielinks.com. Colin Montgomerie hat einen sehr grünen, küstennahen Kurs mit 7091 Yards und Par 72 geschaffen, auf dem das Spiel von der hohen Luftfeuchtigkeit, dem Salzgehalt der Luft und vor allem von den kräftigeren Winden beeinflusst wird.

Bang An

Dieses ungewöhnliche, weil achteckige Kalan aus dem 12. Jahrhundert soll Teil eines größeren Ensembles gewesen sein, von dem allerdings keine Spuren blieben. Der **Cham-Turm** ist etwa 21 Meter hoch und hat ein vier Meter hohes Eingangsvestibül mit zwei Fenstern. Die Eingangstür aus Holz fehlt, doch ihre Verankerung ist noch deutlich zu erkennen. Im Innern befand sich ein Lingam. Der Turm weist nur sehr wenige Verzierungen auf, lediglich die Übergänge zwischen Sockel, Körper und Dach sind mit dekorativen Bändern versehen. Vor dem Eingang stehen zwei Gajasinha-Figuren, mythische Verschnitte von Löwe und Elefant. An ihren Mähnen ist deutlich zu erkennen, dass sie aus verschiedenen Perioden stammen.

Insgesamt gibt dieses Kalan noch viele Rätsel auf: Außer ihm fand man nur noch 1903 in Chanh Lo einen achteckigen Turm, der allerdings vollständig zerstört war. Ob es tatsächlich ein Gebäudeensemble gab und woher die Statuen aus verschiedenen Jahrhunderten stammen, ist ebenfalls nicht geklärt. 1940 durchgeführte Restaurationsversuche eines französischen Ingenieurs waren offensichtlich nicht fachgerecht.

Der Turm befindet sich außerhalb des Dorfes **Dien Hong**, zwei Kilometer westlich der Nationalstraße 1 und ist auf einer Asphaltstraße von der Stadt Vinh Dien (25 Kilometer südlich von Da Nang, ein Kilometer nördlich der Einbiegung der Nebenstraße von Hoi An) zu erreichen.

Wächterfiguren der Cham im Museum von Da Nang

Kultur und Baukunst der Cham

Die Cham sind ein austro-asiatisches Volk und sprechen eine malaiisch-polynesische Sprache. Sie gehörten zu ihrer Blütezeit zu jener Perlenkette hinduistischer Kulturen, die sich von Indien Richtung Osten bis nach Indonesien spannte. Ihre Schrift baut auf dem Sanskrit auf und hat sich, wie die Sprache, bis heute kaum verändert.

Die Wirtschaft basierte auf hoch entwickelten Nassreiskulturen, Fischfang im Meer und der Ausbeutung der Bergwälder. Um Tropenhölzer, Sandelholz, Elfenbein, Horn und Gewürze zu verkaufen oder zu tauschen, standen die Cham in engem Kontakt mit Händlern aus Indien, Arabien, China und Japan. Im 11. Jahrhundert übernahmen sie von den Chinesen die Herstellung von glasierten Töpferwaren, mit denen sie ebenfalls Handel trieben.

Die bisher gefundenen Kulturdenkmäler der Cham hatten ausnahmslos religiöse Bezüge. Vor dem 7. Jahrhundert bestanden Tempel und Figuren offensichtlich aus Holz und wurden in späteren Kriegen zerstört. Es blieben Beschreibungen auf Steinstelen erhalten, aber keine Zeugnisse aus jener Zeit. Danach bauten die Cham ihre Tempel aus leicht gebrannten Ziegeln und versahen sie mit Verzierungen und Figuren aus Sandstein. Das verhältnismäßig kleine und von ständigen Auseinandersetzungen im Innern und mit seinen Nachbarn geplagte Volk hinterließ keine großen Tempelanlagen wie Angkor in Kambodscha, Pagan in Burma oder Borobudur auf Java, dafür aber sehr ansprechende und künstlerisch wertvolle Ensembles aus der Zeit vom 7. bis zum 17. Jahrhundert.

Die offizielle Religion des Königreiches war der Hinduismus, wobei aus der Dreieinigkeit von Brahma, dem Schöpfer, Vishnu, dem Bewahrer, und Shiva, dem Zerstörer und Wiedererbauer, vor allem letzterer verehrt wurde. Doch König Indravarman II., einer der bedeutendsten Cham-Könige, ließ 875 auch einen großen buddhistischen Tempel in Dong Duong errichten (von dem nur wenige Überreste zu sehen sind). Er hatte gute Beziehungen zu China, während sich unter seinem Nachfolger im 10. Jahrhundert die Beziehungen zu Java verbesserten. Ab dem 11. Jahrhundert zerbrach das Königreich zunehmend und zog sich, erzwungen durch die militärischen Angriffe der Khmer und der Vietnamesen, nach Süden zurück. Die dort lebenden Cham verbanden den hinduistischen Glauben mit dem Islam und der Verehrung lokaler und animistischer Götter, so dass mit der Religion auch die Kunst desintegrierte.

Die religiöse Architektur der Cham folgte weitgehend dem indischen Vorbild. Das zentrale Heiligtum wird in der Cham-Sprache Kalan genannt. Auf einem quadratischen Grundriss, in der indischen Tradition das Symbol des Himmels, erhebt sich ein dreistufiger Turm aus gebrannten Ziegeln. Bisher wurden Türme zwischen 3,80 und 35 Meter Höhe gefunden. Der Sockel ist oft mit umlaufenden Steinfriesen geschmückt und repräsentiert die Erde. Der fensterlose Körper des Turms ist meist schmaler als der Sockel und mit Halbsäulen und Schmuckbändern verziert. Er symbolisiert einen Altar. Der pyramidische Dachaufbau ist ebenfalls stark verziert und steht für den hinduistischen Weltenberg Meru, auf dem die Götter residieren. Als Eingang dient ein verziertes hohes Portal, das sich im Laufe der Zeit zu einem Vestibül ausweitete. Es weist meist nach Osten, in Richtung der aufgehenden Sonne, während Türme mit Eingang nach Westen, wohin die Toten gehen, als Heiligtum für verstorbene Könige interpretiert werden. Auf den anderen drei Seiten befinden sich Scheinportale.

In dem engen, dunklen Raum stand in der Mitte die aus Shiva-Tempeln bekannte Kombination aus Yoni und Lingam. Das Yoni ist eine auf einem Sockel waagerecht angebrachte quadratische oder runde Steinplatte mit einer rundum laufenden Rinne, die seitlich einen Ablauf hat. Sie diente in späteren Zeiten als Wasserablauf für die rituellen Waschungen des Lingam, denen nach Meinung vieler Experten früher Blutopfer vorausgegangen waren. Als empfangendes Element ist das Yoni Symbol des weiblichen Geschlechts. In seiner Mitte ragt der Lingam auf, ein zylindrischer und oben abgerundeter Stein, der schon von der Form her für das männliche Geschlecht steht, vor allem aber den Gott Shiva symbolisiert.

Zwischen Lingam und Wand blieb ein schmaler Gang, damit die Priester, die außer dem König als einzige Zugang zum Allerheiligsten hatten, bei Zeremonien den Lingam umrunden konnten. In einigen Cham-Türmen mit Vestibül fand man dort eine Figur von Shivas Reittier, dem Stier Nandi, mit Blickrichtung auf den Lingam. Das Heiligtum war durch eine Holztür verschlossen.

Die gesamte Tempelanlage war von einer Mauer mit je einem Tor im Osten und Westen umgeben. Vor dem Osttor lag – häufig, aber nicht immer, außerhalb der Mauer – das Mandapa, eine flache, großräumige Halle mit einem Ziegeldach und zahlreichen Fenstern, bei sehr großen Tempeln auch mit Säulenreihen. Hier unternahmen die Priester Reinigungsrituale, bevor sie in den Kalan schritten.

Südlich des Kalan befand sich ein rechteckiges, aus zwei Räumen bestehendes Gebäude mit einem Eingang in Richtung des Kalan. Es besaß im Osten und Westen jeweils ein Fenster und ein auffälliges, großes, wie ein Boot gewölbtes Dach. Dieses ›kose grha‹ genannte Gebäude, was meist mit Bibliothek übersetzt wird, diente der Aufbewahrung von Ritualgegenständen und Opfern. In vielen Anlagen, vor allem in My Son, standen innerhalb der Mauern noch kleinere Schreine, die den Göttern der Himmelsrichtungen geweiht waren. Es ist zudem anzunehmen, dass mit der Intensivierung der Ausgrabungen in der Zukunft noch weitere Urnengräber von Königen gefunden werden. Außerhalb der Mauern standen verschiedene Stelen und kleinere Türme.

Selbst die höchsten Tempeltürme bestehen aus leicht gebrannten, ohne Mörtel aufeinander geschichteten Ziegeln und dekorativen Elementen aus Sandstein. Dies führte bei Experten zu einem weiterhin ungelösten Streit, ob ein spezielles Klebemittel aus gestoßenen Muscheln und Ziegelstaub verwendet wurde, oder ob die Türme zuerst aufgeschichtet, dann mit Erde umgeben und als Gesamtbauwerk gebrannt wurden.

Cham-Heiligtum Po Nagar

Buddhafigur in der Höhle Dong Tang Chon

Marmorberge

Zwischen Da Nang und Hoi An ragen fünf einzeln stehende Hügel aus der sonst flachen Landschaft, die nach den fünf Elementen der chinesischen-vietnamesischen Kosmologie benannt sind: Holz (*moc*), Feuer (*hoa*), Erde (*tho*), Metall (*kim*) und Wasser (*thuy*). Schon die Cham bestückten einige der natürlichen Höhlen mit hinduistischen Götterfiguren, ihre vietnamesischen Nachfolger taten gleiches mit buddhistischen Figuren. Im Widerstandskrieg gegen die Amerikaner versteckten sich zahlreiche Guerillas in den Höhlen – in Sichtweite der urlaubenden GIs am China Beach. Als die Amerikaner dies herausfanden, bombardierten sie die Hügel.

Vor allem der Berg Thuy Son, an dessen Fuß der Ort **Non Nuoc** liegt, ist Pilger- und Ausflugzentrum.

Berg Thuy Son

▲ Karte S. 231

Auf einem befestigten Rundweg vom hinteren Eingang, der größtenteils aus steilen Steinstufen besteht, erreicht man Tempel und Höhlen und schließlich den Gipfel des knapp 100 Meter hohen Hügels.

Auf der ersten Ebene blickt ein etwa vier Meter hoher **Buddha** auf eine künstliche Nachbildung der Marmorberge. In der Haupthalle des daneben gelegenen **Chua Linh Ung** teilen sich Sakyamuni in der Mitte, Quan Am rechts und ein Höllenkönig den Altar. Außen bewachen den Eingang ein Himmelswächter rechts und ein Höllenwächter links, der seine Zunge beachtenswert weit herausstreckt. Der Weg führt links zwischen dem Tempel und einem Pavillon für eine große Quan Am aus Beton hindurch zur Höhle **Dong Tang Chon** hinter dem Tempel. An zwei ausdrucksvollen Wächterfiguren vorbei gelangt man zunächst in eine kleine Höhle mit einem sitzenden Buddha, der einen liegenden Buddha teilweise verdeckt. Links vom Tempel befindet sich eine weitere Höhle mit vier von Reliefs geschmückten Steinblöcken, die den Cham zugeschrieben werden.

Von dieser Ebene führt der Weg weitere Stufen hinauf. An mehreren Stellen gehen kurze Pfade zu Aussichtsstellen ab. Wenn man sich links hält, gelangt man zum Vorplatz des **Thap Linh Ung**, der lange Zeit verfallen war und aus Beton neu errichtet wurde. Auf sieben Stockwerken beherbergt der Turm 162 Buddhastatuen aus Stein. Einige Schritte weiter kommt der Aufzug von unten an, von dessen Ausgang man einen guten Blick in die Ebene hat.

Zurück Richtung Chua Linh Ung und dann links weiter die Treppen hinan wird ein Felsenkessel erreicht, von dem auf der linken Seite die Höhle **Van Thong** abgeht, in der sich eine Buddhastatue aus Beton befindet. Hinter ihr fällt ein wenig Licht durch einen Kamin in die Höhle.

Hat man den Kessel passiert, führt ein Weg nach rechts hoch zur Höhle **Hoa Nghiem**, in der eine Quan-Am-Statue auf die Besucher hinunterblickt. Vor ihr geht links ein dunkler Weg in die riesige

Aussicht vom Thuy Son

Huyen-Khong-Höhle. Durch mehrere Öffnungen fällt ein geheimnisvolles Licht in diesen kathedralenähnlichen Raum, das ein interessantes Schattenspiel an den von Stalaktiten besetzten Wänden inszeniert. Zwei zivile und zwei militärische Mandarine säumen den Eingang zur Höhle, in der sich mehrere buddhistische und daoistische Altäre befinden. Die Statuen mögen künstlerisch nicht sehr eindrucksvoll sein, doch sie passen zu der geheimnisvollen Stimmung, wenn sich das einfallende Licht im aufsteigenden Qualm der Räucherstäbchen bricht. Vom Hauptweg geht es nach links ab zum **Chua Tam Thai**, der für einen Besuch des Königs Minh Mang 1826 restauriert wurde. Auf der rechten Seite liegen die Wohnräume der Mönche und Nonnen, dahinter, über einen schmalen Pfad zu erreichen, mehrere Beerdigungsstupas. Ein Weg durch ein altes Tor führt noch einige Meter hinauf zu einem **Pavillon** auf der Spitze des Hügels, von dem man eine herrliche Rundumsicht auf die anderen Hügel, die Ebene und das nahe Meer hat.

Der Hauptweg durch das Kloster erreicht ein weiteres **Steintor**, an dem eine gut ausgebaute Treppe beginnt, über die man wieder hinunter gelangt. Sie endet einen guten Kilometer vom hinteren Aufgang entfernt.

Neuerdings kann man auch mit einem **Aufzug** (separates Ticket) auf die zweite Ebene etwas oberhalb des Chua Linh Ung fahren und so den steilsten Anstieg vermeiden. Da Buddhisten in ihrem Leben aber Verdienste erwerben müssen – auch durch beschwerliche Wege zu Tempeln –, wird dieser Weg nicht empfohlen.

Marmorberge

Vorwahl: +84/511.

Tien Hieu, 3, Dien Ngoc, Son Tra, Tel. 3967789, www.tienhieusculpture.com.vn. Großer Laden unweit der Marmorberge, in dem man vom kleinen Steintäfelchen bis zum lebensgroßen Löwen alles bekommen kann. Der Stein stammt aus dem Norden des Landes.

Xuat Anh, 28 Huyen Tran Cong Chua, Hoa Hai, Tel. 3968787, http://xuatanh.com.vn. In diesem Geschäft werden zahllose, zum Teil riesige Statuen verkauft, doch sind die hiesigen Steinmetze auch auf Nachahmung von Cham-Statuen aus rötlichem oder beigefarbenem Sandstein spezialisiert.

Hoi An

Die kleine Hafen- und Handelsstadt mit ihrem so chinesischen Gesicht liegt am nördlichen Ufer des Flusses Thu Bon, der seit mindestens 2000 Jahren die Lebensader der Region ist. Bei Ausgrabungen fand man nämlich auch in der Umgebung von Hoi An große Beerdigungsurnen der Sa-Huynh-Kultur (→ S. 54, 294) mit Grabbeigaben von Schmuck und Werkzeugen. Als die Cham im 4. Jahrhundert ihre Hauptstadt Tra Kieu (Sinhapura) und ihr Tempeltal My Son aufbauten, befand sich ihr Hafen Lam Ap Pho am Unterlauf des Thu Bon, vermutlich am nördlichen Ufer, weil nur dort bei Ausgrabungen Cham-Relikte gefunden wurden; die genaue Lage ist allerdings unbekannt. Mit dem Rückzug der Cham und der Verlegung der Hauptstadt nach Süden verlor auch der Hafen an Bedeutung, bis er im späten 16. Jahrhundert zu neuem Leben erwachte.

Unter europäischen Händlern war die Hafenstadt als Faifo bekannt. Alexandre de Rhodes, der bei der Vereinheitlichung der Umschrift sehr engagiert war, nannte den Ort auf seiner Karte ›Haifo‹, so dass die Vermutung naheliegt, dass der Name entweder von Hoai Pho (Hafen am Hoai, ein anderer Name für den Thu Bon) kommt oder von Hoi An Pho (Hafen Hoi An), was in chinesischen Quellen erscheint.

Lampengeschäft in Hoi An

Karte S. 280

Jedenfalls nahm der Hafen seinen Aufschwung mit dem indirekten Handel zwischen China und Japan, die sich Ende des 16. Jahrhunderts offiziell nach außen abgeschlossen hatten, aber inoffiziell die Vorteile eines Warenaustausches nutzen wollten. Der italienische Jesuit Christoforo Borri lebte von 1618 bis 1621 in Hoi An und beschrieb die Stadt in seinen Memoiren: »Diese Stadt wird Faifo genannt. Sie ist ziemlich groß, und ein Teil gehört den Chinesen, ein anderer den Japanern. Sie leben voneinander getrennt und haben jeweils ihren eigenen Gouverneur; die Chinesen leben nach den Gesetzen Chinas, die Japaner nach denen Japans.« Es gibt zahlreiche Belege für die Existenz des japanischen und chinesischen Viertels, wobei dies der bisher einzige bekannte Fall in der vietnamesischen Geschichte ist, dass Ausländer offensichtlich exterritoriale Gebiete bewohnten.

Nachdem 1636 der Außenhandel in Japan endgültig verboten worden war, zogen die meisten Japaner wieder in ihre Heimat. Im selben Jahr eröffnete die holländische Vereenigde Oostindische Compagnie (VOC), der 1562 gegründete, mit einem Monopol für den Asienhandel ausgestattete private Zusammenschluss mehrerer Handelsgesellschaften, einen Stützpunkt in Faifo, der bis 1741 bestand. Wenige Jahre nach dem Rückzug der Japaner übernahmen chinesische Händler praktisch die gesamte Stadt, als

Werft am Fluss Thu Bon

1644 in Peking die Ming-Dynastie von den mandschurischen Qing gestürzt wurde und zahllose Ming-Getreue nach Süden flohen, um sich als Händler durchzuschlagen. Im August 1695 besuchte ein chinesischer Reisender die Stadt, die er so beschrieb: »Hoi An ist ein großer Seehafen, ein Treffpunkt für Händler aus vielen Ländern. Die Hauptstraße verläuft parallel zum Ufer des Flusses und wird zu beiden Seiten von eng aneinander stehenden Häusern begrenzt, die von Leuten bewohnt werden, die aus Fujian kamen. Sie tragen die Kleidung der vergangenen Dynastie [Ming]. Meist kümmern sich die Frauen um die Angelegenheiten des Handels. Viele chinesische Bewohner haben lokale Frauen geheiratet, damit diese die Verhandlungen führen können. Die Straße endet an der japanischen Brücke, mit anderen Worten am Cam Pho. Am anderen Ufer, in Tra Nhieu, liegen ausländische Schiffe. Die Bevölkerungsdichte ist sehr hoch. Den ganzen Tag über kaufen und verkaufen die Leute Gemüse, Fisch, Früchte und Krustentiere.«

Doch in der zweiten Hälfte des 18. Jahrhunderts begann der Abstieg Hoi Ans. Die Flussmündung versandete immer mehr, während gleichzeitig der Hafen in Da Nang aufblühte. Bei der Tay-Son-Rebellion wurde Hoi An 1780 teilweise zerstört, danach aber noch einmal aufgebaut. 100 Jahre später hatten sich die Franzosen, die sich in Hoi An nie angesiedelt hatten, längst für Da Nang als Handelsstützpunkt entschieden, so dass es nur konsequent war, beim Bau der Eisenbahn 1930 die Kleinstadt abseits liegen zu lassen. Hoi An hatte seine frühere Bedeutung verloren, doch blieb es vermutlich gerade deshalb relativ intakt erhalten.

Die heutige Bebauung der Altstadt stammt weitgehend aus der zweiten Hälfte des 19. Jahrhunderts und folgt dem Stil südchinesischer Kleinstädte. Immer noch zieht sich der Ort entlang der Hauptstraße parallel zum Fluss hin. Die Häuser stehen dicht an dicht, allerdings ohne geradlinige Straßenfront. Sie wurden in den letzten Jahren ohne Rücksicht auf historische Bauvorlagen renoviert und umgebaut, um Läden, Cafés und Restaurants aufzunehmen. Und das, obwohl die Altstadt von Hoi An seit 1999 unter dem Schutz der UNESCO steht. Zum Besuch der Altstadt ist der Kauf einer Eintrittskarte erforderlich, die es an Kiosken an den Zufahrtsstraßen gibt. Damit kann man dann eine Versammlungshalle, ein Haus, ein Museum und die Japanische Brücke besichtigen.

Die Versammlungshallen

Wenn Chinesen auswandern, behalten sie trotzdem enge Verbindung zu ihrer heimatlichen Provinz oder Region. Treffpunkt der Menschen aus einer Gegend ist jeweils eine Versammlungshalle (Hoi quan), von denen in Hoi An insgesamt fünf entstanden. Sie bestehen im Kern aus einem Tempel, doch ist dieser, wie in China, nicht Ort feierlichen Schweigens, sondern Teil des täglichen Lebens, in dem auch Hochzeiten gefeiert und Bankette abgehalten werden. Der Aufbau aller Anlagen ist sehr ähnlich. Die Hauptgebäude und Altäre liegen auf einer Achse, wobei der direkte Blick vom Eingang auf die Götterfigur ganz am Ende durch eine Geistermauer oder ständig geschlossen gehaltene Tür versperrt wird. An der Straße befindet sich ein kleiner Vorhof, dahinter folgt eine Torhalle mit der Geistertür und Erinnerungstafeln, Inschriften oder plakativen großen Schriftzeichen an den Wänden, danach kommt ein Innenhof, meist mit einer Miniatursteinlandschaft, Bäumen und Pflanzen. Seitlich davon liegen die Versammlungshallen, Büros und anderen Geschäftsräume. Dann beginnt der Tempelbereich, der sich je nach Wohlstand in mehrere Vor- und Seitenhallen gliedern kann. Hier dominieren dicke, meist geschnitzte und rot-gold lackierte Säulen, feingliedrig geschnitzte Altäre, auf denen entweder Götterfiguren oder Ahnentafeln stehen. Wie in Südchina üblich, sind die ausgeprägten Firste der Gebäude mit Mosaiken oder Reliefs aus Porzellan- und Glasscherben geschmückt.

In einer chinesischen Versammlungshalle

Karte S. 280

Werkstätten und Wohnhäuser

Die für Hoi An und viele Städte in Südchina typischen Häuser bestehen eigentlich aus zwei Gebäuden, die durch einen Innenhof und einen überdachten Gang verbunden sind. Das zur Straße liegende Haus dient als Geschäftshaus oder Laden, in dem auch Besucher empfangen werden. Dann folgt der Innenhof, der Luft, Licht und Wasser spendet, und dahinter das Wohnhaus mit den Schlafzimmern, oft nur durch Decken oder Bretterwände zwischen den Säulen abgetrennt. Ganz hinten liegen Küche, Toilette und Brunnen. Der hintere Ausgang führt entweder zu einem schmalen Zugangsweg für Bedienstete und Lieferanten oder direkt zum Fluss. Die Häuser sind meist einstöckig oder besitzen auf einer Teilfläche aufgesetzte Speicher. Nur die reichsten Familien konnten sich ein zweistöckiges Haus leisten. Vor allem die Säulen tragen das schwere Ziegeldach, das von innen mit Holz verkleidet ist. Diese Dämmung hält das Haus im Sommer kühl, im Winter warm. Innere Trennwände tragen keine Last und können deshalb dünn und fein geschnitzt sein.

Innenhof eines alten Hauses in Hoi An

An der Hauptstraße Tran Phu

Im Osten der Hauptstraße Tran Phu steht die 1776 errichtete **Versammlungshalle der Chinesen aus Trieu Chau** (Hoi Quan Trieu Chau). Sie zeigt heute die ausdrucksvollsten Schnitzereien an Altären, Säulen und Wänden. Im Rankwerk von Reben erkennt man Insekten, Vögel und einiges Kriechgetier, an den Dachbalken Drachen und Phönixe. Auf zwei Seitenaltären befinden sich die Ahnentafeln.

Versammlungshalle der Chinesen aus Hainan

Nicht weit entfernt liegt die Versammlungshalle der Chinesen aus Hainan (Hoi Quan Hai Nan). Sie entstand 1892 und ist nach dem klassischen Muster aufgebaut. In ihr wird 108 Mitgliedern der Gemeinde gedacht, die während der Regierungszeit von Tu Duc als Piraten hingerichtet wurden. Sie sind in einem vergoldeten Holzrelief zu sehen, während auf dem Hauptaltar dahinter zahlreiche Ahnentafeln gesammelt wurden.

Mieu Quang Cong

An der nächsten Straßenecke liegt der 1653 gegründete Mieu Quang Cong. Den Tempel dominiert die übergroße Statue Ong Quang Congs, eines Generals aus dem 3. Jahrhundert, der von dem Militärmandarin Chua Xuong (links) und dem Zivilmandarin Quang Binh (rechts) eingerahmt wird. Der General wird in vielen Tempeln mit seinem roten Pferd dargestellt.

Museum der Stadt Hoi An

Hinter dem Tempel befand sich einst ein Quan-Am-Tempel, der jetzt Museum der Stadt Hoi An ist. Anhand alter Fotos und einiger interessanter Ausstellungsstücke

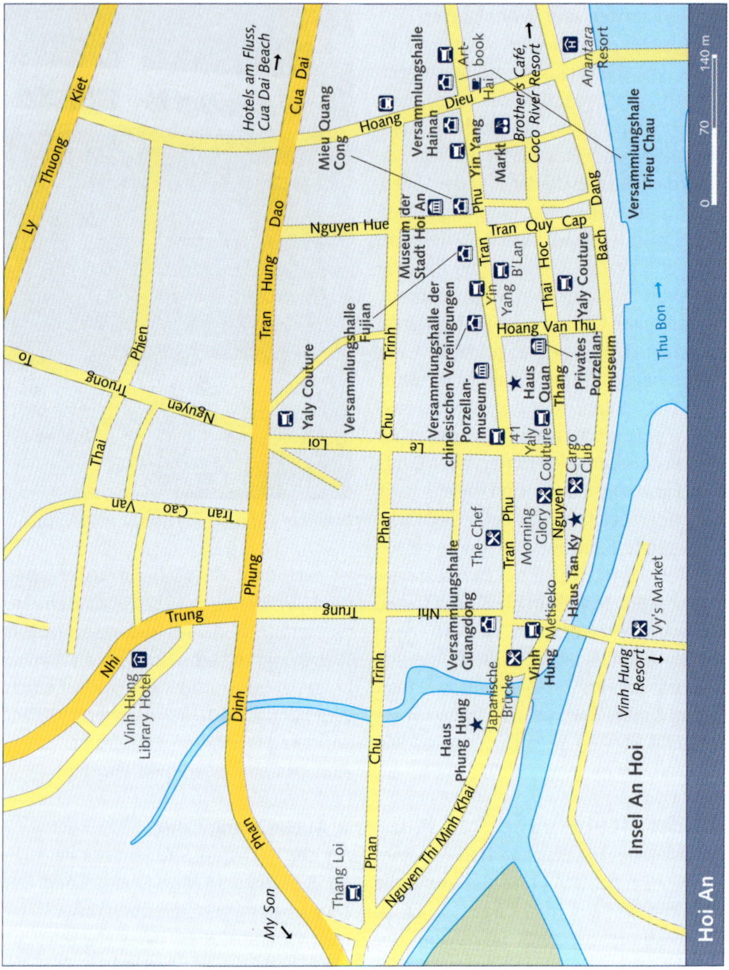

wird die Geschichte des Orts auch in einigen ungewöhnlichen Details dargestellt. Auf der anderen Straßenseite zieht sich eine große, 2010 in Betonbauweise neu errichtete Markthalle bis hinunter zum Fluss.

Versammlungshalle der Gemeinde aus Fujian

Hundert Meter weiter liegt die Versammlungshalle der Gemeinde aus Fujian, die größte und modernste Anlage. Der ursprünglich 1890 errichtete Tempel ist Thien Hau, der chinesischen Schutzgöttin der Fischer, geweiht. Auf anderen Altären werden ein vietnamesischer Arzt, der Gott des Reichtums und Frauengestalten der Fruchtbarkeit verehrt.

Versammlungshalle der chinesischen Vereinigungen

Das schön gearbeitete Torhaus in Nr. 64 ist der Eingang zur Versammlungshalle

In der Versammlungsstätte der Chinesen aus Guangdong

der chinesischen Vereinigungen, auch Chua Ba genannt. Sie entstand erstmals 1773 und wurde von den Volksgruppen aus Fujian, Kanton, Hainan, Chaozhou und der Hakka genutzt. Als die meisten Gruppen ihre eigenen Tempel hatten, verfiel die Anlage zunehmend und wurde zeitweise zur Werkstatt umgewidmet. Die Dekoration vermischt auf sehr ansprechende Weise chinesische und westliche Elemente, die vor allem aus Metallsäulen und schmiedeeisernen Gittern bestehen. Am Ende der Anlage liegt der Tempel, der Thien Hau geweiht ist. Er ist mit zahlreichen Schnitzereien versehen und goldverziert, rechts steht das Schiff, das die Meeresgöttin nach der Legende gerettet hat.

Porzellanmuseum

In dem sehr gut erhaltenen zweistöckigen Haus Tran Phu Nr. 80 zeigt ein großes Porzellanmuseum Gebrauchskeramik aus lokaler Produktion sowie chinesische und japanische Importe aus verschiedenen Jahrhunderten.

Gegenüber kann man das **Haus Nr. 77** (Quan Thang) besichtigen. Es gehört zu den am besten erhaltenen Privathäusern in Hoi An und weist sehr schöne Schnitzereien an den Wänden der Zimmer auf.

Versammlungsstätte der Chinesen aus der Provinz Guangdong

Die 1884 errichtete Anlage (176 Tran Phu) betritt man durch ein hohes Torhaus mit Geistertüren und einen Innenhof mit einem großen Drachen aus Kachelscherben in einem Wasserbecken. Ungewöhnlich ist die Verbindung von Granitsäulen und -stürzen mit Holzbalken. In der Haupthalle des Tempels wird wieder der General Quan Cong verehrt, rechts und links liegen Ahnentempel mit Ahnentafeln.

Japanische Brücke

Am Ende der Straße führt die überdachte Japanische Brücke über einen schmalen Nebenarm des Thu Bon. Die erste Brücke entstand hier Ende des 16. Jahrhunderts. Aus den an den Eingängen sitzenden Tierfiguren schließt man, dass die Brücke in einem Jahr des Affen begonnen, also zum Beispiel 1593, und zwei Jahre später im Jahr des Hundes fertiggestellt wurde. Hundert Jahre später tauchte diese Brücke in Verbindung mit einem Japaner in Dokumenten auf, aber erst 1719 benannte ein Nguyen-Fürst sie offiziell als

Die Japanische Brücke

Lai Vien Kieu (›Brücke der Freunde von weither‹, ein Begriff aus dem Lunyu des Konfuzius). Im Jahr 1763 wurde die Brükke vollständig neu gebaut. Vermutlich entstand dabei der kleine Tempel, der in der Mitte der Brücke angesetzt ist und meist einfach **Chua Cau** (Brückenpagode) genannt wird. Er soll einen Drachen beruhigen, der von den Japanern für Erdbeben verantwortlich gemacht wird.

Die Brücke ist drei Meter breit und 18 Meter lang. Sie besteht fast vollständig aus rot lackiertem Holz und hat in der Mitte einen Fahrweg und an beiden Seiten einen Gang für Fußgänger und Händler. Traditionell waren die meisten Brücken überdacht, auch wenn heute kaum noch welche erhalten sind. Bis ins letzte Jahrhundert boten sie bei Regen oder anderen plötzlichen Wetterunbilden Reisenden und Händlern Schutz.

Am Fluss Thu Bon

Hinter der Japanischen Brücke heißt die Hauptstraße Nguyen Thi Minh Khai. Nach 50 Metern liegt rechts das etwa 200 Jahre alte Haus **Phung Hung**, das zur Straße hin durch einen schmalen, aber schönen Balkon im ersten Stock auffällt. Im Inneren finden sich große Porträts der früheren Besitzer und über die Zeit gesammelte wertvolle Holzmöbel. In der Nachbarschaft haben zahlreiche Läden eröffnet, die Kunsthandwerk und Souvenirs verkaufen.

Geht man von der Japanischen Brücke hinunter zum Fluss Thu Bon, so erreicht man über eine neue, breite Brücke ein vollkommen neues Stadtviertel auf der Insel **An Hoi**, das fast vollständig aus historisierenden Häusern besteht. Am Ufer reihen sich zahlreiche Cafés und einfache Restaurants mit Blick auf die Altstadt auf, und auch hier gibt es jede Menge Lampen- und Andenkenläden, abends einen Straßenmarkt.

Zurück in der Altstadt lädt die Straße **Bach Dang** am Nordufer des Thu Bon zu einem weiteren Bummel ein. Ein weiteres historisches Haus befindet sich mit Nr. 101 in der Nguyen Thai Hoc. Es heißt Tan Ky (Pfandhaus), und gehörte einst einer reichen Kaufmannsfamilie. Es entstand im Jahr 1840 und weist schön

Fluss Thu Bon und Uferpromenade in Hoi An

▲ Karte S. 280

geschnitzte Decken und Wände auf. Auch die Möbel belegen einen gewissen Wohlstand.

Ein **privates Porzellanmuseum** mit einer über Generationen reichenden Familiensammlung öffnet seine Pforten in der Nr. 80 Nguyen Thai Hoc. Der jetzige Eigentümer war bis 1975 Arzt, bekam aufgrund der Verbindungen seiner Familie zum Königshof Schwierigkeiten mit den neuen Machthabern aus dem Norden und konnte erst in jüngster Zeit sein vollständig von Schränken mit wertvollem Porzellan ausgefülltes Wohnzimmer wieder für Interessierte öffnen.

Hoi An

Vorwahl: +84/510.

Stadtlage

Anantara Resort (***), 1 Pham Hong Thai, Tel. 3914555, Fax 3914515, www.hoi-an.anantara.com. Am Rande der Stadt und direkt am Fluss befinden sich die 94 Zimmer des weitläufigen Resorts in zwei- und dreistöckigen Häusern mit Fluss- oder Gartenblick. Ein Swimmingpool mit Bar, ein Café und ein luftiges Restaurant vervollständigen das Angebot.

Vinh Hung Resort (**), 111 Ngo Quyen, Tel. 3910577, www.vinhhungresort.com. Das Resort mit 82 Zimmern erreicht nicht den Standard der Strandresorts. Es liegt aber auf der neu bebauten Insel An Hoi am Fluss Thu Bon, so dass die Altstadt nur einen halben Kilometer entfernt ist. Das Personal ist freundlich und bemüht.

Vinh Hung Library Hotel (*), 96 Ba Trieu, Tel. 3916277, Fax 3916359, www.vinhhunglibraryhotel.com. Einfaches, sauberes Hotel mit Pool.

Zwischen Stadt und Strand

Coco River Resort (**), 999 Tran Nhan Tong, Cam Thanh, Tel. 3930777, www.cocoriverresort.com. In einem ausgedehnten Palmenhain unmittelbar am Fluss Thu Bon befindet sich dieses grüne Hotel mit 36 geräumigen und ansprechend gestalteten Zimmern. Das Hotel bietet auch Ausflüge zu den Sehenswürdigkeiten der Region und auf einem eigenen Boot an.

Hoi An Ancient House Village Resort (**), Tong Van Suong, Dorf Thanh Dong, Tel. 3933377, www.ancienthousevillage.com. Hier ist man wirklich auf dem Land, umgeben von Feldern und gelegentlich krähenden Hähnen. Die Gebäude, in denen sich die 48 gut ausgestatteten Zimmer befinden, gleichen Reihenhäusern im Dorf, ein Pool und ein Restaurant fehlen nicht.

Riverside (**), 175 Cua Dai, Tel. 3864800, Fax 3864900, www.hoianriverresort.com. Das kleinere Resort mit 63 eleganten westlichen und japanischen Zimmern liegt in ruhiger, grüner Umgebung direkt am Fluss Song Do. Entspannender Pool, gutes Restaurant.

Trails (**), 276 Cua Dai, Tel. 3923999, Fax 3923888, www.hoiantrailsresort.com.vn. Das Resort mit 82 Zimmern bietet in grüner Umgebung in der Nähe des Flusses auch Zimmer im vietnamesischen und japanischen Stil in zwei- oder dreistöckigen Häusern. Großer Pool.

Strandlage

Golden Sand (***), Thanh Nien, Cua Dai Beach, Tel. 3927550, Fax 3927565, http://goldensandhoian.com. 195 geräumige, moderne Zimmer in mehreren Häusern und Villen, breites kulinarisches Angebot, Sportmöglichkeiten, Spa, beeindruckende Lobby.

Palm Garden (***), Lac Lon Quan, Cua Dai Beach, Tel. 3927927, Fax 3927928, www.palmgardenresort.com.vn. 160 elegante Zimmer und Bungalows in einer fünf Hektar großen Gartenanlage an einem breiten Strand. Ausgedehnter Pool und Spa.

Victoria Hoi An Beach Resort (***), Cua Dai Beach, Tel. 3927040, Fax 3927041, http://victoriahotels.asia. Im vorderen Teil wirkt das Hotel Victoria wie ein vietnamesisches Dorf, in Richtung Strand löst sich alles in Bungalows in grüner Umgebung auf. Es gibt einen großen Pool und viele Ausflugsangebote.

In Hoi An ist man stolz auf drei relativ einfache Gerichte, die als Spezialität des Ortes gelten, weil bestimmte Zutaten nur hier erhältlich sind: **Hoanh Thanh** stammt ursprünglich aus China: Man nimmt einen sehr dünn ausgewalzten Weizenfladen, belegt ihn mit Schweinefleisch, Tomaten, Möhren, Zwiebeln und Ananas, rollt alles zusammen, tunkt die Rolle in Sauce und beißt davon ab.

An Rosenblüten erinnert **Banh Vac**, das aus Reispapier besteht, auf das Shrimps und geröstete Zwiebeln kommen. Der dazugehörigen Fischsauce wird mit Essig, Zucker und Knoblauch eine neue Geschmacksrichtung verpasst.

Am bekanntesten sind **Cao Lau**, eine Nudelart, die mit Sojasprossen, Gemüse, Zwiebeln und würzigem Schweinefleisch dargeboten wird. Als Besonderheit wird das Reisnudelmehl mit der Asche eines bestimmten Baumes, der auf der Cham-Insel bei Hoi An wächst, und dem etwas süßlich schmeckenden Wasser aus einem bestimmten Brunnen in Hoi An versetzt.

Brother's Café, 27 Phan Boi Chau, Tel. 3914150. In einem schönen alten Haus und dem dazugehörigen grünen Garten, der bis hinunter zum Fluss führt, speist man hervorragende moderne vietnamesische Küche, allerdings zu gehobenen Preisen. Der richtige Ort für ein romantisches Dinner bei Kerzenlicht.

Cargo Club, 107 Nguyen Thai Hoc, Tel. 3911227. In dem ganz zum Restaurant umgebauten historischen Haus gibt es west-östliche Fusion-Küche. Vom Balkon hat man einen schönen Blick auf den Fluss. Sehr empfehlenswert sind auch die Leckereien der Patisserie.

Morning Glory, 106 Nguyen Thai Hoc, Tel. 2241555. Die Speisekarte des in einem luftigen alten Haus untergebrachten Restaurants ist nicht sehr lang, die Qualität des Essens aber ausgezeichnet. Für abends empfiehlt sich eine Tischreservierung.

The Chef, 166 Tran Phu, Tel. 3911225. Von der Dachterrasse genießt man neben der frischen Brise einen schönen Blick über die umliegenden Dächer. Neben bekannten vietnamesischen und westlichen Gerichten gibt es auch lokale Spezialitäten. Man wirbt mit belgischem Bier!

Vinh Hung, 147 B Tran Phu, Tel. 3862203. In dem einfachen Restaurant nahe der Japanischen Brücke werden vor allem die Spezialitäten Hoi Ans serviert.

Vy's Market, 3 Nguyen Hong, An Hoi, Tel. 33926926, www.msvy-tastevietnam.com. Frau Vy hat wieder einmal den Trend gesetzt: Ihr neuestes Restaurant sieht aus wie ein Marktplatz, der von niedrigen Dorfkaten umgeben ist, in denen die Gerichte der verschiedenen Geschmacksrichtungen zubereitet werden. Die Speisekarte ist ein in einen dicken Holzrahmen eingeschraubtes Tablet, doch man bestellt ganz traditionell bei einer Kellnerin mit Papier und Kuli. Auf schlichten Bänken und an langen Tischen genießt man das wohlschmeckende Essen.

Kochkurse

Ms Vy Cooking Class, in Vy's Market (s.o.), http://msvy-tastevietnam.com/cooking-classes. Unterschiedliche Kurse, teilweise mit Ausflügen zum Markt, die auch einige Spezialitäten Hoi Ans umfassen. Eigene Zubereitung und Mittagessen.

Red Bridge, 111 Tran Phu, Tel. 3933222, www.visithoian.com/redbridge. Anmeldung und Abholung im Hai-Café.Die Kochschule liegt außerhalb der Stadt idyllisch am Fluss. Am Morgen werden die Schüler im Hai Café abgeholt und per Boot zum markanten roten Boots-

▶ Karte S. 280

anleger gebracht. Umgeben von grüner Natur lernt man mehrere Gerichte und nimmt ein Mittagessen zu sich.

41, 41 Le Loi, Tel. 3862164. Auf zwei Stockwerken wird Besuchern gezeigt, wie traditionelles Kunsthandwerk hergestellt wird. Im oberen Stockwerk gibt es ein breites Stoffangebot für in wenigen Tagen hergestellte Maßkleidung.
Artbook, 166 Tran Phu, Tel. 3910225, www.artbook.com.vn. Bücher über Vietnam, Fotos, Plakate, auch aus vergangenen revolutionären Zeiten, sowie Souvenirs aller Art in einem großen Laden.
B'Lan, 23 Tran Phu, Tel. 3861866, www.blansilk.com.vn. Der Laden unweit des Marktes schneidert nach Maß.
Metiseko, 142 Tran Phu, Tel. 3929278, www.metiseko.com. Sehr elegante Damenmode mit ökologischem Anspruch und japanischem Design.
Thang Loi, 92 Phan Chu Trinh, Tel. 3864610, www.thangloi-hoian.com. Großer Laden, hier wird vorgeführt, wie Kunsthandwerk und Kleidung entstehen.
Yaly Couture, 47 Tran Phu, Tel. 2212474. Schneider für Damen- und Herrenmode.
Yin Yang, 60 Tran Phu, Tel. 3911449. Die Kunstgalerie ist spezialisiert auf Gemälde und Nachbildungen von Cham-Statuen.

Ausflüge von Hoi An

Von der Nationalstraße 1 zweigt eine Straße nach Tra Kieu ab, der einstigen Hauptstadt Sinhapura der Cham. Von dort geht es weiter nach My Son, in das Tempeltal der Cham.

Tra Kieu

Bei Tra Kieu lag mit Sinhapura, der ›Löwenzitadelle‹, vom 4. bis zum 8. Jahrhundert die Hauptstadt des Cham-Reiches. Ausgrabungen 1927/28 förderten einige Skulpturen zutage, die sich im Cham-Museum in Da Nang befinden, und in den 1980er Jahren wurden zahlreiche kleine Goldobjekte gefunden, die den Reichtum von Sinhapura erahnen ließen. Heute ist davon nichts mehr zu sehen, außer einigen Erdwällen, über die man von der Kirche auf dem Hügel **Buu Chau** oberhalb des Ortes einen guten Überblick hat.

My Son

Gut 20 Kilometer von Tra Kieu entfernt liegt im Schatten des 750 Meter hohen Berges **Rang Meo** (›Katzenzahn‹) ein von weiteren Bergen, die 120 bis 350 Meter Höhe erreichen, umgebener, fast runder Talkessel von ungefähr zwei Kilometern Durchmesser. Quellen und Bäche sammeln in diesem Tal ihr Wasser im Oberlauf des Flusses Thu Bon, der hier Khe The genannt wird. In diesem von den natürlichen Bedingungen geschützten Tal errichteten die Cham-Könige ab dem 4. Jahrhundert ihr religiöses Zentrum. 31 Steinstelen aus dem 5. bis 14. Jahrhundert berichten von der Geschichte des Tals. Danach war der erste Baumeister König Bhadravarman I., der diese Region eroberte. Später baute jeder König in diesem Tal einen Tempel und kam regelmäßig hierher, um den Göttern seine Verehrung zu zeigen. Über zehn Jahrhunderte war My Son die wichtigste religiöse Stätte der Cham, bis sie diese Region – offiziell als Hochzeitsgeschenk für eine vietnamesische Prinzessin, die der Cham-König heiraten wollte, was aber nicht ganz freiwillig geschah – an die nach Süden vorrückenden Viet abtreten mussten.
Die frühen Bauten bestanden aus Holz und wurden nach ihrer Zerstörung im

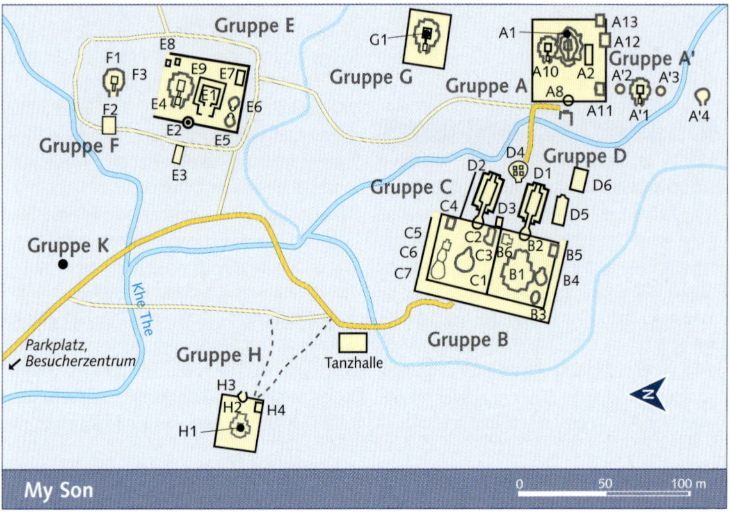

7. Jahrhundert durch Ziegelsteintürme ersetzt. Bis ins 13. Jahrhundert wurden in diesem Tal neue Tempel gebaut und die bereits bestehenden erweitert und restauriert. Schon die Kriege der Cham mit ihren Nachbarn richteten Zerstörungen an, und auch der Zahn der Zeit nagte an den Bauwerken. Doch als der französische Archäologe Henri Parmentier sie zwischen 1901 und 1909 registrierte und beschrieb, waren noch 70 Bauten in gutem Zustand erhalten. Von 1937 bis 1940 wurden Restaurierungsarbeiten durchgeführt. Als sich in den 1960er Jahren Kämpfer der FNL in den Tempeln versteckten, weil sie sich in diesen Kulturschätzen sicher fühlten, erklärten die Amerikaner das Tal zur freien Feuerzone und bombardierten die Tempel, vor allem im Jahr 1969. Nur durch Intervention französischer Wissenschaftler direkt beim amerikanischen Präsidenten konnte eine vollständige Vernichtung aller Bauwerke verhindert werden. Dennoch sind heute nur noch weniger als 20 Bauten zumindest in den Grundmauern erhalten. Seit 1980 finden wieder Restaurierungen statt. Nicht alle entsprechen dem heutigen Stand der Wissenschaft: So wurde zum Beispiel vielfach im Mauerwerk Mörtel verwendet, obwohl die Bauwerke ursprünglich ohne Mörtel aus Ziegeln aufeinander geschichtet waren.

Im Jahr 1988 fanden die Restaurateure zwischen den Mauern zwischen B6 und C3 einen Sarg aus Sandstein, der Keramikscherben und Asche enthielt. Man geht davon aus, dass es sich um ein Königsgrab aus dem 10. Jahrhundert. handelt, auch wenn letzte Beweise fehlen. Es könnte aber zumindest möglich sein, dass, wie in anderen Kulturen, das Tal der Königstempel auch das Tal der Königsgräber ist. Vielleicht hält My Son noch viele Überraschungen bereit.

Am Ende der Zufahrtsstraße öffnet sich ein ausgedehnter Parkplatz mit dem **Besucherzentrum**, in dem sich eine Ausstellung über das Tempeltal mit Datierungslisten und Fotos, ein Souvenirladen und der Schalter für die Eintrittskarten befinden. Je nach Besucherandrang, Wegbeschaffenheit und Fahrzeuggröße kann man bis zur **Tanzhalle** im Gelände weiterfahren. Wenn man das Auto zurücklassen muss, stehen hin und her pendelnde Jeeps oder Kleinbusse bereit. In der Tanzhalle werden mehrfach am Tag Lieder und Tänze der Cham vorgeführt. Von hier sind es nur noch wenige hundert Meter bis zur Gruppe C (tgl. 6–17 Uhr, Eintritt 150 000 VND).

Gruppe B

Der Weg vom Besucherzentrum führt auf die Rückseite der Gruppen B und C. Um einen Eindruck von der geplanten Anordnung der Gebäude zu gewinnen, sollte man weitergehen bis zur Gruppe D. Diese Gruppe D ist eigentlich kein separates Gebäudeensemble, sondern D1 ist das Mandapa der Gruppe B, D2 das Mandapa der Gruppe C. Beide Gebäude wurden früh mit Mörtel wieder aufgebaut und mit einem provisorischen Dach versehen. In ihnen werden einzelne Figuren und Friese ausgestellt.

Die Gruppe B war der Haupttempel des Tals, in dessen Kalan Shiva als Bhadrashvara verehrt wurde. Der Tempel wurde mehrfach erweitert und umgebaut, wobei der Grundstein für die jetzige Struktur im späten 11. Jahrhundert gelegt wurde. Die Anordnung ist traditionell, die Eingänge richten sich nach Osten zur aufgehenden Sonne. Das außerhalb der Umfassungsmauer gelegene **Mandapa D1** hatte früher ein Holzdach und besitzt durch seine Fenster eine luftige Atmosphäre, unterstützt durch aus der Ziegelsteinmauer herausgemeißelte Figuren in den Nischen. Durch das **Tor B2** betritt man die ummauerte Anlage, auf deren Zentralachse das **Kalan B1** folgt, von dem nur die Grundmauern und das Lingam erhalten blieben. Dabei soll dieses Kalan das höchste jemals in My Son errichtete Bauwerk gewesen sein.

Die gut erhaltene **Bibliothek B5** mit ihrem von gemeißelten Blumen und Ranken gezierten Fries und dem gewölbtem Dach ist ein Meisterstück des 10. Jahrhunderts. In einem Giebelfeld auf der Westseite findet man gar die Darstellung zweier Elefanten unter einem Baum, die sich mit den Rüsseln berühren.

Bauwerk B6 auf der gegenüberliegenden Seite stellt ein sonst nicht vorgefundenes Gebäude dar, das als Wasserspeicher für die rituellen Waschungen diente. Es besaß eine ungewöhnliche Dachdekoration mit einer Vishnu-Figur unter einer 13-köpfigen Naga, der Schlangengöttin. Die ebenfalls noch innerhalb der Mauer angesiedelten Bauten B3 und B4 waren Skanda und Ganesh geweiht, den Kindern Shivas. Die kleinen **Schreine B7 bis B15**, die weitgehend zerstört sind, dienten der Verehrung weiterer hinduistischer Götter.

Gruppe C

Obwohl durch Mauern getrennt, steht die Gruppe C in enger Verbindung mit der Gruppe B, denn auch hier wurde Shiva, diesmal repräsentiert durch eine Statue, verehrt. Die Struktur beider Anlagen ist sehr ähnlich: Vorbei am Mandapa D2 gelangt man zum **Torturm C2** und zum **Kalan C1**, das aus dem 10.

Die Bibliothek B5 gehört zu den am besten erhaltenen Bauwerken im Tempeltal

Jahrhundert stammt. Es hat ungewöhnlicherweise keinen quadratischen Grundriss und besaß ein gewölbtes Dach, wie man es sonst eher auf Bibliotheken findet. Schon der nach Norden gerichtete Eingang belegt, dass **Gebäude C3** die diesem Ensemble zugehörige Bibliothek ist. Das gegenüberlegende Seitengebäude C4 diente vermutlich als Lagerkammer oder Küche für die Opfergaben. Die nördlich gelegenen **Kalane C5, C6** und **C7** sind ältere Bauwerke aus dem frühen 9. Jahrhundert.

Gruppe A

Die Gruppe A liegt auf der anderen Seite des Flusses. Direkt am Ufer befand sich das **Mandapa**, dahinter das **Torhaus A8** und innerhalb der Mauer das mit Eingängen nach Osten und Westen versehene **Kalan A1**. Es war 24 Meter hoch und soll nach Aussagen der französischen Restaurateure der schönste Ziegelbau Asiens gewesen sein – bis zum August 1969, als amerikanische Bomber ihn vollständig zerstörten. Heute hat man die losen Trümmer etwas geordnet und den inneren Bereich der Anlage freigeräumt. Doch außer Grundmauern und einigen mit Eisenklammern zusammengehaltenen Sandsteinkonstruktionen ist wenig zu sehen.

Gruppe G

Die Gruppe G steht auf einem Hügel zwischen den Gruppen A und E und bestand aus fünf Bauwerken. Das **Kalan G1** weist an der Basis interessante Ziegelschnitzereien und an den Eingängen Spitzbögen auf. Nach der Inschrift einer hier gefundenen Steinstele war der Komplex Shiva geweiht.

Gruppe E

Die Gruppe E gehörte zu den frühesten Bauten, ihr schon vor der Bombardierung verfallenes **Kalan E1** war ein Nachbau eines hölzernen Tempels, der durch seinen Altar aus dem 7. Jahrhundert und einen Fries mit einem liegenden Vishnu (beide im Cham-Museum) bekannt wurde. **E4** daneben entstand gleichzeitig mit B1. In dem kleinen **Tempel E5** fand man einen vierarmigen Ganesh, der sich jetzt ebenfalls im Cham-Museum befindet. In der Nähe der Bauwerke stehen eine Stele sowie weitere Figuren, deren genaue Zuordnung nicht klar ist.

Im Frühjahr 2015 wurden die Restaurationsarbeiten an der vollständig wieder erstandenen **Bibliothek E7** abgeschlossen. Italienische Experten haben neue Ziegel, die an ihrer hellen Farbe deutlich erkennbar sind, ohne Mörtel, sondern eingeschliffen aufeinandergesetzt, wie wohl auch die Cham gebaut haben. Die wiederverwendeten alten Ziegel sind an der dunklen Farbe und den abgebröselten Ecken leicht zu erkennen. So sollte Restaurierung funktionieren: nach besten Kenntnissen das wiederherstellen, was verlorenging, das Neue deutlich erkennbar. E7 ist damit die Bibliothek, die ihr Äußeres am besten präsentiert: Eingang, Fenster, das typische Dach in Form eines umgedrehten Bootes.

Gruppen F, H und K

Die heute von einem großen Wellblechdach geschützte **Gruppe F** direkt neben der Gruppe E bestand vor allem aus einem ziemlich großen, aber einfachen Kalan, das allerdings herausragende Schnitzereien aufwies und heute eher einem großen Steinhaufen gleicht. Erste Restaurierungsarbeiten haben begonnen.

Ebenfalls auf einem Hügel, diesmal hinter der Tanzhalle, steht die **Gruppe H** aus dem 12. Jahrhundert, die weitgehend zerstört ist. Zugänglich ist jetzt die **Gruppe K**, die weitgehend aus einem kleinen Turm aus dem 11. Jahrhundert besteht.

▶ Karte S. 286

My Son, Gruppe G1: Eine Monsterfratze wurde aus dem Sandstein herausgemeißelt

Stand im Norden die Kultur im Vordergrund, so dominiert im Süden die Erholung. Endlose Sandstrände an der Südostküste und auf der Insel Phu Quoc laden zu Wassersport und Sonnenbad ein, Bootsfahrten im Mekongdelta führen zu Obstplantagen und Fischfarmen. Auch Ho-Chi-Minh-Stadt mit seinen Stadtteilen Saigon und Cho Lon, die schnell wachsende und äußerst geschäftige Kapitale des Südens, weist ein großzügigeres Stadtbild und eine offenere Atmosphäre als die Rivalin im Norden auf.

Küste bei Qui Nhon

DER SÜDEN

Entlang der Küste nach Süden

Auf den fast 400 Kilometern Strecke zwischen Hoi An und Nha Trang sind die Sehenswürdigkeiten rar. Die Nationalstraße 1 ist zwar besser ausgebaut als früher, doch gleichzeitig hat der Verkehr zugenommen, so dass man kaum schneller vorankommt.
Landschaftlich ist die Strecke durchaus sehenswert, vor allem südlich von **Qui Nhon**: Die Straße verläuft meist nahe der Küste, an der es zahllose schöne Buchten gibt, mehrere kleine Pässe bis zu 250 Meter Höhe sind zu überwinden. Wer es also gemächlich angehen lassen will, sollte eine Übernachtung in Qui Nhon einplanen. Als Alternative kann man auch von Da Nang nach Nha Trang fliegen.

Cham-Turm Chien Dan

Etwa 45 Kilometer südlich von Hoi An befindet sich 200 Meter westlich der Straße die Turm-Gruppe Chien Dan, von der drei Kalan erhalten blieben, die aus dem 11. und 12. Jahrhundert stammen. Bei Restaurierungsarbeiten 1990 wurden die Sockel der Kalan freigelegt, auf denen zahllose Reliefs zu sehen sind. Es finden sich Darstellungen aus dem indischen Epos Ramayana, von Musikanten und Tänzerinnen und von Elefanten mit Lotosblumen in den Rüsseln.
Auf Reliefs wurden auch Garuda, der elefantenköpfige Ganesh, die Gans Hamsa, die Schlangengöttin Naga und das Wassermonster Makara, das Menschen aus seinem Maul spuckt, dargestellt. Teilweise werden die Reliefs in einem kleinen **Museum** vor Ort ausgestellt. Dieses ist meist verschlossen, aber durch die Gitter des flachen Baus kann man die meisten Stücke erkennen.

Cham-Türme Khuong My

Rund zehn Kilometer weiter südlich liegt ebenfalls westlich der N1 das Drei-Türme-Heiligtum Khuong My. Der Südturm mit über 20 Meter Höhe stammt aus dem frühen 10. Jahrhundert, die anderen Türme sind aus späterer Zeit und gehörten zu einer wesentlich größeren Anlage.
Die Türme sind weniger wegen ihres Baustils bekannt, der eine Übergangsphase zwischen Dong Duong und dem A1 aus My Son darstellt, als wegen ihrer ausgeprägten und variationsreichen plastischen Dekoration, die belegt, dass die

Die drei Kalan der Turmgruppe Chien Dan

Karte S. 293

Die Küste südlich von Hoi An

Cham bereits früh Meister in der Bearbeitung von Ziegelstein waren. Dies lässt sich an den stark verfallenen Kalan vor Ort beobachten, während die Sandsteineinsätze im Cham-Museum von Da Nang zu sehen sind.

My Lai

Das kleine Dorf My Lai, 13 Kilometer östlich der Provinzhauptstadt Quang Ngai, wurde durch ein Massaker von US-Soldaten an Zivilisten am 16. März 1968 zum Inbegriff des Vietnamkrieges. Nach einer Luftattacke durch Hubschrauber schwärmte die Kompanie C unter dem Befehl des Leutnants William Calley zu einer Search-and-destroy-Aktion aus. Bei einem solchen Vorgehen wurde auf alles und jeden geschossen, der den Soldaten verdächtig erschien, an diesem Tag gerieten sie jedoch in einen wahren Blutrausch und töteten 504 Zivilisten in wenigen Stunden.

Solche Aktionen waren völlig ›normal‹ für die Vorgehensweise der US-Armee – am selben Tag fand noch ein ähnliches Massaker in einem Nachbardorf statt –, bekannt wurde My Lai vor allem, weil (erst ein Jahr später) ein Fotograf Bilder der Grauenstat veröffentlichte, und wegen der skandalösen Behandlung des Massenmordes durch die amerikanische Justiz. Allein Leutnant Calley wurde verurteilt, allerdings wurde seine Strafe in mehreren Stufen gemindert (unter anderem durch rechtswidrige Einmischung von US-Präsident Richard Nixon), und nach dreieinhalb Jahren war Calley wieder auf freiem Fuß. Keiner seiner Vorgesetzten wurde je belangt, nie wurde diese Art der Kriegsführung von offizieller Seite untersucht oder verurteilt.

My Lai ist bis heute ein stilles Dorf geblieben. An die Bluttat erinnern jetzt eine **Gedenkstätte** in typischer grauenvoller Parteiästhetik, eine Art **Museum** (täglich 7–17 Uhr), in dem Szenen des Massakers nachgestellt sind, sowie die Grundrisse einiger Häuser mit Tafeln, auf denen die Namen der dort umgekommenen Dorfbewohner zu lesen sind.

Sa Huynh

Etwa 60 Kilometer südlich von Quang Ngai liegt eine sandige Halbinsel mit einem Fischereihafen. Sie gab der historischen Sa-Huynh-Kultur (→ S. 54) den Namen, denn in dieser Region fand man

Neu arrangierte Häuserreste erinnern an das Massaker der US-Truppen

▲ Karte S. 293

ausgedehnte Gräberfelder mit dünnwandigen tönernen Beerdigungsurnen von etwa 80 Zentimeter Höhe. Die Urnen enthielten außer menschlichen Gebeinen auch geometrisch verzierte Vasen, Eisenwerkzeuge, Schmuck und Bronzegefäße. Vor Ort ist davon nichts mehr zu sehen, sondern einige Urnen befinden sich in den historischen Museen von Hanoi (→ S. 176) und Saigon (→ S. 342).

Sa Huynh

Sa Huynh Resort (**), Kilometer 985, Nationalstraße 1A, Tel. +84/55/3860311, www.sahuynhresort.com.vn. Direkt an einem schmalen, fünf Kilometer langen, manchmal etwas windigen Strand liegt dieses 3-Sterne-Resort, das man als Alternative nehmen kann, wenn einem bis Qui Nhon die Zeit ausgegangen ist.

Cham-Turm Thoc Loc

Rund 30 Kilometer nördlich von Qui Nhon steht auf einer Anhöhe, einen Kilometer östlich der Straße, der Turm Thoc Loc (Khmer-Turm), den die Franzosen Vang Thap (Goldturm) nannten. Der Turm weist große Ähnlichkeiten mit dem Turm Canh Tien auf, da er zur selben Zeit entstand, ist aber höher und breiter und mit weniger Sandsteindekorationen versehen. Obwohl er stark verfallen ist, kann man die fünf Pilaster je Seite noch erkennen.

Cham-Turm Canh Tien

Etwa im Jahr 1000 verlegte der Cham-König unter dem militärischen Druck der Viet seine Hauptstadt 300 Kilometer nach Süden in diese Region und nannte sie Vijaya.

1471 wurde Vijaya in Gefechten stark beschädigt und aufgegeben. Nur Grundmauern aus Lateritsteinen, die teilweise im 18. Jahrhundert wieder aufgebaut worden waren, fanden die französischen Archäologen, aber auch zahlreiche Skulpturen, die sich im Cham-Museum von Da Nang befinden.

Der Turm Canh Tien (Kupferturm) erhob sich in der Mitte von Vijaya auf einem kleinen Hügel und stammt aus dem 13. Jahrhundert. Das stark strukturierte dreistöckige Dach mit seinen ausladenden Ecktürmen ragt imposant auf. Nach Osten war ein nicht mehr vorhandenes Vestibül vorgelagert.

Leider wurden in den 1960er Jahren dekorative Elemente des Turms aus Sandstein unfachgemäß durch Betonteile ersetzt.

Cham-Turm Banh It

In der Nähe der Kreuzung der Nationalstraßen 1 und 19 (die nach Osten zum Meer, nach Westen nach Plei Ku im Zentralen Hochland führt) steht der Turm Banh It (Reiskuchen), der auch The Bac (Silberturm) genannt wird, aus dem frühen 11. Jahrhundert. Er war die erste größere Tempelanlage nach der Verlegung der Hauptstadt nach Süden und die erste, die, wie später üblich, auf einem Hügel errichtet wurde. Auch heute hat man von hier einen schönen Blick über die Landschaft.

Nur vier der einst zahlreicheren Bauwerke, die von einer Ziegelmauer umgeben waren, blieben erhalten. Das **Kalan** steht wie üblich im Zentrum, südlich davon eine Bibliothek, östlich ein Torturm, vor dem sich tiefer liegend (ähnlich wie bei Po Nagar in Nha Trang) ein Mandapa befand.

Ebenfalls tiefer gelegen steht im Südwesten ein **Stelenturm** mit vier Öffnungen – soweit man heute beurteilen kann, der einzige erhaltene überhaupt. Die Dekorationen des Kalan sind kaum noch erkennbar, und das Vestibül wurde in den 1960er Jahren mit Zement restauriert.

Die **Bibliothek** ist in zwei Räume unterteilt, hat einen Eingang im Norden,

Fenster nach Osten und Westen und ein bootsförmig gewölbtes Dach. Auf den Wänden sind noch feine Schnitzereien zu erkennen. Der **Torturm** mit seinem zweistöckigen Dach ist ungewöhnlich hoch, durch glatte Pilaster und zwei Scheintüren geschmückt. Auch der Stelenturm beeindruckt durch seine Höhe und die hohen Zugänge. Das Dach hat drei niedrige Stockwerke, die mit Pilastern und kleinen Türmen versehen sind.

Bei Qui Nhon: An einer privaten Brücke kassiert der Erbauer eine Maut

Qui Nhon

Die Hauptstadt der Provinz Binh Dinh liegt zehn Kilometer östlich der Nationalstraße. Wirtschaftlich lebt die Stadt von der Zucht von Meeresfrüchten – vor allem Hummer und Shrimps werden in großen Käfigen gezüchtet – sowie vom Export von Holz und Granit über den wachsenden Hafen. Auch die Landwirtschaft lohnt sich, denn jedes Jahr können drei Reisernten eingefahren werden. Sehenswürdigkeiten gibt es kaum: Die Gegend rund um den **Markt** (Cho Lon) ist am lebhaftesten. Am **Chua Long Khan** ragt eine 17 Meter hohe Buddhastatue aus einem Lilienteich. Die Pagode wurde im frühen 18. Jahrhundert gegründet, wegen Kriegsbeschädigungen aber mehrfach erneuert und wirkt heute bunt und ›modern‹. Eine große Trommel und zwei nicht minder große Glocken werden hier aufbewahrt.

Am Rande der Stadt gibt es schöne **Strände**, an denen verschiedene Hotels auf die meist einheimischen Besucher warten.

Qui Nhon

Avani Resort (***), Ghenh Rang, Bai Dai Beach, Tel. +84/56/3840132, Fax 056/3840138, www.avanihotels.com/quynhon. Mit Hügeln im Rücken liegen zwei dreistöckige Häuser mit insgesamt 63 großzügig bemessenen Zimmern und Suiten direkt am Strand. Die Dekoration des Resorts weist Anklänge an die Cham-Kultur auf. Im Restaurant kann man je nach Wetterlage drinnen oder draußen sitzen.

Nha Trang

▲ Karte S. 293/297

Die Hauptstadt der Provinz Khanh Hoa schmiegt sich in einer fünf Kilometer langen Bucht ans Meer. Für Besucher ist die von Palmen bestandene Promenade mit einem frei zugänglichen sauberen **Sandstrand** die interessanteste Attraktion. In der weiten Bucht befinden sich mehrere Inseln unterschiedlicher Größe, auf denen es vielfach Resorts fernab der Stadt gibt. Die Uferstraße **Tran Phu** wurde in den letzten Jahren mit zahllosen Hotels bestückt, von denen viele leider nicht sehr attraktiv wirken. Im Norden stehen die teureren Herbergen, im Süden die einfachen. Für die rund 1,1 Mio. Einwohner liegt das geschäftige Herz ihrer Stadt im Nord-

Amiana-Resort
Cham-Heiligtum Po Nagar
2 Thang
Thap Ba
Van Dong
Cai
Cai
2 Thang 4
Nguyen Binh Khem
Lac Canh
Dam-Markt
Martinez
Pasteur
Sunrise
Yersin-Museum
Vietnam Airlines
Chua Long Son
Phuong Sai
Tran Quy Cap
Thong Nhat
Quang
N1
Thai Nguyen
Yersin
Long Thanh Art
Yersin
Thai Nguyen
Trung
Le Hong Pong
Trai
Tran Hung Dao
Le Than Ton
Ngoc Suong
Rainbow Divers
Duong Quy Hoach
Nguyen
Ngo Gia Tu
Nguyen
Hung Vuong
Nguyen Thi Minh Khai
Novotel
Asia Paradise
Thien
Biet Thu
Truc Linh
Sailing Club
Lanterns
Thuat
Lang Toi
Mecca
Lemongrass
Yen's
Ana Mandara
Duong Quy Hoach
Le Hong Pong
Yen Sao
Tran Phu
Flughafen (geschlossen)
Tran Phu
Südchinesisches Meer
Le Hong Pong
Duong 18
Hong Dieu
Louisiane Brewhouse
Da Tuong
Duong 6
Hoang Dieu
Bao Dai's Villas, Hafen Cau Da, Diamond-Bay-Resort, Flughafen
Truong Son
Phuoc Long
Le Hong Pong
Nha Trang
0 500 1000 m

osten, beim **Dam-Markt** und den Geschäftsstraßen der **Altstadt** zwischen Tran Quy Cap und Yersinstraße.

Cham-Heiligtum Po Nagar

Direkt nördlich des Flusses Cai, der durch den natürlichen Fischerhafen im Norden Nha Trangs ins Meer strömt, erhebt sich auf einem Hügel an der alten Nationalstraße 1 das Cham-Heiligtum Po Nagar. Auf diesem Hügel soll es bereits ab dem 2. Jahrhundert Tempel gegeben haben, und die Cham des Reiches Kauthara verehrten hier ihre Muttergöttin Yang Ino Po Nagar, die mit der Indisierung mit Bhagavati, der Gattin Shivas, verschmolzen wurde. Die Tempel waren wie üblich aus Holz, wurden mehrfach zerstört und wieder aufgebaut. 774 vernichteten Krieger aus Java die Anlage, die zehn Jahre darauf aus Ziegelsteinen neu errichtet, doch später ein weiteres Mal zerstört wurde. Die heute noch sichtbaren Bauten stammen aus dem 9. bis 13. Jahrhundert. Auf dem engen Plateau des Hügels standen einst zehn Bauwerke, nur noch vier sind erhalten. **Cham-Turm Po Nagar**; tägl. 8–17 Uhr, Eintritt 22 000 VND.

■ Mandapa

Das älteste Gebäude ist das am Fuß des Hügels gelegene Mandapa, eine Säulenhalle ohne die sonst üblichen seitlichen Wände, deren 24 achteckige gemauerte Ziegelsäulen ein bootförmiges Dach trugen. Die Säulen wurden durch neue Ziegel ergänzt und lassen die Struktur des Gebäudes wieder erkennen. Hinter ihm führte eine äußerst steile, aus Ziegeln gemauerte Treppe den Hügel hinauf, die ebenfalls neu erstellt wurde.

■ Nordturm

In ihrer Achse ragt der als Nordturm bezeichnete wichtigste und größte Kalan aus dem 11. Jahrhundert auf. Mit 22,80 Metern ist er einer der höchsten Cham-Türme überhaupt. Seinen quadratischen Korpus schmücken Doppelpilaster und Arkaden mit Lotosblättern. Auf drei Seiten befinden sich sehr schmale, hohe Scheintüren mit zwei voreinander gesetzten, in Speerform spitz zulaufenden Dächern. Das dreistöckige Tempeldach ist stark gegliedert. Auf allen Ebenen ragen an den Ecken kleine, das Dach nachbildende Aufsätze auf, zudem gibt es weniger spitz zulaufende Scheintüren mit Nischen an allen vier Seiten. Eine ganze Reihe von Zierfiguren aus Sandstein treten aus dem Körper und Dach des Turms, der mehrfach restauriert wurde, wobei auch Betonelemente und neue dekorative Elemente eingebaut wurden. Das kurze **Vestibül** im Osten ist gut erhalten und zeigt an seinen quadratischen Steinsäulen Inschriften aus dem 11. bis 13. Jahrhundert über Opfergaben an die Göttin. Ein Relief über dem Türsturz zeigt einen vierarmigen tanzenden **Shiva** auf seinem Reittier Nandi, der von zwei Musikanten flankiert wird. Im Innern sind zwei **Türen** aus sehr hartem Eisenholz zu sehen, die einzigen erhaltenen Originale aus Cham-Heiligtümern in Vietnam. Der **Hauptaltar** besteht aus einem Yoni, aus dem ein Lotosthron erwächst, auf dem die als Bhagavati dargestellte Göttin sitzt. Zwei ihrer zehn Hände ruhen auf den Schenkeln, die übrigen halten je eines ihrer Symbole. So genau ist die Figur aber in der Regel nicht zu sehen, denn sie ist von prachtvollen Gewändern und zahllosen Ketten bedeckt, die dreimal im Jahr in einer großen Zeremonie gewechselt werden. Zwei weitere Po-Nagar-Statuen stehen im rechten Winkel seitlich vom Hauptaltar.

■ Nordwestturm

Die anderen Türme stehen in Größe und Ausschmückung hinter dem Nordturm

▲ Karte S. 297

Po-Nagar-Statue auf dem Hauptaltar

Der Südturm von Po Nagar

zurück. Der Nordwestturm aus dem späten 10. Jahrhundert war Ganesh, dem Gott der Weisheit, gewidmet und erhebt sich auf einem quadratischen Grundriss von nur 5,5 Metern. Im nicht mit Scheintüren versehenen Turmkörper sind Tierdarstellungen zu erkennen, im Norden ein Löwe, im Süden Garuda und im Westen ein Mensch auf dem Kopf eines Elefanten, vielleicht ein Bild des Gottes Indra. Das bootförmig gewölbte Dach ist mit seltenen Ziegelschnitzereien von gerollten Blättern verziert.

Mittlerer Turm

Der mittlere Turm wurde im 12. Jahrhundert aus Ziegeln zerstörter Türme erbaut. Sein Körper ist in wesentlich kleinerem Format dem Nordturm nachempfunden. Das einstufige Dach strebt ohne weitere Verzierung spitz zulaufend nach oben. Die drei Scheintüren wirken gedrungener und ihre speerförmigen Dächer weniger elegant. Das Vestibül ist unverhältnismäßig lang, sein Türsturz, auf dem auf der rechten Seite eine Inschrift zu sehen ist, strebt an den Enden nach oben, was ein Boot darstellen soll, und die seitlichen Sandsteinsäulen tragen Lotosdekorationen.

▲ Karte S. 297

Südturm

Auch der noch kleinere Südturm mit 4,5 Metern Seitenlänge geht auf das 12. Jahrhundert zurück. Er besteht vollständig aus Ziegeln, ohne Dekoration aus Sandstein. Sein kurzes Vestibül nach Osten hat keine Säulen mehr, auch das Türbild über dem Sturz, für den eine Steinplatte verwendet wurde, fehlt. Den Turm krönt ein bootförmiges Dach, wie es sonst bei Bibliotheken zu finden ist. Er ist dem Kriegsgott Skanda geweiht, innen befindet sich allerdings ein kleines Ensemble aus Yoni und Lingam.
Hinter den Türmen ist in einem neuen Gebäude eine kleine **Ausstellung** mit historischen und neuen Fotos sowie einigen ausgebauten dekorativen Elementen zu sehen. Am 23. Tag des 3. Mondmonats wird das Tempelfest für die Urmutter der Cham abgehalten.

Hon-Chong-Felsen

Etwa 500 Meter nördlich von Po Nagar gibt es einige große Felsen am nördlichen Ende des langen Strandes. Auf einem dieser Felsen ist eine ein Meter große handähnliche Eindellung zu erkennen, um die sich Legenden ranken. Eine Kurzfassung geht so: Ein Riese beobachtete vom Himmel eine Fee, die nackt am Strand badete. Zur Strafe fiel er aus dem Himmel auf die Erde. Die beiden verliebten sich sofort ineinander, doch da dies den Göttern nicht gefiel, verbannten sie den Riesen. Lange Zeit wartete die Fee vergebens auf den Geliebten, bis sie sich schließlich niederlegte und zu Stein verwandelte, den in der Hügelkette hinter dem Strand schwer auszumachenden

Feenberg. Schließlich kam der Riese geläutert zurück, sah, dass seine Freundin zu Stein erstarrt war, und verbeugte sich vor ihr. Dabei hinterließ er den Abdruck seiner Hand in dem Felsen.

Dieser Strandabschnitt wurde mit Wegen, Aussichtsterrassen und einem Café bestückt, von dem aus man einen schönen Blick aufs Meer genießen kann, so dass er jetzt eingezäunt und nur gegen Eintritt zu betreten ist.

Chua Long Son

Die Pagode im Norden der Stadt wurde im 19. Jahrhundert gegründet, nach Beschädigungen durch einen Taifun in den 1920er Jahren mehrfach umgebaut und mit Mosaiken aus Porzellan- und Flaschenscherben dekoriert. Die große Halle erfuhr in den 1990er Jahren eine grundlegende Renovierung; sie zeigt vorne eine Quan Am, hinten zwei Buddhas hintereinander, der letzte von ihnen ist ein wertvolles Stück aus sehr altem Holz. Rechts hinter der Haupthalle beginnt eine Treppe, die auf den hinter der Pagode aufragenden Hügel führt, auf dem oben ein großer, gleißend weiß gestrichener **Buddha** auf einem Lotosthron sitzt. Er wurde 1963 nach dem Sturz des bei Buddhisten verhassten südvietnamesischen Präsidenten Diem als Zeichen der Dankbarkeit erbaut. Von hier hat man eine schöne Aussicht über die Stadt und auf das Meer.

Chua Long Son; tägl. 6 bis 11.30 und 13.30 bis 19 Uhr.

Yersin-Museum

In mehreren großen Gebäuden an der Uferstraße befindet sich das 1895 von Alexandre Yersin (1863–1943) gegründete Pasteur-Institut. Der in der Schweiz als Sohn französischer Eltern geborene Arzt und Schüler Pasteurs entwickelte mehrere Impfstoffe und reformierte in den 50 Jahren, die er bis zu seinem Tod in Nha Trang verbrachte, das vietnamesische Gesundheitswesen. Zudem soll er die Kautschukpflanze eingeführt und den Urlaubsort Da Lat in den Bergen entdeckt haben. Von allen Franzosen wird Yersin bis heute in Vietnam am höchsten geschätzt. In einem Museum auf dem Gelände wird sein Leben und Wirken ausführlich dargestellt.

Der Chua Long Son

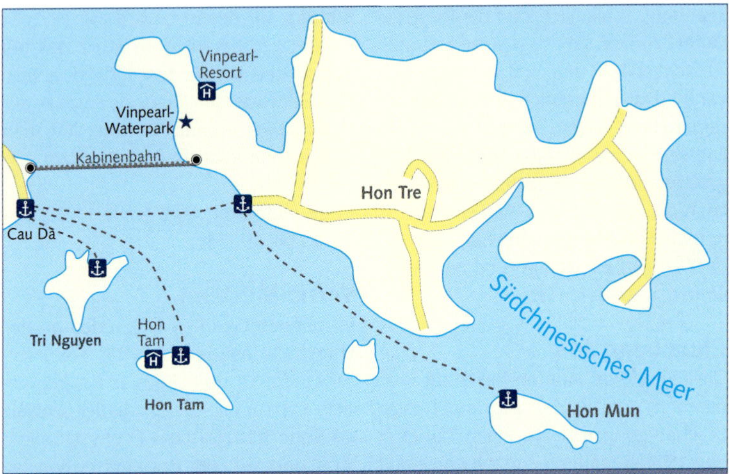

Die Inseln vor Nha Trang

Yersin-Museum, 10 Tran Phu; Di–Sa 7.30–11.30, 14–17 Uhr, Eintritt 26 000 VND.

Ozeanographisches Institut

Das 1923 gegründete Institut am südlichen Hafen war einst vor allem ein Forschungsinstitut für Meeresbewohner, die es in unüberschaubarer Anzahl als präparierte, ausgestopfte oder in Alkohol konservierte Sammlungsstücke auf endlosen Regalen aufreihte. Heute ist daraus ein modernes Aquarium geworden, das seinen zahlreichen Besuchern Fische und andere Unterwasserspezies verschiedenster geographischer Herkunft in Becken und großen Glasaquarien zeigt.
Ozeanographisches Institut, am südlichen Hafen Cau Da; tägl. 6–18 Uhr, Eintritt 30 000 VND.

Inseln in der Bucht

Vom geschäftigen südlichen Hafen **Cau Da** aus fahren zahlreiche Ausflugsboote zu den in der Bucht verstreuten Inseln. Das große Eiland **Hon Yen** (Schwalbeninsel) ist vor allem durch die Schwalbennester berühmt, die dort zweimal im Jahr ›geerntet‹ werden. Nachdem die Jungen ausgeflogen sind, steigen wagemutige junge Männer in die Felsen und brechen die größtenteils aus Speichel bestehenden Nester ab, die in den asiatischen Metropolen als potenzfördernde Delikatesse gelten und hohe Preise erzielen.
Die Insel **Hon Tre** (Bambusinsel) liegt weiter im Süden und näher vor der Küste. Sie hat attraktive Strände und gilt mit der vorgelagerten Insel **Hon Mun** (Elfenbeininsel) als gutes Schnorchelgebiet. Den größten Teil der Insel hat die Firma ›Vinpearl‹ an sich gerissen und dort ein großes Resort und einen gigantischen Freizeitpark mit Achterbahnen, Wasserlandschaft, Aquarien, einem Einkaufszentrum und einer großen Event-Arena in die einst schöne Landschaft gesetzt. Mit der längsten über ein Meer führenden Kabinenbahn (3213 Meter, 15 Min.) oder mit Schnellbooten gelangen Besucher auf die Insel (www.vinpearlland.com).
Auf der Insel **Tri Nguyen**, direkt vor dem Hafen, werden Fische und Krustentiere gezüchtet.

Ausflugsboote im südlichen Hafen von Nha Trang

Nha Trang

Vorwahl: +84/58.

Nha Trang liegt etwa 350 km nordöstlich von Saigon, wenige Kilometer abseits der Nationalstraße 1.

Vinpearl-Seilbahn; Erwachsene 600 000 VND (ca. 25 €), Kinder unter 1,40 Meter 500 000 VND, Rentner 480 000 VND. Im Sommer bis zu zwei Stunden Wartezeit.

Flughafen Nha Trang (CXR), 35 km südlich der Stadt auf dem Gelände einer ehemaligen Militärbasis in Cam Ranh. Über eine neue, gewundene Straße direkt an der Küste entlang, die spektakuläre Ausblicke auf das Meer und die Inseln vor der Küste bietet, wird die Distanz zwischen Flughafen und Stadt in ca. 45 Min. überwunden. Flüge nach Hanoi, Ho-Chi-Minh-Stadt, Da Nang und Hai Phong.

Amiana (***), Pham Van Dong, Turtle Bay, Tel. 7305555, Fax 7306666, www.amiana.com.vn. Eine Bucht nördlich von Nha Trang liegt dieses ausgedehnte neue Strandresort mit 113 Zimmern. Nachteil: Die Bucht ist felsig, so dass ein kleiner künstlicher Strand aufgeschüttet wurde, der auch den Pool umgibt; doch auch vom Rasen blickt man direkt aufs Meer. Vorteil: Ruhe ohne Jetskis und anderes Lärmgerät.

Ana Mandara (***), Tran Phu, Tel. 3524705, Fax 3524704, www.sixsenses.com. Das einzige Hotel in Nha Trang, das direkt am Strand liegt. In einer weitläufigen grünen Anlage verteilen sich 74 Zimmer in Bungalows verschiedener Kategorien, dazu der Spa-Bereich, zwei Restaurants und zwei Pools. Die sehr angenehme Atmosphäre wird nicht zuletzt durch das freundliche Personal hergestellt.

Bao Dai's Villas (**), Cau Da, Tel. 3590147/8, Fax 3590146, www.baodaivillas.com.vn. 45 meist große, aber einfach eingerichtete Zimmer befinden sich in den fünf Villen, die der letzte vietnamesische König Bao Dai 1920 auf einer Landzunge im Süden Nha Trangs als Ferienhäuser erbauen ließ. Die weitläufige grüne Anlage unweit des Hafens bietet vielfältige Blicke aufs Meer, zwei

Restaurants und einen kleinen, leider nicht sehr sauberen Strand, ist aber eine erfrischende Alternative zu den Hotelklötzen in der Stadt.

Diamond Bay (**), Song Lo, Tel. 3711711, Fax 3711666, www.diamondbayresort.vn. Südlich der Stadt liegt das riesige, 342 Zimmer, Suiten und Bungalows umfassende Resort. Gleißend weiße Strände und der nach eigener Aussage größte Pool Vietnams locken Entspannung suchende Besucher. Wassersport, Volleyball und Fußball sowie Spa-Behandlungen werden angeboten; zum Resort gehört zudem ein 18-Loch-Golfplatz.

Hon Tam (**), auf der Insel Hon Tam, Tel. 3597777, Fax 3597799, www.hontamresort.vn. Auf der grünen Insel Hon Tam (Seidenraupeninsel) liegt dieses Resort mit 49 Bungalows, Pool und Golf-Driving-Range. Kostenloses Schnellboot zum Pier im Süden von Nha Trang. Besonderer Gag ist eine an einem Ballon befestigte Aussichtsplattform, die auf 150 Meter Höhe aufsteigt und einen schönen Blick über die Bucht und die Hügelkette hinter dem Ufer gewährt.

Novotel (**), 50 Tran Phu, Tel. 6256900, Fax 6256901, www.novotel.com. Großes Standardhotel mit 154 Zimmern mit Meerblick an der Uferpromenade.

Sunrise (**), 12 Tran Phu, Tel. 3820999, Fax 3822866, www.sunrisehotelvietnam.com. Fast alle der 120 Zimmer in dem etwas von der Straße zurückgesetzten Hotel haben einen Balkon mit Meerblick. Der Vorbau an der Straße ist niedrig, unten befindet sich das Restaurant, darüber der große Pool.

Asia Paradise (*), 6 Biet Thu, Tel. 3524686, www.asiaparadisehotel.com. Standardhotel zwei Blocks vom Strand entfernt.

Lac Canh, 44 Nguyen Binh Khiem, Tel. 3606277. Wer einmal den Unterschied zwischen einem touristisch und einem einheimisch ausgerichteten Restaurant erleben will, ist hier richtig. Umgebung und Einrichtung sind schlicht, auf zwei Etagen (oben ist es luftiger) versammelt man sich um die Tischgrills, um auf diesen Fleisch und anderes zu garen. Die Stimmung ist vor allem abends recht ausgelassen.

Lanterns, 72 Nguyen Thien Thuat, Tel. 2471674. Kleines Restaurant mit nett präsentierten vietnamesischen Speisen.

Mecca Lemongrass, 22 Tran Quang Khai, Tel. 3525269, www.meccanhatrang.com. Westliche und vietnamesische Küche guter Qualität drinnen und draußen in einem Hof. Angenehme Atmosphäre.

Ngoc Suong, 40 Tran Phu, Tel. 3525677, www.ngocsuong.com.vn. Ein luftiger, maritimer Ziegelbau im südlichen Bereich der Uferstraße, serviert wird eine breite Auswahl an Fisch und Meeresfrüchten.

Truc Linh, 18 Biet Thu, Tel. 3521089. Großes Restaurant auf drei Stockwerken, spezialisiert auf Fisch und Meeresfrüchte, abends manchmal mit moderner Musik und Tanz.

Yen's, 3/3 Tran Quang Khai, Tel. 012/19556861. Freundliches Restaurant etwas abseits vom touristischen Trubel. Gutes vegetarisches Angebot.

Yen Sao, 30B Nguyen Thien Thuat, Tel. 3528787, www.yensaokhanhhoa.com.vn. Großes Restaurant am Rande der Touristengegend mit Spezialisierung auf Schwalbennester, aber auch mit ›normaler‹ Speisekarte.

Da der gesamte Strand von Nha Trang öffentlich ist und die Hotels sich auf der anderen Seite der Uferpromenade befinden, haben sich zwei jedermann zugängliche Clubs direkt auf dem Strand angesiedelt, in denen man sich stundenlang an der Bar, im Restaurant, auf der Terrasse oder in Liegestühlen im Sand aufhalten kann. Natürlich rechnen die Besitzer damit, dass man Speis und Trank konsumiert, die etwas teurer sind als in der Stadt, aber man wird nicht bedrängt.

Louisiane Brewhouse, 29 Tran Phu,

▶ Karte S. 297

Tel. 3521948, www.louisianebrewhouse.com.vn.

Sailing Club, 72 Tran Phu, Tel. 3524628, www.sailingclubvietnam.com.

Lang Toi, 4L Quan Tran, Hung Vuong. Lackwaren, Stoffe und Ledertaschen bilden den Schwerpunkt dieses Ladens.

Long Thanh Art, 126 Hoang Van Thu, Tel. 3824875, www.longthanhart.com. Der Fotograf Long Thanh ist durch seine ruhigen Schwarzweiß-Porträts und gelungenen Schnappschüsse bekannt geworden: phantastische Szenen von Kindern im Regen oder auf Wasserbüffeln, Alltagsszenen und Menschenportaits. In seinem Atelier verkauft er Abzüge und plaudert mit interessierten Fotografen (tägl. 8–17 Uhr).

Angel Dive, 1/27 Tran Quang Khai, Tel. 3522461, www.angeldivevietnam.info. Neuere Tauchschule mit Ausbildungs- und Ausflugsangebot.

Rainbow Divers, 90A Hung Vuong, Tel. 012/8596788, www.divevietnam.com. Seit mehr als 15 Jahren existierende Tauchschule mit PADI-Lizenz; weitere Station auf Whale Island.

Sailing Club Divers, 72 Tran Phu, Tel. 3522788, www.divenhatrang.com. Breites Angebot von Lehrgängen und Ausflügen für Anfänger und erfahrene Taucher; PADI-Lizenz.

Küste nördlich von Nha Trang

Von Nha Trang nach Süden

Die Strecke von Nha Trang nach Saigon lässt sich in einem Tag bewältigen, schöner ist es aber, einen Zwischenstopp in **Phan Thiet/Mui Ne** einzulegen. Auf dem Weg in Richtung Saigon sind mehrere Tempelanlagen der Cham-Kultur zu besichtigen, auch zahlreiche Dörfer, in denen hauptsächlich Cham leben, liegen an der Strecke.

Wer genug Strand gesehen hat, nimmt den Umweg über das Hochland und sieht sich die von den Franzosen geschaffene Sommerfrische in **Da Lat** an. Dabei besteht die Wahl zwischen einer Straße, die direkt von Nha Trang nach Westen in die Berge führt, weniger befahren, damit schneller, und landschaftlich attraktiv ist. Allerdings verpasst man die Cham-Türme **Hoa Lai** und **Po Klaung Garai.** Diese befinden sich auf dem Weg von Nha Trang über die N1 nach Phan Rang, wo die N27 in die Berge und damit nach Da Lat abzweigt.

Cham-Turm Hoa Lai

Rund 14 Kilometer vor Phan Rang steht direkt neben der Straße der Turm Hoa Lai, einer der ältesten Steinbauten der Cham aus dem 8. Jahrhundert. Die Anlage bestand aus drei Kalan, die auf einer Fläche von 200 mal 150 Metern von einer Ziegelmauer umgeben waren. Es gab auch einmal ein Mandapa, einen Torturm und weitere Schreine, die jedoch zerstört wurden. Das **mittlere Kalan**, das nach Fotos und Beschreibungen französischer Archäologen das älteste, größte und schönste war, ist durch Kriegseinwirkungen zusammengestürzt. Der **Südturm** wirkt hingegen niedrig und schwer. Der restaurierte **Nordturm** ist ein Meisterwerk der Schnitzkunst von Khmer und Cham. Die Pilaster des Turmkörpers sowie die Scheineingänge sind mit diffizilen geometrischen Symbolen geschmückt. Es finden sich Darstellungen des Vogelgottes Garuda und eines Gottes, der auf einem Tiger reitet. Das dreistöckige Dach ist nicht so gut erhalten, lässt aber noch die eng anliegenden Verzierungen erahnen, die dem Dach, ganz im Gegensatz zur späten Phase wie in Po Klaung Garai, mehr die Form des hinduistischen Weltenberges Meru geben.

▲ Karte S. 307

Cham-Turm Po Klaung Garai

Das bedeutendste Cham-Heiligtum der Region befindet sich am westlichen Stadtrand von Phan Rang. Die Entstehungszeit des Turms ist nicht genau geklärt, eine Stilanalyse sagt aber, dass er aus der Spätphase der Cham-Kultur stammt, also aus dem 13. oder 14. Jahrhundert (Foto → S. 76).

Hier kann man den vollkommen klassischen Aufbau einer relativ gut erhaltenen Cham-Tempelanlage beobachten. Das Heiligtum liegt weithin sichtbar auf einem Hügel, der früher vollständig von einer Ziegelmauer umgeben war. An seinem Fuß befand sich ein Torgebäude, von dem aus ein befestigter Weg den Hügel hinan führte. Über diesen Weg gelangte man durch einen weiteren Torbau oben zu einem kleinen Mandapa ganz im Osten der Anlage, von wo eine aus Ziegeln gemauerte Passage zum Kalan führt, das sich nach Osten öffnet. Südlich des Mandapa steht abseits der Hauptachse eine Bibliothek.

Den Körper des **Kalan** schmücken rechteckige Pilaster und drei Scheineingänge, die jeweils vom Relief eines Gottes gekrönt sind, der mit untergeschlagenen Beinen und gekreuzten Armen dasitzt und dessen Antlitz einem Cham gleicht. Das dreistöckige Dach ist stark gegliedert, wozu vor allem die aufragenden

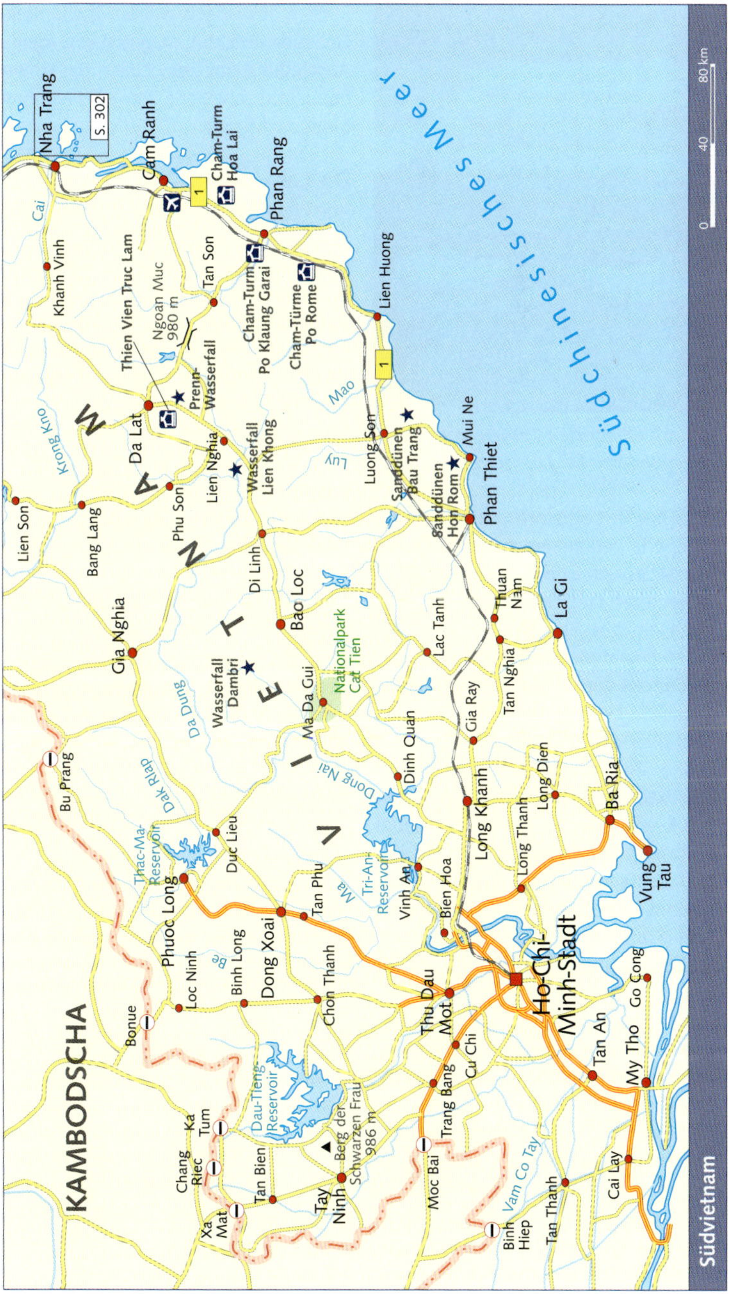
Südvietnam
Südchinesisches Meer
KAMBODSCHA
VIETNAM
Nha Trang
S. 302
Cam Ranh
Cham-Turm Hoa Lai
Phan Rang
Cai
Khanh Vinh
Thien Vien Truc Lam
Ngoan Muc 980 m
Tan Son
Cham-Turm Po Klaung Garai
Cham-Türme Po Rome
Lien Huong
Prenn-Wasserfall
Da Lat
Krong Kno
Mao
Lien Nghia
Wasserfall Lien Khong
Luong Son
Sanddünen Bau Trang
Mui Ne
Luy
Phu Son
Lien Son
Bang Lang
Di Linh
Sanddünen Hon Rom
Phan Thiet
Bao Loc
Thuan Nam
La Gi
Gia Nghia
Nationalpark Cat Tien
Lac Tanh
Wasserfall Dambri
Da Dung
Ma Da Gui
Gia Ray
Tan Nghia
Bu Prang
Dak Rlap
Dong Nai
Dinh Quan
Long Khanh
Long Dien
Thac-Ma-Reservoir
Duc Lieu
Ba Ria
Phuoc Long
Tan Phu
Ma
Tri-An-Reservoir
Vinh An
Bien Hoa
Long Thanh
Vung Tau
Loc Ninh
Be
Binh Long
Dong Xoai
Chon Thanh
Thu Dau Mot
Ho-Chi-Minh-Stadt
Go Cong
Bonue
Cu Chi
Tan An
My Tho
Dau-Tieng-Reservoir
Berg der Schwarzen Frau 986 m
Trang Bang
Ka Tum
Chang Riec
Tan Bien
Tay Ninh
Moc Bai
Vam Co Tay
Cai Lay
Xa Mat
Binh Hiep
Tan Thanh
1
0 40 80 km

Der Süden

Zahllose Obstsorten werden in der Umgebung von Da Lat angebaut

Ecktürme in Lotosform beitragen. An jeder Seite und auf jeder Ebene des Daches findet sich eine vorgesetzte Nische mit weiteren Götterdarstellungen.

Durch ein ausgeprägtes Vestibül, auf dessen Eingangssäulen Inschriften über das Opfern von Tieren und Sklaven informieren, gelangt man ins Innere. Ein Relief über dem Türsturz zeigt den tanzenden Shiva mit sechs Armen. Im Vestibül befindet sich auf dem Boden eine Plastik von Shivas Reittier Nandi, das ins Innere des Turmes blickt, auf das Mukha-Lingam, eine phallusartige Säule mit dem Gesicht Shivas, das dem eines Cham-Königs entsprechen soll.

Das **Torgebäude** ahmt den Stil des Kalan nach, hat aber ein zweistufiges Dach. Wenige Schritte entfernt steht das **Mandapa**, von dem nur die Grundmauern erhalten sind, die Säulen und Eingänge von allen vier Seiten erkennen lassen. Auf den Säulen saß ein Holzdach. Auch die **Bibliothek** ist sehr typisch; sie ist rechteckig und in zwei Räume geteilt, die beide große Fenster besitzen. Das Dach ist hoch aufgeschwungen und endet in Spitzen, die Büffelhörner darstellen.

▸ Karte S. 307/309

Südlich des Hügels wurden große neue Gebäude errichtet, in denen eine kleine **Ausstellung** über das Leben der Cham heute und zahlreiche Souvenirläden untergebracht sind.

Da Lat

Von Phan Rang führt die Nationalstraße 27 in das auf rund 1500 Metern Höhe gelegene Da Lat. Sie gehört zu den spektakulärsten Strecken des Landes, durchquert zunächst Kaffee- und Tabakplantagen und steigt später in weiten Serpentinen auf den 980 Meter hohen Pass **Ngoan Muc**. In der Umgebung von Da Lat gibt es unweit der Straße mehrere **Wasserfälle**, die man nach einem kleinen Spaziergang erreicht und die sich für ein Picknick anbieten. Von Da Lat aus kann man über die Nationalstraße 20 auch weiter nach Saigon fahren.

Der französisch-schweizerische Biologe und Arzt Dr. Alexandre Yersin ›entdeckte‹ Da Lat 1897 als guten Standort für eine Klinik, weil es ein ausgeglichenes und gemäßigtes Klima hat, vergleichbar mit dem in Europa. Der Ort selbst, am ›Fluss der Lat‹, so die wörtliche Übersetzung, entstand aber erst nach 1912, als sich Kolonialbeamte und einheimische Neureiche Urlaubsvillen bauen ließen, um der Hitze Saigons zu entfliehen. Der beliebteste Freizeitsport war damals die Großwildjagd. Auch der französische Generalgouverneur und die Könige aus Hue besaßen hier bald ihre Anwesen. Vom Krieg blieb Da Lat durch eine stille Übereinkunft aller Seiten weitgehend verschont. Nach 1954 ließen sich auch hier Katholiken aus dem Norden nieder, und nach 1975 wurden in einer sogenannten Neuen Ökonomischen Zone etwa 10 000 Menschen angesiedelt. Die zahlreichen Bergvölker, zu denen auch die namensgebenden Lat gehören, hatten bei der wirtschaftlichen Entwicklung wieder einmal das Nachsehen.

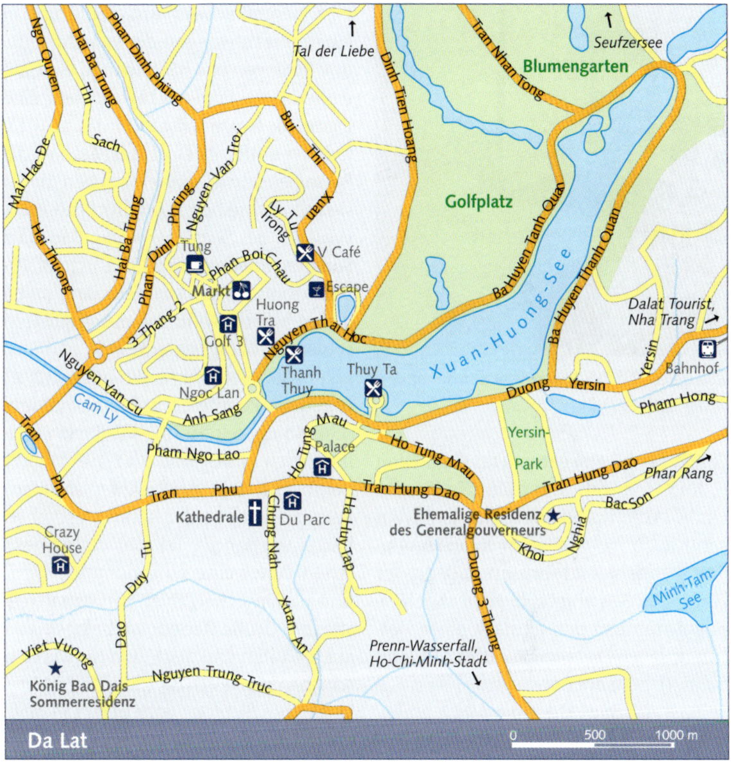

Mit seinem ›Klima des ewigen Frühlings‹ auf 1475 Metern Höhe lebt Da Lat vom Gemüse-, Obst- und Blumenanbau, was der Markt im Ortszentrum täglich belegt – sogar Erdbeeren gibt es dort zu kaufen. Und neuerdings wird auch in Vietnam Wein gekeltert. Zur Folge hat dies, dass große Teile der näheren Umgebung Da Lats unter gläsernen Treibhäusern oder ausgedehnten Plastikplanen verschwunden sind. Berühmt wurde das Blumendorf **Thai Phien**, in dem alle Bewohner jetzt Blumen für den einheimischen Markt und zunehmend auch für den Export anbauen. Das zweite ökonomische Standbein ist der Tourismus, vor allem der Einheimischen, denn Da Lat gilt als ideales Ziel für die Flitterwochen. Die zahlreichen Villen gehören heute meist staatlichen Institutionen, die sie ihren Angestellten zur Verfügung stellen. Sie liegen in einem weiten Gebiet verstreut, während der eigentliche Ortskern klein und die Randbebauung eher locker ist.

Zu besichtigen gibt es in Da Lat nicht sehr viel, man sollte die Stadt eher als entspannende Abwechslung auf den manchmal etwas anstrengenden Routen betrachten, etwas spazieren gehen oder vielleicht eine Fahrt im Pferdewagen durch die Umgebung unternehmen.

Rundgang

Rund um den **Markt** liegen Geschäfte, kleine Restaurants, Hotels und Pensionen sowie Cafés, in denen Besucher wie

Königliches Schlafzimmer in der Sommerresidenz Bao Dais

Einheimische einkehren. Das **Café Tung** (6 Khu Hoa Binh) war früher Treffpunkt von Künstlern und Intellektuellen. Man kann auch hinunter zum **Xuan-Huong-See** wandern und ihn umrunden. Der künstliche See entstand 1919 durch einen Dammbau und ist nach einer vietnamesischen Dichterin aus dem 19. Jahrhundert benannt.

Südlich des Sees steht die 1942 erbaute **Kathedrale** mit ihren bunten Glasfenstern neben dem historischen **Hotel du Parc** und nicht weit vom Palace Hotel. Über die Tran Hung Dao kommt man zur ehemaligen **Residenz des Generalgouverneurs**, die heute ebenfalls ein stilvolles Hotel mit acht Suiten ist. Die Dekoration des 1933 in einem großen Garten errichteten Hauses verbindet Art nouveau mit Art Déco.

Der **Bahnhof** entstand in den 1920er Jahren und verfiel seit Anfang der 1970er Jahre, bis man ihn Anfang der 1990er Jahre renovierte und leuchtend gelb strich. Die Strecke führte, teilweise wegen der Steigung als Zahnradbahn, bis nach Phan Rang an der Küste. Nun soll dem Kolonialbau wieder etwas Leben eingehaucht werden: Einige Souvenirgeschäfte haben in der Halle eröffnet, eine Dampflok wird ausgestellt, und in einem Frachtwaggon der Maschinenfabrik Esslingen von 1930 wurde ein Café eingerichtet. Fünfmal täglich zieht eine Diesellok einige Wagen in das acht Kilometer entfernte Dorf **Trai Mat**, wo die Passagiere etwas spazieren gehen, bevor sie mit demselben Zug zurückkehren.

Westlich des Sees liegt **König Bao Dais Sommerresidenz**, die 1933 entstand. Architektonisch nicht so interessant, dominieren hier die Möbel und Antiquitäten sowie die Alltagsgegenstände und Insignien der Herrschaft, die ausgebreitet liegen, als könnte der letzte vietnamesische König, der 1955 ins Exil nach Südfrankreich umzog und dort 1997 starb, demnächst sein Amt wieder antreten. Seit Bao Dai von der Kommunistischen Partei wieder als Teil der vietnamesischen Geschichte hingenommen wird, sind die Besucherzahlen sprunghaft gestiegen. Große Reisebusse belegen den ausgebauten Parkplatz, und die Massen schieben sich durch die Zimmer der Villa.

Direkt nördlich des Sees belegt in alter Pracht der **Golfplatz** ein riesiges Areal. An seiner Ostseite befindet sich ein 1966 angelegter **Blumengarten** mit zahlreichen lokalen Bäumen und Blumen sowie einer interessanten Orchideensammlung.

Das beliebteste Ziel der Flitterwöchner ist aber, etwa sechs Kilometer außerhalb der Stadt, der **Seufzersee**, ursprünglich ein natürlicher See, der von den Franzosen durch einen Damm vergrößert wurde. Nach einer Legende trafen sich hier Ende des 18. Jahrhunderts ein hübsches Mädchen beim Pilzesuchen und ein junger Mann auf der Jagd. Sie verliebten sich ineinander, doch der Knabe musste zur Armee, gegen die Chinesen kämpfen, und konnte seine Abreise der Geliebten nicht mehr mitteilen. Sie bestellte ihn zu einem Rendezvous an den See und glaubte, da er nicht erschien, er liebte sie

▲ Karte S. 309

nicht mehr. Um andererseits ihre Liebe unter Beweis zu stellen, stürzte sie sich in den See und ertrank. Heute werden in dem frisch angelegten, vergrößerten Park Boote und Pferde vermietet.

Sommerresidenz Bao Dais; tägl. 8–17 Uhr, Eintritt 15000 VND.

Seufzersee; tägl. 7–19 Uhr, Eintritt 20 000 VND.

Tal der Liebe

Ebenfalls etwa sechs Kilometer außerhalb der Stadt, aber ziemlich genau nördlich des Sees, liegt ein weiteres Ziel für Romantiker, das Tal der Liebe. Diese scheint vor allem mit fotografischen Beweisen festgehalten zu werden, denn der neu angelegte Park zwischen der Straße und dem Aussichtspunkt auf das Tal selbst und seinen milchkaffeefarbenen See ist gespickt mit Blumenbögen, Herzen, niedlichen Tieren, Schmetterlingen und anderem, das allein als Fotohintergrund dient. Für Kinder gibt es ein paar einfache Karussells. Der Blick ins Tal ist schön, und man kann hinunterspazieren, um am Seeufer zu wandern oder ein Schwanenboot zu mieten. Für Fußfaule stehen in der Nähe des Eingangs Jeeps, Pferdekutschen, Golfwagen und Elektrokarren in Eisenbahnform bereit. Entlang der Straße reihen sich zahlreiche Andenken- und Blumenläden auf.

Tal der Liebe; tägl. 7.30–17 Uhr, Eintritt 40 000 VND.

Zenkloster Thien Vien Truc Lam

Etwas südlich der Stadt - über die Straße oder per Seilbahn zu erreichen - liegt inmitten eines schönen Gartens und umgeben von schattigen Nadelwäldern ein bekanntes Zenkloster, das Mönche aus ganz Asien zur Ausbildung und Meditation anzieht. Jeweils etwa hundert von ihnen leben für zwei bis drei Jahre hier. Zu sehen bekommt man sie kaum, auch die Tempelbauten sind in einem strengen, schlichten Stil gehalten, da sich der Zen-Buddhismus ganz der Meditation als Weg zum persönlichen Heil hingibt.

Seilbahn zum Zenkloster, Robin Hill (guter Blick über die Stadt); ca. 2,3 Kilometer lang; tägl. 7.30–11.30, 13.30–17 Uhr, am Wochenende keine Mittagspause, hin und zurück Erwachsene 70 000 VND, Kinder 40 000 VND.

Dampflok im Bahnhof von Da Lat

Da Lat

Vorwahl: +84/63

Dalat Tourist, 10 Quang Trung, Tel. 3810324, Fax 3810363, www.dalattourist.com.vn. Sehr rege staatliche Touristikfirma, die u.a. Ausflüge organisiert und Villen vermietet.

Flughafen Da Lat (Lien Khuong Airport-DLI), 15 Kilometer südlich der Stadt. Täglich gibt es sechs Inlandsverbindungen verschiedener Airlines.

Zugfahrt: Vom historischen Bahnhof zieht eine Diesellok einige ältere Waggons in 25 Minuten ins Dorf Trai Mat. Dort kann man etwas umherspazieren und kehrt dann mit der Bahn zurück. Die gesamte Tour dauert 1,5 Std. und kostet 125000 VND. Abfahrten: 7.45, 9.50, 11.55, 14, 16.05 Uhr.

Palace (***), 2 Tran Phu, Tel. 3825444, Fax 3825666, www.dalatresorts.com. Bei seiner Eröffnung 1922 gehörte das Hotel der Kolonialverwaltung. Da es in Da Lat kaum Kriegsschäden gab, blieb die alte Bausubstanz gut erhalten, jetzt ist das Haus technisch modernisiert. In den 43 Zimmern und Suiten sowie den Gängen hängen große Gemälde, das französische Restaurant und die urige Bar geben dem Hotel eine europäische Note.

Du Parc (**), 15 Tran Phu, Tel. 3825777, Fax 3825888, www.dalatresorts.com. Das 1932 eröffnete Traditionshaus in guter Lage hat heute 140 relativ enge Zimmer, jedoch eine moderne Ausstattung und professionellen Service.

Golf 3 (**), 4 Nguyen Thi Minh Khai, Tel. 3511142, http://golfdalathotel.vn. Recht einfaches Standardhotel in der Nähe des Marktes. Die Zimmer zum See sind ruhig und bieten einen Blick.

Ngoc Lan (**), 42 Nguyen Chi Thanh, Tel. 3838838, Fax 3824032, www.ngoclanhotel.vn. Wegen der etwas erhöhten Lage des 4-Sterne-Hotels in einem ehemaligen Kino bieten viele der 91 Zimmer einen schönen Blick über Stadt und See. Die Standardzimmer sind zwar relativ schlicht eingerichtet, aber groß genug.

Crazy House (*), 3 Huynh Thuc Khang, Tel. 3822070, Fax 6251279, www.crazyhouse.vn. Seit 1990 baut die Architektin Dang Viet Nga auf ihrem engen Grundstück zwei gigantische Bäume aus Beton. Im Stamm, in Ästen und in der Krone befinden sich zehn skurril und bunt eingerichtete Zimmer, die wie Wohnhöhlen aussehen, einfach gehalten sind, aber ein eigenes Bad haben. Das Publikum besteht aus jungen Leuten aus aller Welt. Tagsüber gibt es recht viele Besucher, die das Haus gegen Eintritt besichtigen.

Thanh Thuy (Blue Water), 2 Nguyen Thai Hoc, Tel. 3531668. Modernes Café und Restaurant, das teilweise über den See ragt und sich sowohl für einen Nachmittagskaffee als auch ein nettes Abendessen eignet.

Thuy Ta, 1 Yersin. Das Essen nach einer durchschnittlichen vietnamesischen Karte ist keine Offenbarung, aber da das Restaurant auf Stelzen im See steht, kann man die Umgebung genießen.

V Café, 1 Bui Thi Xuan, Tel. 3520215. Hier treffen sich Ost und West in jeder Hinsicht: im Publikum, beim Essen, bei der Live-Gitarrenmusik. Ein entspannter, netter Ort.

Escape, Ecke Bui Thi Xuan/Phan Boi Chau; 16–24 Uhr. Täglich Livemusik unterschiedlicher Stilrichtungen.

Dalat Palace Golf Club, Dong Thien Vuong, Tel. 3821201, Fax 3824325, www.dalatpalacegolf.vn. Wunderbar in die Landschaft eingebetteter Platz mit viel Wasser. Par 72, Länge: 7009 bis 5555 Yards.

▶ Karte S. 309

Von Da Lat nach Ho-Chi-Minh-Stadt

Die etwa 350 Kilometer lassen sich auf der gut ausgebauten Strecke in etwa fünf Stunden bewältigen, wenn man unterwegs nicht anhalten will. Zu sehen gibt es die **Wasserfälle Da Tan Lat** mit großer Wasserrutsche (8 Kilometer südlich der Stadt), **Prenn** (10 Kilometer), **Lien Khong** (30 Kilometer) und **Dambri** (100 Kilometer), dazu Obst-, Tee- und Maulbeerbaum-Plantagen. Die Umgebung der Stadt **Bao Loc**, die auf 850 Meter Höhe liegt, ist ein Zentrum der Teeproduktion. Bei **Di Linh** werden Maulbeerbäume angepflanzt, deren Blätter an die Seidenraupen verfüttert werden (→ S. 128).

Etwa 140 Kilometer vor Saigon geht eine Straße zum **Nationalpark Cat Tien** ab, in dessen 71920 Hektar Tief- und Sumpfland mehr als 200 Vogel-, 120 Reptilien- und Amphibien- sowie über 50 Säugetierarten geschützt werden.

Wasserfall Prenn; tägl. 7–17 Uhr, 30 000 VND, andere ähnlich.

Nationalpark Cat Tien, www.namcattien.org, Tel +84/61/3669228.

Mit einer kleinen Kabinenbahn kann man den Prenn-Wasserfall überqueren

Von Phan Rang nach Phan Thiet

Etwa 16 Kilometer südlich von Phan Rang und gut fünf Kilometer westlich der Nationalstraße liegt beim Cham-Dorf **Hau Sanh** eine Gruppe von Cham-Türmen, die nach dem letzten König eines unabhängigen Cham-Reichs, der von 1629 bis 1651 regierte, **Po Rome** genannt wird. Das Kalan ist eine etwas grobe Nachbildung des Turms Po Klaung Garai aus dem 13./14. Jahrhundert. Beim mittleren Turm wirkt der Körper gedrungen und für das Dach zu klein, die Dekoration besteht lediglich aus drei Scheintüren. Das Dach erscheint höher als der Turmkörper und durch die weit außen aufgesetzten kleinen Ecktürme in Lotosform stark zergliedert. Auf allen Seiten finden sich in Nischen gesetzte Götterfiguren aus Sandstein. Im Innern des Heiligtums verehrte man ein Relief mit den Gesichtszügen des Königs Rome, der hier, begleitet von Nandi, als Inkarnation Shivas gesehen wird. Ein kleiner Schrein an der südlichen Ecke des Kalan ist der Königin Bia Thang gewidmet.

Auch der Turm **Po Rome** liegt auf einem kleinen Hügel und bietet einen herrlichen Rundumblick in die Landschaft. In der Umgebung von Po Rome gibt es noch zahlreiche Dörfer, in denen mehrheitlich Cham wohnen. Nur noch zu Feiertagen legen sie ihre traditionelle Kleidung an, die Frauen Röcke (während sie sonst Hosen tragen), die Männer lange, fast bis zu den Knien reichende weiße Hemden und aus Tuch geformte weiße Turbane mit großen roten Quasten. Fast alle Cham sind heute Muslime und treffen sich in kleinen Moscheen ohne oder mit sehr niedrigem Minarett.

Phan Thiet und Mui Ne

Rund 200 Kilometer östlich von Saigon liegt an der Küste Phan Thiet, die Hauptstadt der Provinz Thuan Hai. Nördlich der

Am Strand von Mui Ne

Stadt beginnt ein mehr als zehn Kilometer langer goldgelber Strand, der sich bis zum Fischerdorf Mui Ne hinzieht. Der Strand ist bei Wind- und Kite-Surfern aus aller Welt sehr beliebt. In einem Abstand von 100 bis 200 Metern vom Strand verläuft eine Straße, und zwischen ihr und dem Strand reihen sich Hotels, Resorts und Bungalowanlagen wie Perlen an einer Kette. Sie alle haben also direkten Zugang zum Strand. Auf der anderen Straßenseite haben sich zahllose Läden, Cafés und Restaurants angesiedelt. Urlauber wandern hier zu Fuß oder fahren mit Fahrrad oder Moped die Straße auf und ab und schauen, was es Neues gibt. Seit eine breite Umgehungsstraße um diese Urlaubszone gebaut wurde, sind Verkehr und Lärm auf der Strandstraße kein Thema mehr.

■ Cham-Türme Phu Hai

Am nördlichen Stadtrand, unweit der Straße nach Mui Ne, ragt auf einer Hügelkuppe eine Tempelanlage der Cham auf. Sie besteht aus zwei teilweise verfallenen **Kalan** sowie einem dritten Bauwerk; Fundamente und geringe Mauerreste von weiteren Bauten sind zu erkennen. Die Anlage stammt aus dem 8. Jahrhundert, also aus der Frühphase der Steinbauweise im südlichen Cham-Reich.

Der etwa sechs Meter hohe quadratische Körper des **Südturms** hat einen Eingang im Osten. Die typischen runden Steinsäulen vor dem Vestibül wurden durch gemauerte Ziegelsäulen ersetzt. Die zwei verbliebenen von ursprünglich drei Dachstockwerken weisen noch einige Nischen mit Pilastern als Dekoration auf. Im Innern wird ein Lingam aus Sandstein verehrt. Der kleinere **Nordturm** sieht dem Südturm sehr ähnlich, ist aber weniger gut erhalten. Man sagt, dass dort die Rattengöttin oder ein Feuergott verehrt wurden.

■ Feenbach

Etwa zwei Kilometer südlich von Mui Ne führt von der Hauptstraße (bei Haus Nr. 63 Huynh Thuc Khang) neben einer kleinen Brücke ein Fußweg weg vom Strand ins Grüne. Nach einem halbstündigen Spaziergang an einem schmalen Fluss entlang erreicht man einen **Picknickplatz** in idyllischer Umgebung (Suoi Tien).

▶ Karte S. 307

Sanddünen Hon Rom

Rund zwei Kilometer außerhalb von Mui Ne reicht die Sanddünenlandschaft bis an die Straße heran. Mit ein wenig Mühe stapft man – am besten nicht in der Mittagssonne – den rötlichen Sand hinan und sieht, dass sich Düne an Düne bis zum Horizont reiht. Von den Anwohnern werden Plastikwannen vermietet, mit denen man mit viel Spaß die Düne wieder hinunterrutschen kann.

Sanddünen Bau Trang

Gut 40 Kilometer nördlich von Mui Ne befindet sich eine auch White Lake genannte Dünenlandschaft aus hellweißem Sand. Der Name kam zustande, weil es am Rand einen (leicht verschlammten) See gibt, an dessen bewaldetem Ufer sich zwei kleine Restaurants und ein Picknickplatz für die Wochenendgäste etabliert haben. Der Ausflug wird interessanter, wenn man statt der N1 die Küstenstraßen N706 und N716 nimmt, die durch sehr schöne Landschaft führen.

Cham-Turm Phu Hai

Phan Thiet und Mui Ne

Vorwahl: +84/62.

Anantara (***), Km 10, Mui Ne, Tel. 3741888, Fax 3741555, www.mui-ne.anantara.de.com. In einem großen, wasserreichen Gelände direkt am Strand verstecken sich 20 Villen; weitere 69 Zimmer befinden sich, wie auch das Restaurant, die Bibliothek und Läden, im Haupthaus. Das elegante Design des Hotels wird von dunklen Hölzern und edlen Textilien bestimmt.

Victoria (***), Km 9, Phu Hai, Phan Thiet, Tel. 3813000, Fax 3813007, www.victoriahotels.asia. Bewährte Anlage mit 57 Bungalows und zwei Pools und weiteren Sportmöglichskeiten in einem großen Garten. Gutes Restaurant und sehr freundliches Personal. Nachteil: der wirklich sehr kleine Strand, man kann aber mit Meerblick im Garten liegen.

Blue Ocean (**), 54 Nguyen Dinh Chieu, Phan Thiet, Tel. 3847322, Fax 3847351, www.blueoceanresort.com.vn. Mit 81 Zimmern und Bungalows mittelgroßes Resort. Großer Pool und grüne Umgebung mit Rasen und Palmen.

Cham Villas (**), 32 Nguyen Dinh Chieu, Phan Thiet, Tel. 3741234, Fax 3741147, www.chamvillas.com. Das kleine Resort bietet 19 einfach eingerichtete Bungalows, aber mit eigener Terrasse in einem gepflegten Garten. In einem Pavillon wird Massage angeboten, und einen Pool gibt es auch.

Coco Beach Resort (**), 58 Nguyen Dinh Chieu, Phan Thiet, Tel. 3847111, Fax 3847115, www.cocobeach.net. Das deutsch-französische Eigentümerpaar gehört zu den ›Entdeckern‹ des zehn Kilometer langen Strandes von Phan Thiet/Mui Ne. 34 strohgedeckte Holzbungalows gruppieren sich im von Palmen bestandenen Garten um den Pool und entlang des Strandes. Hervorragendes französisches Restaurant, familiäre Atmosphäre und gute Stimmung an der Strandbar.

Ocean Dunes Resort (**), 1 Ton Duc Thang, Phan Thiet, Tel. 3822393, Fax 3825682, www.oceandunesresort.com.vn. Die 123 Zimmer blicken aufs Meer oder über den Golfplatz. Großer Pool, familienfreundliche Atmosphäre und erfahrenes Management.

An der **Strandstraße** gibt es Restaurants und Cafés jeglicher Provenienz.

Jibe's Beach Club, 90 Nguyen Dinh Chieu, Mui Ne, Tel. 3847405, Fax 3847160, www.windsurf-vietnam.com. Hier liegt das Mekka der Windsurfer in Vietnam, denn nach Angaben der Experten wehen an diesem Strand an mehr als 220 Tagen im Jahr Winde von mehr als zwölf Knoten. Eine Ausrüstung kann man hier leihen, vor allem aber sollte man Strömungen, Wind und Wetter mit den lokalen Fachleuten besprechen.
Die enthusiastischsten Surfer wohnen auch gleich nebenan im einfachen, aber coolen **Full Moon Beach Resort**, 84 Nguyen Dinh Chieu, Mui Ne, Tel. 3847008, Fax 3847160.

Ocean Dunes Golf Club, 1 Ton Duc Thang, Phan Thiet, Tel. 3823366, Fax 3821511, www.oceandunesgolf.vn. Wunderschöner, direkt am Meer gelegener 18-Loch-Platz, bei dem der sandige Boden und der Wind die größten Herausforderungen stellen. Par 72, 6725 bis 5267 Yards.
Tropical Minigolf, 97 Nguyen Dinh Chieu, Mui Ne. 18-Loch-Minigolfplatz unter Palmen neben dem Casino.

Von Phan Thiet nach Ho-Chi-Minh-Stadt

Die vielbefahrene Nationalstraße 1 verlässt die Küste und bietet keine spektakulären Ausblicke mehr. Man passiert ausgedehnte Kautschukplantagen, die ursprünglich von den Franzosen angelegt wurden, in den Kriegen vielfach zerstört und danach nicht mehr gepflegt wurden. Inzwischen hat man wieder junge Bäume angepflanzt und betreibt die Gummigewinnung erneut. Die Rinde der Bäume wird dafür nach unten schwingend angeritzt, damit die milchige Flüssigkeit herabrinnt und schließlich in ein an den Stamm gebundenes Tongefäß tropft. Dort erstarrt sie und wird am nächsten Tag eingesammelt.
Die Stadt **Bien Hoa** wurde im 17. Jahrhundert von Chinesen gegründet, die hier vor allem Porzellan herstellten, das auch heute noch gefertigt wird. Die Amerikaner errichteten schon 1958 einen großen Stützpunkt und bauten eine vierspurige Autobahn als Ausweich-Start- und -Landebahn für ihre Flugzeuge. In der Umgebung ragen eine ganze Reihe katholischer Kirchen in der Betonbauweise der 1950er Jahre auf. Nach der Teilung des Landes 1954 flohen viele Katholiken aus dem Norden in diese Gegend. In Bien Hoa zweigt die N17 nach Vung Tau ab. Zu beiden Seiten der Straße erstrecken sich bald ausgedehnte Industriezonen, dann fallen noch ein großer **Ehrenfriedhof der kommunistischen Armee** und ein gigantischer **Kinderpark** auf. Hier beginnen die Außenbezirke Saigons, und bald hat der Verkehr der südlichen Metropole den Neuankömmling verschluckt.

▲ Karte S. 307

Vung Tau

Die fast dreieckige Halbinsel mit der Stadt Vung Tau war schon portugiesischen Seefahrern bekannt, die sie nach ihrem Schutzheiligen, dem heiligen Jakob benannten, was die Franzosen in Cap Saint Jacques übersetzten. Ende des 19. Jahrhunderts begannen sie damit, das Gebiet zum Strandresort auszubauen und

Uferstraße in Vung Tau

sich in zahlreichen Villen einzurichten. Doch Vung Tau ist nicht nur Sommerfrische der Saigoner, sondern auch Industriestadt. Der Fischfang spielt seit langer Zeit eine bedeutende Rolle. Seit Beginn der 1980er Jahre bohrt man zudem 60 Kilometer vor der Küste nach Öl.

Die Stadt erstreckt sich über ein weites Gebiet zwischen dem 245 Meter hohen **Großen Berg** (Nui Lam) im Norden und dem 155 Meter hohen **Kleinen Berg** (Nui Nho) im Süden. An der Nordküste liegt das kommerzielle Zentrum mit Hafen, Markt, Öldocks und Flughafen. An der Südwestküste befinden sich drei Strände, wovon der **Vordere Strand** (Bai Truoc) mit seinen Hotels nahe der Stadt liegt. Er ist am besten touristisch erschlossen, sehr lebhaft, aber auch eher schmutzig. Besser zum Baden eignet sich der lange **Hintere Strand** (Bai Sau).

Schon unter den Franzosen war es angesagt, die südliche Spitze der Halbinsel auf ›Le tour de la Petite Corniche‹ (etwa drei Kilometer) zu umrunden. Hinter dem Postamt folgt auf der Ha Long der **Chua Ngoc Bich**, eine etwas bunt geratene, wenig ansprechende, überdimensionale Nachbildung der Einsäulenpagode in Hanoi. Daneben wird im großen **Chua Quan Am Nam Hai** die Göttin der Barmherzigkeit in verschiedener Darstellung verehrt. Ein kleiner Weg führt links den Berg hinauf zu einem 1910 gebauten **Leuchtturm**, von dem aus man einen guten Blick auf das Südchinesische Meer hat.

Weiter auf der Uferstraße gelangt man zu einem kleinen Strand und dem **Chua Niet Ban Tinh Xa**, der sich den Hang hinaufzieht. Die wichtigste Figur des Tempels ist ein zwölf Meter langer liegender Buddha, der, umgeben von anderen Darstellungen und einer Landschaftsszenerie, zeigt, wie der Buddha bei seinem Tod ins Nirwana eingeht. Auf einer Terrasse oberhalb dieses Tempels befindet sich in einem Pavillon eine fünf Tonnen wiegende Bronzeglocke. Sie ist mit Buddhas und anderen Figuren sowie Inschriften verziert.

An der Spitze der Halbinsel steht auf einem Hügel eine etwa 30 Meter hohe **Jesusfigur** aus Beton, die als Nachbildung ihres berühmteren Vorbildes in Rio de Janeiro 1974 von einer Gruppe reicher Katholiken aus Saigon in Auftrag gegeben wurde. Von hier kann man per Seilbahn den Gipfel des Großen Berges erreichen.

Bald trifft man nun auf den **Hinteren Strand**. Er ist acht Kilometer lang, doch

Jesusstatue in Vung Tau

nur ein Teil ist mit Buden, Cafés, kleinen Restaurants, Hotels, Sonnenschirmen, Liegestühlen und Schwimmreifen erschlossen. Auf dem Rückweg durch die Stadt passiert man den **Chua Linh Son** mit einem alten Khmer-Buddha.

Der ›große Rundgang‹ um die Nordspitze misst 15 Kilometer. Man gelangt zunächst am Nordende des Vorderen Strandes zur **Weißen Villa** (Bach Dinh), die als Residenz für französische Gouverneure, abgesetzte Könige und südvietnamesische Präsidenten diente. Heute ist sie ein Museum mit wechselnden Ausstellungen. Das zweigeschossige Haus liegt in einem großen Garten, hat zwei Terrassen und vermittelt mit seinen runden Fensterbögen, Mosaiken und Statuen ein wenig mediterrane Atmosphäre. Innen ist es schlicht, wobei vor allem die Bodenkacheln zu beachten sind.

Vung Tau

Vorwahl: +84/64.

Imperial (***), 159 Thuy Van, Tel. 3628888, Fax 3561111, www.imperialhotelvietnam.com. Der etwas barocke Stil des ersten internationalen 5-Sterne-Hotels in Vung Tau passt zu den üppig dekorierten Zimmern und Suiten; es gibt mehrere Restaurants und Bars und einen 35 Meter langen Pool.

Binh An Village (**), 1 Tran Phu, Tel. 3510016, Fax 3810264, www.binhanvillage.com. Das familiengeführte kleine Resort bietet geschmackvoll eingerichtete Bungalows in grüner Umgebung. Sie liegen direkt am Meer, aber an einem Steinstrand. Ersatz bieten ein Süßwasser- und ein Salzwasserpool.

Ho-Chi-Minh-Stadt

Saigon wurde einst das ›Paris des Ostens‹ genannt. Das ist heute mehr als übertrieben, denn nach ihrem wechselhaften Schicksal fehlt der Stadt nicht nur ein richtiges Zentrum, sondern auch ein eigenständiger Charakter, will man nicht ihre Vielfältigkeit dazu erklären. Nur an wenigen Stellen glaubt man sich nach Paris versetzt, an einigen nach Amerika, wieder an anderen ins tiefste China und vielerorts auch in jene schon fast mythische ›Moderne‹, die jetzt angeblich überall auf der Welt gesehen werden muss und mit ihren verspiegelten Scheiben doch alle Blicke abweist.

Geschichte

Man kann Vielfalt jedoch auch als Stärke interpretieren, und schließlich befindet sich Ho-Chi-Minh-Stadt (HCMS) ja gerade erst einmal in der Pubertät. Als die Vietnamesen 1674 an der Flussbiegung ankamen, befanden sich hier einige Dörfer der Khmer, die den Invasoren aus dem Norden schnell zu weichen hatten. Die neuen Siedlungen waren auch nicht viel größer, doch die Bedeutung der Region stieg, als der den Süden beherrschende Nguyen-Klan chinesischen Händlern erlaubte, einen Handelsplatz zu gründen. Sie nannten ihn einfallsreich ›großer Markt‹ oder Cho Lon. Die Tay-Son-Revolte entriss den herrschenden Klans vorübergehend die Macht, war jedoch hier im Süden am wenigsten erfolgreich. Nguyen Anh zog sich zurück und errichtete 1790 mit der Zitadelle Gia Dinh, die schnell an Größe und Bedeutung gewann, den Kern des heutigen Saigon. Kurz nach ihrem ersten Auftreten in Tourane/Da Nang besetzten die Franzosen 1859 diese Zitadelle, um die Nguyen-

▲ Karte S. 307/321

Dynastie an ihrem schwachen Punkt anzugreifen. König Tu Duc kapitulierte wie vorgesehen und trat 1862 Cochinchina als Kolonie ab, deren Hauptstadt Saigon 1883 wurde. Die Marine baute den Hafen aus, damit Reis und die Plantagenprodukte Gummi und Kaffee verschifft werden konnten, und die Stadtverwaltung legte die breiten Boulevards und Alleen an, die sie an Paris erinnerten. Nach weiteren kolonialen Eroberungen zog die politische Macht 1897 nach Hanoi um, doch die ökonomische blieb am Saigon-Fluss.

Nach der Augustrevolution von 1945 eroberten die Franzosen Saigon als erstes zurück, und im Genfer Abkommen von 1954 wurde die Stadt provisorische Hauptstadt des Südens, nach der Etablierung des Diem-Regimes tatsächliche Hauptstadt der Republik Südvietnam. Die Fluchtwelle nach dem Abkommen ließ die Bevölkerung schnell auf mehr als zwei Millionen anschwellen.

Danach drückten die Amerikaner Saigon ihren Stempel auf, ließen Bäume fällen, um ihre Straßenkreuzer parken zu können und verwandelten die Flanierzeilen von einst in die ›Hure Asiens‹. Rund um die Stadt entstand ein Sicherheitsgürtel aus Militäranlagen einschließlich des damals größten Flughafens der Welt. Die Gefechte auf dem Lande und die Anziehungskraft des in die Stadt gepumpten Geldes verdoppelten die Bewohnerzahl in 15 Jahren: Riesige Slums und Bootssiedlungen waren die Folge.

Der zweite Zug nach Süden war beendet, als am 30. April 1975 der nordvietnamesische Panzer das Gittertor des Präsidentenpalasts durchbrach. Das war symbolträchtig, denn mit den Kadern aus dem Norden kam zunächst die Inkompetenz und dann die Dogmatik. Die Kollektivierung der Landwirtschaft, die Zerschlagung des Handels und die Enteignung der Chinesen brachten die Stadt, und mit ihr die vietnamesische Wirtschaft, zu einem abrupten Stillstand.

Eine Million Chinesen und Angestellte/Kollaborateure der südvietnamesischen Regierung flohen und nach dem Einmarsch in Kambodscha und der chinesischen ›Lektion‹ von 1979 noch einmal die gleiche Zahl.

Empfangsraum des ehemaligen Präsidenten von Südvietnam im Wiedervereinigungspalast

Nichts gegen Onkel Ho, aber ausgerechnet Saigon nach ihm zu benennen, war schon abenteuerlich und natürlich pädagogisch gemeint. Doch nicht jedes Etikett klebt überall. Than Pho Ho Chi Minh, so die offizielle Bezeichnung, umfasst heute ein weites Gebiet mit ländlichen Bezirken bis hinter Cu Chi, in dem mindestens zehn Millionen Menschen leben. Die städtischen Zentren sind **Saigon** und **Cho Lon**, die längst zu einer Stadt zusammengewachsen sind. Das Stadtgebiet wird in 19 Bezirke (quan) aufgeteilt, wobei die Innenstadt Saigons Q1 ist, der Bezirk Phu Nhuan zwischen Innenstadt und Flughafen Q3 und Cho Lon Q5. Im Alltag spricht niemand von Ho-Chi-Minh-Stadt, sondern sagt das, was gerade gemeint ist, also Saigon oder Cho Lon, und so wollen wir es dann auch halten.

Seit der Einführung von Doi Moi 1986 blüht die Doppelstadt wieder auf. Cho Lon hat seine Krämerseele wiedergefunden, und Saigon ist erneut das Ziel ausländischen Kapitals. Es kommt vielfach von Auslandsvietnamesen, aber auch Chinesen aus Taiwan, Hongkong und Singapur sowie die Japaner hatten das amerikanische Wirtschaftsembargo schon jahrelang unterlaufen, bevor Präsident Clinton es am 3. Februar 1994 aufhob. Dies galt auf allen Seiten als Startschuss für einen neuen Boom. Seitdem fällt viel charaktervolles Gemäuer der Abrissbirne zum Opfer, und die Glaspaläste recken sich über Baum- und Kirchturmhöhe. Am Rand platzt die Stadt aus allen Nähten, Hochhaussiedlungen sprießen aus dem Boden wie der Bambus nach einem warmen Regen. Fuhr man früher gemütlich per Fahrrad oder Cyclo durch die Stadt, so sorgen heute Autos für gigantische Staus und ist eine Simson oder besser noch eine Honda der durchaus erreichbare Traum jedes jungen Menschen und gleichzeitig das Lasttier der Stadt. Nach mehr als zwölf Jahren Debatten und Planung begann man 2015 damit, eine U-Bahn zu bauen, um des zunehmenden Verkehrs Herr zu werden. Die erste Strecke soll 2017 in Betrieb gehen. Nur im Stadtzentrum verläuft die Bahn unter der Erde, in den Außengebieten verkehrt sie auf Betonstelzen.

▲ Karte S. 321

Saigon

Saigon hat keine Altstadt, wie etwa Hanoi, und eigentlich auch kein Zentrum, sondern mehrere Gegenden, in denen sich bestimmte kommerzielle Aktivitäten bündeln.

■ Ein Spaziergang auf der Dong Khoi

Die alte Flanierallee hieß in der Kolonialzeit Rue Catinat und trägt heute den Namen Duong Dong Khoi (Straße der Volkserhebung). Sie geht von der Uferpromenade am Saigon-Fluss ab und ist bis zur Kathedrale etwas mehr als einen Kilometer lang. Hier liegen die Hotels, Cafés und Restaurants mit Tradition, hier eröffnet täglich ein neuer Laden, und hier gleiten die jungen Herren auf ihren Hondas die Einbahnstraße (Richtung Fluss) hinunter.

An der Pier kann man zunächst einen Blick auf das andere Ufer werfen, wo sich Sümpfe ausbreiten und deshalb die Besiedlung noch gering ist. Das wird sich bald ändern, denn die Bebauungspläne sind bereits genehmigt. Wenn man nach rechts schaut, sieht man, dass im Hafen wieder mehr Ozeanfrachter festmachen. Die prestigeträchtige Nr. 1 auf der Dong Khoi trägt das traditionsreiche **Majestic Hotel**, das sich durch eine Totalrenovierung fein herausgeputzt hat. Die Zimmer sind jetzt modern, aber im nostalgischen Stil eingerichtet, und auch die alteingesessene ›Cyclo Bar‹ wurde von der stark befahrenen Uferstraße ins Innere der

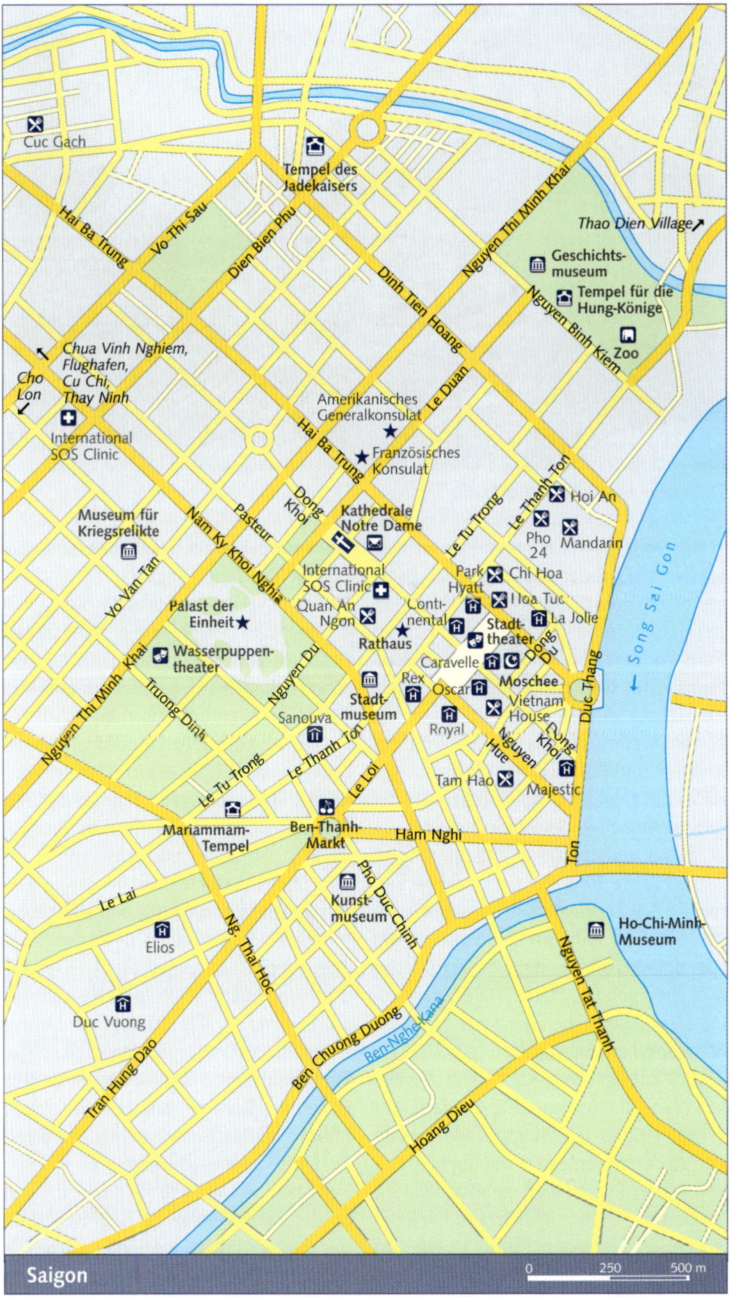
Cuc Gach
Tempel des Jadekaisers
Hai Ba Trung
Vo Thi Sau
Dien Bien Phu
Dinh Tien Hoang
Nguyen Thi Minh Khai
Thao Dien Village
Geschichts-museum
Tempel für die Hung-Könige
Nguyen Binh Kiem
Zoo
Chua Vinh Nghiem, Flughafen, Cu Chi, Thay Ninh
Cho Lon
International SOS Clinic
Amerikanisches Generalkonsulat
Le Duan
Französisches Konsulat
Dong Khoi
Kathedrale Notre Dame
Le Thanh Ton
Hoi An
Pho 24
Mandarin
Le Tu Trong
Museum für Kriegsrelikte
Pasteur
Nam Ky Khoi Nghia
International SOS Clinic
Park Hyatt
Chi Hoa
Vo Van Tan
Palast der Einheit
Quan An Ngon
Conti-nental
Rathaus
Stadt-theater
La Jolie
Wasserpuppen-theater
Caravelle
Dong Du
Duc Thang
Song Sai Gon
Rex
Oscar
Moschee
Stadt-museum
Vietnam House
Sanouva
Royal
Truong Dinh
Nguyen Du
Nguyen Hue
Dong Khoi
Tam Hao
Majestic
Le Loi
Mariammam-Tempel
Ben-Thanh-Markt
Ham Nghi
Ton
Le Lai
Pho Duc Chinh
Kunst-museum
Ho-Chi-Minh-Museum
Elios
Ng. Thai Hoc
Nguyen Tat Thanh
Duc Vuong
Ben-Nghe-Kana
Ben Chuong Duong
Tran Hung Dao
Hoang Dieu
Saigon
0 250 500 m

Das berühmte Hotel Continental

Lobby verlegt. Nur ein paar Häuser weiter (Nr. 13) hat der einst realsozialistischste Nachtclub der Stadt sein Quartier, bei dem zumindest der Name noch an Paris erinnert, das **Maxim's**, heute Restaurant mit Gesangsbeiträgen.

Im nächsten Straßenabschnitt liegen auf beiden Seiten Hotels, Souvenirläden, Kneipen und Restaurants. Rechts zweigt dann die Dong Du ab, in der sich die größte **Moschee** der Stadt befindet. Eine blumengeschmückte Anlage umgibt die schlichte Bethalle und das Becken für die Waschungen. Die Moschee wurde 1935 von südindischen Moslems gespendet und an der Stelle einer früheren Moschee gebaut. Den etwa 8000 Moslems der Stadt stehen noch weitere zwölf Moscheen zur Verfügung.

Zurück auf der Dong Khoi lag an der linken Ecke (Nr. 131) das Café **Brodard**, das in den 1920er Jahren gegründet wurde und zu den beliebtesten Treffpunkten der kolonialen Damenwelt gehörte. Heute ist davon nur eine Bäckerei mit feinem Kuchen in der Nebenstraße (11 Nguyen Thiep) geblieben. An der nächsten Ecke steht auf der rechten Seite das Hotel **Caravelle**. Der schön abgerundete und mit Balkonen versehene Eckbau wurde 1959 eröffnet und beherbergte in Kriegszeiten die Büros zahlloser Pressevertreter. Inzwischen befinden sich hier Apartments und Suiten, während die normalen Zimmer in einem 24-stöckigen modernen Anbau untergebracht sind. Auf der Dachterrasse des alten Teils kann man in der Bar Saigon Saigon bei einem Drink über die Dächer der Umgebung schauen.

Das **Stadttheater** wurde im Jahr 1899 fertiggestellt und diente den südvietnamesischen Regierungen als Sitzungssaal ihres Scheinparlamentes, bis es 1976 wieder zum Theater und Opernhaus umgebaut wurde. Es bietet heute ein buntes Musik- und Theaterprogramm.

Daneben liegt Saigons berühmtestes Hotel, das **Continental**, das 1880 seine Pforten öffnete. Somerset Maugham und Graham Greene verewigten es in ihren Romanen, vor allem die Terrasse, die sich an der Gebäudeecke befand, wo heute das Restaurant ist, war Schauplatz tatsächlicher und erfundener Begegnungen

▲ Karte S. 321

und Bombenanschläge. Auch in diesem Hotel lebten viele Kriegsreporter, und von manchen erzählt man sich, dass sie sich von der Terrasse nie fortbewegt haben. Der vom Verkehr abgeschirmte Innenhof mit Café verbreitet bis heute eine mediterrane Atmosphäre.

Das gesamte Häuserkarree, das dem Continental an der Dong Khoi gegenüberliegt, wurde in einem historisierenden Kolonialstil mit leichten Anklängen an das Art Deco neu errichtet. Eingezogen sind dort die berühmtesten Mode-, Accessoire- und Uhrenmarken der Welt, die sich für die noch kleine, aber immerhin schon vorhandene gehobene Mittelschicht in Stellung bringen.

Früher hieß der Platz vor der Oper Place Garnier, heute Lam Son. Von hier verläuft der Boulevard Le Loi nach Westen, und über ihn kann man einen kurzen Abstecher zum parallel zur Dong Khoi verlaufenden Boulevard **Nguyen Hue** machen. Auf diesem wurde 2015 in der Mitte ein breiter Fußgängerbereich eingeweiht, auf dem gelegentlich ein Springbrunnen aus dem Boden schießt und abends die bunten eingelassenen Lampen angehen. Dann flanieren Besucher wie Einheimische auf dieser etwas sterilen Meile auf und ab. Dass diese Straße im alten Stadtzentrum so breit ist, liegt daran, dass sich hier einst ein Kanal befand, der auf jeder Seite noch einen breiten Fahrweg hatte. Er war ein Hauptzugang vom Saigon-Fluss ins Stadtzentrum, wurde allerdings 1887 von den Franzosen zugeschüttet, die darauf den breiten Boulevard Charner anlegten.

Unübersehbar besetzt das **Rex Hotel** die Ecke Nguyen Hue/Le Loi, das vor allem auf der herrlichen Dachterrasse hinter der Krone den Kitsch seines Gründungsjahres 1960 in allen Variationen ausstellt. Das Rex begann sein Leben als Autowerkstatt, über der einige Zimmer vermietet wurden, in die immer mehr Amerikaner einzogen. Schließlich wurde die Werkstatt geschlossen und das ganze Gebäude zu Büros und Apartments umgebaut, in denen der OSS, der Vorläufer der CIA, seinen Sitz hatte. Während des Krieges fanden in dem Raum an der Ecke die berühmt-berüchtigten ›Five o'clock

Tagsüber wirkt die Promeniermeile auf der Nguyen Hue etwas verloren

Die Kathedrale Notre Dame

follies‹ statt, die ›Pressekonferenzen‹ um 17 Uhr, bei denen ein amerikanischer Nachrichtenoffizier die versammelten Journalisten über die ›Kriegsfortschritte‹ belog.

Rechts erhebt sich am nördlichen Ende der Fußgängermeile ein **Ho-Chi-Minh-Denkmal**, das den ehemaligen Präsidenten staatsmännisch das Volk mit erhobenem rechtem Arm grüßend darstellt. Im Hintergrund ragt das **Rathaus** der Stadt auf, oft noch auf französisch Hôtel de Ville genannt. Es entstand zwischen 1901 und 1908 in einem undefinierbaren Mischstil, der ein wenig barock anmutet. Heute tagt darin das Volkskomitee (Stadtregierung), weshalb Besucher nicht einmal einen Blick in die Eingangshalle werfen dürfen.

■ Kathedrale Notre Dame

Zurück auf der Dong Khoi, hat man bald die Kathedrale Notre Dame erreicht. Der neoromanische Backsteinbau entstand zwischen 1877 und 1883, während die beiden 40 Meter hohen Türme erst im Jahr 1900 angefügt wurden. Sie waren das erste Zeichen der Stadt, das man von Bord eines einlaufenden Schiffes zu Gesicht bekam. Heute beherbergt die Kathedrale wieder eine ganze Reihe typischer Heiligenfiguren sowie zahlreiche Dankesplaketten für erhörte Gebete. Zu den christlichen Feiertagen und den Neujahrsfeiern werden rund um die Kirche Grußkarten verkauft, was ganz praktisch ist, denn nebenan befindet sich gleich die **Hauptpost**, ein herrliches Bauwerk aus dem späten 19. Jahrhundert mit bunten Glasfenstern und Gusseisendekorationen. Die zwei großen historischen Landkarten an den Wänden wurden Anfang des 20. Jahrhunderts hinzugefügt, das Ho-Chi-Minh-Porträt dann nach 1975. Wohlwollend blickt Onkel Ho auf die munter kreisenden Ventilatoren und die Briefmarkenkleber.

Kathedrale Notre Dame, Dong Khoi; Mo–Fr 5–11, 15–17.30 Uhr, Sa, So 8–11, 15–16 Uhr.

■ Von der Kathedrale zum Geschichtsmuseum

Die große Querstraße hinter der Kathedrale ist der Boulevard Le Duan, der den Zoo im Osten mit dem ehemaligen Präsidentenpalast verbindet. Wenn man nach rechts abbiegt, sieht man an der Kreuzung mit der Hai Ba Trung eine hohe, weiße Mauer. Dahinter verbirgt sich das Gelände des **französischen Konsulats** einschließlich der Residenz des Generalkonsuls, während der Kolonialzeit eine mächtige Institution.

Einige hundert Meter weiter bilden sich meist lange Schlangen, denn hier, hinter einer unscheinbaren Mauer mit kleinem Eingangsgebäude, breitet sich das neue **amerikanische Generalkonsulat** aus. Viel interessanter war der Vorgängerbau, die ehemalige amerikanische Botschaft, die an der nächsten Straßenecke lag, aber inzwischen vollständig entfernt wurde. Das Gebäude war ausgesprochen hässlich, denn es wurde lediglich nach Sicherheitsgesichtspunkten gebaut. Doch die ›Vietcong‹ schossen keine Raketen gegen die stark gegliederte Fassade der Botschaft, sondern kamen bei der Tet-Offensive im Januar 1968, kurz nach der Fertigstellung des Betonblocks, lieber selbst vorbei: Nur 13 Kämpfer lieferten den GIs ein heftiges Gefecht und besetzten die Botschaft über mehrere Tage. Um die ganze Welt gingen aber jene Szenen, als die Amerikaner die Botschaft per Hubschrauber vom Dach evakuierten und jede Menge ihrer ›alten Freunde‹ zurückließen. Im Morgengrauen des 30. April 1975 packte US-Botschafter Graham Martin die Fahne ein und eilte als letzter Amerikaner auf das von der Straße, wo Tausende verzweifelt auf eine

Im Hauptpostamt

Fluchtmöglichkeit warteten, gut sichtbare Dach. Danach stand das Gebäude leer, bis es schließlich gesprengt wurde. Etwa 500 Meter weiter befindet sich der nicht besonders sehenswerte **Zoo**. Direkt an der Straße liegen in grüner Umgebung ein **Tempel für die Hung-Könige**, die allerdings eher der Legende als der Realität entsprangen, sowie das sehenswerte **Geschichtsmuseum** (→ S. 342).

Palast der Einheit

Der ehemalige südvietnamesische Präsidentenpalast wird jetzt ›Palast der Einheit‹ (Hoi Truong Thong Nhat) genannt. Der französische Generalgouverneur hatte sich 1868 in einen zwölf Quadratkilometer großen Park den fantastischen Norodom-Palast setzen lassen, der mit der Unterzeichnung des Genfer Abkommens von 1954 an die Verwaltung des Südens überging. Präsident Diem zog dort ein, musste jedoch bald erkennen, dass seine Feinde nicht nur im Norden saßen. Am 27. Februar 1962 bombardierten zwei südvietnamesische Luftwaffenpiloten den Palast bei einem fehlgeschlagenen Putsch und beschädigten ihn stark. Diem ließ den Rest abtragen und einen neuen Palast ganz im Stil der Zeit errichten: zwei Stockwerke unter der Erde – man konnte ja nie wissen – und vier oberhalb, mit Hubschrauberlandeplatz auf dem Dach. Das insgesamt 26 Meter hohe Gebäude erstrahlt in den Formen und Farben der 1960er Jahre. Nur wenige asiatische Elemente fanden den Weg in das Heim des ›Marionettenpräsidenten‹: einige überdimensionierte Bilder, ein paar geschnitzte Sessel, mehrere dekorative Vasen.

Am 30. April 1975 wartete General Duong Van Minh, wenige Tage vorher vom fliehenden Präsidenten Nguyen Van Thieu zu seinem Nachfolger ernannt, auf die anrückenden Panzer der Nordarmee. Nachdem Soldaten die rot-gelbe Fahne der Demokratischen Republik Vietnam auf das Dach gepflanzt hatten, nahm Oberst Bui Tin, gleichzeitig stellvertretender Chefredakteur der Armeezeitschrift, die Kapitulationserklärung General Minhs entgegen. »Ich warte seit dem frühen Morgen, um die Macht an Sie zu übergeben«, sagte Minh, als Bui Tin das Zimmer betrat. »Es geht nicht

▶ Karte S. 321

darum, die Macht zu übergeben«, antwortete Tin, »Ihre Macht ist zusammengebrochen. Sie können nichts übergeben, was Sie nicht haben.« Dann setzte er sich an den Schreibtisch in Thieus privatem Arbeitszimmer und schrieb einen Artikel mit der Überschrift ›Der Präsidentenpalast der Marionette‹ (→ S. 392, Karnow, Vietnam – A History, Seite 638).

Zwei Straßen weiter nördlich liegt das **Museum für Kriegsrelikte** (→ S. 343) in der ehemaligen Villa eines amerikanischen Geheimdienstes (USIA).

Palast der Einheit, 135 Nam Ky Khoi Nghia; tägl. 7.30–11, 13–16 Uhr, 30000 VND.

■ Mariammam-Tempel

Dieser hinduistische Tempel (Ecke Ly Tu Trong/Truong Dinh) entstand Ende des 19. Jahrhunderts, wurde aber kräftig renoviert, nachdem die kleine tamilische Gemeinde ihn 1990 vom Staat zurückerhalten hatte. Es leben nur noch sehr wenige Hindus in Saigon, doch der bunte Tempel scheint weiterhin zahlreiche Besucher anzuziehen. Im Zentrum des Gebäudes befindet sich ein **Schrein** mit einer Statue der Göttin, die Schutz vor den Pocken und anderen Krankheiten bieten soll, und von zwei Begleitern. Vor der Statue ragen zwei Lingams (phallusartige Symbole für den hinduistischen Hauptgott Shiva) auf.

Über die Treppe auf der linken Seite kann man aufs Dach steigen, wo sich über dem Heiligtum eine bunt angemalte und mit zahlreichen Helden-, Götter- und Tierfiguren geschmückte Kuppel erhebt.

■ Ben-Thanh-Markt

Straßenhändler und zahllose Läden kündigen ihn an, den größten Markt Saigons. Der unübersehbare **Uhrturm** über dem südlichen Eingang des Ben-Thanh-Marktes ist ein Wahrzeichen der Stadt. In den 1914 gebauten Hallen und den umliegenden Straßen verkaufen die Marktfrauen Lebensmittel, Gewürze, Kleidung, Kosmetika, Werkzeuge, Porzellan und tausenderlei andere Dinge. Ein Bummel durch die Hallen regt sämtliche Sinne an. Vor dem Markt, an dem sich jetzt die großen Boulevards in einem gigantischen Kreisverkehr treffen, lag früher der Bahnhof Saigons. Südlich des Kreisverkehrs, einen kurzen Weg in die Pho Duc Chinh hinein, findet sich das **Kunstmuseum** der Stadt (→ S. 343).

Wenn man weiter nach Süden geht, gelangt man zum **Ben-Nghe-Kanal**, auf dem früher Waren vom Hafen bis nach Cho Lon transportiert wurden. Wendet man sich nach links und überquert auf einer der Brücken den Kanal, so gelangt man zum **Ho-Chi-Minh-Museum** (→ S. 343), dem alten französischen Zollhaus, von dem man einen schönen Blick über den Fluss hat.

Der Ben-Thanh-Markt

Street Food in Saigon

Essen ist eine der Lieblingsbeschäftigungen der Vietnamesen. Und sie folgen dabei nicht strengen Tischzeiten dreimal am Tag, sondern nehmen gerne den ganzen Tag über kleine Imbisse zu sich. Wenn man einen Bekannten auf der Straße trifft, lässt man sich zu einem Schluck Tee oder Kaffee nieder, man verabredet sich mit Freunden in einem einfachen Restaurant, statt nach Hause lädt man zum Essen draußen ein. Kantinen oder ähnliches gibt es nur in großen Produktionsbetrieben am Stadtrand, doch die tausenden Büroangestellten, Verkäuferinnen oder Selbständigen bringen sich entweder einen Imbiss von zu Hause mit oder bevölkern mittags die zahllosen kleinen Restaurants oder Straßenstände.

Auch abends ist das ›Street Food‹, das Essen auf der Straße, vor allem in Saigon total in, gerade bei jungen Leuten. Per Telefon verständigt man sich auf eine Straßenecke, und schon rollen alle auf ihren Mopeds heran. Der Klassiker ist die Nudelsuppe in den Varianten Huhn, Rind, Schwein, jetzt auch mal Fisch oder Meeresfrüchte und mit unterschiedlichen Reis- oder Weizennudeln.

Auf niedrigen Hockern oder Stühlchen gruppiert man sich um einen Klapptisch auf dem Gehweg, in Windeseile stehen die großen Essschalen vor der Nase. Auf offenen Holzkohlengrills werden Fleischstücke gebraten, manchmal auch Shrimps oder Gemüse. Mit praktischen Einmalstäbchen machen sich die Esser darüber her, springen wieder auf, stecken der Bedienung einen Geldschein zu und sind schon wieder unterwegs. Kann gut sein, dass nach einer Stunde schon der nächste Imbiss fällig ist.

Im Prinzip gibt es diese Essenstände überall in der Stadt, wobei die Vorzeigegegend für Touristen, die Gegend der Dong Khoi und Nguyen Hue, freigehalten wird; die teuren Läden, die sich dort angesiedelt haben, wollen sich ihre Schaufenster nicht verstellen lassen. Aber nehmen wir doch einmal weiter westlich die

Vietnamesische Pizza auf dem Gehweg

Street Food in Saigon: süße Küchlein frisch bereitet

Ecke Nguyen Dinh Chieu und Cao Thang sowie eine schmale Gasse, die von der Cao Thang parallel zur Nguyen Dinh Chieu verläuft. Hier begrüßt uns ein junger Mann, der von elf Uhr morgens bis sieben abends Tapioka- und Kassawa-Kuchen bäckt. Die ziemlich flüssige Teigmischung befindet sich in Eimern, und er muss nur mit einem Schöpflöffel eine präzise Menge an Teig in die Förmchen gießen, die von einem Holzkohlenfeuer heiß gehalten werden. Wenn die Küchlein fertig sind, klopft er sie aus der Form auf einen Rost, wo sie etwas abkühlen können. Meist sind sie dann auch schon verkauft, denn frisch schmecken sie am besten. Rund 15 Dollar lassen sich an einem Tag damit verdienen.

Um die Ecke ein Saftstand: Scharfe Messer und zwei Saftpressen sind ständig in Bewegung, zerkleinern Wassermelonen, Mangos, Papayas, Bananen, Drachenfrüchte, Ananas, Pomelos, aber auch Gurken, Tomaten, Möhren und Agavenblätter. Ohne Zusätze, mit etwas Wasser oder Eis wird schnell ein erfrischender Saft daraus. Ein Glas Saft kostet 20 000 Dong, das ist weniger als ein Euro, während die Standinhaberin mehr als eine Million Dong im Monat an den Ladenbesitzer abdrücken muss, vor dessen Fenster sie ihren Stand aufgebaut hat.

Ein paar Schritte weiter geht es gerade besonders lebhaft zu. Der gesamte Gehweg ist blockiert von der ›Küche‹ und dem ›Speisesaal‹ einer vietnamesischen Pizzeria. Dünne Reismehlfladen liegen schon stapelweise bereit, ein junger Mann zerbricht mit einer Hand ein Ei, lässt Eiweiß und Eigelb auf den Fladen fließen. Seine rotbeschürzte Kollegin streut geriebenen Käse darüber, legt einige Salamischeiben auf, sprenkelt Gewürze. Dann kommt das Ganze für ein paar Minuten auf einen der großen Holzkohlegrills, die mitten auf dem Gehweg aufgebaut sind. Die Nachfrage ist enorm: Wie die Hühner auf der Stange sitzen die meist jungen Gäste auf niedrigen Stühlchen auf dem Gehweg, warten auf Ihre Pizza oder mampfen vor sich hin. Alle sind gut gelaunt und schauen erstaunt auf die andere Straßenseite. Dort breitet sich ein Kentucky Fried Chicken aus – und ist völlig leer.

■ Tempel des Jadekaisers

In der 73 Mai Thi Luu befindet sich der Tempel des Jadekaisers (Chua Ngoc Hoang), der 1909 von Chinesen aus der Provinz Guangdong erbaut wurde. Das von außen unscheinbare zweistöckige Gebäude mit einem Schildkrötenteich auf der rechten Seite weist innen eine unüberschaubare Vielfalt von buddhistischen und daoistischen Götter- und Heiligenfiguren auf.

Der Tempel besteht aus zwei nebeneinander liegenden Gebäuden. Man betritt das rechte durch einen Eingang mit ungewöhnlichen Metallsäulen und einer Metalltafel mit Inschrift und wird empfangen vom Torgott rechts und dem Erdgott links. Seitlich des ersten Altars stehen zwei riesige, bedrohlich aussehende Gestalten: der General, der den grünen Drachen besiegte, rechts, und der General, der den weißen Tiger besiegte, links, jeweils ihr Opfertier mit einem Fuß niederhaltend. Die kleinen Figuren auf dem Altar sind von links nach rechts: die Mutter der fünf Buddhas der Himmelsrichtungen (die fünfte ist nach chinesischer Tradition die Mitte), der Höllenkönig, Maitreya (der Buddha der Zukunft), Quan Am (die Göttin der Barmherzigkeit) und ein Bild von Thich Ca (der vietnamesischen Version von Sakyamuni, dem historischen Buddha). Dahinter steht in einem Glaskasten eine wertvolle **Sandelholzstatue des Nhu-Lai-Buddhas**.

Auf dem hinteren Altar sitzt in der Mitte der **Jadekaiser,** die höchste Gottheit des Volksdaoismus, umgeben von seinen Wächtern, die wegen ihrer Härte ›die vier Diamanten‹ genannt werden. Den davor stehenden Altar flankieren sechs Figuren, die vier äußeren sind Wächter, die den Gott des südlichen Polarsterns (rechts) und den Gott des nördlichen Polarsterns einrahmen. Hinter diesen Dreierreihen und den Sitz des Jadekaisers flankierend stehen auf etwa vier Meter hohen Säulen rechts der Sonnengott und links die Mondgöttin.

▲ Karte S. 321

Auf dem linken Seitenaltar befindet sich **Ong Bac De**, der als Reinkarnation des Jadekaisers angesehen wird. Oben an der Außenwand ist der Gott des Blitzes zu sehen, unter dem seine Wächter und die Generäle Ong Bac Des auf zwei Ebenen stehen. Auf dem rechten Seitenaltar wird noch einmal Phat Mau Chuan De dargestellt, die Mutter der Buddhas der fünf Himmelsrichtungen. Sie trägt zwei weitere Gesichter hinter ihren Ohren.

Man kann nun nach rechts in einen Seitenraum gehen, in dem eine etwas unebene Treppe in den ersten Stock führt. Oben befindet sich noch einmal eine Quan-Am-Figur, und die 18 La Han werden teilweise als Figuren, teilweise als Gemälde dargestellt. Vom **Balkon** hat man einen guten Blick auf die Dächer des Tempels, die mit Porzellan- und Glasscherben geschmückt sind.

Wieder im Erdgeschoss erlebt man im linken Gebäude die fantasiereiche Götter- und Himmelsvielfalt des Volksdaoismus. Über den Raum präsidiert ganz hinten der **Höllenkönig** (Thang Hoang). Ihm zur Seite stehen rechts der Gott des Yang (das männliche Element) und links der Gott des Yin (das weibliche Element). Neben den beiden stehen vier mit hohen Hüten bekleidete merkwürdige Gestalten, die man sonst in Tempeln nicht dargestellt findet und über die nur zu erfahren war, dass sie das Böse bestrafen und das Gute belohnen. Auf der linken Seite befindet sich das rote Pferd des Höllenkönigs. Die Wände des mittleren Teils des Raumes schmücken hervorragend in dunkles Holz geschnitzte Darstellungen der daoistischen Höllenqualen, die die Menschen für ihre Verfehlungen erwarten. Über jeder der zehn Höllen thront

Holzrelief mit den Qualen der Hölle im Tempel des Jadekaisers

ein Richter, der die in einem Buch verzeichneten schlechten Taten Verstorbener studiert.

Auch auf der dem Höllenkönig gegenüber liegenden Wand befinden sich zwei geschnitzte **Holztafeln**. Die rechte zeigt wieder den Herrscher über die Hölle, die linke **Quan Am Thi Kinh**, eine besondere Darstellung der Quan Am mit Kind. Ihre Legende entstand im 16. Jahrhundert, als der Buddhismus nicht mehr offizielle Religion des Landes war und deshalb versuchte, sich durch eine Popularisierung über Wasser zu halten. Mit ursprünglichen buddhistischen Ideen haben solche Heiligenerzählungen nichts mehr zu tun, und die Vermischung mit daoistischen Legenden ist ganz offensichtlich, wobei auch diese sich von den eigentlichen Ideen des Daoismus weit entfernt haben. Man wandte sich an die einfachen Menschen, die nicht die Muße des Klerus haben, sondern mehr an Lebenshilfen und Vorbildern interessiert waren.

Hinter der Zwischenwand im Tempel verbirgt sich ein weiterer faszinierender kleiner Raum, in dem sich auf einem Bord zwölf **Frauenfiguren** befinden, die die menschlichen Charakterzüge darstellen sollen. Jede dieser Frauen steht auch für ein Jahr aus dem zwölfjährigen Kalenderzyklus. Die kleinen Figuren werden von den Tempelbesuchern hoch verehrt, was sich in der Vielzahl ihrer Seidenumhänge ausdrückt. Die größere Figur ist Kim Hoa Thanh Mau, die Herrscherin über die Frauen.

Der Tempel des Jadekaisers

▲ Karte S. 321

Die Legende von Thi Kinh

Nach der Legende war Thi Kinh ein hübsches, gelehriges und tugendvolles Mädchen und zudem die zehnte Wiedergeburt eines Bonzen. Sie heiratete Thien Si, der eines Abends auf dem Bett lag und einschlief, während seine Frau neben ihm saß und nähte. Sie bemerkte dabei, dass ein Haar seines Barts in die falsche Richtung wuchs und wollte es abschneiden. Da wachte Thien Si auf und glaubte, seine Frau wollte ihn mit der Schere ermorden. Ihre Beteuerungen halfen nichts, er warf sie aus dem Haus. Thi Kinh verkleidete sich als Mann und fand schließlich Unterschlupf in einem Kloster. In den Kleidern eines ›jungen Bonzen‹ sah sie sich binnen kurzem den amourösen Annäherungen der Tochter eines reichen Landbesitzers ausgesetzt. Als der ›Bonze‹ sich verweigerte, gab sich die verzogene Dame einem Knecht hin, der sie prompt schwängerte. Um vor den Augen des Dorfes bestehen zu können, schob sie alle Schuld auf die verkleidete Thi Kinh. Der Abt löste seinen ›Bonzen‹ zwar mit einer großen Geldsumme aus, verbannte ›ihn‹ aber nach draußen in das Torhaus der Pagode. Die Tochter des Landbesitzers gebar einen Jungen, den sie im Kloster ablieferte. Thi Kinh kümmerte sich um das Kind und setzte sich täglich der Qual aus, im Dorf um Milch betteln zu müssen. Bald verlor sie ihre Gesundheit und schrieb einen Brief an ihre Eltern, um die ganze Angelegenheit aufzuklären und sie zu bit-

Der Chua Vinh Nghiem

ten, das Kind dem Abt anzuvertrauen. Daraufhin starb sie, und die Wahrheit ihrer Geschichte kam ans Licht. Die Moral dieser Legende zielt deutlich auf die Vorstellungen von kindlicher Pietät und guter Taten im Konfuzianismus, der die Gesellschaft beherrschte und zu dem sich der populäre Buddhismus nicht in Widerspruch setzen wollte.

Chua Vinh Nghiem

An der großen Ausfallstraße nach Nordwesten (die zum Flughafen, nach Cu Chi und Thay Ninh führt), der Nam Ky Khoi Nghia, liegt an einem Kanal eine moderne, intensiv von der Bevölkerung genutzte Pagode. Sie wurde mit Unterstützung der japanisch-vietnamesischen Freundschaftsgesellschaft erbaut und 1971 geweiht. Eine klare Architektur und beträchtliche Dimensionen sind ihre wichtigsten Charakteristika.

An der Straße fällt zunächst ein 35 Meter hoher, siebenstöckiger Turm auf, der **Quan Am**, der Göttin der Barmherzigkeit geweiht ist. Im Prinzip kann man ihn ersteigen, doch er ist meist verschlossen. Daneben gibt es einige Läden.

Vom Vorhof führt eine breite Treppe direkt zur mit einem doppelten Fußwalmdach versehenen imposanten **Haupthalle** des Tempels, in der nicht ein unüberschaubares Pantheon von kleinen Figuren hinter dem Altar aufsteigt, sondern in dem drei große Buddhastatuen die Aufmerksamkeit der Gläubigen anziehen, der historische Buddha Sakyamuni in der Mitte, flankiert von Manjushri (Van Thu, dem Buddha der Weisheit) und Samantabhadra (Pho Hien, dem Buddha der Meditation). Der Rest der geräumigen Halle ist weitgehend leer, so dass sich zu den buddhistischen Feiertagen eine große Menge von Gläubigen hier versammeln kann.

Die Seitengebäude werden von zahlreichen Mönchen und Nonnen bewohnt, und unter der Bethalle befinden sich Büros, Versammlungs- und Speiseräume für Pilger oder Teilnehmer an Beerdigungsfeiern. Denn hinter der Pagode und geomantisch günstig direkt am Kanal erhebt sich ein weiterer Turm, der vollständig mit den Urnen Verstorbener bestückt ist: Ähnlich in der Form, meist mit einem Bild und den Lebensdaten des oder der Verstorbenen versehen, reihen sich die Tongefäße auf den Regalen – die städtische Alternative zu den Gräbern mitten in den Reisfeldern, die man bei Fahrten über Land häufig antrifft.

Cho Lon

Cho Lon ist ein lebhaftes Viertel nördlich des Tau-Hu-Kanals, in dem vor allem Chinesen leben. Zwischen den großen Verbindungsstraßen beherrschen enge Gassen das Bild, die meisten gesäumt von zwei- bis dreistöckigen Häusern, die unten auf der gesamten Front zur Straße offen sind, so dass man direkten Zugang zum Laden oder zur Werkstatt hat, die sich in fast jedem Haus im Erdgeschoss befinden. Inzwischen wird auch in diesem Stadtteil intensiv gebaut: Die Häuser werden höher, größer und verschlossener, unterhalb der Straße werden Wasser-, Gas-, Strom- und Telekommunikationsrohre verlegt.

Neuere Häuser in Cho Lon

▲ Karte S. 335

Mopedfahrer auf dem Binh-Tay-Markt

■ Binh-Tay-Markt

Das Herzstück, vielleicht auch die Seele, auf jeden Fall aber das kommerzielle Zentrum von Cho Lon, was übersetzt ja ›großer Markt‹ heißt, ist der Cho Binh Tay, der größte Markt der Stadt. Er befindet sich im Südwesten, zwischen der Hau Giang und der Ben Phan Van Khoe. Es lohnt sich, einfach einmal durch die Gänge des Marktes und die Gassen der Umgebung zu spazieren, sich treiben zu lassen und die Menschen bei ihren Alltagsbeschäftigungen, von denen viele mangels Platz auf der Straße stattfinden, zu beobachten. In fast jeder Gasse hat mindestens eine Familie ihren Laden in ein Café umgewandelt, in dem man auf niedrigen Stühlchen hockend sich erfrischen und ausruhen kann, und in einem chinesischen Viertel fehlt es auch nicht an einfachen Restaurants. Derart gestärkt kann man sich in das Straßengewirr von Cho Lon stürzen und folgt zunächst der Thap Muoi vom Markt aus nach Osten.

■ Kirche Cha Tam

Zwischen dem Häusermeer Cho Lons ragt der Turm einer christlichen Kirche auf (25 Hoc Lac), die zwar architektonisch keine Besonderheiten bietet, eher

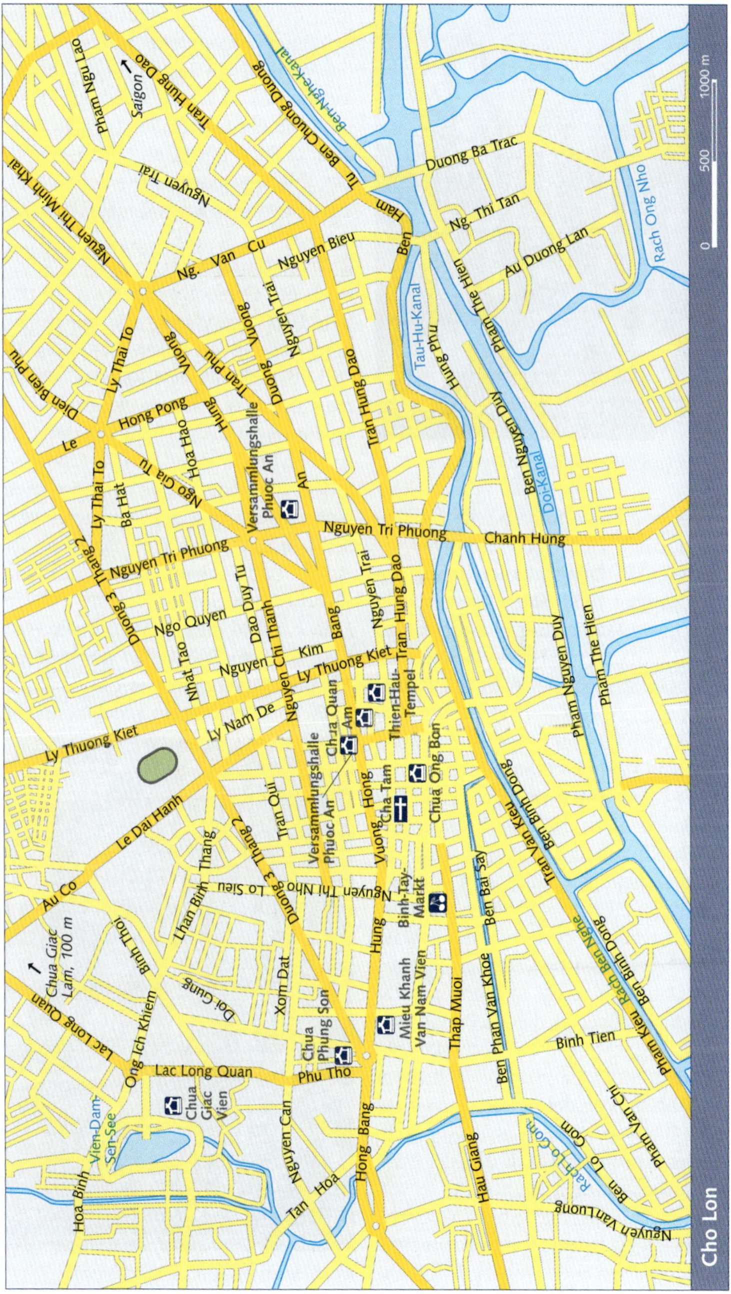
Cho Lon
0
500
1000 m
Saigon
Pham Ngu Lao
Tran Hung Dao
Ben Chuong Duong
Ben-Nghe-Kanal
Nguyen Trai
Nguyen Thi Minh Khai
Ham Tu
Duong Ba Trac
Ng. Thi Tan
Au Duong Lan
Rach Ong Nho
Ng. Van Cu
Nguyen Bieu
Ben Ham Tu
Tau-Hu-Kanal
Hung Phu
Pham The Hien
Tran Phu
Hung Vuong
Duong An Duong Vuong
Ly Thai To
Dien Bien Phu
Le Hong Pong
Hoa Hao
Ngo Gia Tu
Ba Hat
Versammlungshalle Phuoc An
Nguyen Tri Phuong
Chanh Hung
Ben Nguyen Duy
Doi-Kanal
Duong 3 Thang 2
Ngo Quyen
Dao Duy Tu
Nguyen Chi Thanh
Nguyen Kim
Bang
Ly Thuong Kiet
Tran Hung Dao
Thien-Hau-Tempel
Chua Quan Am
Ly Nam De
Nhat Tao
Pham Nguyen Duy
Pham The Hien
Versammlungshalle Phuoc An
Hong
Cha Tam
Chua Ong Bon
Tran Qui
Vuong
Le Dai Hanh
Ben Binh Dong
Tran Van Kieu
Lhan Binh Thang
Lo Sieu
Nguyen Thi Nho
Binh-Tay-Markt
Ben Bai Say
Au Co
Chua Giac Lam, 100 m
Binh Thoi
Doi Cung
Xom Dat
Hung
Mieu Khanh Van Nam Vien
Thap Muoi
Phan Van Khoe
Rach Ben Nghe
Ben Binh Dong
Phan Kieu
Binh Tien
Lac Long Quan
Ong Ich Khiem
Chua Phung Son
Phu Tho
Chua Giac Vien
Vien-Dam-Sen-See
Hoa Binh
Nguyen Can
Tan Hoa
Hong Bang
Hau Giang
Rach-Lo-Gom
Ben Lo Gom
Phan Van Chi
Nguyen Van Luong

Der Süden

In der katholischen Kirche Cha Tam

wie eine größere französische Landkirche aussieht, aber von historischer Bedeutung ist. Denn hierher flohen am 2. November 1963, einen Tag nach dem Putsch, der katholische Präsident Ngo Dinh Diem und sein Bruder, der als gnadenloser Strippenzieher in der Politik und vor allem im Kampf gegen die buddhistische Opposition galt und äußerst unbeliebt war. Die Diem-Sippe war mit Unterstützung des amerikanischen Geheimdienstes an die Macht gekommen und hatte sich sicher gefühlt, auch als sie alle wichtigen Ämter aus der kleinen Minderheit der Katholiken besetzte. Doch nachdem mehrere buddhistische Mönche sich auf den Straßen Saigons und Cho Lons selbst in Brand gesetzt hatten, worüber in der US-Presse ausführlich berichtet wurde, wechselten die Amerikaner die Seiten und unterstützten den Putsch. Von der Kirche aus verhandelte Diem über freies Geleit, wunderte sich jedoch, als schließlich statt der Präsidentenlimousine ein Schützenpanzer vorfuhr. Kaum waren die beiden Diktatoren eingestiegen, wurden sie von Begleitsoldaten erschossen. Als die Nachricht über den Tod des Ex-Präsidenten über den Rundfunk verbreitet wurde, tanzten die Menschen in Saigon auf der Straße. Auf dem Gelände der Kirche liegt zudem das **Grab des päpstlichen Legaten François Xavier Tam Assou** (1855–1934), der, wie die meisten Menschen hier, aus einer chinesischen Familie stammte.

▲ Karte S. 335

Thien-Hau-Tempel

Nach der Legende lebte etwa um das Jahr 1000 ein Mädchen in der ostchinesischen Provinz Fujian, das reiche Fischer bat, sie auf eine Reise mitzunehmen. Da sie sich alle weigerten, musste sie auf einem kleinen Boot mitfahren. Es kam ein Sturm auf, doch das Mädchen rettete das Boot, das sie mitgenommen hatte, während die anderen untergingen. Seitdem galt sie als Schutzpatronin der Fischer und Seeleute, der in Südchina zahllose Tempel geweiht sind.

Man kann an diesem Mieu Thien Hau (710 Nguyen Trai), einer der größten Tempelanlagen mitten in Cho Lon, die typische Konstruktion südchinesischer

Herrichten der Thien-Hau-Statuen

Tempel beobachten. An der Straße liegt ein Vorhof, auf den eine Torhalle folgt, die zu einem Innenhof führt. Seitlich des Innenhofes befinden sich Versammlungs-, Ess- und Ruheräume. Hinter dem Innenhof und wieder auf der zentralen Achse liegt der eigentliche Tempelbezirk, der mehrere Hallen mit Innenhöfen umfassen kann. Auf der zentralen Achse stehen vor dem Hauptaltar mehrere sandgefüllte Becken, in die die Räucherstäbchen gesteckt werden. Im Thien-Hau-Tempel gibt es sehr schöne Exemplare aus Bronze und kleinere aus Messing. Der Rauch überträgt Botschaften an die Göttin und an Verstorbene, so dass es günstiger ist, wenn die Räucherstäbchen lange brennen. Man sieht also manchmal einen Meter lange und fünf Zentimeter dicke Exemplare, noch beliebter sind aber die langen Spiralen, die hier in großer Zahl unter die Decke gehängt werden. Sie brennen bis zu einem Monat. Gläubige hängen einen Zettel mit ihrem Namen und dem Wunsch hinein, der dann über das Rauchtelefon an die Göttin geschickt wird. Wenn man im Innenhof den aufsteigenden Rauch verfolgt, werden einem die üppig und bunt verzierten **Dachfirste** auffallen. Aus Porzellan- und Glasscherben wurden da ganze Figurenszenen geformt, Symbole der Macht (wie der Drache), des Reichtums (runde Münzen mit einem viereckigen Loch in der Mitte) und des Glücks (wie der Fisch) finden sich überall.

Die mit vielen Umhängen bedeckte **Statue der Thien Hau** steht auf dem Hauptaltar, flankiert von der Göttin der Fruchtbarkeit und der Ehefrau des Beherrschers des Südens (links). Seitlich erinnert ein Schiff an Thien Haus Reise. Die Helfer haben inzwischen wieder reichlich zu tun, die gespendeten Blumen aufzustellen, die Glocke zu läuten, um die Aufmerksamkeit der Göttin zu erregen, und

Eingang zum Thien-Hau-Tempel

die Spendenzettel zu schreiben, die bei größeren Beträgen an den Seitenwänden aufgehängt werden. ›Tue Gutes und rede darüber‹ gilt auch hier.

Thien-Hau-Tempel, 710 Nguyen Trai; tägl. 6–18 Uhr.

Chua Ong Bon

Von der Bestimmung her ist dieser Tempel (264 Hai Thuong Lan Ong/Ecke Phung Hung) buddhistisch, und so werden in einem Raum rechts auch Thich Ca und Quan Am verehrt, doch im Mittelpunkt steht eigentlich der daoistische, stets mit einem Bart dargestellte Ong Bon, denn er ist der Gott des Reichtums, dem hier jedermann huldigt.

Chua Quan Am

Der Chua Quan Am (12 Lao Tu) wurde 1816 von Chinesen aus Fujian gegründet. Die heutigen Gebäude sind wesentlich jüngeren Datums, und Renovierungen in den letzten Jahren haben ein buntes Bild buddhistischer und daoistischer Figuren hinterlassen. In mehreren Räumen findet sich die Figur der beliebten Göttin der Barmherzigkeit, Quan Am, in der Haupthalle flankiert von Thich Ca und Di Lac. Dieses Trio wird überragt von A Pho, der daoistischen Himmelskaiserin. Auf den Seitenaltären finden sich weitere Bodhisattvas und La Han. Der daoistische Aspekt wird zudem durch eine Statue der Thien Hau und anderer daoistischer Götter in den hinteren Räumen vertreten.

Versammlungshalle Phuoc An

Der Hoi Quan Phuoc An (184 Hung Vuong) ist eine Versammlungshalle der Chinesen aus der Provinz Fujian. Sie entstand 1902 und hat mit die schönsten Schnitzereien der Tempel Cho Lons. Man beachte das vergoldete Relief über dem Eingang, außerdem die Altäre und die Verzierungen der Säulen. Verehrt wird hier General Quan Cong aus dem 3. Jahrhundert. Neben dem Eingang steht sein rotes Pferd aus Pappmaché, das Gläubige berühren, bevor sie eine Reise antreten.

Mieu Khanh Van Nam Vien

Dieser Tempel (269 Nguyen Thi Nho, Eingang an der Seitengasse Lo Sieu) ist insofern außergewöhnlich, als er rein daoistisch orientiert ist. Er wurde zwischen 1939 und 1942 von Chinesen aus der Provinz Guangdong errichtet. Schon draußen in der Gasse werden fleißig Räucherstäbchen und Amulette verkauft, und über einen Vorhof betritt man das rote Tempelgebäude.
Von den vier Figuren hinter dem Altar vertreten die beiden äußeren die acht Unsterblichen des Daoismus. Dazwischen stehen der konfuzianische Dichter Van Xuong und die buddhistische Göttin Quan Am. Auf dem rechten Seitenaltar findet sich Huynh Dai Tien, ein Schüler Laozis, des Begründers des Daoismus, und auf dem linken Hoa De, ein Heilkun-

Der Mieu Kanh Van Nam Vien

Karte S. 335

diger aus der chinesischen Han-Dynastie (206 vor Christus–220 nach Christus). Im oberen Stockwerk, das über eine Treppe links zu erreichen ist, wurde dem Eremiten Laozi ein merkwürdiger Pop-Art-Heiligenschein verpasst. Interessanter sind jedoch zwei in die Wand eingelassene Steinplatten, die als Anleitung für Atemübungen dienen. Sie stellen den menschlichen Körper als Landschaft dar: Das Zwerchfell ist unten, darüber pflügt ein Bauer mit einem Wasserbüffel den Magen, die Niere ist durch ein Yin-Yang-Zeichen symbolisiert, die Leber als Bambushain, die Kehle als Pagode, der Mund als Regenbogen. Der Daoismus lehrt schließlich die Einbettung des Menschen in die Natur und kennt vielfältige Entsprechungslehren zwischen Mensch und Natur, zwischen dem Mikro- und dem Makrokosmos.

Chua Phung Son

Nicht weit entfernt liegt am Rand von Cho Lon die Phung-Son-Pagode (1408, 3 Thang 2, kurz vor der Einmündung der Hung Vuong). Der Tempel entstand zwischen 1802 und 1820 auf historischem Grund. Bei Grabungsarbeiten fand man nämlich 1988 Funde aus der Funan-Kultur. Außerdem rankt sich eine Legende um diese Pagode: Weil man die Pagode verlegen wollte, wurden alle Statuen und Ritualobjekte auf den Rücken eines weißen Elefanten gepackt, der ob des großen Gewichts jedoch ausrutschte, wodurch seine Last in einen kleinen See polterte. Dies wurde als Zeichen interpretiert, die Pagode an ihrem Standort zu belassen. Man konnte alle Gegenstände aus dem Teich bergen, außer der Glocke, die aber weiter bei Vollmond oder Neumond geläutet haben soll.

Zur Besichtigung geht man am besten rechts an dem langgestreckten Gebäude vorbei und benutzt den hinteren rechten Eingang, sollte dann aber innen wieder ganz zurückgehen, um die Pagode sozusagen ›von vorne nach hinten‹ zu betrachten.

Statue der Quan Am im Chua Phung Son

Mit dem Rücken zur Außenwand stehen drei Wächterfiguren dem Hauptaltar gegenüber, in der Mitte Weituo, der buddhistische Hauptwächter und Götterbote. Vor ihnen ragt ein Lichterbaum auf, der inzwischen sogar elektrisch betrieben wird, eine praktische Einrichtung, denn statt Kerzen anzuzünden, kann man einfach eine kleine Glühbirne anschalten. An den Seitenwänden rechts und links sind die zehn Höllenkönige zu sehen. An den vergoldeten Figuren kann man gut erkennen, dass jeder Höllenkönig eine Tafel hält, auf der die schlechten Taten der Menschen verzeichnet sind.

Auf dem **Hauptaltar** steigt ein beeindruckendes Pantheon von Götterfiguren auf. Ganz vorne befinden sich fünf etwa 30 Zentimeter hohe Figuren, in der Mitte A Di Da, daneben jeweils zwei Bodhisattvas, die alle auf ungewöhnlichen Reittieren abgebildet sind. Dahinter ist in der Mitte ein weiterer A Di Da, flankiert von einem wertvollen Thich Ca in einem Glaskasten und zwei Wächtern. Den Abschluss bilden zwei Reihen von Buddhafiguren, jeweils mit dem historischen Buddha Sakyamuni in der Mitte.

Auf einem **Seitenaltar** links steht eine Statue des indischen Mönches Bodhidharma, der sich auf den Buddhaschüler Kasyapa berief und ein Meister der Meditation war. Etwa im Jahr 500 brachte er den ›Versenkungsbuddhismus‹ nach China, wo er Chan-Buddhismus genannt wird. Aus ihm entwickelte sich später die japanische Form des Buddhismus, der Zen-Buddhismus. Auf dem rechten Seitenaltar befindet sich eine Quan-Am-Statue.

Im Durchgang zur zweiten Halle stehen auf einfachen Tischen weitere Buddhafiguren sowie Ahnentafeln verstorbener Mönche; an den Wänden hängen ihre Porträts. Hier befinden sich auch rechts eine Glocke und links eine Trommel.

Die **zweite Halle** hat in der Mitte einen weiten Innenhof mit einem künstlichen Berg, vor dem sich eine große Quan Am erhebt. Zahlreiche gespendete Statuen stehen in diesem Raum und schauen alle auf den Berg.

Im hinteren Raum sind eine ganze Reihe älterer Figuren in Vitrinen und Schränken eingeschlossen, darunter auch sehr harmonisch gestaltete alte Buddhas. Seitlich stehen vor zwei Plattformen aus Rosenholz, auf denen Tempelbesucher sitzen oder schlafen können, die Figuren des Gründers der Pagode, Hue Minh, rechts, und seines Nachfolgers, Hue Thanh, links. Auf den Altären ganz hinten steht vorne in der Mitte eine 18-armige Quan Am, daneben zwei Wächter, dahinter in der Mitte A Di Da, flankiert von zwei Bodhisattvas. Außerdem finden sich hier Ahnentafeln, Fotos von Mönchen und von verstorbenen Gläubigen.

▶ Karte S. 335

Zur Durchführung von Trauerfeiern werden gerne buddhistische Mönche eingeladen, die die Zeremonien leiten. Sie finden teilweise im Haus des Verstorbenen, teilweise in der Pagode statt. Nach der Kremierung kann man die Urne mit der Asche des Toten im Tempel aufbewahren lassen, und so findet sich auch hier in einem Nebengebäude rechts eine große Sammlung von Urnen. Davor, Richtung Straße, liegt ein **Friedhof** mit zahlreichen Beerdigungsstupas für verdiente Mönche und sonstige Honoratioren, über die eine große, leuchtend weiße Betonfigur der Quan Am wacht.

■ Chua Giac Vien

Wie der Chua Giac Lam wurde auch der Chua Giac Vien im 18. Jahrhundert gegründet und weist zudem architektonisch große Ähnlichkeiten auf. Die Anlage ist jedoch wesentlich zurückhaltender und stiller und wird von Gläubigen weniger genutzt. Zunächst gelangt man in einen großen, mit Tischen zugestellten Speiseraum für Pilger und Trauergesellschaften. Im Zwischenraum steht die Statue des Gründungsabtes Hai Tinh Giac Vien, Porträts mehrerer anderer Äbte hängen an den Wänden.

Im Gebetsraum befindet sich auf dem **Hauptaltar** in der ersten Reihe Thich Ca mit vier Bodhisattvas, hinter ihm der Dickbauchbuddha Di Lac, auf dem Kinder herumkrabbeln, daneben eine kleine Statue des Thich Ca. Es folgt nochmals Thich Ca, diesmal flankiert von seinen Lieblingsschülern Ananda (links) und Kasyapa (rechts) und ganz hinten der Buddha der Vergangenheit. Auf den Seitenaltären stehen rechts Quan Am und links der Medizinbuddha. Dem Hauptaltar gegenüber befindet sich eine Statue des buddhistischen Tempelwächters und Götterboten. Links neben dem Altar steht ein Wunschbaum, auf dem Öllämpchen entzündet werden können. Auf den seitlichen **Wandaltären** findet man links hinten den Meeresgott, auf dem nächsten Tisch den Erdgott sowie die Höllenkönige. Die Figuren sind allerdings nicht besonders ausdrucksstark gearbeitet. Die Schnitzereien an den Säulen und Altären hingegen sind kunstvoll ausgeführt. Anders als die Giac-Lam-Pagode hat die Giac-Vien-Pagode an den Seiten jeweils einen Innenhof und ein Nebengebäude. Das linke blieb erhalten, während das rechte 1994 neu aufgebaut wurde. Der Chua Giac Vien liegt abseits der Lac Long Quan, ein etwa 400 Meter langer Weg bei Nr. 247 führt dorthin, unterwegs passiert man einen Torbogen mit dem Namen der Pagode.

Chua Giac Lam

Die schönste und vermutlich älteste Pagode im noch jungen Ho-Chi-Minh-Stadt ist der Chua Giac Lam (118 Lac Long Quan). 1744 soll an dieser Stelle ein Tempel gegründet worden sein, der 1804 erweitert und 1908 renoviert wurde. Die flachen, mit einem sehr kurzen First versehenen Gebäude stehen in einem weiten Garten, in den auf der Zentralachse am 24. Juni 1953 ein Bodhibaum aus Sri Lanka gepflanzt wurde, da der Buddha unter einem solchen Baum die Erleuchtung erlangt haben soll. Hinter ihm befindet sich eine gleißend weiß gekalkte große Quan Am. Man betritt die Pagode durch den rechten Seiteneingang und gelangt in einen großen Versammlungs- und Esssaal, an den sich links der Altarraum anschließt.

Auf dem aufsteigenden **Sanktuarium** befinden sich einige recht alte und wertvolle Statuen, die meist aus dem sehr harten Holz des Jackfruchtbaums geschnitzt sind. In der ersten Reihe ist in der Mitte Thich Ca zu finden, flankiert von vier Bodhisattvas. Hinter ihm sitzt der lachende

Der Hauptaltar im Chua Giac Lam

Dickbauchbuddha Di Lac, über dessen Körper hier fünf Kinder krabbeln. Dahinter steht eine Darstellung des Thich Ca als Kind, die im Norden sehr häufig, im Süden jedoch selten anzutreffen ist. Hinter ihm befindet sich eine weitere Thich-Ca-Statue aus Bronze, die als die älteste der Stadt gilt. Umgeben wird der historische Buddha von zwei Wächtern und seinen Lieblingsschülern At Nan (Ananda) und Ca Diep (Kasyapa). Den Abschluss bildet A Di Da (Amitabha, der Buddha des unermesslichen Glanzes und der Vergangenheit). Beachtenswert sind auch die kunstvollen Schnitzereien an den Säulen und rund um den Altar. An der Rückwand steht genau auf der Achse des Altars und des Gebäudes mit Blick auf den Altar der buddhistische Wächter und Götterbote sowie ein Höllenwächter. An den Seitenwänden befinden sich rechts zwei Glocken und links zwei Trommeln. Die Figuren stellen zweimal die 18 La Han sowie die zehn Höllenkönige dar. Der Wunschbaum hat 49 Arme, auf denen jeweils ein Bodhisattva sitzt. Gläubige können ihren Wunsch auf einen Zettel schreiben, hier anheften, etwas Brennstoff spenden und das Lämpchen anzünden, damit der Wunsch bald in Erfüllung geht.

Im großen **Versammlungsraum** befinden sich an der Rückfront des Altars drei kleinere Altäre mit Porträts und Ahnentafeln ehemaliger Äbte. Eine weitere Reihe von Altären dient kürzeren Feierlichkeiten, etwa bei Trauerfeiern oder an Gedenktagen für Verstorbene. Die zahlreichen Fotos und Ahnentafeln auf den Seitenaltären erinnern an verstorbene Gläubige.

Auf der Mittelachse befinden sich weiterhin Altäre für Quan Am und Sakyamuni. Dazwischen stehen lange Reihen von Tischen, an denen Pilger an Feiertagen ihre Mahlzeiten einnehmen. Man sollte sich die Zeit nehmen, die vielen ansprechenden Details von Verzierungen und Einrichtungen zu betrachten, vor allem die Möbel und die schmiedeeisernen Lampen.

Vom Versammlungssaal gelangt man in einen Innenhof, an den sich ein weiterer **Speisesaa**l anschließt. Rechts davon liegt eine große **Küche**, die die zahlreichen Trauergesellschaften versorgt, die hier nach den Beerdigungsriten verköstigt werden. Für die Riten und zur Aufbewahrung der Urnen entstand rechts vom Hauptgebäude ein Anbau. Im Garten wurde zudem ein begehbarer siebenstöckiger **Turm** errichtet, in dem Urnen von Verstorbenen aufbewahrt werden. Neben dem Tempel liegt ein **Friedhof** mit einigen großen Beerdigungsstupas von Mönchen. Die Umfassungsmauer und einige Stupas sind mit blau-weißen, in den Putz eingelassenen Tellern verziert, von denen sich einige auch in einem Zierband unterhalb des Dachs der Pagode wiederfinden.

Museen

■ Geschichtsmuseum

Das Museum (Bao Tang Lich Su) wurde 1929 von den Franzosen als Museumsbau eingeweiht und hieß bis 1956 Musée Blanchard. Danach wurde es von der südvietnamesischen Regierung als Nationalmuseum betrieben. Seit 1979 wird es als Geschichtsmuseum bezeichnet, es ist jedoch eine Darstellung vielfältiger kultureller Zeugnisse, die auf dem Gebiet des heutigen Vietnam entstanden sind. Der Schwerpunkt liegt auf tatsächlichen archäologischen Funden, teilweise auch Kopien, und die Belehrungen halten sich in Grenzen. Die Räume wurden teilweise modernisiert und mit verbesserter Lichttechnik ausgerüstet. Die Beschriftung lässt noch zu wünschen übrig.

▶ Karte S. 335/321

Zu den Höhepunkten der Ausstellung gehören **Bronzetrommeln der Dong-Son-Kultur** (Räume 2, 3), **Goldmünzen und -schmuck aus Oc Eo** (2./3. Jahrhundert, Raum 7), **Keramiken** von Häusern und Höfen, wie sie in China während der Han-Dynastie beliebt waren (3. Jahrhundert, Raum 3), **Stein- und Bronzefiguren aus dem Reich Champa** (8.–10. Jahrhundert, Raum 6), zahlreiche religiöse und sonstige **Tempelfiguren** aus diversen Jahrhunderten, eine **Mumie** aus dem 19. Jahrhundert sowie **Porzellan** aus dem 17. bis 19. Jahrhundert.

Ho-Chi-Minh-Museum

In herrlicher Lage an der Mündung des Ben-Nghe-Kanals in den Saigon-Fluss steht das 1863 fertiggestellte ehemalige Zollhaus in kolonialem Stil und luftigem Design. Wegen seiner Drachendekoration auf dem First wird es auch gern ›Drachenhaus‹ genannt. Von seinem Balkon hat man einen herrlichen Blick auf den Fluss, Teile des Hafens und die Pier in der Umgebung der Dong Khoi.

Das ist auch schon der Höhepunkt des Museums (Bao Tang Ho Chi Minh), denn Ho Chi Minhs Lebensgeschichte wird hier doch sehr orthodox aus der Sicht der Partei erzählt. Kein Vergleich zum Ho-Museum in Hanoi.

Kunstmuseum

Im obersten Stockwerk des Museums (Bao Tang My Thuat) sind sehr schöne originale Statuen und andere Fundstücke aus dem Reich Funan und aus Champa zu sehen. Einen ziemlichen Kontrast dazu bietet das erste Stockwerk, das belegt, dass die Kunst lange dem aufoktroyierten ›sozialistischen Realismus‹ verschrieben war und heute einen sehr dekorativen Charakter hat. Das Erdgeschoss steht weitgehend Wechselausstellungen zur Verfügung.

Nandi-Figur der Cham

Museum für Kriegsrelikte

Im Alltag mag der Krieg heute kaum noch eine Rolle spielen, doch wenn man in diesem Museum (Bao Tang Chung Tich Chien Tranh) den Kriegsschrott, die Fotos und die Zahlen der amerikanischen Vernichtungsmaschinerie sieht, kommt das Grauen zurück: Knapp acht Millionen Tonnen Bomben wurden über dem Land abgeworfen, 45 Millionen Liter Agent Orange versprüht, weitere 35 Millionen Liter anderer Entlaubungsmittel – tatsächlich der Versuch, ein armes Land ›in die Steinzeit zurückzubomben‹. Sicher ist die Darstellung sehr einseitig, auch von der nordvietnamesischen Armee wurden Kriegsverbrechen begangen, aber die amerikanischen Greueltaten dürfen eben auch nicht verschwiegen werden.

Stadtmuseum

Zwei Straßen südlich des Wiedervereinigungspalasts liegt an der Ecke Nam

Panzer im Vorgarten des Museums für Kriegsrelikte

Ky Khoi Nghia/Ly Tu Trong das Stadtmuseum (Bao Tang Thanh Pho Ho Chi Minh) in einem barock-kolonialem Gebäude, das 1885 von dem französischen Architekten Alfred-Marie Foulhoux ursprünglich als Museum erbaut, dann aber als Residenz des Gouverneurs von Cochinchina genutzt wurde. Eine Zeitlang war es auch Residenz des südvietnamesischen Präsidenten Diem, unter seinem Nachfolger Thieu oberster Gerichtshof. 1978 wurde es als Revolutionsmuseum wieder der Öffentlichkeit zugängig gemacht, jetzt widmet es sich der Geschichte von Ho-Chi-Minh-Stadt. Die Darstellung der geradezu zwanghaften Entwicklung von der Steinzeit bis zur glorreichen Revolution ist sehr orthodox und didaktisch, von Realfunden kaum unterlegt. Interessant sind jedoch die neueren Ausstellungsstücke, vor allem die Fahrzeugsammlung im Garten.

i Ho-Chi-Minh-Stadt

Vorwahl: +84/8.

Caravelle (***), 19 Lam Son Square, Tel. 38234999, Fax 38243999, www.caravellehotel.com. Das erstklassige 5-Sterne-Hotel liegt neben der Oper. Vor allem das Frühstücksbuffet ist zu loben.

Hotel Continental (***), 132–134 Dong Khoi, Tel. 38299201, www.continentalsaigon.com. Das heute unter staatlicher Verwaltung stehende Kolonialhotel wartet mit großen, etwas altmodischen Zimmern auf.

Majestic (***), 1 Dong Khoi, Tel. 38295515, www.majesticsaigon.com.vn. Im kolonialen Stil modernisiertes historisches Hotel in herausragender Lage an der Ecke Dong Khoi/Uferstraße. Der Blick auf den Fluss muss allerdings durch den starken Verkehr auf der Uferstraße erkauft werden.

Park Hyatt (***), 2 Lam Son Square, Tel. 38241234, Fax 38237569, http://saigon.park.hyatt.com. Absolutes Spitzenhotel in bester Lage hinter der Oper. Die Zimmer haben einen etwas barock-amerikanischen Einschlag, die Gastronomie ist schlichtweg überwältigend.

Rex (***), 141 Nguyen Hue, Tel. 38292185, Fax 38296536, www.rexhotelvietnam.com. Das Traditionshotel hat sich fast über ein ganzes Karree ausgebreitet. Es bietet Zimmer von sehr unterschiedlichem Standard und Preis. Außerdem beherbergt es mehrere Restaurants, unter anderem im Innenhof und auf dem Dach.

Thao Dien Village (***), 197/1 Nguyen Van Huong, D2, Tel. 37442222, www.

▲ Karte S. 321/335

thaodienvillage.com. Wer der Hektik der Stadt entfliehen will, findet in diesem direkt am Saigon-Fluss gelegenen Boutique-Hotel mit 20 Zimmern mehr frische Luft und Ruhe.

Oscar (**), 68A Nguyen Hue, Tel. 38292958, Fax 38222958, www.oscarsaigonhotel.com. Standardhotel in zentraler Lage mit 107 Zimmern auf elf Stockwerken.

Royal (**), 133 Nguyen Hue, Tel. 38225914, Fax 38225913, www.royalhotelsaigon.com. Renoviertes Standardhotel mit 139 Zimmern in zentraler Lage.

Sanouva (**), 177 Ly Tu Trong, Tel. 38275275, www.sanouvahotel.com. Neu eröffnetes, modernes Hotel mit 53 Zimmern nahe dem Ben-Thanh-Markt.

Duc Vuong (*), 195 Bui Vien, Tel. 39206992, www.ducvuonghotel.com. 50 Zimmer in der Traveller-Gegend südwestlich des Ben-Thanh-Marktes warten, vor allem aber der angenehme Dachgarten mit Blick.

Elios (*), 233 Pham Ngu Lao, Tel. 38385584, www.elioshotel.vn. Neueres Hotel mit 81 einfach eingerichteten Zimmern unweit des Ben-Thanh-Marktes. Luftiges Dachrestaurant mit gutem Blick.

La Jolie (*), 4D Thi Sach, Tel. 35218999, www.lajoliehotel.com. Das Drei-Sterne-Hotel liegt etwas nördlich des Zentrums in der Nähe des Flusses.

Gehoben

Cuc Gach, 9 Dang Tat, Tel. 39480144. Etwas abseits nach Nordwesten, aber der Weg lohnt sich: sehr schön mit alten Fundstücken aus der vietnamesischen Geschichte dekoriertes Lokal, in dem hervorragende Küche serviert wird. Auch frische Säfte und Kokosnüsse.

Hoa Tuc, 74 Hai Ba Trung, Tel. 38251676, www.hoatuc.com. In einem großen Innenhof, in dem sich auch noch andere Lokale und Bars befinden, genießt man moderne vietnamesische Küche mit leicht französischem Einschlag auf der Terrasse im Hof oder gut gekühlt drinnen.

Hoi An, 11 Le Thanh Ton, Tel. 38237694. Sehr traditionelles, elegantes Dekor eines Holzhauses; hervorragendes Essen und bester Service. Das hat seinen Preis, verspricht aber einen harmonischen Abend.

Mandarin, 11A Ngo Van Nam, Tel. 38229783. Hervorragende vietnamesische und chinesische Küche in eleganter Umgebung.

Vietnam House, 93 Dong Khoi, Tel. 38291623. Restaurant mit einer variationsreichen Karte mit einem Schwerpunkt auf den delikaten Speisen aus Hue.

Preiswert

Chi Hoa, 31A Le Thanh Ton, Tel. 38273155. Frisches, helles, modernes Restaurant mit offener Küche, viel von den jungen Leuten genutzt, die in der Nachbarschaft arbeiten. Die Karte ist lang, es gibt auch organischen Tee und Cocktails.

Pho 24, 67 Hai Ba Trung. Hier gibt's preisgünstige Nudelsuppen fürs Mittagessen oder für zwischendurch.

Pho Ngheu Huong Thanh, 276 Le Thanh Ton, Tel. 38237788. Das Restaurant ist nach seiner Spezialität benannt: einer Nudelsuppe mit Muscheln. Muscheln werden auch in Frühlingsrollen und anderen Gerichten verarbeitet, und man kann Außergewöhnliches wie frittierte Fischhaut probieren.

Quan An Ngon, 160 Pasteur, Tel. 38277131, www.quananngon.com. Äußerst beliebtes großes Gartenrestaurant unter ausladenden Frangipanibäumen; lange vietnamesische Speisekarte mit einigen Spezialitäten. Der Service könnte besser sein. Preiswert.

Tam Hao, 66 Ngo Duc Ke, Tel. 39151595. Einfaches und preiswertes Restaurant für ein schnelles Lunch mit guten Nudel- und Reisgerichten. Es wird ohne Glutamat gekocht.

Khanh Casa, 46 Dong Khoi, Tel. 38257216. Sehr freundliches Tee- und

Kaffeehaus mit kleiner Speisekarte in zentraler Lage.

Phuc Long, 39 Nguyen Hue und 122 Le Loi. Die Kette von Cafés, Teehäusern und Läden für Tee und Kaffee wurde von einer Familie von Teepflanzern aus dem Hochland gegründet.

Apocalypse Now, 2B Thi Sach. Die Bar mit dem legendären Namen hat einen weiten Weg hinter sich vom netten Nachbarschaftscafé mit Billard und Rockmusik zu einer eher wilden, lauten Disko.

Cepage, 22 Le Thanh Ton. Im Erdgeschoss befindet sich eine Weinbar, im ersten Stock ein französisch orientiertes Restaurant. Gut bestückt mit internationalen Drinks und nicht gerade preiswert.

La Habana, 6 Cao Ba Quat. Musik- und Bierbar unter deutscher Leitung.

Sax N'Art, 28 Le Loi, www.saxnart.com. Der Saxophonist Tran Manh Tuan spielt Jazz mit vietnamesischen Einflüssen; es treten auch viele andere Musiker auf.

Zan Z Bar, 19 Dong Khoi. Tagsüber gibt es in der Bar starken Kaffee, mittags und abends eine kleine, eher westliche Speisekarte und abends die üblichen Drinks.

Geschichtsmuseum, 2 Nguyen Binh Khiem, www.baotanglichsuvn.com; tägl. außer Mo 8–11.30, 13.30–17 Uhr.

Ho-Chi-Minh-Museum, 1 Nguyen Tat Thanh; Sa–Do 9–18 Uhr.

Kunstmuseum, 97A Pho Duc Chinh; Di–So 9–16.30 Uhr.

Stadtmuseum, 65 Ly Tu Trong (Ecke Nam Ky Khoi Nghia), www.hcmc-museum.edu.vn; tägl. 8–17 Uhr.

Wasserpuppentheater, 55B Nguyen Thi Minh Khai, Tel. 39302196. Das Original ist wohl eher in Hanoi zu sehen, aber auch hier gibt es ein großes Theater hinter dem Palast der Einheit.

Authentique, 113 Le Thanh Ton, www.authentiquehome.com. Sehr schöne Keramik, auch aus verschiedenen Künstlerdörfern, dazu Textilien und Möbel.

Fahasa, 40 Nguyen Hue. Großer Buchladen, auch mit fremdsprachlichen Bildbänden, Reiseführern und Belletristik sowie Stadtplänen und Landkarten.

Khai Silk, 107 Dong Khoi, www.khaisilkcorp.com. Der bekannteste Seidenladen des Landes: Kleidung, Tücher und Accessoires, teilweise in leuchtenden Farben.

Lotus, 25 Dong Khoi. Alte Propagandaposter ganz neu: gerahmte Originale und nachgedruckte Blätter für wenig Geld.

Minh Hanh, 114B Nguyen Hue. Mode, vor allem aus Seide, von einer einheimischen Designerin.

Tay Son, 198 Vo Thi Sau, Q3. Sehr großer Laden für traditionelle und moderne Lackwaren; man kann auch einigen der Kunsthandwerker bei der Arbeit zusehen.

Vietnam Quilts, 26 Le Thanh Ton. Hier werden vor allem von Bäuerinnen hergestellte Decken und Kissen verkauft.

Bootstouren sind nur noch organisiert möglich, da die Piers in der Umgebung der Dong Khoi weit nach Norden in den Bezirk D2 verlegt wurden. Ausflüge Richtung Hafen oder nach Cu Chi können im Hotel oder Reisebüro gebucht werden.

GrasshopperAdventures, Tel. 946704095, www.grasshopperadventures.com.

Les Rives, Tel. 012/85920018, www.lesrivesexperience.com.

International SOS Clinic, 167A Nam Ky Khoi Nghia, Q3, und 65 Nguyen Du, Q1, Tel. 38298520 (24-Std.-Hotline), www.internationalsos.com. Internationale Privatklinik mit ausländischen und einheimischen Ärzten; auch Zahnbehandlung.

▶ Karte S. 321/335

Ausflüge von Ho-Chi-Minh-Stadt

Der nächstgelegene Strandort von Ho-Chi-Minh-Stadt ist **Vung Tau** (→ S. 316), das mit dem Auto oder mit dem Schnellboot in anderthalb Stunden zu erreichen ist. Wenn man nur den Ort sehen und ein wenig ausspannen will, reicht eine Übernachtung voll aus. Schnellboote, zum Beispiel ›Greenlines‹, fahren zehnmal täglich am Pier des Saigon-Flusses ab.

Für Ausflüge ins **Mekongdelta** (→ S. 352) ist ebenfalls Ho-Chi-Minh-Stadt der Ausgangspunkt. Am besten bucht man hier ein Programm und reist dann mit dem Bus an.

Die Strandinsel **Phu Quoc** (→ S. 364) ist am einfachsten von Ho-Chi-Minh-Stadt per Flugzeug erreichbar. Der Flug dauert weniger als eine Stunde.

Auf einem Tagesausflug von Ho-Chi-Minh-Stadt kann man drei sehr unterschiedliche Ziele miteinander verbinden: die Tunnel von **Cu Chi**, den Heiligen Stuhl der Caodai-Sekte in **Tay Ninh** (→ S. 349) und den **Berg der Schwarzen Frau** (Nui Ba Den, → S. 352). Die einfache Strecke beträgt gut 110 Kilometer; um alles zu sehen, sollte man morgens sehr früh losfahren, um so auch den Besuchermassen in Cu Chi zuvorzukommen.

Alternativ kann man auch per Boot vom neuen Fährhafen nördlich der Innenstadt zu den Tunneln von Cu Chi fahren. Das Boot braucht etwa anderthalb Stunden, ähnlich wie ein Bus oder Auto, die Fahrt ist aber angenehmer. Buchung bei diversen Reisebüros oder über das Hotel.

Cu Chi

Die Kleinstadt Cu Chi liegt 45 Kilometer nordwestlich von Ho-Chi-Minh-Stadt. Bekannt wurde sie nur durch die unterirdischen **Tunnel**, von denen die ersten bereits 1948 im Krieg gegen die Franzo-

Dom der Caodai in Tay Ninh

Tunnelausgang in Cu Chi

sen in den Lehmboden gegraben wurden, um Vorräte und Waffen zu schützen und manchmal auch Menschen. Als sich Anfang der 1960er Jahre die FNL-Truppen immer näher an Saigon heranarbeiteten, reparierten sie die alten Tunnel und erweiterten das Netz beträchtlich, bis es sich Ende der 1960er Jahre allein in der Umgebung von Cu Chi auf über 200 Kilometer erstreckte.

Weitere Tunnelfelder reichten bis in die Randbezirke Cho Lons auf der einen Seite und fast bis zur kambodschanischen Grenze auf der anderen.

In ihrer verbesserten Form befanden sich die Tunnel hauptsächlich auf drei Ebenen, vier, sechs und acht Meter unter der Oberfläche. Sie waren etwa 60 Zentimeter breit und anderthalb Meter hoch, wurden von Hand gegraben, während die Erde in flachen Bambuskörben transportiert wurde. Die Eingänge waren mit Falltüren verschlossen und getarnt, hinter Attrappen verbargen sich angespitzte Bambusrohre, die Eindringlinge aufspießten. Unter der Erde gab es Gefechtsstände, Schlafräume, Krankenstationen, Küchen, Vorratsräume, Versammlungsräume, speziell konstruierte Bombenschutzräume und Brunnen. Lange Gänge, durch weitere Türen gegen Gas- und Wassereinbrüche gesichert, verbanden die einzelnen Stationen miteinander. Die Tunnel dienten in den 1960er Jahren nicht mehr allein dem Schutz von Vorräten, sondern auch der Infiltration bis nach Saigon hinein und dem Schutz vor amerikanischen Bombardements. Soldaten und Zivilisten lebten manchmal über Wochen und Monate in den dunklen, feuchten und schlecht belüfteten Höhlen.

Als die Amerikaner in der Nähe von Cu Chi das Hauptquartier ihrer 25. Division einrichteten, wussten sie noch nicht, dass der Gegner sechs Meter tiefer bereits wartete. Es dauerte einige Zeit, bis die US-Armee Ausmaß und Qualität der Tunnel auch nur ansatzweise richtig einschätzte. Doch ein Mittel zu ihrer Zerstörung fand sie nicht. Zunächst siedelte man die Bevölkerung um und bombardierte die Region großflächig. Dann sprühte man Entlaubungsmittel und Dieselöl und setzte weite Gebiete durch Napalm in Brand. Doch die Kämpfer unter der Erde konnten nicht vertrieben werden. Also wollte man in die Tunnel eindringen (wenn man überhaupt Eingänge fand) und benutzte dafür zuerst deutsche Schäferhunde des Bundesgrenzschutzes und später, als zu viele von ihnen umgekommen waren, Soldaten, am liebsten kleinwüchsige Koreaner und Filipinos, die ›Tunnelratten‹ genannt wurden und sich teilweise stolz auch selbst so nannten. Obwohl sie viele Gegner töteten, konnten sie das Tunnelsystem insgesamt aber auch nicht gefährden. Auf beiden Seiten starben Tausende in einem der absurdesten Detailkriege in Vietnam.

▲ Karte S. 307

Heute ist ein großes Waldgebiet für die zahlreichen Besucher in eine Art Abenteuerpark verwandelt worden. Zunächst sehen sich die Besucher in einem unterirdischen Raum ein Video über das Tunnelsystem und die Kämpfe an, dann folgt man gruppenweise oder allein, mit oder ohne Führer einem Rundweg, auf dem durch Puppen und Realgegenstände verschiedene Aspekte des Tunnelkampfes sichtbar gemacht werden. Vorgeführt werden Küchen, Verbandsstationen, eine Munitionsfabrik und ziemlich drastisch die Einstiegsfallen. Wer möchte, kann auch ein Stück Tunnel durchqueren, das für die Besucher extra vergrößert und geglättet wurde. Wasser zum Händewaschen rinnt durch ein Bambusrohr, Handtücher hängen bereit, und es gibt Tee als Erfrischung. Wer will, kann sogar unterwegs auf einem Schießstand gegen Dollar mit allen möglichen Waffen feuern.

i Cu Chi

Tunnelsystem, http://en.diadaocuchi.com.vn; täglich 7–17 Uhr, Eintritt: 110 000 VND.

Tay Ninh

Knapp 60 Kilometer weiter über die Nationalstraße 22 hat man die Provinzhauptstadt Tay Ninh erreicht, die als Sitz der Caodai-Sekte bekannt geworden ist. Nach ihrer Gründung im Jahr 1926 kaufte die Caodai-Führung, die anfangs nur aus einheimischen Kolonialbeamten bestand, ein großes Gelände im Dorf **Long Hoa** außerhalb von Tay Ninh und errichtete dort eine Kirche und ihren Verwaltungssitz.

Die Führung der Caodai war in starkem Maße in die Wirtschaftsaktivitäten der Provinz verwickelt und baute schnell eine starke Privatarmee mit schweren Waffen auf. Eine Zeitlang setzte der amerikanische Geheimdienst auf die Caodai als ›dritte Kraft‹ zwischen Nord- und Südvietnam und finanzierte die Aufrüstungsaktivitäten der Sekte. Die stellte ihre Waffen allerdings immer demjenigen zur Verfügung, der am besten zahlte.

Heute wirkt das ausgedehnte Gelände ziemlich verlassen, Tore und Großfiguren – alles aus Beton – wurden renoviert und wieder schön bunt angemalt.

Technicolor im Caodai-Dom von Tay Ninh

Höchste Priesterin der Caodai

So willkürlich zusammengewürfelt wie ihre Theorie (→ S. 48) ist auch der Baustil der Caodai. Westliche Strukturen sind dort mit hunderten von kleinen chinesischen Dächern geschmückt, Drachen winden sich um Säulen, Fabeltiere erscheinen, Monde und Sterne leuchten von der Decke, auf Flächen finden sich geometrische und andere Muster, aber alles ohne Linie und Geschmack, dafür aber, wie schon Graham Greene auffiel, ›in Technicolor‹. Cremiges Gelb, Orange und Rot mischen sich mit Blau und Grün und allen Farben des Regenbogens, nur nicht so harmonisch angeordnet, sondern in einem wirren Durcheinander.

Der Dom

Die wichtigsten Bauwerke und Denkmäler vor dem Dom stehen auf einer Achse und beginnen mit einem überdimensionalen **Tor**, das an ein japanisches Torii erinnert. Dann folgen Drachen, Urnen, Pagoden und Reiterstatuen, lodernde Flammen aus Gips. Große verwaiste **Tribünen** erinnern an martialische Aufmärsche in besseren Zeiten. Der Dom hat auf der Eingangsseite zwei für das flache Schiff viel zu hohe **Türme** mit quadratischem Grundriss, denen ein runder Turm in der Mitte und ein achteckiger über dem Altar gegenüberstehen. Überall sind kleine aufgeschwungene Dächer angesetzt. Das **Hauptschiff** ist von einem **Säulengang** umgeben. In diesem kann man die Kirche umrunden. An den Stufen müssen die Schuhe ausgezogen werden; die Priester und Gehilfen achten auf dezente Kleidung und korrektes Verhalten wie in einer katholischen Kirche.

Gottesdienste finden viermal täglich jeweils um sechs und um zwölf Uhr statt. Dann beginnt das kleine Orchester auf dem Balkon auf seinen chinesischen Instrumenten zu fiedeln, und die Gläubigen ziehen, in lange weiße Gewänder gehüllt und mit verschiedenfarbigen und -formigen Kopfbedeckungen bestückt, in hierarchischer Ordnung und nach Geschlecht getrennt in den Dom ein. Der Fußboden innen besteht aus neun leicht abgestuften weiten Ebenen, die die neun Stufen zur Glückseligkeit symbolisieren. Je nachdem, wie weit der einzelne gelangt ist, darf er sich dem Altar nähern. Auf der achten Stufe befinden sich die Thronsitze der Oberpriester, der größte mit Drachenköpfen für den Papst, drei weitere mit Vögeln für die Wächter der Dogmenbücher und drei mit Fabeltieren für die Anführer der drei Richtungen, die ansonsten an den Farben Gelb, Blau und Rot zu erkennen sind. Auf der höchsten Stufe stehen zwei Altäre mit Blumen, Räucherstäbchen und Ahnentafeln, in den Seitenrängen Statuen der Verkünder der zweiten Generation (Caodai hält sich für die dritte und natürlich letzte): Buddha, Jesus und Laozi. Von der obersten Plattform scheint es noch einmal neun Stufen zur Glückseligkeit zu geben, denn erst darauf steht die große Kugel mit dem Auge, das dem Gründer erschien. Der Gottesdienst beginnt mit vielen Verbeugungen, bis man sich im Meditationssitz auf dem Boden niederlässt. Unter Orchesterbegleitung hebt ein Gesang an, der nur durch weitere Verbeugungen unterbrochen wird. Nach 25 Minuten schreitet ein Priester mit einem Buch durch den ganzen Dom und rezitiert vorne einen Sprechgesang, von Gongschlägen und Verbeugungen begleitet. Unter Orchestermusik und mit weiteren zahllosen Verbeugungen zieht man, streng nach der Rangordnung, wieder nach hinten aus. Besucher dürfen diesem Ritual, wenn sie sich rechtzeitig einfinden und angemessen gekleidet sind, auf der Empore beiwohnen.

Berg der Schwarzen Frau

Unweit der Nationalstraße 22 ragt der **Nui Ba Den**, der Berg der Schwarzen Frau, auf, ein Vulkan, der sich als einzige Anhöhe weit und breit in der Ebene auf 986 Meter erhebt. Der Name folgt einer Legende, nach der sich ein junges Mädchen namens Huong für ihre Liebe zu einem jungen Mann entschied, statt einen reichen Mandarin zu heiraten. Während ihr Geliebter in der Armee diente, betete sie vor einer Buddhastatue auf dem Berg. Eines Tages wollten Schläger sie im Auftrag des Mandarins entführen, doch sie stürzte sich lieber in die Tiefe. Ihre Geschichte wurde von einem Mönch verbreitet, dem sie im Traum erschienen war.

Mehr als 1500 Stufen führen zur **Linh-Son-Pagode** auf dem Gipfel, von wo aus man einen herrlichen Rundumblick hat. An den Abhängen befinden sich eine ganze Reihe anderer Tempel und Höhlen, die im Frühjahr Ziel zahlreicher Wallfahrer sind, die zu den Tempelfesten anreisen.

Das Mekongdelta

Das Mekongdelta ist eines der wirtschaftlichen Kraftzentren Vietnams. Die Natur ist üppig, genügend Wasser und ein vorteilhaftes Klima ermöglichen zwei bis drei Reisernten im Jahr, es gibt große Obstplantagen und Baumschulen. Seit die Bauern wieder in der Familie wirtschaften können, züchten sie Fisch und Meeresfrüchte und betreiben Landwirtschaft. An bedeutsamen Sehenswürdigkeiten hat das Mekongdelta kaum etwas zu bieten. Die Städte waren im Krieg heiß umkämpft und wurden von den Amerikanern durch schlichte Betonbauten ausgedehnt. Es gibt eine ganze Reihe von Tempeln der Vietnamesen und Khmer, doch weisen sie weder größere Besonderheiten noch wertvolle Objekte auf. Die Flussarme und Kanäle sind weiterhin wichtige Verkehrsadern, wenngleich das Straßennetz ausgebaut und durch zahlreiche Brücken effektiviert wurde.

Kleinstadt am Mekong

▲ Karte S. 353

In jedem größeren Ort gibt es bunte und geschäftige Märkte; oft wird der Verkauf von Lebensmitteln und Alltagsbedarf auf **schwimmenden Märkten** direkt vom Boot abgewickelt. Diese Art von Handel geht aber schnell zurück, da die städtischen Märkte sich ausdehnen, die Versorgung der Schiffer an Land besser wird und kaum noch Menschen auf Booten wohnen. So wird es das farbige Treiben auf dem Wasser bald nicht mehr geben, doch vielerorts kann man heute noch den Alltag der Menschen an Land und zu Wasser in all seinen Facetten erleben. Boote transportieren Früchte oder Sand für die Bauwirtschaft, in den engen Kanälen waschen Frauen Reis, Gemüse und Kleidung, während die Kinder vergnügt von den Brücken ins Wasser springen.

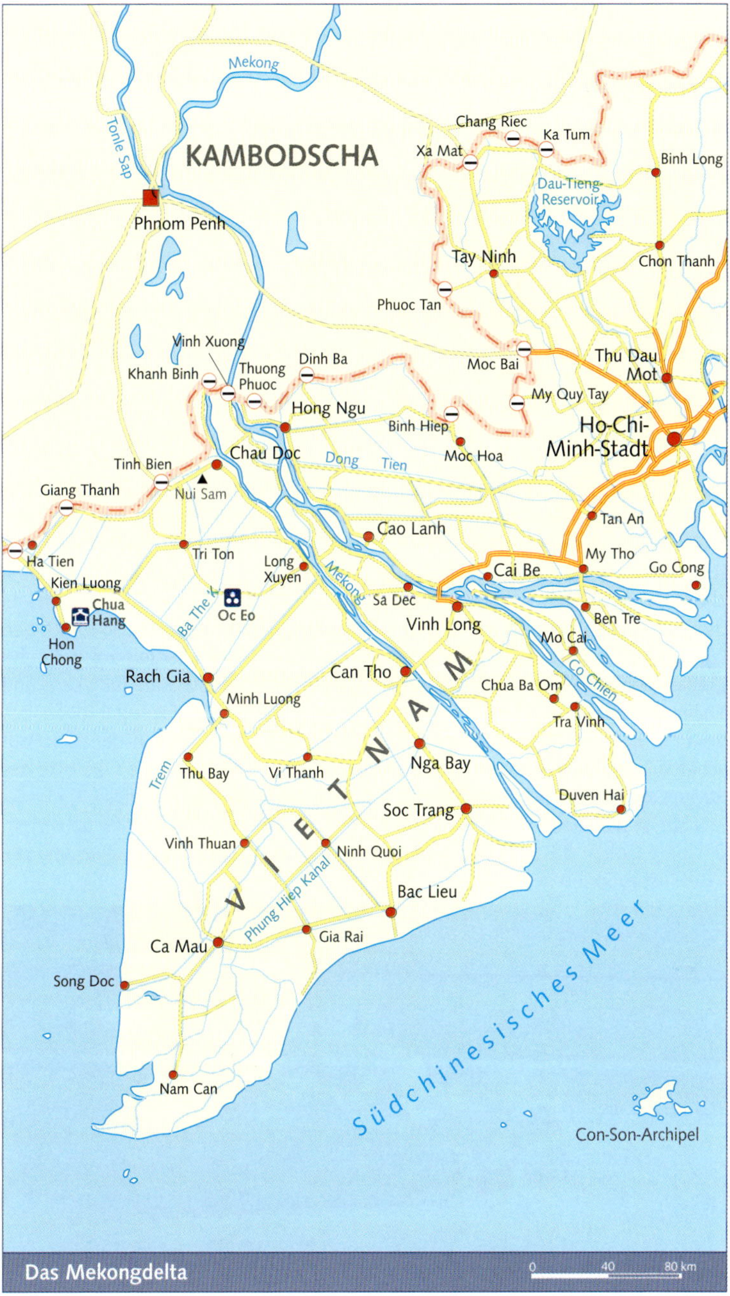

KAMBODSCHA
Mekong
Tonle Sap
Phnom Penh
Chang Riec
Ka Tum
Xa Mat
Binh Long
Dau-Tieng-Reservoir
Tay Ninh
Chon Thanh
Phuoc Tan
Vinh Xuong
Dinh Ba
Moc Bai
Thu Dau Mot
Khanh Binh
Thuong Phuoc
My Quy Tay
Hong Ngu
Binh Hiep
Ho-Chi-Minh-Stadt
Moc Hoa
Tinh Bien
Chau Doc
Dong
Tien
Giang Thanh
Nui Sam
Tan An
Cao Lanh
Ha Tien
Tri Ton
Long Xuyen
My Tho
Go Cong
Kien Luong
Cai Be
Chua Hang
Ba The
Oc Eo
Mekong
Sa Dec
Vinh Long
Ben Tre
Hon Chong
Mo Cai
Can Tho
Rach Gia
Co Chien
Chua Ba Om
Minh Luong
Tra Vinh
VIETNAM
Nga Bay
Thu Bay
Vi Thanh
Trem
Duven Hai
Soc Trang
Vinh Thuan
Ninh Quoi
Phung Hiep Kanal
Bac Lieu
Ca Mau
Gia Rai
Song Doc
Südchinesisches Meer
Nam Can
Con-Son-Archipel
Das Mekongdelta
0 40 80 km

Lebensader Südostasiens: der Mekong

Der südliche Zipfel Vietnams wird beherrscht vom mächtigsten Strom Indochinas. Der Mekong entspringt im Hochland Tibets, bildet dann die Grenze zwischen Thailand und Laos, fließt quer durch Kambodscha und teilt sich hinter der Hauptstadt Phnom Penh. In Vietnam werden die beiden Hauptarme Tien Giang (Oberer Fluss) und Hau Giang (Unterer Fluss) genannt. Sie teilen sich im Delta aber noch in viele andere Arme, die wiederum durch zahlreiche Kanäle miteinander verbunden sind, so dass die Vietnamesen den Fluss Cuu Long (Neun Drachen) nennen. Insgesamt legt er von der Quelle bis zur Mündung in das Südchinesische Meer rund 4350 Kilometer zurück.

Das Land an der Südostspitze Vietnams liegt nur zwischen zwei und sechs Metern über dem Meeresspiegel. Dennoch können starke Fluten und die Regenzeit von Juli bis September der Region nicht soviel anhaben wie dem Delta des Roten Flusses im Norden, weil die Franzosen zahlreiche Bewässerungskanäle zogen, um großflächig Reis und Zuckerrohr anbauen zu können. Das effektivste Wasserregulierungssystem ist jedoch ein natürliches: der riesige Tonle-Sap-See in Kambodscha, der wie ein großes Auffangbecken funktioniert, wenn der Wasserstand des Mekong steigt. Der Fluss ändert dann seine Richtung und fließt ›zurück‹ in den See.

Bis vor wenigen Jahren ähnelte der Mekong einer sich träge bewegenden, fetten, milchkaffeebraunen Schlange. Wegen zahlreicher Wasserfälle und gefährlicher Stromschnellen ist er nur abschnittsweise befahrbar. Doch die Eingriffe in den natürlichen Verlauf des Flusses mehren sich. Die Chinesen haben im Oberlauf zahlreiche Staudämme zur Stromerzeugung und Bewässerung angelegt und graben den Anrainern des Unterlaufs das Wasser ab. Dem wollen auch Laos und Thailand nicht nachstehen und verfolgen ähnliche Pläne. Es gibt sogar Ideen, das gesamte Bett des Mekong so freizusprengen, dass er bis weit in den Oberlauf schiffbar wird. In Vietnam bedrohen vor allem die Fischfarmen die Ökologie des Stroms, da auf ihnen große Mengen Chemie zum Einsatz kommen.

Noch ist der Mekong ein schönes Ziel für Bootsausflüge und Flusskreuzfahrten, doch die Gefahr besteht, dass er völlig den Interessen großer staatlicher und privater Institutionen geopfert wird.

Boot mit Holzladung im Mekongdelta

Geschichte

Die Kambodschaner sehen den südlichen Teil Vietnams als Kampuchea Krom, das untere Kambodscha, denn lange Zeit lebten hier vor allem Khmer. Das eigentliche Delta war wegen seiner wechselnden Wasserstände nicht besiedelt, zudem verfügten die Khmer über genügend bebaubare Fläche. In späteren Jahrhunderten sahen sie sich jedoch zunehmendem Druck der Siamesen ausgesetzt, so dass sie in Kampuchea Krom weiter nach Osten und an die Küste auswichen, zumal der Seehandel eine zunehmende Rolle spielte.

Im 17. Jahrhundert kamen in der Region immer mehr Flüchtlinge an. Die Vietnamesen hatten ihren Zug nach Süden fast beendet, so dass die Cham vor ihnen flohen, während Vietnamesen den dynastischen Kämpfen zwischen den Klans der Nguyen und der Trinh auswichen. Aus China kamen Anhänger der Ming-Dynastie, nachdem die Mandschuren 1644 dort die Qing-Dynastie installiert hatten. Während die Khmer die neuen Arbeitskräfte zunächst begrüßten, mussten sie bald erkennen, dass die Nguyen die Macht ihres Klans auch auf diese Region ausdehnen wollten und sich dafür mit den Handel treibenden Chinesen verbündeten. Bis ins 18. Jahrhundert hatten die Nguyen eine Kette von Zitadellen errichtet, die auch die Tay-Son-Rebellen nur kurzfristig unter ihre Kontrolle bekamen.

Nachdem die Nguyen ihre eigene Dynastie in Hue etabliert hatten (1802), gewährte König Gia Long der Mekong-Region zunächst weitgehende Autonomie unter einem Vizekönig. Sein Nachfolger Minh Mang versuchte dies zu revidieren, erntete aber einen Aufstand. Von daher war es für die Franzosen nicht schwierig, Cochinchina als Protektorat abzutrennen und wieder stärker an Kambodscha zu binden, in das sie neun Jahre nach der Eroberung von Saigon einmarschierten. Durch die ökonomische Ausbeutung des Deltas schufen sie gleichzeitig die heutige Struktur: Bewässerungsgräben machen Reisanbau in großem Stil möglich, was zu Großgrundbesitz führte, der die Ansiedlung von vietnamesischen Arbeitern nach sich zog. Zur Vermarktung bedienten sich die Großbauern der chinesischen Händler, während die Khmer zu einer an den Rand gedrängten Minderheit wurden.

My Tho

Der erste Ort, den man über die Autobahn von Saigon aus erreicht, ist My Tho, die Hauptstadt der Provinz Tien Giang. Sie wurde Ende des 17. Jahrhunderts von chinesischen Flüchtlingen gegründet und war der wichtigste Handelsplatz des Deltas, da Saigon wie Phnom Penh von hier auf dem Wasserweg gut zu erreichen sind. 1883 wurde zudem die Eisenbahnverbindung zwischen Saigon und My Tho eröffnet, die erste Indochinas, die längst nicht mehr in Betrieb ist.

Der **Markt** der Stadt befindet sich am Bao-Dinh-Kanal, in der Nähe gibt es eine **Versammlungshalle** der chinesischen Gemeinde aus Fujian. Bekanntester Tempel der Stadt ist der 1820 gegründete **Chua Vinh Trang** mit einer bunten, wenig harmonischen Dekoration.

Von My Tho kann man Ausflüge zu vier größeren Flussinseln unternehmen. Die bekannteste ist die **Phönixinsel** (Con Phung), auf der einst der Kokosnussmönch Ong Dao Dua gelebt hat. Er wollte mit seiner Sekte eine Verbindung aus Christentum und Buddhismus schaffen und soll sich nur von Kokosnüssen ernährt haben. Obstgärten, Bananen- und Kokosnussplantagen stehen auch

Herstellung von Kokosnussbonbons

auf der **Einhorninsel** (Con Toi Son), der **Dracheninsel** (Con Long) und der **Schildkröteninsel** (Con Qui) auf dem Programm.

My Tho

Tien Giang Tourist, 63 Trung Trac, My Tho, Tel. +84/73/3873184, Fax 3873578, www.tiengiangtourist.com. Staatliches Reisebüro der Provinz, bucht Hotels und Touren.

Cai Be

In der Kleinstadt am Flussarm Co Chien findet einer der größten **schwimmenden Märkte** der Region statt. Er beginnt früh, dauert aber bis in den Nachmittag. Zahlreiche Obstplantagen säumen die Ufer.

Vinh Long

Die schönste Ecke von Vinh Long ist die lebhafte **Marktgegend** an der Stelle, an der der obere Mekong und der Co Chien sich trennen. Von Cafés und Restaurants kann man in aller Gelassenheit den Schiffsverkehr beobachten, wie Frauen mit den Füßen flache Kähne rudern, Menschen und Waren an Land bringen. Bekanntester Tempel der Stadt ist der Konfuzius gewidmete **Van Than Mieu**, der 1866 erbaut wurde. Ausflüge führen zu den Inseln **An Binh** und **Binh Hoa Phuoc**, auf denen man per Boot oder Fahrrad die Obstplantagen erkunden kann.

▲ Karte S. 353

Vinh Long

Cuu Long Tourist, 1, 1 Thang 5, Vinh Long, Tel. +84/70/3823616, www.cuulongtourist.com. Sehr rührige Touristenorganisation der Provinz, die Ausflüge und Hotels vermittelt.

Cuu Long Hotel (**), 1, 1 Thang 5, Tel. +84/70/3823656, www.cuulongtourist.com. Die 34 Zimmer des Hotels sind recht schlicht eingerichtet, doch die Lage direkt am Fluss ist nicht zu übertreffen.

Tra Vinh

Die Kleinstadt Tra Vinh liegt ungefähr 65 Kilometer südöstlich von Vinh Long. Hierhin schickten die Khmer, als sie vor den Siamesen nach Osten ausweichen mussten, einen Vizekönig, der Khmer-Siedlungen anlegen sollte. Davon ist zwar heute nichts mehr zu sehen, aber es gibt einige neu errichtete Khmer-Pagoden, die auf eine lange Tradition zurückblicken.

Der **Chua Sam Rong Ek** liegt vier Kilometer vor Tra Vinh und soll vor etwa 1000 Jahren gegründet worden sein. Sein Baustil erinnert stark an thailändische Tempel. Er steht auf einer Plattform und hat ein großes und hohes Fußwalmdach. Mit wachsender Steigung sind drei Stufen übereinandergeschoben, während der First an beiden Enden mit Spitzen in Form von Büffelhörnern verziert ist. Die vogelähnlichen mythologischen Wesen findet man ebenfalls in jedem thailändischen Wat als Stützfiguren. Als Vertreter des strengeren Hinayana-Buddhismus werden in den Khmer-Tempeln nur Buddhas in ihren verschiedenen Erscheinungsformen dargestellt, keine

Bodhisattvas und auch keine aus anderen Religionen stammenden Heiligen oder Götter. Dennoch ist die Zahl der hier inzwischen wieder aufgestellten Buddhafiguren kaum zu überschauen. Auf dem Gelände der Pagode befinden sich mehrere Beerdigungsstupas für Mönche.

Nicht weit entfernt liegt der **Chua Ba Om** am gleichnamigen See. Die Pagode soll auf 1200 Jahre Geschichte zurückblicken, wenn auch die jetzige Anlage wesentlich jüngeren Datums ist. Auffällig sind hier vor allem die Wand- und Deckengemälde, die das Leben des Buddhas darstellen und dabei seinen heilsamen Einfluss auf die französischen Kolonialherren nicht aussparen. Das kleine **Museum** gegenüber dem Tempel erklärt die Geschichte der Khmer in der Region (täglich 7–11 und 13–16.30 Uhr).

Sa Dec

Die Kleinstadt liegt 20 Kilometer nordwestlich von Vinh Long am Tien Giang. Ein sehr lebhafter **Markt** wird direkt am Ufer über eine Strecke von fast einem Kilometer abgehalten.

Vor allem kann man hier aber die Spur der Schriftstellerin Marguerite Duras aufnehmen, denn mitten im Markt am Flussufer, hinter einen Vorhof zurückgesetzt, steht das Haus ihres Liebhabers, des Chinesen Huynh Thuy Le (1906–1972), der hier mit seiner Frau Nguyen Thi My (1911–2004) lebte. Seit 2007 gehört das Haus der staatlichen Tourismusgesellschaft, die es als **Museum** eröffnet hat und sogar an Übernachtungsgäste vermieten will. Das Haus im chinesischen Stil wurde 1895 erbaut und 1917 renoviert. Gegenüber dem Eingang weist ein Konfuzius-Porträt auf den hohen moralischen Anspruch der Familie hin. Man tritt dann in ein großes Empfangs- und Wohnzimmer. Die weiteren Räume sind durch Holzwände, die mit feinen Schnitzereien chinesischer Glückssymbole und Buntglasfenstern versehen sind, abgetrennt. Anhand historischer Fotos kann man die Affäre zwischen der Schriftstellerin und dem chinesischen Kaufmann nachvollziehen.

Die Schule der Stadt, an der Marguerite Duras' Mutter von 1924 bis 1930 unterrichtete, ist noch heute in Betrieb und nicht zugänglich.

Sa Dec

Sa Dec (*), 499 Hung Vuong, Tel./Fax +84/67/3861430, www.dongthaptourist.com. Einfaches, aber sauberes Hotel.

Old House (Lovers' Museum), 255A Nguyen Hue; Mo–Sa 7.30–17 Uhr, So 8.30–17 Uhr.

Markt in Sa Dec

Marguerite Duras

Die französische Schriftstellerin Marguerite Duras wurde am 4. April 1914 als Marguerite Donnadieu in Saigon geboren. Ihre Eltern arbeiteten als Lehrer in Vietnam, der Vater verstarb früh, so dass die Mutter große Schwierigkeiten hatte, sich und ihre drei Kinder durchzubringen. Dieses harte Leben einer alleinstehenden Ausländerin in Vietnam und die Rivalitäten zwischen den Kindern verarbeitete Duras in dem 1950 erschienenen Roman ›Un barrage contre le Pacifique‹ (deutsch: Heiße Küste, 1952). Sie besuchte ein französisches Gymnasium in Saigon, das sie 1931 abschloss. Im folgenden Jahr siedelte die Familie nach Paris um, wo die Tochter Rechtswissenschaften und Politik studierte. Sie arbeitete später im Kolonialministerium und war ab 1940 im Widerstand gegen die deutsche Besatzung aktiv. Nach dem Krieg schrieb sie Romane, Theaterstücke und war als Filmregisseurin tätig. Sie starb am 3. März 1996 in Paris.

Ihr erster Roman erschien 1943 unter dem Pseudonym Marguerite Duras, das dem Geburtsort ihres Vaters entlehnt ist. Erst 1984 schrieb sie in dem autobiographischen Roman ›L'Amant‹ (Der Liebhaber, 1985) Erinnerungen an ihre Jugend nieder. Das Buch wurde 1992 von Jean-Jacques Annaud mit Tony Leung und Jane March in den Hauptrollen verfilmt, doch die Autorin protestierte dagegen, dass im Film allein die sexuelle Beziehung zwischen dem reichen verheirateten Chinesen und dem jungen französischen Mädchen im Vordergrund steht. Denselben Stoff nahm Duras 1991 nochmals genauer in den Blick, als sie ›L'Amant de la Chine du Nord‹ (Der Liebhaber aus Nordchina, 1993) veröffentlichte.

Das Haus von Duras' Liebhaber Huynh Thuy Le in Sa Dec

Can Tho

Die größte Stadt des Mekongdeltas (820 000 Einwohner) ist seit der Kolonialzeit ein Zentrum des Reishandels; seit 1966 gibt es auch eine Universität. An Sehenswürdigkeiten hat die Stadt kaum etwas zu bieten, allenfalls kann man einen Blick in den **Chua Munirangsay** werfen, einen Khmer-Tempel aus dem Jahr 1946 mit einer Statue des Buddhas unter dem Bodhibaum.

Can Tho

Victoria (**), Kai Khe, Tel. +84/710/3810111, Fax 3829259, www.victoriahotels.asia. Sehr schönes Resort mit 92 Zimmern und Suiten, etwas außerhalb der Stadt am Fluss gelegen. Für romantische Ausflüge zum Sonnenuntergang steht die umgebaute Reisbarke ›Lady Hau‹ zur Verfügung.

Long Xuyen

Auch Long Xuyen, Hauptstadt der Provinz An Giang, bietet wenig. Chinesische Flüchtlinge aus Kanton erbauten Anfang des 20. Jahrhunderts den **Chua Quan Thanh De**, in dem General Quan Cong, der Gott des Reichtums Ong Bon und die Meeresgöttin Thien Hau verehrt werden. 1973 wurde zudem die mit 1000 Sitzplätzen größte **katholische Kirche** des Deltas geweiht. In dem kleinen, allerdings oft verschlossenen **An-Giang-Museum** sind Funde aus Oc Eo (→ S. 360) zu sehen.

Chau Doc

Die knapp 70 000 Einwohner zählende Stadt Chau Doc liegt nur wenige Kilometer vor der Grenze zu Kambodscha. Außer Vietnamesen und Chinesen leben hier auch größere Kolonien von Cham, die am Nordufer des Flusses eine kleine Moschee haben, und Khmer. In der Stadt sind der **Markt** und der **Chau-Phu-Tempel** beachtenswert, und man kann Bootsausflüge zu Cham-Dörfern in der Umgebung machen. Ziel zahlreicher Pilger ist der drei Kilometer außerhalb der Stadt gelegene **Nui Sam** (Krabbenberg).

Nui Sam

Am Fuß des 230 Meter hohen Berges ist das erste Ziel der Pilger der **Chua Tay An**, der 1847 von einem Adligen gestiftet und von einem Mönch aus dem Chua Giac Lam in Saigon betreut wurde. Die später vielfach umgebaute Anlage ist sehr bunt und versammelt eine Vielzahl von Figuren aus Buddhismus, Daoismus und Hinduismus.

Mieu Xu Thanh

Im Mieu Xu Thanh wird die sagenumwobene Dame Xu verehrt. Nach der Legende soll ihre Statue einst auf dem Gipfel des Berges gestanden haben. Im frühen 19. Jahrhundert kamen siamesische Truppen und wollten die Figur mitnehmen. Als sie diese den Berg hinunter transportieren wollten, wurde sie immer schwerer, so dass die Räuber sie zurücklassen mussten. Jahre später entdeckten Dorfbewohner die Statue und beschlossen, sie in ihr Dorf holen. Doch auch sie konnten sie nicht einmal anheben. Daraufhin erschien ein junges Mädchen und erklärte, sie sei die Dame Xu und die Figur könne nur von 40 Jungfrauen getragen werden. Die waren damals noch schnell zu finden und in der Tat in der Lage, die Statue den Berg hinunter zu tragen. Doch am Fuß des Bergs erhöhte sich das Gewicht der Statue erneut, und die Jungfrauen mussten sie ablegen. Die Dorfbewohner interpretierten dies als Zeichen, an dieser Stelle einen **Tempel** aus Bambus zu bauen. Dies soll um 1820 geschehen sein. Die heutige Anlage stammt aus dem Jahr 1972 und konzentrierte sich auf Beton als Baumaterial; nur die

Mönch am Nui Sam

Dachkonstruktion besteht aus schönen dunklen Balken mit Schnitzereien.

■ Grab des Mandarins Thoai Ngoc Hau

Schräg gegenüber liegt das Grab des Mandarins Thoai Ngoc Hau (1761–1829), der dem Nguyen-Klan zuerst im Süden und später in der neuen Hauptstadt Hue diente. Ihm wird auch der Verdienst für das Graben von zwei Kanälen zugeschrieben, einmal zwischen Long Xuyen und Rach Gia und zum anderen zwischen Chau Doc und Ha Tien. Diese Kanäle erschlossen ein vorher von Vietnamesen unbesiedeltes Gebiet zwischen dem unteren Mekong und dem Golf von Thailand. Neben dem Mandarin liegen hier zwei seiner Frauen und einige Untergebene begraben.

■ Chua Hang

▲ Karte S. 353

Die schönste Tempelanlage befindet sich fast auf der anderen Seite des Bergs, gut 50 Meter den Abhang hinauf. In den 1930er Jahren soll sich eine Schneiderin namens Le Thi To hier in eine Höhle zurückgezogen haben, um als Eremitin zu leben. Sie traf zwei Schlangen an, eine weiße und eine grüne, die sie zum Buddhismus bekehrte und die danach ihr Räuberleben beendeten. Als Le Thi To starb, verschwanden auch die Schlangen. Der Ort ist heute als Chua Hang (Höhlentempel) bekannt. Im unteren Teil stehen zwei sechseckige **Beerdigungsstupas**, einer für To, der andere für einen Bonzen. Im oberen Bereich gibt es zwei kleine **Tempel** mit schlichten Buddhafiguren, von denen aus man die Höhle, in der To lebte, erreichen kann. In ihr wird die Göttin der Barmherzigkeit, Quan Am, verehrt. Von den oberen Tempeln aus hat man einen guten Blick über die umliegende Ebene.

Oc Eo

Fährt man von Can Tho nach Rach Gia, zweigt eine Straße zum Berg Ba The ab, an dessen Fuß sich die Ausgrabungsstätte Oc Eo befindet, in der Zeugnisse der Funan-Kultur (→ S. 61) gefunden wurden. Das indisierte Reich erlebte seine Blütezeit vom 1. bis 4. Jahrhundert, als es Zwischenstation für den Seehandel zwischen Indien und China war. Die Fundstätte, heute 15 Kilometer von der Küste entfernt, war damals Hafenstadt, von der aus Kanäle durch das flache Land bis zum Mekong führten: Chinesische Reisende der damaligen Zeit berichteten, sie fuhren auf Booten ›durch‹ Funan. In der Ausgrabungsstätte, auf die französische Forscher im Zweiten Weltkrieg per Zufall stießen, fand man wertvolle Edelsteine und eine römische Goldmünze, was eine Verbindung zwischen römischen, arabischen und indischen, vielleicht auch chinesischen Händlern belegt. Die Grabungsstätte ist heute verlassen; die Fundstücke sind in den Historischen Museen von Saigon und Hanoi ausgestellt, einige wenige Stücke im kleinen Provinzmuseum von Rach Gia.

Rach Gia

Im Stadtzentrum zwischen zwei kanalisierten Armen des Flusses Cai Lon herrscht eine gemischte Bebauung aus Betonkisten und traditionellen Häusern vor. Haupterwerb ist der Fang und die Zucht von Fisch und Krustentieren, vor allem für den Export. Sie werden im nördlichen Kanal, an der Bach Dang, verladen. Von hier kann man auch per Fähre die Insel **Phu Quoc** (→ S. 364) erreichen. In der Stadt gibt es eine ganze Reihe von **Tempeln** verschiedener Richtungen, ohne dass einer größere Bedeutung besäße.

Hon Chong

Die Felsformationen von Hon Chong sind eine angenehme Unterbrechung der Fahrt zwischen Rach Gia und Ha Tien, auch wenn der Kalkstein gerade bei der Zementindustrie beliebt ist, die die Landschaft mit einem dünnen weißen Film überzieht. In den Felsen gibt es zahlreiche Höhlen und Grotten, von denen die **Hang-Tien-Grotte** 1784 Nguyen Anh, dem späteren König Gia Long, als Versteck vor den Tay-Son-Rebellen diente. Er soll in der Höhle Zinkmünzen vergraben haben, was ihr den Namen ›Münzgrotte‹ einbrachte.

Ebenfalls in einer Grotte, am Strand **Bai Duong**, an dem Kasuarinen Schatten spenden, befindet sich der **Chua Hang**, in dem es neben buddhistischen Figuren auch klingende Stalaktiten gibt.

Ha Tien

Ha Tien gehört zu den schöneren Städten südlich des Mekong, auch wenn jetzt viele alte Häuser abgerissen und durch höhere Neubauten ersetzt wurden. Der Ort liegt nur acht Kilometer von der kambodschanischen Grenze entfernt.

Von Rach Gia kommend landet man nach Überquerung einer großen neuen Brücke über den Fluss To Chau auf der Uferstraße, an der sich mehrere Cafés

Stelzenhaus am Mekongufer

und ein **Markt** hinziehen. Die kleine Innenstadt liegt weiter nördlich, dahinter stehen die Häuser in sorgfältig gepflegten Gärten mit Obstbäumen. Am Stadtrand liegen in der Phuong Thanh zwei kleine, aber ganz interessante Tempel. Der **Chua Tam Bao** (Nr. 328) wurde 1730 gegründet und beherbergt eine Bronzestatue des A Di Da.

Der **Chua Phu Dung** (hinter Nr. 374) entstand etwas später und zeigt eine Thich-Ca-Statue mit neun Drachen sowie einen Bronze-Sakyamuni aus China. Ein kleiner Nebentempel ist dem daoistischen Jadekaiser geweiht.

Die weiträumige Umgebung von Ha Tien gehörte bis Anfang des 18. Jahrhunderts zu Kambodscha, bis der lokale Gouverneur, ein chinesischer Einwanderer namens Mac Cuu, den vietnamesischen Nguyen-Klan um Schutz bat. Dieser ließ die Mac-Sippe den häufig von Überfällen der Siamesen und Khmer heimgesuchten Landstreifen verwalten und übernahm die direkte Macht erst 1798. Während der Herrschaft Pol Pots in Kambodscha (1975–1979) erlebte die Stadt mehrere grauenvolle Überfälle der Roten Khmer, die außer zahllosen geschändeten Leichen die Losung ›Dies ist unser Land‹ hinterließen.

Die **Gräber der Familie Mac** liegen etwa drei Kilometer außerhalb der Stadt an einem unwegsamen, aber begehbaren Hügel. König Gia Long gab sie 1809 aus Dankbarkeit für die Unterstützung, die er von den Mac erfahren hatte, in Auftrag. Sie sind im traditionellen chinesischen Hufeisenstil gestaltet und mit Drachen, Phönixen und Löwen geschmückt. Sie liegen an einem Hang mit Blickrichtung auf das Meer, was ein gutes Feng Shui bedeutet.

Noch etwas weiter stadtauswärts befinden sich in einem Hügel mehrere Höhlentempel, die als **Thach Dong** oder **Chua Thanh Van** bekannt sind. Am Eingang steht eine Erinnerungstafel an ein Massaker der Roten Khmer am 14. März 1978, bei dem 130 Dorfbewohner umgebracht wurden. In den kleinen Höhlen stehen Ahnentafeln und Altäre des Jadekaisers und der Quan Am. Einige der Statuen haben sehr schöne, gelassene Gesichtsausdrücke. Von einer Höhlenöffnung kann man über die weite Ebene nach Westen und bis nach Kambodscha sehen.

Ha Tien

Vorwahl: +84/77.

Seit die Grenze zu Kambodscha geöffnet ist, gibt es auf einer neuen Küstenstraße entlang des Golfs von Thailand eine Busverbindung von Sihanoukville (Kambodscha) über Ha Tien bis nach Saigon.

Eine Fähre verbindet Ha Tien mit der Insel Phu Quoc.

River (**), B3, Tran Hau, Tel. 077/3955888, www.riverhotelvn.com. Ganz neues Hotel im Schiffslook, mit 81 Zimmern das größte der Stadt. An prominentem Ort direkt am Fluss gelegen.

Ha Tien (*–**), 36 Tran Hau, Tel. 077/3952093, Fax 395102. Einfaches, älteres Hotel.

Hai Van (*–**), 55 Lam Son, Tel. 077/3852001, Fax 3851685. Im alten Teil sehr einfache Zimmer mit Ventilator, im neuen Flügel geht es bequemer zu, einige Zimmer haben Balkone.

Hai Yen (*), 15 To Chau, Tel. 077/3851580, Fax 3851889. Einfache Zimmer, teilweise mit Balkon und Flussblick.

▶ Karte S. 353

Blick vom Nui Sam auf Chau Doc

Phu Quoc

Mit 567 Quadratkilometern ist Phu Quoc die größte Insel des Landes. Sie liegt im Golf von Thailand vor der kambodschanischen Küste und sieht aus wie ein Keil mit einer Ausbuchtung im Nordosten. Der einzige größere Ort heißt **Duong Dong**, der etwa in der Mitte der Insel an der Westküste liegt. Von dort erstreckt sich über 15 Kilometer der **Lange Strand** nach Süden. Nördlich der Stadt befindet sich der Flughafen, noch weiter nördlich der Strand **Cua Can** mit einzelnen, relativ einsam gelegenen Resorts. Insgesamt macht dieser Strand einen netteren Eindruck als der Lange Strand, das schönste Stück Sand liegt aber ganz im Süden und an der Ostküste. Der **Sao Beach** bildet eine schön geschwungene Bucht

und wird von einigen grünen Hügeln eingefasst. Es gibt ein großes Strandrestaurant und rudimentäre Strandeinrichtungen wie Duschen im Freien und einzelne Sonnenschirme, aber keine Hotels oder andere Unterkünfte.

Wirkliche Sehenswürdigkeiten gibt es auf der Insel nicht. Einen Überblick über den Lebensraum und die Geschichte der Insel gibt das **Inselmuseum**, in dessen luftigen Räumen man vom Erdgeschoss bis zum 6. Stock von Raum zu Raum schreitet und anhand einer großen Zahl von Ausstellungsstücken die Entwicklung von Mensch und Natur nachvollzieht.

Zu den wichtigen Produkten Phu Quocs gehört **Pfeffer**. Wenn man auf der Insel unterwegs ist, sieht man immer mal wieder Plantagen, auf denen sich die Pflanzen an etwa zwei Meter hohen Holzgerüsten emporranken. Manche Bauern bieten an ihren Häusern schwarzen, weißen und den besonders würzigen roten Pfeffer an, ansonsten kann man ihn auch auf dem Markt kaufen. Ebenfalls zum Würzen wird die in Vietnam äußerst beliebte Fischsauce **Nuoc mam** verwendet. Kleine Fische werden mit Salz und Wasser in einen Bottich gegossen und fermentieren darin einige Tage. Durch Schläuche läuft die fertige Sauce in andere Behälter, wird dann gefiltert und abgefüllt. In mehreren kleinen Fabriken kann man dies beobachten und Sauce kaufen.

In **Zuchtstationen** am Langen Strand, drei Kilometer südlich von Duong Dong, werden von den Firmen ›Phu Quoc Pearls‹ und ›Ngoc Hien‹ Muscheln gezogen und Perlen geerntet. Man bekommt das Öffnen der Muscheln vorgeführt und wird dann in den Laden geleitet.

Inselmuseum (Bao Tang Coi Nguon), 149 Tran Hung Dao, www.coinguonphuquocmuseum.com.

Am Sao Beach auf Phu Quoc

Nationalpark Phu Quoc

Im Nordosten der Insel erstreckt sich der Nationalpark Phu Quoc in gebirgiger Umgebung, in dem man, wenn es nicht zu heiß ist, Wanderungen unternehmen kann.

Weiter südlich gibt es einen **Wasserfall am Fluss Da Ban**. Gut zu erreichen ist der **Wasserfall am Fluss Tranh**: An der Straße zwischen Duong Dong und Ham Ninh befindet sich ein ausgeschilderter Parkplatz, von dem aus man den Wasserfall über einen leichten Wanderweg in einer halben Stunde erreicht. Während der Trockenzeit führt er allerdings nicht besonders viel Wasser.

Phu Quoc

Vorwahl: +84/77.

Das Zentrum von Duong Dong besteht aus einem 200 Meter langen Straßenabschnitt der **Tran Hung Dao**. Hier findet der Urlauber alles, was er braucht: Bank, Läden, Restaurants und Cafés, Reisebüros für Ausflüge und Tauchshops.

Flughafen Phu Quoc (PQC), einige Kilometer südlich des Hauptortes Duong Dong. Je nach Jahreszeit gehen bis zu sechs Flüge täglich von Saigon nach Phu Quoc und zurück. Auch von Rach Gia kann man ein- bis zweimal am Tag fliegen.

Per Taxi gelangt man vom Flughafen in die Stadt oder zum Hotel.

An der Ostküste (Fahrzeit von Duong Dong per Taxi ca. 45 Min.) befinden sich zwei Fährhäfen: Von **Ham Ninh** geht es nach Ha Tien an der kambodschanischen Grenze und am Pier des Strands **Vong** legen die Fähren nach Rach Gia ab. Fährtickets kauft man am besten einige Tage vorher in einem Reisebüro in Duong Dong.

Nördlich der Stadt

Die Hotels am Strand **Ong Lang**, einige Kilometer nördlich der Stadt, liegen sehr einsam und ruhig. Man ist immer auf ein Taxi angewiesen, um in die Stadt zu gelangen. Die anderen Hotels befinden sich am Nordende des nicht ganz so schönen **Langen Strands**, also südlich von Duong Dong. Von hier kann man die Stadt auch zu Fuß erreichen.

Chen Sea (***), Ong Lang Beach, Tel. 3995895, Fax 3995896, www.chensea-resort.com. Höchst elegantes, modernes Resort mit 24 Bungalows und 12 Villen an einem 300 Meter langen cremefarbigen Strand. Mediterrane Küche im Restaurant direkt am Meer, Wassersport, großer Pool, Spa im Grünen.

The Shells (***), Ganh Gio Beach, Tel. 3718888, Fax 3988998, www.shellsresort.com. Luxuriöses, architektonisch anspruchsvolles Resort mit ausgedehntem Pool und Garten. 40 Zimmer haben Meerblick, 94 Gartenblick.

Mango Bay (**), Ong Lang Beach, Tel. 3981693, www.mangobayphuquoc.com. Wer Wildnis und Einfachheit liebt, wird die 44 Zimmer und Holzhäuser in dem weitläufigen Resort mit 700 Meter Strand genießen. Die Betreiber streben es an, ein ›grünes‹ Resort zu werden und bemühen sich um Einsparungen bei Wasser und Energie.

Südlich der Stadt

La Veranda (***), Tran Hung Dao, Duong Dong, Tel. 3982988, Fax 3982998, www.laverandaresorts.com. In einem üppig grünen tropischen Garten befinden sich die 70 Zimmer in kleinen, höchstens zweistöckigen Häusern; einige weisen auch Meerblick auf. Ein leicht kolonial angehauchter Stil beherrscht Zimmer, Bar und Restaurant. Mit Pool, Wassersport und sauberem Strand. Eines der besten Hotels am Langen Strand.

Blue Lagoon (**), 64 Tran Hung Dao, Duong Dong, Tel. 3994499, Fax 3994099, www.sasco-bluelagoon-resort.com. 75 Räume, teilweise etwas abgewohnt, in Bungalows und Chalets, direkt am Strand. Großer Pool, Wassersport, Tennis.

Saigon Phu Quoc (**), 62 Tran Hung Dao, Duong Dong, Tel. 3846999, 3846510, Fax 3847163, www.sgphuquocresort.com.vn. Mit 112 recht unterschiedlichen Zimmern großes Resort am Südende von Duong Dong am Strand. Das zum Staatskonzern Saigontourist gehörende Hotel organisiert Ausflüge und bietet abends ein Buffet im Garten an.

Home Sweet Home, Ecke 30 Thang 4/Hung Vuong. Etwas außerhalb, an der Straße zum Flughafen gelegenes Café.

Terrace Café, 40 Tran Hung Dao. Den ganzen Tag über geöffnetes Café und Restaurant mit vietnamesischer und internationaler Küche.

Zahlreiche einfache und preiswerte Restaurants gibt es auf dem **Nachtmarkt**, ab 18 Uhr in der Vo Thi Sau.

In folgenden Fabriken kann man die Fischsauce Nuoc mam kaufen:

Khai Hoan, Hung Vuong, von der Stadt aus vor der Brücke über den Duong-Dong-Fluss auf der Straße zum Flughafen.

Hung Thinh, 30 Thang 4, an der Straße, die nach Osten führt, am Stadtrand und am Fluss.

Thinh Phat, 30 Thang 4, ca. 500 Meter weiter stadtauswärts.

Die beste Zeit zum Tauchen ist von Oktober bis Mai, die beiden wichtigsten Tauch- und Schnorchelreviere sind jeweils Archipele kleinerer Inseln, zum einen vor der Nordwestküste (**Kap Ganh Dau**), zum anderen vor der Südspitze von Phu Quoc (**An-Thoi-Inseln**). Die Boote legen in Duong Dong ab und brauchen jeweils etwa 45 Min. zu den Revieren. Die Ausrüstung wird vollständig gestellt, und man taucht unter Anleitung erfahrener Tauchlehrer. Die Tauchtiefe beträgt 6 bis 10 Meter, die Sicht ist durch Schwebstoffe nicht immer gut. Am besten erkundigt man sich einige Tage vorher nach den verschiedenen Angeboten und den Tauchbedingungen. Die Büros der Tauchschulen befinden sich nur wenige Schritte voneinander entfernt im Zentrum von Duong Dong.

Coco Dive Center, 58 Tran Hung Dao, Tel. 3982100, www.cocodivecenter.com.

Flipper Diving Club, 60 Tran Hung Dao, Tel. 3994924, www.flipperdiving.com.

Rainbow Divers, 11 Tran Hung Dao, Tel. 0913/400964 (mobil), www.diveviet nam.com.

Karte S. 364

Strand auf der Insel Phu Quoc

Reisetipps von A bis Z

Anreise mit dem Flugzeug

Es gibt drei internationale Flughäfen, **Hanoi**, **Ho-Chi-Minh-Stadt** und **Da Nang**, wobei die ersten beiden von zahlreichen Fluggesellschaften aus Europa und Asien von ihren jeweiligen Heimatflughäfen direkt angeflogen werden. Da Nang hingegen wird nur aus den Nachbarländern erreicht. Die regionalen Drehkreuze für Flüge nach Vietnam sind Bangkok, Hongkong und Singapur.

Viele Reisen verbinden Vietnam mit Kambodscha und Laos; hier gibt es zahlreiche Verbindungen nach **Phnom Penh** und **Siem Reap** (Angkor) in Kambodscha sowie **Vientiane** und **Luang Prabang** in Laos. Die Flugverbindungen werden ständig ausgebaut, so dass man sich bei der Reiseplanung über den aktuellen Stand informieren sollte. Vorsicht ist bei den **regionalen Billigfliegern** geboten. Die meisten sind unterkapitalisiert und können schon bei kleinen Krisen in die Insolvenz rutschen. Die Passagiere sitzen dann irgendwo fest und müssen neue Tickets kaufen.

Anreise mit dem Schiff

Verschiedene Fähr- und Flusskreuzfahrtgesellschaften bieten Verbindungen von **Saigon** nach **Phnom Penh** oder sogar bis **Siem Reap** (Angkor) an, je nach Wasserstand auch in Kombination mit Busreisen. Internationale **Kreuzfahrtschiffe** besuchen die Ha-Long-Bucht (Ausflüge nach Hanoi), Da Nang (Ausflüge nach Hue, Hoi An, My Son) sowie Saigon.

Anreise mit dem Zug

Internationale Zugverbindungen gibt es von **Hanoi** nach **Nanning**, Hauptstadt der chinesischen Autonomen Region Guangxi, und nach **Kunming**, Hauptstadt der chinesischen Provinz Yunnan. Beide sind, wenn sie überhaupt geöffnet sind, sehr langsam und von geringer Bedeutung. Es werden jetzt teilweise in Kombination, teilweise parallel Fahrten mit Bussen angeboten, in die Schlafsitze oder sogar richtige Betten eingebaut sind. Entsprechende Visa für die VR China oder, wenn man von dort

Ausflugsboote in der Ha-Long-Bucht

kommt, für Vietnam, müssen vorher besorgt werden.

Anreise über Land

Neben den Busverbindungen nach China gibt es auch Straßenverbindungen nach **Laos** und **Kambodscha**, am beliebtesten ist die alte **Nationalstraße 10** zwischen Saigon und Phnom Penh. In den nächsten Jahren soll eine Straße entlang des **Golfs von Thailand** gebaut werden, die Saigon mit Bangkok verbindet. Auch hier müssen Visa bereits vorhanden sein.

Unterwegs mit dem Bus

Ärztliche Versorgung

Vietnamesische Ärzte sind in westlicher und/oder asiatischer Medizin ausgebildet, die Versorgung ist aber nicht sehr gut. Anlaufstelle ist zunächst die Rezeption des Hotels, die in der Regel mit einem Arzt mit Fremdsprachenkenntnissen zusammenarbeitet. Bei ernsthafteren Krankheiten sollte man eine internationale Klinik aufsuchen, in schweren Fällen möglichst schnell ausreisen, zumindest bis Bangkok, Hongkong oder Singapur, wo eine exzellente Versorgung gewährleistet ist.

Ausrüstung und Gepäck

Strapazierfähige, praktische Kleidung aus Naturfasern ist angebracht. Da das Wetter schnell schwanken kann, sollte man einerseits sich gegen Sonne schützen, also **Kopfbedeckung**, Sonnenbrille und Sonnencreme dabeihaben, andererseits den **Regenschutz** durch eine dünne Regenjacke oder einen Schirm nicht vergessen. Neben Sandalen für den Strand gehören auf jeden Fall **feste Schuhe** ins Gepäck, denn das Terrain bei vielen Sehenswürdigkeiten ist uneben, und auch in den Städten weisen Straßen und Gehwege Löcher und Unebenheiten auf.

Für die Gesundheit sollte man dabeihaben: Mückenschutzmittel, gegebenenfalls Malariamittel zur Behandlung, ein Mittel gegen Durchfall, Pflaster, Verband und natürlich alle Medikamente, die man regelmäßig benötigt, in ausreichender Menge. Wer besonders hygienisch essen will, kann seine eigenen Essstäbchen mitbringen oder zu Beginn der Reise kaufen, am besten aus Plastik, da dieses Material sich am einfachsten reinigen lässt; Campingbesteck geht auch, fällt aber als ortsuntypisch auf. Desinfektionsspray oder -gel für die Hände ist nicht schlecht.

Was man an **Fotomaterial** braucht, sollte am besten vollständig mitgebracht werden. Speicherchips und Batterien gibt es, aber nicht so häufig, so dass man viel Zeit mit Suchen verbringen würde. Herkömmliche Filme gibt es auch, doch sind sie oft überlagert oder der Hitze ausgesetzt.

Bewährt haben sich zudem **Taschenmesser**, vielleicht mit etwas integriertem Werkzeug. Eine **Taschenlampe** leistet in Höhlen, dunklen Tempeln und bei den inzwischen recht seltenen Stromausfällen gute Dienste. Fotokopien der Bild- und der Visumseite des Reisepasses, die separat von den Originalreisedokumenten aufbewahrt werden, können bei Verlust die Wiederbeschaffung erleichtern und beschleunigen.

Autofahren

Das Fahren von Fahrzeugen ist nur Inhabern eines vietnamesischen Führerscheins erlaubt. Wer also ein Auto mietet, bekommt immer einen Fahrer dazu. Dies ist auch sinnvoll, da das Fahren nicht ungefährlich ist. Viele Verkehrsteilnehmer verhalten sich nicht so, wie man dies in Europa gewohnt ist; vor allem beim Abbiegen gibt es interessante Techniken zu beobachten. In Vietnam kommen jedes Jahr rund 50 000 Menschen im Straßenverkehr ums Leben (Deutschland 3900).

Baden

In vielen Küstenstädten gibt es lange Sandstrände, am bekanntesten sind Da Nang, Hoi An, Qui Nhon, Nha Trang, Phan Thiet/Mui Ne, Vung Tau und die Insel Phu Quoc. Das Wasser ist nicht immer sauber, da oft in der Nähe der Städte Abwasser ins Meer geleitet wird. Am schmutzigsten ist das Wasser in der Ha-Long-Bucht, wo das Baden nicht empfehlenswert ist.
Sonnen und Baden oben ohne oder gar unbekleidet ist verpönt und streng verboten.

Behinderte

Vietnam ist kein gutes Reiseland für Behinderte, da weder Verkehrsmittel noch Hotels und andere Einrichtungen darauf Rücksicht nehmen. Es gibt spezielle Behindertenreisen, bei denen die baulichen Mängel durch eine größere Anzahl an Personal ausgeglichen werden (www.behindertenreisen.de).

Diplomatische Vertretungen

Botschaften der SR Vietnam
Deutschland
Elsenstr. 3
12435 Berlin
Tel. 030/53630-108, Fax -200
www.vietnambotschaft.org
Österreich
Felix-Mottl-Str. 20
1190 Wien
Tel. 01/368075-5, Fax -4
www.vietnamembassy-austria.org
Schweiz
Schlösslistr. 26
3008 Bern
Tel. 031/388787-8, Fax -9
www.vietnam-embassy.ch
Generalkonsulat der SR Vietnam
Kennedy-Allee 49
60596 Frankfurt am Main
Tel. 069/7953365-0, Fax -11
www.vietnam-generalkonsulat.de

Europäische Vertretungen in Vietnam
Botschaft der BR Deutschland
29 Tran Phu
Hanoi
Tel. 04/3845383-6, Fax -8
www.hanoi.diplo.de
Mo–Fr 8.30–11.30 Uhr
Botschaft der Republik Österreich
8/F, Prime Centre
53 Quang Trung
Hanoi
Tel. 04/3943305-0, Fax -5
www.bmeia.gv.at/botschaft/hanoi
Botschaft der Schweiz
15/F, Central Office Building
44B Ly Thuong Kiet
Hanoi
Tel. 04/393465-89, Fax -91
www.eda.admin.ch/hanoi
Generalkonsulat der BR Deutschland
126 Nguyen Dinh Chieu
Q3, Saigon
Tel. 08/38291967
Fax 38231919
www.ho-chi-minh-stadt.diplo.de
Mo–Do 7.30–16, Fr 7.30–13 Uhr.
Generalkonsulat der Schweiz
37/F, Bitexco Financial Tower
2 Hai Trieu, Q 1
Saigon
Tel. 08/62991200, Fax 62991222.
www.eda.admin.ch

Drogen

Einfuhr, Besitz und Konsum von Drogen jeder Art ist streng verboten und wird mit langjährigen Gefängnisstrafen geahndet.

Einreise, Devisen- und Zollbestimmungen

Grundsätzlich ist die Einreise nur mit einem gültigen **Visum** möglich, es gibt im Augenblick allerdings eine Ausnahme davon. Um ein Visum zu erhalten, muss der Pass noch mindestens sechs Monate nach Einreisedatum gültig sein. Das Visum sollte rund vier Wochen vor Einreise bei der nächstgelegenen diplomatischen Vertretung beantragt werden. Dazu werden der Reisepass, ein

Bierlokal mit Imbissen in Saigon

ausgefüllter Antrag, ein Passbild und die Visumgebühr benötigt. Die genauen Bestimmungen und aktuellen Preise der Visa finden sich unter www.vietnambotschaft.org, wo man auch den Antrag herunterladen kann. Ein Visum gilt für alle internationalen Übergänge.

Wer zwischenzeitlich Ausflüge in die Nachbarländer **Laos** und **Kambodscha** machen möchte und dann zu weiteren Besichtigungen oder für den Rückflug nach Vietnam zurückzukehren gedenkt, benötigt ein Visum für mehrfache Einreisen (double oder multiple entry visa). Diese gibt es auch bei den Botschaften, sie sind aber teurer.

Es existiert im Prinzip auch die Möglichkeit, das Visum bei Einreise in den Pass gestempelt zu bekommen (**visa on arrival**). Dafür braucht man eine Bestätigungsnummer vom Innenministerium, die zum Beispiel von einem vietnamesischen Reisebüro in Zusammenhang mit einer Buchung von Leistungen (Hotel, Rundreise etc.) beschafft werden kann. Die Bestimmungen dafür ändern sich aber ständig. Außerdem kann es Schwierigkeiten mit der Fluggesellschaft geben, die gehalten ist, die Visa aller Reisenden zu überprüfen. Wer sich der unkomplizierten Abwicklung nicht hundertprozentig sicher ist, sollte auf diesen Weg am besten verzichten, zumal die Ausstellung der Visa vor Ort auch schon einmal etwas länger dauern kann, während das Gepäck munter auf dem Ausgabeband kreiselt oder sonstwohin transportiert wird.

In den Ländern der Region (Kambodscha, Laos, Thailand, Singapur) werden Visa wesentlich schneller und preiswerter ausgestellt als in Europa. Wer also längere Zeit in der Region ist, kann dort bei den entsprechenden Botschaften persönlich vorsprechen (Passbild nicht vergessen).

Ein Visum ist in der Regel 30 Tage gültig und kann einmalig verlängert werden. Dies lässt man besten eine Reiseagentur erledigen, die sich mit den bürokratischen Wegen auskennt. Sie wird dafür 20–25 US-Dollar inklusive der Gebühren berechnen und drei bis fünf Tage brauchen. Die Verlängerung von Visa wird derzeit recht restriktiv gehandhabt, da sich zunehmend Ausländer illegal in Vietnam ansiedeln.

Seit Mitte 2015 brauchen deutsche, britische, französische und spanische Staatsangehörige kein Visum, wenn der Aufenthalt **15 Tage oder weniger** dauert. Man reist einfach mit seinem Reisepass ein und bekommt einen Eingangsstempel, der bei der Ausreise wieder kontrolliert wird. Diese Regelung wurde Mitte 2016 verlängert,

Straßenfriseur in Hanoi

allerdings gibt es keine Aussage darüber, ob sie dauerhaft in Kraft bleibt. Man sollte sich entsprechend rechtzeitig bei der nächstgelegenen diplomatischen Einrichtung erkundigen.

Die früher übliche Zollerklärung ist weggefallen. Dennoch gibt es die üblichen **Einfuhrverbote**: Waffen, Munition, Drogen, Pornografie (sehr weite Auslegung, auch CDs, Videos). Man darf 400 Zigaretten und 1,5 l Alkohol einführen. Devisen im Wert von mehr als 10 000 US-Dollar, Gold, wertvoller Schmuck sowie wertvolle optische und elektronische Geräte müssen deklariert und wieder ausgeführt werden.

Die vietnamesische Währung **Dong** (VND) ist nicht frei konvertierbar, Ein- und Ausfuhr sind verboten. Bei kleineren Beträgen achtet aber niemand darauf. Bei der Zollkontrolle stehen auf den großen Flughäfen Scanner, durch die gelegentlich das gesamte Gepäck geschleust wird. Häufig wird auch am Ausgang die Übereinstimmung des Anhängers am Gepäck mit dem Abschnitt, der beim Einchecken aufs Ticket geklebt wird, überprüft. Bis zum Verlassen des Flughafens sollte man also weder das eine noch das andere entfernen und das Ticket griffbereit haben. Ausfuhrverbote → S. 381.

Beim **Einchecken ins Hotel** muss stets der Pass vorgezeigt werden. Wer immer Unterkunft gewährt (ob Hotel oder privat), muss Besucher der zuständigen Polizeistelle melden. Das geschieht in Hotels, ohne dass der Gast es merkt; dafür müssen aber einige Daten aufgenommen werden. Manche Hotels behalten den Pass aber auch bis zur Abreise. Andererseits muss man immer ein Ausweisdokument bei sich führen. Deshalb sollte man schon zu Hause die Personenseite und das Visum kopieren und diese Kopien immer mitnehmen. Den Pass kann man dann mit den Wertsachen im Hotelsafe lassen.

Elektrizität

In der Regel beträgt die Spannung 220/230 Volt, in sehr guten Hotels gibt es zusätzliche Steckdosen für das amerikanische System mit 110 Volt.

Meistens passen auch die europäischen Stecker, ansonsten kann man sich an der Rezeption einen Adapter ausleihen.

Feiertage

An folgenden gesetzlichen Feiertagen sind offizielle Stellen geschlossen, die Geschäfte aber meist geöffnet:

1. Januar: Neujahr

30. Tag des 12. Mondmonats sowie die ersten Tage des neuen 1. Mondmonats: vietnamesisches Neujahr (Tet)

10. Tag des 3. Mondmonats: Gedenktag für die legendären Hung-Könige

30. April: Tag der Befreiung

1. Mai: Tag der Arbeit

2. September: Nationalfeiertag.

Das **Frühlings- oder Neujahrsfest** (Tet) zwischen Mitte Januar und Mitte Februar nach westlichem Kalender ist für Besucher keine gute Reisezeit, da dann nicht nur alle öffentlichen Stellen, sondern auch fast alle Sehenswürdigkeiten und Geschäfte für mindestens drei Tage geschlossen sind. Dies ist ein privates Familienfest, es gibt dabei für Besucher also nicht viel zu sehen oder zu erleben. Auch die Verkehrsmittel sind in dieser Zeit stark überlastet, da viele Vietnamesen in ihr Heimatdorf zurückfahren oder Verwandte besuchen.

Fotografieren

Das Fotografieren von militärischen Anlagen und einigen Infrastrukturanlagen, zum Beispiel Bahnhöfen, ist verboten. Auch in manchen Museen oder Sehenswürdigkeiten ist das Fotografieren nicht oder nur nach Kauf eines Zusatztickets erlaubt.

Normalerweise haben die Menschen keine Scheu, sich ablichten zu lassen, manche lachen oder winken fröhlich, andere drehen sich aber auch ab. In manchen Minderheitengebieten verlangen die Menschen in traditioneller Kleidung Geld für ein Foto. Bitte bedenken Sie, dass jeder Mensch das Recht an seinem eigenen Bild hat, und fragen Sie vor Porträtaufnahmen um Erlaubnis.

Frauen alleine unterwegs

In der Regel stoßen alleinreisende Frauen auf keinerlei Probleme. Es gibt kaum Anmache, die man mit deutlichen Worten und Gesten zurückweisen kann. Traditionell sind vietnamesische Männer keine Machos, sondern nach konfuzianischer Tradition zurückhaltend. Allerdings weichen die traditionellen Werte gerade zügig auf.

Gesundheit

Vernünftige Vorsorge und vernünftiges Verhalten vor Ort dienen der Gesundheit am meisten.

Es sind keine **Impfungen** vorgeschrieben, außer man reist aus einem mit Gelbfieber infizierten Gebiet an. Es ist aber empfehlenswert, rechtzeitig die normalen Vorsorgeimpfungen wie Polio, Tetanus, Hepatitis zu überprüfen und gegebenenfalls auffrischen zu lassen. Aktuelle Informationen von einem Tropeninstitut können auch nicht schaden. Vietnam war vor einiger Zeit von ›Hühnergrippe‹ und ähnlichen Epidemien immer vergleichsweise stark betroffen, da oft die hygienischen Zustände nicht die besten sind. Sollten solche Gefährdungen wieder ausbrechen, gilt es, besonders vorsichtig zu sein und zum Beispiel Märkte zu meiden.

Früher gehörte die **Malaria** zu den größten Gesundheitsproblemen des Landes, das hat sich stark reduziert. Wer die normalen Touristengebiete besucht, außerhalb der Regenzeit reist und ein wenig Vorsorge betreibt, braucht sich keine großen Sorgen mehr zu machen. Erschwerend kam hinzu, dass die Prophylaxe in der Regel wenig brachte, da die übertragenden Mücken in Vietnam nach dem amerikanischen Krieg gegen praktisch alle Mittel resistent waren. Ohne großen Aufwand kann man folgendes tun: zumindest ab spätem Nachmittag körperbedeckende Kleidung tragen, also lange Hosen, langärmelige Hemden/Blusen, sich mit einem Mückenschutzmittel einsprühen und dort, wo sie angeboten werden, unter dem Moskitonetz schlafen. Man kann auch elektrische Mückentöter von zu Hause mitbringen; von den Räucherspiralen ist allerdings abzuraten: Sie bewirken wenig und sind auf die Dauer auch für den Menschen gesundheitsschädlich. Die Inkubationszeit von Malaria liegt bei 7 bis 14 Tagen, die Krankheit fühlt sich zunächst wie eine starke Grippe an: Fieber, Kopf- und Gelenkschmerzen, Schwindelgefühl, Schüttelfrost. Wenn sie rechtzeitig diagnostiziert und behandelt wird, sind die Heilungschancen ziemlich groß. Die Ärzte in Vietnam haben damit viel Erfahrung, es fehlt aber häufig an Medikamenten. Bei Verdacht auf Malaria sollte man also ein großes Krankenhaus aufsuchen, und für

Auch der Aussichtspavillon auf dem Marmorberg eignet sich für ein Selfie

den Eventualfall kann man von zu Hause Mittel zur Behandlung von Malaria mitbringen (verschreibungspflichtig).

Häufig treten **Magen-Darm-Probleme** auf, die durch mangelnde Hygiene, aber auch einfach durch eine Umstellung im Speiseplan verursacht werden können. Es gibt Medikamente, doch wer nicht mit der chemischen Keule zuschlagen will, kann auch einen Tag nichts essen, viel trinken (am besten Tee aus Wasser, das wirklich gekocht hat), und dann langsam anfangen, trockenen Reis zu essen. Wenn der Durchfall weiter anhält, sollte ein Arzt aufgesucht werden.

Viele Krankheiten werden durch **verschmutztes Wasser** übertragen. In Vietnam sollte man niemals Leitungswasser trinken, sondern nur das in Flaschen abgefüllte Wasser, und darauf achten, dass die Plastiksiegel unbeschädigt sind, da manche Straßenhändler benutzte Flaschen mit Leitungswasser auffüllen und erneut verkaufen. Bessere Hotels stellen auf den Zimmern kostenlos Wasser in Flaschen zur Verfügung, das man auch zum Zähneputzen verwenden kann. Ebenfalls abzuraten ist von allem, das aus nicht gekochtem Wasser hergestellt wird, vor allem von Eiswürfeln in Getränken, noch schlimmer ist von fliegenden Händlern selbst hergestelltes Speiseeis. Selbst in Hotels und Restaurants ist Speiseeis nicht empfehlenswert. Gemüse, Salat und Obst muss zumindest sorgsam gewaschen werden. Unterwegs beschränkt man sich am besten auf Obst, dessen Schale nicht mitgegessen wird (Bananen, Mangos, Papayas, Wassermelone, Litschi etc.); Vorsicht, wenn die Früchte bereits aufgeschnitten sind. Sehr empfehlenswert ist die Kokosnuss: Erfrischend und preiswert kommt sie im eigenen Trinkgefäß daher. In den Städten wird sie sogar schon gekühlt angeboten, sie ist dann nicht mehr groß und grün, sondern klein und weiß, da das Äußere entfernt wurde, damit die Nuss nicht soviel Platz im Kühlschrank einnimmt.

Vietnam gehört zu den Ländern, in denen die Steigerungsrate der Infizierung mit dem **HI-Virus** am höchsten ist. Dies ist neben dem Drogenkonsum vor allem der zwar offiziell verbotenen, aber sehr weit verbreiteten und ganz offen betriebenen Prostitution zuzuschreiben. Mann muss davon ausgehen, dass die netten jungen Damen, die ihn in Diskos, Clubs und manchen Kneipen ansprechen, letztendlich nur ein finanzielles Interesse haben, auch wenn dies am Anfang vielleicht nicht so aussieht. Das Bewusstsein über Übertragung und Folgen der Infektion ist im Land sehr niedrig und oft sachlich falsch.

Informationen

Es gibt keine offiziellen, unabhängigen Informationsbüros, weder im Ausland noch in Vietnam selbst. Auch die Botschaften können mit touristischen Informationen nicht dienen. Im Inland hat sich eine Firma des Namens Tourist Information Centre (TIC) bemächtigt, doch dahinter steht auch nur ein Reiseveranstalter, der seine Produkte verkaufen will. Es ist empfehlenswert, sich immer mehrerer Quellen zu bedienen, um Informationen und Preise vergleichen zu können. Man sollte genau nachfragen, wie der Reiseverlauf aussieht und welche Leistungen im Preis eingeschlossen sind, welche nicht.

Klima und Reisezeit

Der Wolkenpass bei Hue teilt dieses langgestreckte und durch große Höhendifferenzen geprägte Land in den subtropischen Norden und den tropischen Süden. Im Westen bildet das Truong-Son-Gebirge die Grenze zu Laos und Kambodscha, so dass hinter einem schmalen Küstenstreifen die Landschaft in Stufen ansteigt, wobei sich die Temperaturen auf jeder Stufe reduzieren. Im Zentralen Hochland ist es 5 bis 10 Grad Celsius kälter als an der Küste, in den nördlichen Bergen an der Grenze zu China 10 bis 15 Grad kälter als im Delta der Roten Flusses. Eine weitere wichtige Rolle für das Klima spielen die **Monsune**. Der Nordostmonsun beeinflusst den Norden und weht von Oktober bis Mai. Er bringt trockene Konti-

Spaziergang im Regen am Hoan-Kiem-See in Hanoi

nentalluft aus China oder kühl-feuchte Luft vom Meer. Der Südwestmonsun schiebt von April bis November kühl-feuchte Luft in den Süden. Taifune mit Windgeschwindigkeiten von 120 bis 160 Stundenkilometern strömen von August bis Oktober vom Meer auf die Küste des nördlichen Zentralvietnam, vor allem in die Umgebung von Vinh. Sie sind sehr gefährlich und können große Zerstörungen anrichten.

Im Süden reicht die **Trockenzeit** von Dezember bis April mit angenehmen Temperaturen von 20 bis 30 Grad im Dezember, danach ansteigend. Im Mai setzen dann fast tägliche Schauer ein, die als angenehme Abkühlung empfunden werden. Den Süden kann man praktisch das ganze Jahr über besuchen; die angenehmste Zeit sind Dezember und Januar.

Im südlichen Zentralvietnam verschiebt sich die **Regenzeit** nach hinten. An der Küste fallen die meisten Niederschläge von Oktober bis Dezember, die wenigsten von Juni bis Oktober. Das Hochland (zum Beispiel Da Lat) bekommt Regen von beiden Monsunen und hat deshalb sehr wechselhaftes Wetter. Trockenste Zeit ist Dezember bis März.

An der nördlichen Zentralküste regnet es am meisten, vor allem von August bis Januar und nicht nur während der Taifune. Es ist dann bei hoher Luftfeuchtigkeit kühl, was äußerst unangenehm ist. Beste Reisezeit sind Juni und Juli.

Im Norden kennt das Wetter nicht die Extreme des Südens, ist aber unbeständig. Man unterscheidet zwei Jahreszeiten: Sommer und Winter. Ab April steigen die Temperaturen, auch über 30 Grad, die Luftfeuchtigkeit ist hoch, und es kann zu einzelnen Regenschauern kommen. Die höchsten Niederschlagsmengen werden im Juli und August gemessen. Ab September fallen die Temperaturen und erreichen die niedrigsten Werte im Januar mit 10 bis 18 Grad, was sich angesichts hoher Luftfeuchtigkeit aber kälter anfühlt. Von Januar bis März liegt häufig Nebel über dem Land oder es fällt tagelang ein feiner Nieselregen. Bester Reisemonat ist wohl der **November**.

Kriminalität

In der Regel gibt es keine großen Probleme. Vietnam ist allerdings ein armes Land, und es empfiehlt sich nicht, mit Schmuck, teuren Uhren oder elektronischem Schnickschnack zu protzen.

Die Kriminalitätsrate steigt langsam. Es kommt zu Taschendiebstahl, zum Beispiel in öffentlichen Verkehrsmitteln oder den ent-

Markt in Cho Lon

sprechenden Rotlichtspelunken und Diskos. Die Rotlichtszene ist zudem von Banden unterwandert, die größere Prostitutionsringe unterhalten und der Organisierten Kriminalität zugerechnet werden. Sie erfahren Protektion durch Teile der Polizei. Natürlich zahlt man als Ausländer auf Märkten und in manchen Läden mehr und wird schon mal gerne übers Ohr gehauen, aber das sollte man eher sportlich nehmen.

Landkarten und Stadtpläne

Die Karten werden zwar besser, haben aber bei weitem noch keine europäischen Maßstäbe erreicht. Das liegt zum Teil daran, dass früher sehr viele Informationen geheim waren, eben auch Adressen. Kaufen kann man die Karten in den Buchhandlungen der großen Städte.

Öffnungszeiten

Außerhalb des staatlichen Sektors gibt es keine genauen Regeln. Außerdem ist auch in diesem Bereich alles im Fluss. Früher öffneten alle sehr früh am Morgen, machten mittags bis zu zwei Stunden zu und schlossen bei Anbruch der Dunkelheit. Inzwischen geht es morgens meist etwas später los, fällt die Mittagspause oft weg, und man versucht abends noch Kunden anzulocken.

Die **Märkte** öffnen früh, schon vor 6 Uhr, manche sind am frühen Nachmittag schon beendet, andere haben bis zum Abend offen. Auch Läden schließen früh auf, spätestens um 8 Uhr; die einen schließen bei Anbruch der Dunkelheit, also zwischen 18 und 19 Uhr, andere erst spät.

Banken haben wochentags von 7.30 bis 11.30 und von 13.30 bis 15.30 Uhr geöffnet, manchmal entfällt die Mittagspause. Postämter haben ähnliche Zeiten, die großen sind aber bis gegen 19 Uhr offen.

Die Öffnungszeiten der **Museen** sind derzeit sehr uneinheitlich, manche folgen dem internationalen Usus und haben montags zu, manche an einem anderen Tag. Manche bestehen auf der langen Mittagspause und dem frühen Feierabend, andere kommen den Besuchern mit durchgehender Öffnung und späterem Schluss entgegen. In der Regel sind die Öffnungszeiten bei den entsprechenden Institutionen angegeben.

Tempel schließen im allgemeinen um 17 Uhr.

Auch die **Essenszeiten** liegen früher als in Europa, vor allem im Norden. In Hanoi gehen auch in größeren Restaurants um 22 Uhr die Lichter aus.

Post und Telekommunikation

In Postämtern (*buu dien*) werden Briefmarken verkauft oder, falls keine vorhanden sind, Postkarten und Briefe mit Freistempelmaschinen entwertet. Je nach Größe kostet eine Sendung nach Europa zwischen 12 000 und 15 000 Dong und braucht etwa zehn Tage. Die meisten Postämter vermitteln auch Telefongespräche.

In den Straßen findet man Telefonzellen verschiedener Telefongesellschaften, für die eine entsprechende Telefonkarte kaufen muss. Das ist alles nicht sehr praktisch, und das Telefonieren mit dem eigenen Handy ist sehr teuer. Wer bereits die Reise organisiert hat und deshalb wenig telefonieren muss, erledigt dies am besten vom Hotel aus. Die Preise sind zwar höher als in den Telefonzellen, aber es handelt dabei nur um geringe Beträge. Die praktischste Lösung für Vieltelefonierer im Land ist es, ein nichtvertragsgebundenes Handy von zu Hause mitzubringen und vor Ort eine **Prepaid-Sim-Karte** einer der drei großen Telefongesellschaften (Viettel, Vinaphone, Mobifone) zu kaufen. Die gibt es in Hanoi und Saigon an jeder Straßenecke, und die freundlichen Verkäuferinnen helfen beim Einbau und der Umstellung auf englische oder, falls vorhanden, deutsche Menüführung.

Internationale Vorwahlen: Deutschland +49 (0049), Österreich +43, Schweiz +41; Vietnam +84. Wer aus dem Ausland nach Vietnam anruft, muss nach der Landeskennung die 0 der Ortsvorwahl weglassen.

Internetcafés gibt es in den größeren Städten, allerdings sind die Verbindungen oft langsam. Besseren Service bieten die Hotels, selbst in Drei-Sterne-Häusern steht ein W-Lan-Netz im gesamten Haus, also auch auf dem Zimmer, in der Regel kostenlos zur Verfügung.

Presse

Die inländische Presse wird durch die Kommunistische Partei scharf kontrolliert und zensiert. Die regierungsnahe Zeitung ›Vietnam Economic Times‹ wird in vielen Hotels kostenlos verteilt.

Internationale Zeitungen können an Hotelkiosken, vor allem in Saigon auch bei fliegenden Händlern gekauft werden. Sie stammen oft aus den internationalen Flugzeugen.

Reiseveranstalter

Adventure Train Abenteuerreisen
Karl-Liebknecht-Str. 127
04275 Leipzig
Tel. 0341/5500940
www.at-reisen.de

a&e Erlebnisreisen
Hans-Henny-Jahnn-Weg 19
22085 Hamburg
Tel. 040/27143470
www.ae-erlebnisreisen.de

Auf und Davon Reisen
Lebrechtstr. 35
51643 Gummersbach
Tel. 02261/501990
www.auf-und-davon-reisen.de

Chili Reisen
Pappelstr. 81–83
28199 Bremen
Tel. 0421/52080663, Fax 59707824
www.chili-reisen.de

Diamir Erlebnisreisen
Berthold-Haupt-Str. 2
01257 Dresden

Zum abendlichen Einkaufen in der Hanoier Altstadt muss man nicht einmal vom Motorroller steigen

Tel. 0351/312077
www.diamir.de

Eberhard Travel
Zschoner Ring 30
01723 Kesselsdorf
Tel. 035204/92112
www.eberhardt-travel.de

Gebeco Reisen
Holzkoppelweg 19
24118 Kiel
Tel. 0431/5446-0, Fax -111
www.gebeco.de

Geoplan Reisen
Geisbergstr. 39
10777 Berlin
Tel. 030/34649810
www.geoplan-reisen.de

Go East Reisen
Bahrenfelder Chaussee 53
22761 Hamburg
Tel. 040/896909-0
http://go-east.de

Haase Touristik
Dickhardtstr. 56
12159 Berlin
Tel. 030/84183226
www.haase-touristik.de

Hauser Exkursionen
Spiegelstr. 9
81241 München
Tel. 089/2350060
www.hauser-exkursionen.de

Ikarus Tours
Am Kaltenborn 49–51
61462 Königstein
Tel. 06174/29020, Fax 22952
www.ikarus.com

Inselhüpfen
Radurlaub Zeit-Reisen GmbH
Maybachstr. 8
78467 Konstanz
Tel. 07531/36186-0, Fax -11
www.inselhuepfen.de

Knop Reisen
Hollerlander Weg 77
28355 Bremen
Tel. 0421/98850-30
www.knop-reisen.de

Lernidee Erlebnisreisen
Kurfürstenstr. 112
10787 Berlin
Tel. 030/7860000
www.lernidee.de

One World – Reisen mit Sinnen
Neuer Graben 153
44137 Dortmund
Tel. 0231/5897920
www.reisenmitsinnen.de

Besatzung des Mekongschiffs ›La Marguerite‹ beim Abschiedsabend

Reisefieber
Kleberstr. 6–8
63739 Aschaffenburg
Tel. 06021/306530
www.reisefieber.net

Studiosus
Postfach 500609
80976 München
Tel. 00800/24022402 (kostenlos)
www.studiosus.com

Travel Service Asia
Riedäckerweg 4
90765 Fürth
Tel. 0911/9795990
www.tsa-reisen.de

Umfulana
Karlheinz-Stockhausen-Platz 7
51515 Kürten
Tel. 02268/9098-24
www.umfulana.de

Vietnam Special Tours
Adams-Lehmann-Str. 109
80797 München
Tel. 089/1270910
www.vietnam-special-tours.de

Vietnam Tours
Dorfstr. 39
53343 Wachtberg-Villiprot
Tel. 0228/55547022
www.vietnam-tours.de

World Insight
Sürther Hauptstr. 190 E–F
50999 Köln
Tel. 02236/38360
www.world-insight.de

Reisebüros in Vietnam

Ann Tours
58 Ton That Tung, Ben Thanh, Q 1
Saigon
Tel. +84/8/39253636, 38332564
77 Pham Hong Thai, Hanoi
www.anntours.com
Erfahrenes Reiseunternehmen mit Hauptquartier in Saigon, aber Büro in Hanoi, organisiert Gruppen- und Einzelreisen.

Buffalo Tours
70-72 Ba Trieu
Hoan Kiem District
Hanoi
Tel. +84/4/38280702, Fax 38269370
81 Mac Thi Buoi, Q 1
Ho Chi Minh City
Tel. +84/8/38279170, Fax 38279168
www.buffalotours.de
Erfahrener, großer, sehr zuverlässiger Veranstalter für das ganze Land und für die Nachbarländer.

Exo Travel
261–263 Phan Xich Long
Ho Chi Minh City
Tel. +84/8/39959898, Fax 39959184/5
3/F, 66A Tran Hung Dao, Hoan Kiem
Hanoi
Tel: +84/4/38282150
www.exotravel.com
Eines der größten und erfahrensten Unternehmen, das im ganzen Land gut vertreten ist.

Focus Asia
138A Nguyen Dinh Chieu, Q 3
Ho Chi Minh City
Tel. +84/8/3822822, Fax 3822821
www.focus.asia
Erfahrener Veranstalter unter deutscher Leitung.

Handspan
78 Ma May
Hanoi
Tel. +84/4/39262828
10/F, Central Park Building
208 Nguyen Trai, Q 1
Saigon
Tel. +84/8/3925760-5, Fax -4
Seminarstr. 33, 79102 Freiburg
Tel. 0761/7049591, Fax 2114849
www.handspan.com
Großer, im ganzen Land vertretener Anbieter mit vielen Aktivelementen in den Programmen.

ODC Travel
13 Hang Huong
43 Hang Bo
Hanoi
Tel. +84/4/38288729
www.odctravel.com.vn
Der Eigentümer des ursprünglichen Darling Café, einst der In-Treffpunkt der Rucksack-

reisenden in der Hanoier Altstadt, bietet nun mit viel Erfahrung Reisen im Land an.

Saigontourist
45 Le Thanh Ton
Saigon
Tel. +84/8/38279279
www.saigontourist.net
Sehr großer staatlicher Veranstalter, manchmal etwas bürokratisch, aber mit besten Verbindungen im ganzen Land und vielen eigenen Hotels, Bussen und Autos.

Terra Verde
12/20 Nguyen Canh Di, Ward 4
Tan Binh District, Saigon
Tel. +84/8/39484754
www.terraverdetravel.com
Der Eigentümer dieser Agentur für anspruchsvolle Individualreisen stammt aus Vietnam, wuchs aber in Deutschland auf und ist nach Saigon zurückgekehrt, kennt also beide Welten. Korrespondenz und Website auch auf Deutsch.

Souvenirs

Beliebtestes Mitbringsel sind zweifellos die konischen **Hüte** der dörflichen Vietnamesinnen. Die besten werden in Hue hergestellt, sie haben oft einen Scherenschnitt zwischen den beiden Strohlagen, den man gut erkennen kann, wenn man den Hut gegen die Sonne hält. Die speziell für Touristen hergestellten, außen bemalten oder bestickten Hüte sind hingegen oft etwas kitschig. Auf dem Markt sind die Hüte preiswerter als in Touristenläden oder auf dem Flughafen.

Sehr groß ist das Angebot auch beim **Kunsthandwerk**. Kleine Figuren aus Holz können ganz schön sein, man findet Tiere, schlanke Damen, religiöse Figuren, aber auch Büsten von Onkel Ho.

Auch Wasserpuppen werden aus Holz geschnitzt und sind zum Beispiel in der Altstadt von Hanoi in großer Zahl zu finden. Dasselbe aus Stein gibt es in allen Größen und Formen vor allem in der Umgebung der Marmorberge zwischen Da Nang und Hoi An.

Lackarbeiten gehörten früher zur großen Tradition des Kunsthandwerks. Von der kleinen Schachtel bis zum Paravent konnten die Holzkonstruktionen mit zahllosen Lackschichten überzogen werden. Die heutigen Werke sind weitaus einfacher gestaltet, haben nur zwei oder drei Lackschichten, die Muster sind aufgemalt statt aufwendig eingeritzt und mit Lack ausgegossen. Dafür gibt es aber statt des traditionellen Schwarz-rot heute bunte Popfarben für Accessoires aller Art.

Bei den **Textilien** sind bestickte Tischdecken, Servietten und ähnliches beliebt. Es gibt auch Seidenstoffe sehr unterschiedlicher Qualität. Fertige Kleidung muss unbedingt anprobiert werden, da die Schnitte für Asiatinnen und Europäerinnen sich durchaus unterscheiden.

Maßkleidung gibt es günstig vor allem in Hanoi, Ho-Chi-Minh-Stadt und Hoi An, doch sollte man von den Schneidern keine Wunder erwarten. Der Preis richtet sich vor allem nach der Qualität der Stoffe, die nach Stoffmustern bestimmt werden. Hier sollte man sich etwas auskennen und sicherstellen, dass man das bekommt, was man bestellt hat. Stoffe und Schnitte sind in der Regel recht konservativ, auf Details muss man sich einigen, zum Beispiel bei einem Anzug auf Zahl und Art der Innentaschen, Außentaschen mit oder ohne Klappe, Anzahl der Knöpfe, auch an den Ärmeln, ein oder zwei Rückenschlitze, breites oder schmales Revers und anderes. Auch wenn man von erfahrenen Schneidern vermessen wird, reicht eine Anprobe in der Regel nicht aus. Ein guter Schneider würde die erste Anprobe für das halbfertige Stück planen, bei dem man Nähte ohne großen Aufwand noch einmal verändern kann. Nur so wird man sich in dem maßgeschneiderten Stück auch über längere Zeit wohlfühlen.

Vorsicht: Viele große Firmen lassen ihre Markenware inzwischen in Vietnam fertigen, die jedoch nur im Ausland oder wenigen, sehr teuren Läden verkauft wird. Was man auf Märkten oder in einfachen Geschäften sieht, ist entweder ›vom Lastwagen gefallen‹ oder gefälscht. Mal abgesehen davon, dass die Qualität von gefälschter

Ob Fächer oder Hut, im Markt von Hue ist das Angebot groß

Ware oft miserabel ist, ist die Einfuhr von Imitaten nach Europa verboten und wird zunehmend vom Zoll mit Konfiszierung und Bußgeldern unterbunden.

Ebenfalls verboten ist der Import von Gegenständen, die nach dem Washingtoner Artenschutzabkommen für Tiere geschützt sind. Es geht um Felle, Häute und Knochen, in Vietnam meist um Elfenbein, das nicht mehr verarbeitet werden darf. Aber auch traditionelle chinesische Medizin wird in Vietnam angeboten, in der sich verbotene Substanzen wie etwa gemahlene Tigerknochen befinden können. Die Wirksamkeit von solchen Präparaten konnte übrigens noch nie bewiesen werden.

Die **Ausfuhr von Antiquitäten** ist nur mit Genehmigung erlaubt, die aber in der Regel nicht erteilt wird. Was man in den einschlägigen Geschäften zu sehen bekommt, sind aber fast alles Fälschungen und Imitate, da die wertvollen Stücke entweder bereits abgeräumt oder nur im Hinterzimmer an vertrauenswürdige Kunden veräußert werden. Dies sollte man bei den dringend notwendigen Verhandlungen über Preise unbedingt bedenken.

Sport und Freizeit

Während früher die Kultur bei Vietnamreisen weit im Vordergrund stand, dann die Strände hinzukamen, sind heute auch sportliche Aktivitäten durchaus möglich.

Golf: Es gibt inzwischen mehr als zehn Golfplätze. Die schönsten sind der **Ocean Dunes Golf Club** in Phan Thiet (→ S. 316, Design: Nick Faldo, Par 72, 5267 bis 6725 Yards), ein fantastischer Platz mit Meerblick und viel Sand, und der **Palace Golf Club** in Da Lat (→ S.312, Par 72, 5555 bis 7009 Yards) aus der Kolonialzeit. Andere Plätze befinden sich außerhalb von Saigon und Hanoi. Die Green Fees liegen bei 70 bis 100 (Wochenende) US-Dollar.

Kajakfahren: In der Ha-Long-Bucht (→ S. 202) werden Kajakausflüge von ein paar Stunden bis zu mehreren Tagen mit Übernachtung im Zelt angeboten.

Radfahren: In den Städten sind Fahrräder nicht so häufig anzutreffen wie man dies vielleicht erwarten würde, das Moped ist das Ziel des modernen Vietnamesen. Als Radfahrer konkurriert man mit den stärkeren Verkehrsmitteln und hat mit den Auspuffgasen zu kämpfen. **Radwege** sind natür-

Kajakfahrer in der Ha-Long-Bucht

lich völlig unbekannt. Außerhalb der Städte ist das Terrain oft hügelig. Die Hauptverkehrsstraßen sind stark belastet und recht gefährlich. Am besten eignet sich das Fahrrad für Ausflüge auf dem Lande, zum Beispiel im flachen Mekongdelta. Ausflüge mit dem **Mountainbike** sind in der Umgebung von Sa Pa möglich. Heimische und vietnamesische Veranstalter bieten ausgearbeitete Touren an. Ein Führer ist sinnvoll, es sei denn, man kann sich verständigen, denn Verkehrsschilder gibt es sehr wenige.

Tauchen: Die bekanntesten Tauchreviere sind die Bucht von **Nha Trang** (→ S. 296) im südlichen Mittelvietnam sowie die Insel **Phu Quoc** (→ S. 364) im Golf von Thailand. In Nha Trang ist die beste Zeit von Februar bis Oktober, in Phu Quoc von November bis Mai. In beiden Orten gibt es eine ganze Reihe von PADI-zertifizierten Tauchshops, die Ausflüge mit Boot und Ausrüstung anbieten.

Trekking: Hier stehen die **Nationalparks** und die Gegend um **Sa Pa** im Norden im Vordergrund. In den Nationalparks sind die Touren nicht so anspruchsvoll, in Sa Pa ist das Angebot in Länge und Schwierigkeitsgrad groß. Ohne lokalen Führer und gute Ausrüstung sollte man sich keinesfalls auf den Weg machen.

Wassersport: Einige der größeren Strandresorts bieten Tauchausflüge an und verleihen einfache Segelboote, Surfbretter und Wasserski; mancherorts gibt es auch die nervigen Jetskis. Sehr groß sind die Aktivitätsangebote aber nicht.

Die Windsurf-Hauptstadt Vietnams ist **Mui Ne** (→ S. 313, wo an mehr als 220 Tagen im Jahr Winde von über zwölf Knoten vorherrschen. Ausrüstungen, auch für Kite-Surfen, kann man leihen. Unbedingt sollte man wegen Strömungen und Wetter den Rat lokaler Experten einholen.

Sprache, Verständigung und Namen

Die offizielle Sprache ist Vietnamesisch. Im 19. Jahrhundert war die erste Fremdsprache Französisch, davon ist wenig geblieben, Mitte des 20. Jahrhunderts war es im Norden Russisch und im Süden Amerikanisch. Heute ist die wichtigste Fremdsprache im Tourismus Englisch, sowohl in Hotels als auch in den Reisebüros. Fremdenführer gibt es aber auch mit deutschen oder französischen Fremdsprachenkenntnissen. Da viele Vietnamesen als ›Vertragsarbeiter‹ oder als Studenten in der DDR waren, kann es sogar passieren, dass man einmal auf Deutsch auf der Straße angesprochen wird.

Fahrer, auch von Reisebüros, und Taxifahrer sprechen in der Regel keine Fremdsprache. Bei längeren Rundreisen sollte man also einen Führer dabeihaben, bei Ausflügen in der Stadt sollte man sich für den Taxifahrer im Hotel die Ziele aufschreiben lassen und eine Visitenkarte mit der Hoteladresse mitnehmen.

Äußerst kompliziert und ein Ausdruck der 2500 Jahre alten konfuzianischen Lehre ist die **Anrede von anderen Personen**. Im Vietnamesischen gibt es dafür eine große Zahl von Wörtern, aus denen das korrekte ausgewählt werden muss. Die Wahl hängt vom Geschlecht, dem Alter, der sozialen Stellung, der Verwandtschaftsbeziehung und anderem ab. Von einem Ausländer wird die Kenntnis dieses Systems natürlich nicht erwartet, er sollte allerdings wissen, wie die vietnamesischen Namen zu interpretieren sind. Normalerweise besteht ein Name aus drei Teilen, nehmen wir Nguyen Van Anh. Hier ist Nguyen der Familienname, der immer vorangestellt wird. Die Zahl der Familiennamen ist in Vietnam nicht sehr groß, Nguyens wird der Reisende in endloser Zahl antreffen. Der Mittelname Van und der persönliche Name Anh werden zunächst dem Kind von den Eltern gegeben, es ist aber durchaus üblich, diese Namen zu verschiedenen einschneidenden Stadien des Lebens zu ändern. Auch Vietnamesen können beim Lesen eines Namens nicht unbedingt erkennen, ob die Person männlich oder weiblich ist. In diesem Beispiel wäre es aber einfach, weil der Mittelname Van männlich ist, die weibliche Entsprechung wäre Thi. Viele Vietnamesen geben ihren Kindern denselben Mittelnamen, entweder Van oder Thi nach Geschlecht, aber auch einen anderen, so dass sie nur nach dem persönlichen Namen am Schluss zu unterscheiden sind. Dies ist der wichtigste Name, denn damit reden sich die Vietnamesen an, und unter diesem Namen ist jemand bekannt. Mit diesem Namen wird sich ein Reiseleiter auch seinen Kunden vorstellen. Diese sollten aus Höflichkeit ein ›Herr‹ hinzufügen, würden also Nguyen Van Anh ›Herr Anh‹ nennen und ihn siezen.

Toiletten

Kein erfreuliches Thema, weil viele sehr schmutzig sind. An einigen Sehenswürdigkeiten muss man bezahlen, dann ist es auch sauberer. In den größeren Städten werden zunehmend Häuschen mit drei, vier Kabinen aufgestellt, die bewacht und gereinigt werden. Auch hier muss bezahlt werden. Bester Tipp: Hotel (nicht nur das eigene).

Trinkgeld

Im Sozialismus gibt es kein Trinkgeld. Aber so streng wollen wir doch nicht sein. Im Süden hat sich der internationale Brauch von 20 000 bis 50 000 Dong für Kofferträger, fünf bis zehn Prozent in Restaurants und Aufrunden auf eine glatte Summe im Taxi schon eingebürgert. Im Norden werden in einfachen Restaurants keine Trinkgelder erwartet.

In **Reisegruppen**, bei Tages- oder mehrtägigen Ausflügen mit Fahrer und Führer ist es üblich, diese am Ende der Reise mit einem angemessenen Trinkgeld zu bedenken.

Das Fahrrad dient eher dem Warentransport

Unterkunft

Es gibt inzwischen eine große Zahl von Hotels aller Kategorien. Die besten Häuser können es mit jedem 5-Sterne-Hotel der Welt aufnehmen. Alle großen Hotelketten sind im 3- bis 5-Sterne-Bereich vertreten; sie bieten internationalen Standard, auch die Sprachkenntnisse der Mitarbeiter (meist Englisch, gelegentlich Deutsch) sind ausreichend.

Bei rein vietnamesisch gemanagten Hotels ist gerade letzteres nicht unbedingt der Fall. In der Regel sollte man keine Häuser mit weniger als drei Sternen wählen, in Ausnahmefällen können in abgelegenen Gebieten nur 2-Sterne-Hotels verfügbar sein. Sie sind sehr einfach eingerichtet, aber meistens sauber. Am besten lässt man sich zwei, drei verfügbare Zimmer zeigen und wählt daraus.

Dies gilt auch für sogenannten Minihotels, die sich in den größeren Städten etabliert haben. Sie sollten bei den Behörden angemeldet sein und werden meist von Familien privat betrieben. Die Zimmer sind in der Regel sehr klein, aber sauber. Wer sich nur zum Schlafen in seinem Zimmer aufhalten will, kann mit solchen Unterkünften für 20 oder 30 Dollar gut bedient sein.

Zahlungsmittel

Die Währung ist der vietnamesische **Dong** (VND). Es gibt Banknoten von 100, 200, 500, 1000, 2000, 5000, 10000, 20000, 50 000, 100 000, 200 000 und 500 000 Dong. Die kleinen Scheine sind nur noch selten anzutreffen, werden aber vor den Feiertagen frisch gedruckt, da sie beliebte Opfergaben in den Tempeln sind.

Der Wechselkurs lag im Juli 2016 bei etwa 22 000 Dong für 1 US-Dollar und 24 000 Dong für 1 Euro. Derzeit hat die Inflation in Vietnam wieder höhere Werte erreicht. Der **US-Dollar** ist für Touristen praktisch zweites Zahlungsmittel im Land. Die größeren Hotels und manche teuren Restaurants rechnen in Dollar ab, man kann aber laut Gesetz überall und jeden Betrag auch in Dong bezahlen.

Die bequemste Möglichkeit, an Bargeld in Landeswährung zu kommen, sind die **Geldautomaten** (ATM, Automatic Teller Machine), die es mittlerweile in allen größeren Städten gibt. Bei **Ausflügen in ländliche Gegenden** sollte man entsprechendes Bargeld mitnehmen. Devisen, bevorzugt Dollar, Euro sowie andere stabile asiatische Währungen kann man in Banken, Wechselstuben, bei vielen Juwelieren und in den Hotels (etwas schlechterer Kurs) tauschen. Es werden Bargeld und Reiseschecks angenommen; man sollte auf saubere, unbeschädigte Scheine achten.

Kreditkarten werden in größeren Hotels, Restaurants und auf Touristen spezialisierten Läden akzeptiert.

Zeit

Im Winter Mitteleuropäische Zeit (MEZ) plus sechs Stunden, zur europäischen Sommerzeit Mitteleuropäische Sommerzeit (MESZ) plus fünf Stunden. In Vietnam gibt es keine Sommerzeitregelung.

Dong-Scheine

Sprachführer

Die vietnamesische Sprache ist mit verschiedenen Sprachfamilien verwandt, was durch die historische Entwicklung des Landes und die geographische Lage zu erklären ist. Überschneidungen ergeben sich u.a. mit der austro-asiatischen, der malaio-polinesischen (austronesischen) und der sino-tibetischen Sprachfamilie.
Den stärksten Einfluss hat das Chinesische, das seit 111 vor Christus lange Amts- und Bildungssprache in Vietnam war. Die vietnamesische Sprache selbst verfügte ursprünglich über keine eigene Schrift, und erst im 13. Jahrhundert wurde auf Grundlage des gesprochenen Vietnamesisch – in Anlehnung an chinesische Schriftzeichen – ein Schriftsystem entwickelt. Mit dem Beginn europäischer Missionierung in Vietnam begann die lateinische Transkription der vietnamesischen Sprache. Vietnamesisch wurde erst 1945 zur Staats- und Verkehrssprache ernannt. Seitdem ist auch die lateinische Transkription die offizielle Nationalschrift.
Vietnamesisch ist eine nichtreflektierende Sprache. Ähnlich wie das Chinesische ist es eine Sprache, deren Einheiten aus Silben bestehen. Mehrere Silben können ein Wort bilden (Bsp: nhà hát, ›Theater‹). Beide Silben für sich genommen können als eigenständige Wörter benutzt werden (nhà = Haus, hát = singen). Hieran wird deutlich, wie schwer es ist, aus dem Schriftbild die Wortgrenze zu erkennen.
Vietnamesisch ist eine Tonsprache, wobei der Ton Bestandteil der Silbe ist. Falsch betont kann ein Wort eine völlig andere Bedeutung haben. Das Vietnamesische hat sechs Tonhöhen, die in der Schrift durch fünf diakritische Tonhöhenzeichen verdeutlicht werden. Grundsätzlich erfolgt der Satzaufbau nach der Regel Subjekt-Prädikat-Objekt. In Nord- und Südvietnam werden einige Buchstaben unterschiedlich betont, woraus sich verschiedene Dialekte ergeben. Das vietnamesische Alphabet hat 29 Buchstaben.

Alphabet

A, a	langes ›a‹ wie in ›Nase‹
Ă, ă	kurzes ›a‹ wie in ›lachen‹
Â, â	kurzes, geschlossenes ›a‹, ähnlich dem ›e‹ in ›Wolke‹, aber kürzer gesprochen
B, b	wie deutsches ›b‹
C, c	etwas weicher als deutsches ›k‹
D, d	stimmhaftes ›s‹ wie in Sonne (Nordvietnam) oder wie ›j‹ in ›ja‹ (Südvietnam)
Đ, đ	wie deutsches ›d‹
E, e	wie ›ä‹ in ›Länder‹
Ê, ê	langes ›e‹ wie in ›Seele‹
G, g	wie deutsches ›g‹, steht vor a, o, ơ, ô, u, ư
H, h	wie deutsches ›h‹
I, i	langes ›i‹ wie in ›Lied‹
K, k	etwas weicher als deutsches ›k‹
L, l	wie deutsches ›l‹

M, m	wie deutsches ›m‹
N, n	wie deutsches ›n‹
O, o	halboffenes ›o‹ wie in ›offen‹
Ô, ô	halbgeschlossenes ›o‹ wie in ›Vogel‹
Ơ, ơ	wie kurzes ›ö‹, hinten im Rachen gesprochen
P, p	wie deutsches ›p‹
Q, q	wie deutsches ›k‹
R, r	stimmhaftes ›s‹ wie in Sonne (in Hanoi) oder wie ›j‹ in ›Journal‹
S, s	scharfes ›s‹ (in Hanoi) oder ›sch‹
T, t	weiches ›t‹, fast wie ›d‹
U, u	langes ›u‹ wie in ›Ruhe‹
Ư, ư	kurzes ›i‹, hinten im Rachen gesprochen
V, v	wie deutsches ›w‹ (Nordvietnam) oder reibungsloses ›w‹ wie englisches ›one‹ (Südvietnam)
X, x	scharfes ›s‹ wie in ›Ast‹
Y, y	kurzes ›i‹ wie in ›mit‹

Buchstabenverbindungen

ch	wie ›tsch‹ in ›Bratsche‹ (Nordvietnam) oder wie ›dch‹ in ›Mädchen‹ (Südvietnam)
gh	wie deutsches ›g‹, steht vor e, ê, i
kh	wie ›ch‹ in ›Buch‹
ng, ngh	wie ›ng‹ in ›fangen‹, nasal gesprochen
nh	wie ›nj‹ in ›Sonja‹, in Nordvietnam am Wortende wie ›ng‹
ph	wie deutsches ›f‹/›ph‹
th	wie deutsches ›t‹
tr	wie ›tsch‹ in ›klatschen‹
uy	etwa wie ›üj‹, z.B. Aussprache Nguyen: ›Ngüj-än‹

Tonhöhen

a	normale Tonlage
à	tieferer, fallender Ton
á	höherer, steigender Ton
ạ	tiefer, gepresster Ton
ả	fragender Ton bzw. fallend steigender Ton
ã	unterbrochen steigender Ton

Allgemeine Wendungen

Deutsch	Vietnamesisch
Danke	Cảm ơn
Vielen Dank	Cảm ơn nhiều
Hallo/Guten Tag	Xin chào
Guten Tag, mein Herr	Chào ông (eigentlich: Großvater, höfliche Anrede für ältere Männer)
Guten Tag, meine Dame	Chào bà (eigentlich: Großmutter, höfliche Anrede für ältere Frauen)
Guten Tag, junge Frau	Chào chị (eigentlich: Schwester, höfliche Anrede für gleichaltrige Frauen)
Guten Tag, junger Mann	Chào anh (eigentlich: Bruder, höfliche Anrede für gleichaltrige Männer)
Auf Wiedersehen	Tạm-biệt
Ja	vâng, có
Nein	không
Entschuldigung	Xin lỗi
Ich verstehe nicht.	Tôi không hiểu.
Spricht jemand Englisch?	Có ai biết nói tiếng Anh không?
Können Sie mir dieses Wort bitte aufschreiben?	Xin ghi hộ cho tôi này?

Unterwegs

links	trái
nach links	rẽ bên trái
rechts	phải
nach rechts	rẽ bên phải
geradeaus	thẳng
gegenüber	đối diện
Wo/Wo ist ...?	... ở đâu?

der Bahnhof	nhà ga
die Bushaltestelle	bến xe buýt
der Flughafen	sân bay
der Hafen	cảng
das Postamt	bưu điện
das Hotel	khách sạn
die Bank	ngân hàng
die Toilette	nhà vệ sinh
Damen	nữ
Herren	nam
Halten Sie bitte hier an.	Xin dừng xe ở đây.
Ich möchte …	Tôi muốn …
eine Fahrkarte	một vé
ein Zimmer	thuê phòng
ein Doppelzimmer	phòng đôi
Ich möchte eine Nacht hierbleiben.	Tôi muốn ở lại đây một đêm.
Wieviel kostet es pro Nacht?	Một đêm gía bao nhiêu?

Notfall

Hilfe!	Cứu với!
Bitte helfen Sie mir!	Xin giúp tôi!
Ich brauche einen Arzt.	Tôi cần một bác sĩ.
Krankenhaus	bệnh viện
Polizei	công an, cảnh sát

Zeitangaben

Wann?	bao giờ?
morgens/früh	buổi sáng
mittags	buổi trưa
nachmittags	buổi chiều
abends	buổi tối
nachts	ban đêm
jetzt	bây giờ
später	muộn hơn
heute	hôm nay

gestern	hôm qua
morgen	ngày mai
übermorgen	ngày kia
Montag	thứ hai
Dienstag	thứ ba
Mittwoch	thứ tư
Donnerstag	thứ năm
Freitag	thứ sáu
Samstag	thứ bảy
Sonntag	chủ nhật

Post/Bank

Brief	thư
Briefmarke	thư
Deutschland	Đức
Österreich	Áo
Schweiz	Thụy Sĩ
Ich möchte Geld tauschen.	Tôi muốn đổi tiền.

Einkaufen/Restaurant

Ich möchte ...	Tôi muốn ...
Wieviel kostet ...?	... bao nhiêu tiền?
Bringen Sie mir bitte die Speisekarte.	Xin cho tôi thực đơn.
Die Rechnung, bitte!	Xin cho tôi tính tiền!
Ich bin Vegetarier/in.	Tôi là người ăn chay.
Frühstück	bữa ăn sáng
Mittagessen	bữa ăn trưa
Abendbrot	bữa ăn chiều
Mineralwasser	nước suối, nước khoáng
Saft	nước
Zuckerrohrsaft	nước mía
Limonade	nước chanh
Tee	nước chè
Grüner Tee	nước chè xanh
Kaffee	cà phê

Milch	sữa
Eis	đá
Bier	bia
Wein	rượu vang
Brot	bánh mì
Ei	trứng
Butter	bơ
Salat	xà lách
Suppe	súp, canh
Vietnamesische Reisnudelsuppe	phở
Reis (gekocht)	cơm
Klebreis (gekocht)	cơm nếp
gebratener Reis	cơm rang
Kartoffeln	khoai tây
Nudeln	mì
Reisnudeln	bún
Glasnudeln	miến
Tofu	đậu phụ
Fleisch	thịt
Hühnerfleisch	thịt gà
Rindfleisch	thịt bò
Schweinefleisch	thịt lợn
Fisch	cá
Krebs, Krabbe	cua
Gemüse	rau
Obst	hoa quả
Fischsauce	nước mắm
Salz	muối
Messer	dao
Gabel	nĩa
Löffel	thìa
Stäbchen	đũa
Teller	đĩa
Glas	ly/cốc

Flasche	chai
gebacken	quay
gebraten (frittiert, geröstet)	rán
gegrillt (gebacken, geschmort, gebraten)	nướng
gekocht	luộc
gedämpft	hấp

Zahlen

0	không
1	một
2	hai
3	ba
4	bốn
5	năm
6	sáu
7	bảy
8	tám
9	chín
10	mười
11	mười một
12	mười hai
13	mười ba
14	mười bốn
15	mười lăm
16	mười sáu
17	mười bảy
18	mười tám
19	mười chín
20	hai mươi
30	ba mươi
100	một trăm
1000	một nghìn

Literatur

Allgemein

Frogier de Ponlevoy, David, Vietnam 151: Portrait eines Landes in ständiger Bewegung, Meerbusch: Conbook 2013. In 151 Momentaufnahmen schildert der Journalist, der einige Jahre in Vietnam gearbeitet hat, in seinem reich bebilderten Buch viele Aspekte des Alltags.

Journal of Current South East Asian Affairs, Hamburg. Zeitschrift des Hamburger Asienforschungsinstituts über die Länder Südostasiens. www.giga-hamburg.de.

Heyder, Monika, Kulturschock Vietnam, Bielefeld 2014. Einführung in die vietnamesische Kultur.

Heyder, Monika, Vietnamesisch Wort für Wort, Bielefeld 2015. Vereinfachter Sprachkurs für Reisende.

Lies, Ursula, Literaturakademie der 28 Sterne, Unkel: Horlemann 1991. Literaturgeschichte mit Schwerpunkt Roman.

Macchietto della Rossa, Elle, Lesereise Vietnam: Aufsteigender Drache am Roten Fluss, Wien: Picus 2014. Reportagen aus dem Norden.

Schiller, Bernd, Lesereise Mekong: Vom Dach der Welt zum Delta der neun Drachen, Wien: Picus 2013. Reportagen aus den Mekong-Ländern.

Viet Nam Kurier. Ungefähr vierteljährlich erscheinende Zeitschrift der Freundschaftsgesellschaft zu vietnamesischen Themen. www.fg-vietnam.de.

Geschichte

Du: Die Zeitschrift der Kultur, Zürich, Heft 7/8, Juli/August 1997. Bekannte Reporter aus aller Welt beschäftigen sich vor allem mit dem Krieg und seinen Folgen. Herausragende Fotos vietnamesischer und internationaler Fotografen.

Fallaci, Oriana, Wir, Engel und Bestien, München: dtv 1974. Sehr eindrucksvolle Reportagen und Berichte aus Vietnam. Die bekannte italienische Journalistin berichtet auch über die Wirkung des Krieges in Europa und Amerika.

Frey, Marc, Geschichte des Vietnamkriegs, München: C.H. Beck 2002. Genaue Untersuchung der Ursachen und Hintergründe sowie der Folgen des amerikanischen Kriegs in Vietnam.

Greiner, Bernd, Krieg ohne Fronten: Die USA in Vietnam, Hamburg: Hamburger Edition 2007. Der Autor bearbeitet am Hamburger Institut für Sozialforschung den Bereich ›Theorie und Geschichte der Gewalt‹. Für dieses Buch hat er die amerikanischen Archive bis in die Tiefe studiert, um die Strukturen der Gewalteskalation in Vietnam erkennen zu können.

Großheim, Martin, Ho Chi Minh: Der geheimnisvolle Revolutionär, München: C.H. Beck 2011. Der Dozent an der Uni Passau beschreibt das weithin bekannte Leben des vietnamesischen Präsidenten, bewertet aber seine Rolle neu, schildert ihn vor allem in seinen letzten zehn Jahren als schwankend und in der Partei wenig einflussreich.

Herr, Michael, Dispatches, New York 1968. Der ganze Wahnsinn des Krieges und seine Auswirkungen auf die amerikanischen Soldaten vor Ort, ihre Flucht in Drogen, Sex und Rock 'n' Roll wird hier eindrucksvoll geschildert. Zwischenzeitlich gab es einige sehr schlechte deutsche Übersetzungen, man sollte besser das Original lesen.

Karnow, Stanley, Vietnam – A History, New York 1991. Der amerikanische Journalist schildert das Kriegsgeschehen sehr detailliert; interessante historische Fotos.

McNamara, Robert S., Vietnam – Das Trauma einer Weltmacht, München: Goldmann 1997. ›Wir haben uns geirrt, schrecklich geirrt ...‹ Spät (aber immerhin) erkennt der damalige amerikanische Verteidigungsminister McNamara die amerikanischen Irrtümer.

Nguyen Khac Vien, Vietnam – A Long History, Hanoi 1987. Der Klassiker zur vietnamesischen Geschichte aus nordvietnamesischer Sicht.

Scholl-Latour, Peter, Der Tod im Reisfeld, Frankfurt/M.: Ullstein 1981. Maßlos überschätzte Plaudereien des Kriegsreporters, die vor allem von ihm selbst handeln.

Belletristik

Duong Thu Huong, Liebesgeschichte, vor der Morgendämmerung erzählt, Unkel: Horlemann 1992. Der Militärkommandant Vu Sinh liebt eine junge Schauspielerin, auch seine Frau fühlt sich zu jemand anderem hingezogen. Sie werden geschieden, doch als die Frau erfährt, dass die Beziehung Sinhs schon länger andauerte, sinnt sie auf Rache und setzt die kommunistische Frauenliga auf ihn an. Die lässt die Scheidung rückgängig machen und überwacht ihn auf Schritt und Tritt. Eine Geschichte darüber, wie sich die Partei in jeden Bereich des Privatlebens einmischt.

Duong Thu Huong, Roman ohne Titel, Unkel: Horlemann 1995. Eindrucksvolle Darstellung des Leidens im Krieg, wobei auch die vietnamesische Position konsequent in Frage gestellt wird. Dafür musste die Autorin ins Gefängnis.

Duong Thu Huong, Bitterer Reis, München: Goldmann 1991. Vor dem Hintergrund der grandios gescheiterten Landreform wird aus der Perspektive der jungen Hang das Leben in den armen Vierteln Hanois mit dem der Parteifunktionäre und dem der einstigen Grundbesitzer auf dem Lande verglichen. Die Geschichte von drei gleichermaßen starken wie schwachen Frauen.

Duras, Marguerite, Heiße Küste, Frankfurt: Suhrkamp 2009. Der 1952 erschienene Roman schildert das schwere Leben einer alleinstehenden Französin mit zwei Kindern im Vietnam der Kolonialzeit und ist weitgehend autobiographisch.

Duras, Marguerite, Der Liebhaber, Frankfurt: Suhrkamp 1985. Ein junges, europäisches Mädchen gerät in eine intensive Beziehung zu einem älteren chinesischen Geschäftsmann.

Frogier de Ponlevoy, David, Hanoi Hospital, Meerbusch: Conbook 2015. Der Autor, der einige Jahre in Vietnam gelebt hat, schafft zahlreiche Situationen, in denen der Leser in leichter Form sehr viel über das Alltagsleben erfährt. Die Krimihandlung um merkwürdige Todesfälle im Umkreis von Krankenhäusern in Hanoi tritt dahinter zurück.

Greene, Graham, Der stille Amerikaner, München: dtv 2007. 1955 erschienener, vorausschauender Roman des britischen Autors über Liebe und Krieg, Vietnamesen und Ausländer, amerikanische Geheimdienste und die Lügen der Generäle.

Grünfelder, Alice (Hrsg.), Vietnam fürs Handgepäck, Zürich: Unionsverlag 2012. Geschichten und kleine Reportagen über den Alltag in Vietnam.

Kim Thuy, Der Klang der Fremde, München: dtv 2010. Die Autorin wurde in Saigon geboren und floh als Zehnjährige mit ihren Eltern nach Kanada, wo sie bis heute lebt. Das Buch schildert die Flucht eines Kindes aus Vietnam und das schwierige Einleben in einer neuen Welt.

Kim Thuy, Der Geschmack der Sehnsucht, München: dtv 2015. Wieder ist die Fremde das Thema und wie sie vielleicht durch das Kochen überwunden werden kann.

Lies, Ursula (Hrsg.), Weiße Orchidee: Vietnamesische Literatur des 20. Jahrhunderts, München: edition global 2010. Die Herausgeberin präsentiert zunächst eine Einführung in die Geschichte der vietnamesischen Literatur. Dann folgen sieben erstmals übersetzte Texte von sechs Autoren aus der Zeit von 1922 bis Ende der 1990er Jahre. Sie bieten einen guten Überblick über die Vielfalt der Themen und die Tendenzen in der modernen vietnamesischen Literatur und zeigen, dass zum Anfang des Jahrhunderts wie zum Ende das Individuum und seine Rolle in der Familie und der Nachbarschaft im Zentrum des Interesses derjenigen stand, die sich mit Literatur und nicht mit Propaganda beschäftigten.

Luttmer, Nora, Schwarze Schiffe, Berlin: Aufbau 2013. Spannender Krimi: Kommissar Ly aus Hanoi taucht in den Abgrund von Prostitution und Korruption und das Leben der Schiffer auf dem Roten Fluss ein.

Luttmer, Nora, Der letzte Tiger, Berlin: Aufbau 2013. Ein Tierpfleger aus dem Zoo in Hanoi wird tot in seiner Wohnung gefunden. In seinem zweiten Fall fragt sich Kommissar Ly, ob dieser Tod etwas oder gar sehr viel mit illegalem Tierhandel zu tun hat.

Luttmer, Nora, Totenkranz, Berlin: Aufbau 2015. Kommissar Ly ermittelt in Hanoi und seiner ländlichen Umgebung wegen diverser Morde, die offensichtlich mit Landraub und Immobilienprojekten in Verbindung stehen.

Marlantes, Karl, Matterhorn, München: Heyne 2013. Kriegsroman, der beschreibt, wie die GIs als Jungs in den Dschungel verschwanden und als Männer wieder herauskamen.

Nguyen Du, Das Mädchen Kieu, Berlin 1964 (nur antiquarisch). Klassisches Versepos und Sittenbild des späten 18. Jahrhunderts.

Nguyen Huy Thiep, Der pensionierte General, Halle: Mitteldeutscher Verlag 2009. Thiep gilt als einer der ersten Neuerer der Literatur in der Reformzeit nach 1986; die Titelgeschichte dieser Sammlung von Kurzgeschichten sorgte nach ihrer Veröffentlichung in der Literaturzeitschrift des Schriftstellerverbandes für große Debatten. Der General und der Krieg erscheinen nicht mehr so heroisch wie in der Vergangenheit, und auch die anderen Erzählungen aus dem Alltag lassen von der Propaganda einer harmonischen Gesellschaft wenig übrig.

Pham Thi Hoai, Sonntagsmenü, Zürich: Unionsverlag 2005. Die junge Schriftstellerin breitet in dieser Kurzgeschichtensammlung aus den 1990er Jahren ein facettenreiches Bild des Alltagslebens in der Hauptstadt Hanoi aus.

The Dung, Der Traum von Orly, Bad Honnef: Horlemann 2010. Ein junger Intellektueller träumt von einem Leben in der Hauptstadt Hanoi, scheitert jedoch an politischen Machenschaften. Also wird ausgerechnet die gerade untergehende DDR zu seinem Traum. Der Roman wirft ein Licht auf die politische Lage der 1980er Jahre.

Tien Huu (Hrsg.), Augen lachen, Lippen blühen: Erotische Lyrik aus Vietnam, München 1985. Eine kleine Auswahl der Gedichte von Ho Xuan Huong aus dem 18. Jahrhundert.

Tran-Nhut, Das schwarze Pulver von Meister Hou, Zürich: Unionsverlag 2010. Historischer Krimi nach dem Vorbild von Richter Di des Sinologen Robert van Gulik. Viel Klamauk und Alchemie im 17. Jahrhundert.

Vietnam im Internet

In Vietnam selbst wird das Internet zensiert. Technisch ist vieles etwas rückständig, viele Seiten bauen sich langsam auf, sind störungsanfällig und wirken (und sind) eher handgestrickt.

www.vietnambotschaft.org
Seite der vietnamesischen Botschaft in Berlin mit Informationen zu Visa und Formularen zum Downloaden. Die allgemeinen Infos sind eher mager (vietn./dt.).

www.vietnamembassy-usa.org
Die vietnamesische Botschaft in Washington bietet wesentlich mehr Informationen (vietn./engl.).

www.hanoi.diplo.d
Informationen der deutschen Botschaft in Hanoi zum Land, zur Reisesituation und zu offiziellen Angelegenheiten (vietn./dt.).

www.vietnamtourism.com
Die Seite der staatlichen Tourismusbehörde bietet offizielle Informationen über das Land

und viele Links zu Veranstaltern, Hotels, Restaurants etc. (vietn./engl./franz./chin./jap.).

www.vietnamairlines.com
Homepage von Vietnam Airlines mit Flugplan und Informationen (vietn./engl.).

www.un.org/esa/agenda21/natlinfo/countr/viet
Seite der Vereinten Nationen mit vielen Landesinformationen (engl.).

www.laenderkontakte.de/vietnam
Auflistung von Adressen und Links (dt.).

www.fg-vietnam.de
Relativ aktuelle Website der deutsch-vietnamesischen Freundschaftsgesellschaft, jedoch ein wenig unkritisch und regierungsnah (dt.).

www.vietnam-dvg.de
Mehr wirtschaftlich und an den offiziellen Beziehungen orientierte Gesellschaft (dt.).

www.vietnam.ahk.de
Website der Außenhandelskammer in Vietnam (dt).

www.vietnam-freunde.net
Mehr oder weniger aktuelle Informationen einer privaten Gruppe von Vietnam-Interessierten (dt.).

www.cms.vietnam-infothek.de
Privat betriebene Website mit Informationen sehr unterschiedlicher Qualität (dt.).

www.vietnamartbooks.com
Kanadische Website über meist in Vietnam hergestellte Bücher, vietnamesische Kunst und Künstler sowie ein wenig über die Kunstszene und Ausstellungen (engl.).

www.goethe.de/vietnam
Das Goethe-Institut ist in Hanoi und Saigon vertreten. Neben Deutschkursen bietet es auch ein umfangreiches Kulturprogramm (vietn./dt.).

www.vietnam-travel-info.de
Deutschsprachige Website mit Informationen zu Reisezielen in Vietnam und Aktivitäten. Praktische Infos zur Visumsbeschaffung, Verkehrsmitteln und Gesundheit sowie Hintergründe zur Geschichte und Kultur, zu den Menschen und der Natur.

Glossar

Hinduistische oder aus der Cham-Kunst stammende Begriffe

Apsara Himmlische Tänzerin, oft in Reliefs abgebildet.

Bhagavati (die Glückliche) Bei den Cham häufig verwendete Bezeichnung für Devi (die Göttin), die Gattin Shivas.

Bibliothek Freie Übersetzung des Cham-Begriffs ›kose grha‹, der das Gebäude zur Aufbewahrung von Zeremonialgegenständen und Opfern bezeichnet.

Brahma Als Herr und Schöpfer des Universums einer der drei Hauptgötter des Hinduismus (die beiden anderen sind Shiva und Vishnu).

Gajasinha Mythologisches Wesen mit Löwenkörper und -mähne und Elefantenkopf, bzw. -rüssel.

Ganesh Elefantenköpfiger Gott der Weisheit, Sohn von Shiva und Parvati.

Garuda Mythologischer Vogel, der aber auch Züge eines katzenartigen Raubtiers und eines Menschen in sich trägt. Garuda ist meist das Reittier des Vishnu, aber teilweise fast gottähnlich verehrt.

Hamsa Mythologische Gans aus dem Himalaja, Reittier des Brahma.

Kalan Turmheiligtum der Cham, in dem sich eine Götterfigur, ein Gottkönigrelief oder ein Lingam befindet.

Krishna (der Dunkelhäutige) Inkarnation des Vishnu, um die sich zahlreiche populäre Legenden ranken.

Kut Grabstele des späten Grabkults der Cham.

Lingam Phallusähnliche Repräsentation des Gottes Shiva, erhebt sich über dem Yoni.

Makara Mythisches Wasserwesen mit Merkmalen des Krokodils und des Delphins.

Mandapa Offene Halle, meist mit Säulen, als Zugang zum Heiligtum, in der Regel östlich des Kalan gelegen.

Mukhalingam Lingam mit Darstellung(en) von Shivas Kopf.

Naga Halb menschliches, halb schlangenförmiges mythisches Wesen, oft mit mehreren, aber immer einer ungeraden Zahl von Köpfen dargestellt und fast gottähnlich verehrt.

Nandi Der Stier ist das Reittier Shivas, wird aber selbst gottähnlich verehrt.

Pilaster Flach aus der Wand heraustretender Wandpfeiler.

Shiva Einer der drei obersten Götter des Hinduismus (mit Brahma und Vishnu), der Zerstörung und Wiederaufbau, Leben und Tod als unendlichen Prozess verkörpert.

Vestibül Vorhalle, schmaler Eingangsbereich.

Vishnu Einer der drei Hauptgötter des Hinduismus (die beiden anderen sind Brahma und Shiva), Bewahrer des Universums und Beschützer der Menschen, der sich in zahlreichen Inkarnationen zeigte.

Yang Ino Po Nagar Muttergöttin der Cham, oft als weibliche Brust dargestellt.

Yoni Flache, quadratische oder runde Steinplatte mit einer Ablaufrinne für geweihtes Wasser (in der Vergangenheit vermutlich auch Blut), aus der der Lingam ragt, Verkörperung des Weiblichen.

Weitere Begriffe

A Di Da Vietnamesisch für Amitabha, Buddha der Vergangenheit und des unermesslichen Glanzes.

Ahnentafel Normalerweise etwa 10 Zentimeter breites, 30 Zentimeter hohes (bei wichtigen Personen auch größeres) rot lackiertes Holzbrett mit Namen und Titel eines Verstorbenen, das seine Seele repräsentiert und auf dem Ahnenaltar aufgestellt wird, vietnamesisch *gia pha*.

Amitabha Buddha der Vergangenheit und des unermesslichen Glanzes, vietnamesisch A Di Da.

Ananda Wichtigster Schüler des historischen Buddhas.

Animismus Glaube an Geister in Bäumen, Steinen und anderen Naturelementen.

Arhat (Verdienstvoller), chinesisch Luohan, vietnamesisch La Han. Gläubiger, der das Stadium kurz vor dem Eintritt ins Nirwana erreicht hat, außerdem die 18 Schüler des Buddha, die seitlich der Altäre in zwei Neunergruppen dargestellt werden.

Avalokiteshvara ›Der Herr, der in Mitleid auf die Welt herabschaut‹, einer der am häufigsten verehrten Bodhisattvas; ab dem 10. Jahrhundert in China weiblich als Guanyin dargestellt, in Vietnam ebenfalls als Quan Am.

Bo Tat Vietnamesisch für Bodhisattva.

Bodhisattva Wesen, die sich durch Tugend und Mitgefühl auszeichnen und auf den Eintritt ins Nirwana verzichten, um anderen zu helfen.

Bonze buddhistischer Mönch.

Chua Tempel oder Kloster des Buddhismus in Vietnam, häufig auch für andere Tempel verwandt.

Den Tempel für Genien, zu Göttern aufgestiegene historische Personen, Helden und mythische Personen.

Di Lac Vietnamesischer Name für den chinesischen Milefo, den lachenden Dickbauchbuddha, eine Darstellung des Mönches Qi Ci aus dem 10. Jahrhundert, der sich bei seinem Tod als Inkarnation des Buddhas Maitreya zu erkennen gab.

Dien Kleiner daoistischer Tempel, vor allem für die daoistischen Mütter.

Dinh Gemeindehaus im Dorf mit einer separaten Abteilung für den Schutzgeist.

Geisterwand Wand vor oder hinter einer Eingangstür, die den direkten Blick durch die Achse eines Gebäudeensembles verhindert, soll Geistern den Zutritt verwehren, da diese angeblich nur geradeaus fliegen und so die Mauer nicht überwinden können.

Geomantik Erdwissenschaft, naturwissenschaftlich nicht begründete Lehre über Kraftfelder in der Erde und das Zusammenwirken von Phänomenen in der Natur, die Einfluss auf das Leben der Menschen haben sollen.

Hinayana-Buddhismus Lehre des ›Kleinen Fahrzeugs‹, die näher bei der ursprünglichen buddhistischen Lehre liegt und diese strenger interpretiert; sie verspricht keine Unterstützung durch Bodhisattvas, sondern legt fest, dass der Mensch nur durch eigene Anstrengungen die Erlösung erreichen kann.

Ho Phap Vietnamesischer Name für die Wächter der Lehre.

Hoi quan Versammlungshaus und Tempel der chinesischen Gemeinden.

Jadekaiser Höchster Gott des Volksdaoismus, vietnamesisch Ngoc Hoang.

Kalligraphie ›Schönschrift‹ von Zeichen mit Pinsel und Tusche, gilt im chinesischen Kulturkreis als eigenständige Kunstform.

Kinh Vietnamesische Bezeichnung für die ethnischen Vietnamesen.

Konfuzius Latinisierte Form des Ehrentitels Kong Fuzi, eigentlich Kong Qiu (551–479 vor Christus), vietnamesisch Khong Tu, chinesischer Lehrer und Begründer einer Morallehre, die später zur Staatsdoktrin gewandelt wurde und bis heute die gesellschaftliche Ordnung Ostasiens beherrscht.

La Han Vietnamesisch für Arhat (Sanskrit) oder Luohan (Chinesisch).

Laozi Gilt als Begründer des Daoismus (Lebensdaten unklar, etwa 5. Jahrhundert vor Christus), soll als Eremit gelebt und das Daodejing geschrieben haben.

Lotos Wichtiges Symbol des Buddhismus, steht für Reinheit, weil die Blume in schmutzigen Tümpeln wächst, selbst aber weiß und unbeschmutzt ist, vielfältige sexuelle Symbolik.

Mahayana-Buddhismus Lehre des ›Großen Fahrzeugs‹ (im Gegensatz zum Hinayana-Buddhismus, ›Kleines Fahrzeug‹), das die Erlösung allen Menschen verspricht und Hilfe von außen, vor allem durch die Bodhisattvas zulässt; vor allem in Tibet, China, Vietnam, Korea und Japan verbreitet.

Maitreya Buddha der Zukunft, soll 4- bis 5000 Jahre nach Sakyamuni auf die Erde kommen, um den Buddhismus erneut zu verkünden, wird meist in einer Dreiergruppe mit Sakyamuni und dem Buddha der Vergangenheit dargestellt, seit dem 11. Jahrhundert in China auch als Milefo, der in Vietnam Di Lac heißt.

Manjushri Wichtiger Bodhisattva der Weisheit, vietnamesisch Van Thu.

Meru Ursprünglich aus der indischen Kosmologie stammender Weltenberg in Form einer perfekten Pyramide, Sitz der Götter.

Nghe Schutzgeisttempel.

Ngoc Hoang Vietnamesischer Name für den Jadekaiser, den höchsten Gott des Volksdaoismus

Pagode Eigentlich in mehreren europäischen Sprachen gebrauchliche Bezeichnung für ein turmartiges Tempelbauwerk, in der Vietnamliteratur aber als Übersetzung für Chua, den flachen buddhistischen Tempel verwandt.

Nirwana Im Buddhismus Zustand des ›Verwehens‹, höchstes Ziel des menschlichen Lebens, in dem das Leiden beendet ist.

Quan Am Vietnamesischer Name für Guanyin, die Göttin der Barmherzigkeit, oft auch als ›Kinderbringerin‹ dargestellt, ursprünglich der (männliche) Bodhisattva Avalokiteshvara, Darstellungen als: Quan Am Bo Tat (meist stehend und ihre Flasche für Wunderwasser haltend), Quan Am Thi Kinh (mit Kind), Quan Am Thien Tu (mit tausend Armen als Sinnbild ihrer Mildtätigkeit).

Sakyamuni Der historische Buddha, geboren als Prinz Siddharta Gautama (ca. 563–483 vor Christus), der sich von seinem weltlichen Reichtum trennte und unter einem Bodhibaum die Erleuchtung erlangte, Begründer des Buddhismus.

Samantabhadra Vietnamesisch Pho Hien, Bodhisattva der Meditierenden.

Stele Aufrecht stehende Steinplatte oder quadratische Steinsäule mit Inschriften oder Reliefs, zum Beispiel, um die Geschichte eines Tempels festzuhalten, in der Grabanlage das Wirken des Königs zu beschreiben, die Namen der erfolgreichen Kandidaten beim Beamtenexamen zu notieren oder um wichtige Texte zu erhalten; stehen als Verankerung oft auf Schildkröten, dem chinesischen Symbol für langes Leben.

Stupa Buddhistischer Sakralbau als Grabüberbau für Mönche oder andere Würdenträger, auch zur Aufbewahrung von Reliquien.

Tet Vietnamesisch für Fest, in der Regel Bezeichnung für das Neujahrs- oder Frühlingsfest, das sich nach dem Mondkalender richtet und Ende Januar bis Mitte Februar liegt.

Thang Hoang König oder Richter über eine Hölle, von denen es im Volksdaoismus insgesamt zehn gibt, und damit auch zehn Richter.

Thap Vietnamesisch für Turm.

Thich Ca Vietnamesisch für den historischen Buddha, Sakyamuni, in den Darstellungen als Thich Ca Mau Ni (historischer Buddha in Meditationshaltung), Thich Ca Cuu Long (der historische Buddha als Kind, umgeben von neun Drachen).

Thien Hau Vietnamesisch für die Himmelskönigin, Schutzgöttin der Fischer und Seefahrer, nach einer Legende aus der chinesischen Provinz Fujian.

Thien Vuong Vietnamesisch für Himmelskönige, eigentlich die Wächter der vier Himmelsrichtungen, die in chinesischen Tempeln im ersten Gebäude in den vier Ecken um den Milefo sitzen; in Vietnam gibt es im allgemeinen nur zwei, die im breiten Vorderteil des Tempels mit dem Gesicht zum Eingang sitzen, meist sehr groß und bunt sind.

Van Mieu Konfuzius- oder Literaturtempel, Ort der Beamtenprüfungen.

Van Thu Vietnamesischer Name für Manjushri, den Bodhisattva der Weisheit.

Wat Buddhistische Klosteranlage in Siam (Thailand) und im Khmer-Reich.

Moderne und politische Begriffe

Bac Ho ›Onkel Ho‹, liebevolle und Anerkennung zeugende Bezeichnung für den ehemaligen Präsidenten Ho Chi Minh.

Chu nom alte, mit der chinesischen Zeichenschrift eng verwandte Umschrift des Vietnamesischen, die heute nur noch in historischen Schriften und in Tempeln zu finden ist.

Doi Moi (›Erneuerung‹) Im Jahr 1986 beschlossene Politik der wirtschaftlichen Reformen, die marktwirtschaftliche Elemente und Auslandsinvestitionen zuließ.

DRV Demokratische Republik Vietnam (seit 1976).

Indochina Ursprünglich vom Geographen Conrad Malte-Brun verwendeter Begriff für die Kultur Südostasiens, die von indischen und chinesischen Einflüssen geprägt war, später für die französischen Kolonialgebiete verwendet.

FNL ›Nationale Befreiungsfront‹, agierte vor allem im Süden und wurde von regulären Truppen Nordvietnams unterstützt.

KPV Kommunistische Partei Vietnams.

Quoc ngu Seit 1945 gültige, auf der Basis lateinischer Buchstaben geschaffene Umschrift des Vietnamesischen.

RGW ›Rat für Gegenseitige Wirtschaftshilfe‹, im Westen auch Comecon genannt, ökonomische Vereinigung der sozialistischen Länder unter Führung der Sowjetunion, in der Vietnam Mitglied war; löste sich mit dem Zusammenbruch der Sowjetunion auf.

Vietcong Von Amerikanern und Südvietnamesen gebrauchte, abwertende Bezeichnung für die Soldaten der FNL, bedeutet eigentlich ›vietnamesische Kommunisten‹. Die Abkürzung lautete ›VC‹, im NATO-Alphabet wird dies als ›Victor, Charlie‹ buchstabiert, woher die amerikanische Bezeichnung ›Charlie‹ für die feindlichen Soldaten stammte.

Viet Minh 1941 gegründete ›Liga für die Unabhängigkeit Vietnams‹, vor allem im Kampf gegen die französische Kolonialmacht aktiv.

Über den Autor

Franz-Josef Krücker, geb. 1954, studierte Sozialwissenschaften und Anglistik in Köln und war danach Redakteur und Chef vom Dienst der Fachzeitschrift ›das neue China‹. Seit 1989 ist er freiberuflicher Autor, Übersetzer und Lektor mit Spezialgebiet Ost- und Südostasien. Er schrieb zahlreiche Reiseführer und Bücher zur Zeitgeschichte. Vietnam besuchte er erstmals 1991 und seitdem regelmäßig. Ebenfalls im Trescher Verlag erschien sein Reiseführer ›Kambodscha‹.

Franz-Josef Krücker am Mausoleum Minh Mangs in Hue

Zeichenlegende

- Informationen, Reisebüros
- Flugverbindungen
- Bahnverbindungen
- Hotels
- Restaurants
- Cafés
- Bars, Diskos, Clubs
- Museen
- Theater, Veranstaltungen
- Geschäfte, Einkaufsmöglichkeiten
- Windsurfstation
- Tauchstation
- Golfplatz, Minigolf
- Boots- und Schiffstouren
- Ausflüge
- Medizinische Versorgung

Bildnachweis

Alle Bilder von Franz-Josef Krücker, außer:
Volker Dietzel: S. 363
Volkmar E. Janicke: S. 73, 194
Dirk Renckhoff: S. 200, 360
Bernd Schwenkros/Eliseo Rodriguez: vordere Klappe, S. 47, 93, 120, 154, 179, 182, 369, 372, 375, 383
Jimmy Tran/Shutterstock.com: Titelbild

a&e
erlebnis : reisen
Begegnungen in Augenhöhe erleben!
Vietnam – außergewöhnliche Erlebnisreisen
In kleiner Gruppe oder individuell das Land entdecken!
www.ae-erlebnisreisen.de
vietnam@ae-erlebnisreisen.de | Fon: 040 - 27 14 34 70

GO EAST REISEN GmbH
Osteuropa- & Asien-Spezialist
11 Tage Foto-Rundreise Vietnam ab € 728,-
13 Tage Große Rundreise Vietnam ab € 1145,-
Rund- & Städtereisen
Individual- & Gruppenreisen
Fahrrad- & Trekkingtouren
Themen- & Erlebnisreisen
GO EAST®
Go East Reisen GmbH
Bahrenfelder Ch. 53, 22761 Hamburg
Tel. 040/8969090 www.go-east.de

Reisen nach Maß
Ihr Spezialist für Individualreisen nach Vietnam
HAASE
TOURISTIK
www.haase-touristik.de
info@haase-touristik.com
fon 030 84 183 226
fax 030 84 183 227
Dickhardtstr. 56
12159 Berlin

Halong-Buch
Fotograf: Hauser-Mitarbeiter Eberhard Andre

Ihre
schönste Reise
liegt noch vor Ihnen.
Ganz nah dran an Menschen und Kulturen: Freuen Sie sich auf überwältigende Momente und einzigartige Begegnungen weltweit auf Ihrer Erlebnisreise mit Gebeco.
Gebeco
LÄNDER ERLEBEN
Weitere Informationen unter Telefon 0431/54460, in Ihrem Reisebüro und unter www.Gebeco.de

Kartenlegende

- Bahnhof
- Bar
- Brunnen
- Busbahnhof
- Café
- Fähre
- Flughafen
- Geschäft
- Hafen
- Hotel
- Kirche
- Kloster
- Leuchtturm
- Markt
- Moschee
- Museum
- Oper
- Post
- Restaurant
- Ruine/Ausgrabungsstätte
- Sehenswürdigkeit
- Strand
- Theater
- Tempel
- Tor
- Touristeninformation
- Turm

- Autobahn
- Autobahn im Bau
- sonstige Straßen
- 243 Straßennummern
- Eisenbahn
- Grenzübergang
- Staatsgrenze
- Hauptstadt
- Stadt/Ortschaft

Kartenregister

Regional- und Übersichtskarten

Stadtpläne

Sonstige Pläne